ウィニコット用語辞典

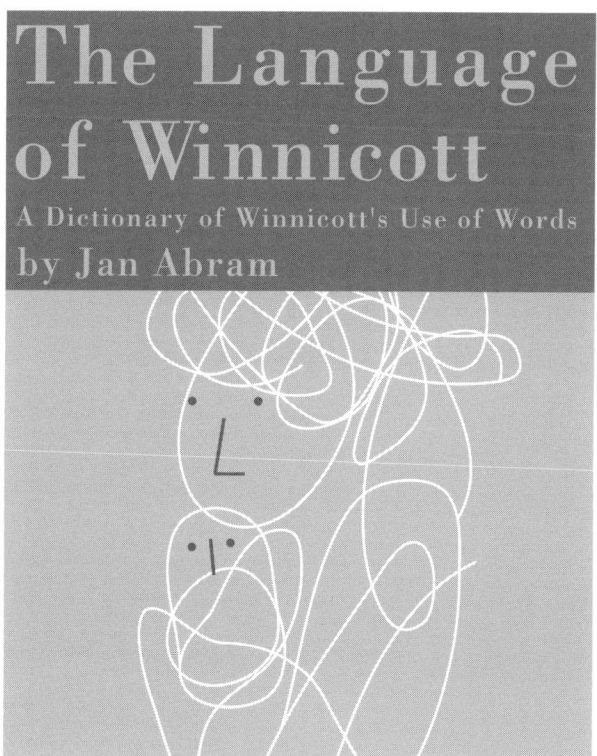

ジャン・エイブラム 著　館 直彦 監訳

誠信書房

The Language of Winnicott: A Dictionary of Winnicott's Use of Words
by Jan Abram
First published in 1996 by H. Karnac (Books) Ltd.
Copyright © 1996 by Jan Abram
Bibliography copyright © 1996 by Harry Karnac
Japanese translation rights arranged with Intercontinental Literary Agency
through Japan UNI Agency, Inc., Tokyo.

ジョンに
そして
タムシン，ザク，ベンに
愛を込めて

緒　言

　私がウィニコットの業績を本格的に研究し始めたのは,「ウィニコットの独創的な主題」というスクイッグル財団の土曜日の集まりに参加するようになってからです。数年が過ぎると，この毎年行われる連続講義のおかげで，何百人もの受講生は混乱を共有し，パラドックスと格闘し，また自分たち自身のためにウィニコットを見いだし，創造し，利用するといったことができるようになりました。

　ウィニコットの業績をより理解しやすいものにしたいという強い願望は，22の単語あるいは語句からなる辞書という形で彼のテーマをまとめることになりました。それらの単語や語句は，ウィニコットの業績のなかでも主要な理論を取り上げています──ただし理論と言ってもそれは，熟練した臨床家の独自の思考を伝える臨床の営為に深く根ざしたものです。どこから読み始めても，およそ40年にもわたるウィニコットの論文をくぐり抜ける旅となり，諸理論の本質や明快さだけでなく，諸概念の広がりやその深さもが照らし出されることでしょう。私の目的は偏りなく解説することにありました。そしてそうすることで，読者のみなさんが独自に，ウィニコットが人間の創造性を賞賛したなかにみられる複雑な諸側面を発見されるのではないかと思っています。

謝　辞

　出版者である，Karnac Books 社の Cesare Sacerdoti 氏と Jason Aronson 社の Michael Moskowitz 氏に深謝いたします。Cesare Sacerdoti 氏はこの本の梗概に熱心な反応を示して下さり，私を励まして下さいました。心より感謝いたします。

　また幸運にも，Karnac Books の創設者である Harry Karnac 氏は，私が本格的に研究に取り組み始めたのと時を同じくしてウィニコットの年代順とアルファベット順の著作目録を完成させられ，私もその頃に著作目録を手にすることができ，大変感謝しております。その著作目録がなかったら私の仕事もさらに困難を極めたことと思います。また本書に著作目録を掲載することを氏が快くご了解下さり，嬉しく思いますとともに感謝申し上げます。ウィニコットを真剣に学ぶすべての人にとってこれは大きな贈り物です。

　またウィニコット財団の Mark Paterson 氏と同僚たちに，そしてウィニコットの著作から引用することを許可して下さった出版社の方々にも感謝いたします。

　またスクイッグル財団の土曜日の集まりに私が初めて出席した際，ウィニコットの仕事に私が興味を持つきっかけを与えて下さった多くの人びと，John Fielding, Stephen Haine, Sue Norrington, Val Richard, Laurence Spurling 各氏と，特にスクイッグル財団の前理事であった Nina Farhi 氏に私は大変負うところがありました。Nina 氏の創造的な熱意と人を激励するたぐいまれな能力は，財団の仕事に関係のある私たちすべての人間を鼓舞するもので，模範となるものでした。また財団の理事長である Lindsay Wells 氏と，財団の評議員である Dee Fgin, Wille Henriqus, Bryce MacKenzie-Smith, Ellen Noonan, Boris Rumney, そして Joyce Wellings 各氏の皆様方には，経済的ならびに情緒的な面で，このプロジェクトに援助いただきましたことに感謝いた

します。

　また多くの同僚と友人には原稿の一部を読むために貴重な時間とエネルギーを割いていただきました。Julia Casterton, Nina Farhi, Rosemary Graham, Michel Gribinski, Marina Perrs, Val Richards, Viqui Rosenberg, Diane Thurman, John van Rooyen の各氏に深謝いたします。彼らの意見と提案はとても貴重なものでした。また Amelie Noack と Jonathan Pedder にも援助をいただきました。両氏には完成原稿をすべて詳細かつ正確に読んでいただきました。両氏の意見のおかげで最終稿は見違えるものとなりました。

　ウィニコット財団の Jennifer Johns, Jonathan Pedder, Ray Shepherd 各氏には特に感謝いたします。各氏は原稿の完成をすすめるために，厳しい状況にありながら財政的な援助を惜しみなく与えて下さいました。

　Communication Crafts 社の Klara と Eric King にもまた原稿をすばらしく扱っていただいたことで感謝しなければなりません。Klara には長時間に及ぶ電話で，可能な限り「読者に身近な」文章を書き上げるのにご援助いただきました。Karnac Books の Graham Sleight 氏にもまた重ねて感謝申し上げます。

　Peters, Fraser and Dunlop 社の Caroline Dawnay には信頼できる指摘と技術的援助をいただきましたことを感謝し，お礼を申し上げます。

　患者さん，訓練生，スーパーヴァイジー，スクイッグル財団のイベント参加者の皆さんには，私がウィニコットを理解するうえで計り知れない援助をいただきました。すべての皆さんに感謝しています。

　ウィニコットの文章に取り組んでいるときはいつでも，心のどこかに私の良き指導者たちがいました。Rosalie Joffe, Christopher Bollas, Marion Milner 各氏に感謝いたしますとともに心よりお礼を申し上げます。Madeleine Davis 氏のお仕事は私の研究と常に並行して進行していました。私たちが実際顔を合わせたのは彼女が不幸にして亡くなる前に数回のみでしたが，Madeleine 氏のウィニコットの仕事に対する深遠な理解は，スクイッグル財団に関わる私たちの多くのなかで生き続けており，影響を与え続けています。

　そして最後になりましたが，私のさまざまな強迫につきあい続けてくれた私の家族と友人に深く感謝したいと思います。とくに Ben の妨害が私の心を見つめるのに手助けとなりましたし，John の揺るぎない支持は欠かせないものでした。

まえがき

ジョナサン・ペッダー
Jonathan Pedder
ウィニコット財団理事長

　本書『ウィニコット用語辞典』が創造された背景には，ジャン・エイブラム（Jan Abram）氏のスクイッグル財団での経験と，彼女がスクイッグル財団やその他の多くの精神療法研究会のためにウィニコットを積極的に研究し，討論し，教えたという取り組みがあります。そうした仕事を通して，彼女は，このような著書が必要だと確信することになったわけです。
　精神分析全体（たとえば，ラプランシュ Laplanche とポンタリス Pontalis によるもの）やあるいは他の著名な人物を扱った（クラインを扱ったヒンシェルウッド Hinshelwood のもののような）同じ試みの著書は他にもありますが，ウィニコットについてはここに至るまではありませんでした。これはウィニコットが，私たちの自己の根幹にとどく概念を表現するために日常的な言葉を選ぶ点で驚くべき能力をもっていたためかも知れません。ウィニコットの著作を十分注意せずに読んでしまうと，彼のことを単純すぎると見てしまうかも知れませんし，あるいは逆に複雑すぎると思うかも知れません（あるいは同時にそう思うかも知れません……）。経験豊富なウィニコッティアンでさえ，時には彼の思索をたどるのに案内図を必要とするのです。この著書はそのような要

　ウィニコット財団は，ドナルド・ウィニコットの著作の著作権を所有しているが，彼の未出版の論文の編集を継続し，ウィニコットがなした仕事の領域に関する教育，訓練，研究を促進する目的でクレア・ウィニコットによって設立された。1971年にウィニコットが亡くなった時点では，彼の論文の約半分が出版されていた。おおよそ100を超える未出版の原稿があったが，その内の大部分がそれから後に出版された。

求に応えるものです。それも大変見事と言うほかありません。ウィニコットを研究する人たちのニードをジャン・エイブラムが本能的に知っていたということが感じられるのと同時に、この本で論じている主題をめぐって彼女が幅広く読んでいることも感じられるでしょう。彼女はこの本で鍵となるテーマを説明するため、原著から豊富で適切な引用を使用していますが、それらをより広範で歴史的な文脈から配置しています。また彼女の直接的な論述スタイルも大変歓迎されるものでありますが、これは複雑な観念を簡単な言葉で書き留めるウィニコットの能力を反映しているものでしょう。

　この本はウィニコット財団の主導でつくられたものではありませんが、構想〔受胎〕を聞いて、当財団としてもこの本の誕生を後押しできることは喜ばしいことでありました。私が最初に草稿に目を通したときは、母親と彼女の最初の赤ん坊との相互作用の様を定期的に観察できるという特権的な立場にありました。ウィニコットの仕事にその源をたどれる彼の考えや論述の多くによって、この母親と赤ん坊の相互作用がいきいきと思い出されました。逆にまた、この母子を観察したことで、ウィニコットの仕事のある説明が思い出されたのです。何度も何度も彼はそのことについて絶対的に確信を持っているように思われましたが、特に母親と赤ん坊がお互いに創造し合うところはそのように思われました。ドナルド・ウィニコットが主張したのは、一人の赤ん坊というものはおらず……そして一人の母親（孤立した状態で）もいないということでした。

　一冊の本というものはなく、孤立した一人の読者という状態はありえないと言うかも知れません。人それぞれ、その人が抱えているものによって、この本に異なったものを見いだすのでしょう。これまでウィニコットに出会ったことのなかった学生にとっては、この本が、発見されることを待っている財産への道しるべになります。また臨床家にとっては、臨床の実践で活かされる新たな洞察の源となるでしょう。また研究者にとっては、ウィニコットの仕事の著書目録別、テーマ別の資料の非常に貴重な資源となるでしょう。

　この本が活用される用途を考えているうちに、私はスクイッグル・ゲームの持つ相互創造性を思い出しました。スクイッグル・ゲームにおいて、ウィニコットと彼の子ども患者は交互に線を引くことで絵を作り上げて行き、そしてそれが双方にとって意味あるものを作り上げることにお互い貢献しています。そこで、この本の冒頭に著者が引用している二つの文についてしばらく考えて

みて下さい。一つはこの本のことを考えさせます。今ひとつは母親と赤ん坊を思い出させます。あるいはその逆でしょうか？　……さあ，今度はあなたの番です。

目　次

緒　言　v
謝　辞　vii
まえがき　ix
序　論　1

遊ぶこと　playing ──────────── 5
1　遊ぶことに関する理論の発展　5
2　指標としての遊びの質　6
3　攻撃性　8
4　不安　10
5　自己を体験することと友情　10
6　遊ぶことと無意識　11
7　一連の発達と関連する遊ぶこと　12
8　遊ぶことと精神療法　15

移行現象　transitional phenomena ──────────── 18
1　人間の本性についての三重の見解　18
2　真の自分でない対象は所有物である　20
3　移行対象と象徴化への道のり　24
4　移行対象の機能　26
5　文化的経験　28
6　友情と集団　30
7　潜在空間と分離　32

依存　dependence ──────────── 36
1　依存の行程　36
2　依存の事実　39
3　「女性」恐怖　41

4　相対的依存　46
　　5　脱適応と失敗　46
　　6　知的理解の始まり　49
　　7　気づき——自立に向かって　52

思いやり concern ───────────── 57
　　1　抑うつポジション　57
　　2　抑うつポジションについての個人的見解　58
　　3　母親の二つの側面　60
　　4　二つのタイプの不安　61
　　5　良循環　63
　　6　両価性　65
　　7　寄与する機能　67
　　8　時間的広がり　68
　　9　生まれつきの道徳性　69
　　10　邪悪さ　70

抱えること holding ───────────── 71
　　1　境界と構造　71
　　2　抱える機能　74
　　3　私有化　75
　　4　マネージメント〔管理〕　76

環境 environment ───────────── 78
　　1　人間の発達に与える環境の衝撃　78
　　2　分析の設定——抱える環境　80
　　3　精神病——環境欠損病　82
　　4　精神病的不安　85
　　5　侵襲　88
　　6　破綻恐怖　89
　　7　「ただ正気であるということは，何と貧しいことか」　92
　　8　父親——破壊不可能な環境　94

原初の母性的没頭　primary maternal preoccupation ──── 98
　1　普通の献身　98
　2　存在し続けること　101
　3　ニードに応えること　101

攻撃性　aggression ──── 103
　1　精神分析における攻撃性の概念　104
　2　原初的攻撃性　106
　3　赤ん坊の無慈悲　109
　4　分析家に引き起こされた憎しみ　111
　5　発達中の子どもにおける攻撃性の発展　112
　6　融合の課題　115
　7　抵抗の必要性と外的対象の現実性　117
　8　無慈悲な愛　120
　9　思いやりへと導かれる破壊性への耐性　121
　10　生き残ること：対象と関係することから対象の使用へ　124
　11　死の本能と父親　128

コミュニケーション　communication ──── 132
　1　非言語的象徴化　133
　2　相互性の体験　135
　3　治療中に患者に触れることの是非について　139
　4　二種類の赤ん坊　141
　5　コミュニケーションすること，あるいはしないこと　142
　6　不満足の機能　145
　7　良い対象を拒む必要性　146
　8　コミュニケーションにおける二つの対立物　147
　9　リアルであると感じる感覚　149
　10　自己の侵犯　150
　11　精神分析技法への影響　153
　12　孤立と青年期　155

自我 ego — 158

1 精神分析の専門用語　158
2 統合　160
3 自我の補償　162
4 未統合と解体　164

自己 self — 166

1 主観性と自己　167
2 泡そして核としての自己　167
3 原初の未統合　170
4 三つの自己　172
5 自己感を高める養育の特性　174
6 偽りの自己　177
7 分裂排除された知性　177
8 象徴的実現　178
9 本当の自己　179
10 迎合と妥協　181
11 精神療法と自己の探求　182

スクイッグル・ゲーム Squiggle Game — 191

1 治療的診断の道具　191
2 信頼　193
3 「遊びましょう」　194
4 技法　195
5 夢のスクリーン　196

精神-身体 psyche-soma — 200

1 心と精神-身体　200
2 生き生きとした無視　203
3 じらす母親　204
4 反応のカタログ化　205
5 心身症　207
6 肯定的な力　210

舌圧子ゲーム　Spatula Game ―――――――――― 214
1　設定状況　214
2　三つの段階　219
3　ためらいの時期と空想の役割　222
4　乳房またはペニスとしての舌圧子　223
5　環境による許容　224
6　ためらい，抵抗，そして錯覚　226

創造性　creativity ―――――――――――――――― 228
1　創造性の場所　228
2　世界の創造者としての新生児　230
3　文化的経験とその位置づけ　232
4　創造的に生きることは，することである　236
5　創造性と芸術家　237
6　自己を探すこと　238
7　男性的要素と女性的要素　241
8　純粋な女性的要素　243
9　純粋な男性的要素　244

存在すること（の連続性）　being (continuity of) ―― 246
1　重心　246
2　他と連絡を断たれた本当の自己　250
3　創造的統覚　252
4　存在することと女性的要素　253
5　人生とは一体何なのか　257

退行　regression ――――――――――――――――― 260
1　退行の理論　261
2　分類　266
3　退行の二つの種類　268
4　リアルであると感じる感覚あるいは不毛感　270
5　「私たちは失敗することによって成功する」　271
6　芸術ではなく適応を　272

7　保証　274
　　8　信頼を与える設定　275
　　9　欲求と願望を区別すること　277
　　10　退行と引きこもり　280

憎しみ　hate ———————————————— 283
　　1　「逆転移における憎しみ」　283
　　2　分析家の憎しみ　286
　　3　分析家の癒しの夢　288
　　4　必要な環境　290
　　5　愛される前に憎まれたいという患者のニード　291
　　6　なぜ母親はわが子を憎むのか　293

母親　mother ———————————————— 296
　　1　小児科と精神分析　297
　　2　「自然な」そして「健康な」母親　298
　　3　ほどよい母親　300
　　4　ほどよい錯覚　301
　　5　生物学と母親の身体　301
　　6　母親になろうとしている女性と父親になろうとしている男性　305
　　7　性交にまつわる空想　307
　　8　ほどよい母親のもつ無数の機能　311
　　9　母親の信頼できる喜び　316
　　10　母親の鏡役割　321
　　11　脱錯覚の過程がもつ価値　324
　　12　ほどよくない母親　326

反社会的傾向　antisocial tendency ———————————————— 329
　　1　疎開体験　329
　　2　非行と正常な反社会的行動　331
　　3　盗みの欲求　339
　　4　破壊性と対象希求という二つの傾向　342

5　希望に満ちた瞬間　346
　　6　反社会的傾向と精神分析　348

一人（でいられる能力）alone (the capacity to be) ——— 351
　　1　自我関係性　351
　　2　私は一人でいる　353
　　3　引きこもりと孤独感　355

抑うつ depression ——————————————— 357
　　1　抑うつとその価値　357
　　2　健康な抑うつ　359
　　3　錯覚と脱錯覚との関連からみた離乳　361
　　4　抑うつ気分　361
　　5　待つこと，治療しないこと　363

出典：ウィニコット以外の著者の文献　367
ウィニコット著作目録　369
　　単行本リスト　369
　　アルファベット順リスト　371
　　年代順リスト　389

〔単行本邦訳リスト〕　407
監訳者あとがき　409
人名索引　413
事項索引　414

ウィニコット用語辞典
THE LANGUAGE OF WINNICOTT

　創造力を持って世界に来なさい。世界を創造してごらん。あなたにとって意味があるものは，あなたが創造したものだけなのだから。

　大抵の人びとにとって，究極の賞讃は見いだされるものであり，使用されるものである。

[「幼児と母親および母親と幼児のコミュニケーション，比較と対比」
Communication between Infant and Mother, and Mother and Infant, Compared and Contrasted：D. W. W., 1968]

序　論

　ウィニコット（Winnicott）の文章は，一見は読みやすそうに見える。一般向けに行った多数の講演や放送で，日常的でさまざまな想像を呼び起こす言葉を使用したこともあって，彼の考えは精神分析的な背景を持たない読者でもすぐに理解できるものになった。しかし一見簡単な句や文の背後には，複雑な理論の迷宮が広がっているのである。

　1931年から1970年の間に，ウィニコットは600以上もの論文を著した。その一部は理論的で同僚の精神分析家に向けての著作であったが，大多数の著作は広い範囲の人びとや団体に向けて行われた講演や発表であった。論文の一つひとつが，仕事のなかで彼の心を占めるようになった数多くのテーマに関する，彼ならではの解析であった。

　精神分析の専門家向けに書かれた論文，特に1940年代から1950年代に書かれた理論的論文は，精神分析的な理論とそれから派生した概念に新しい発展——それはしばしば曖昧に提示され，そして／あるいは否定されもしたが——をもたらした。彼の思考における熱っぽさと曖昧さの混淆は，つかみどころのない二面性を孕んでおり，それはあたかも独断へと陥るおそれがある理論の樹立を恐れているかのようでもある。それとは対照的に一般向けの論文では表現が自由になされていて，人間性の本質を伝えたいというウィニコットの願望が，理論を発展させることよりも優先されている。

　周囲の知的環境がウィニコットの思考に大きな影響を与えていたが，そのことは彼が理論を提示する際にみられる熱っぽさや曖昧さの説明になるだろう。彼が精神分析家の資格を与えられた1935年から，英国精神分析協会が彼の職業的な所属組織となり，都合二回にわたって会長職を務めることにもなった。協会の雰囲気は政治的緊張に包まれており，フロイト（Freud）の精神分析理論の正しい理解と，その後の発展に関する内紛状態のなかにあった。こうした

衝突は彼をいらだたせると同時に彼への挑戦としても作用し，彼の論文のほとんどにメラニー・クライン（Melanie Klein）とクライン派グループへの直接的もしくは間接的な個人的メッセージが含まれていた。彼の後期，1950年代後半から特に1960年代の著作においては，クライン派は赤ん坊の精神的健康に環境が与える影響を認めることを拒否していると彼は理解し，それに対してあからさまに批判を行っていたし，それはクライン派版「死の本能」（フロイト）に対するウィニコットの強固な反対に関連していた。しかし，メラニー・クラインがもたらしたウィニコット自身の思考と精神分析への貢献の重要性については，彼は決して否定することはなかった。

　精神分析理論へのウィニコット自身の実質的な貢献は，母子関係，一次的創造性，移行現象の三点に集約できよう。そしてこれらの概念を貫いているものは，自己の感覚に由来する価値である。

関　　係

　ウィニコットは当初，医師として，次いで小児科医として訓練を受けた。そのため分析医として訓練を受けるまでの数年間に多くの母子との関わりを続けていたけれども，資格を得てから7年後の1942年に初めて，あるセミナーの最中に「一人の赤ん坊という存在はない」と，そして「赤ん坊を見せるのは，赤ん坊を世話している人も同時に見せるようなものだ」と突如として気づいたのだった。それに気づいた瞬間から，ウィニコットの仕事はすべての側面において母子関係の特別な性質の内部と周辺で発展することになったし，情緒発達についての彼のすべての思考がこの最初の関係「環境-個人の組合せ the environment-individual set-up」に集中していった。このことが精神分析の視点を，個人を孤立している状態にあるとみなす立場から，母親/他者との関係をもつ個人である赤ん坊へ環境が影響を与える，ダーウィン主義的な強調の立場へと導くことになった。ウィニコットはほどよい母親が赤ん坊に向ける注意について詳細な研究を行ったが，これが分析状況を理解する際に彼にとっては必要不可欠な準拠枠となったのである。分析的関係を早期の母子関係のレプリカと**だけ**見なすべきだという意図は決して持っていなかったものの，ほどよい母子関係のモデルは治療技法にも適用できるものだと考えていた。こうしてウィニコットにとっては精神分析が，あらゆる種類の患者——特に早期環境のなか

で深く傷ついた患者や，それまでは精神分析に適さないと見なされていた患者——をも育てることができる抱える環境となった。

一次的創造性

ウィニコットは本能について触れているし，死の本能が生得的なものだとするクライン派の考えについては強固に反対しているけれども，フロイトの本能論に関する独自の視点を厳密には明らかにしていない。しかしながら彼の全業績に通底しているのは，健康へ向かう赤ん坊の欲動に対しての深い確信である。これは，無慈悲な自己と関連した一次的あるいは原初の創造性であり，また60年代後半には「生の力」として言及されたウィニコット版の生の本能だと見なすことができよう。このことは，ウィニコットにとって精神病理とは，ほどよくはなかった早期の環境へ適応する赤ん坊の能力の証拠だということである。病理は，その深さにもよるが，自己感の犠牲のもとに成立するものである。しかしそれは発達のごく初期の段階にあって，失敗した環境に直面した赤ん坊がとりうる最適の方策でもあった。それゆえ臨床家が患者へある種の環境を提供できれば，すなわち象徴的にも文字通りにもほどよい母/子関係を作れるような環境を提供できれば，早期の環境の失敗を修正できる可能性が生まれることになる。

移行現象

ウィニコットが移行現象を発見したのは，赤ん坊がどのように母親から分離し自己の感覚を発展させるかを理解するなかでであった。ウィニコットにとっては，移行空間を利用できる能力が人間の発達における最終目標を表していたし，「創造的に生き」「現実的に感じる」ことができる能力を表していた。この概念は，思いやる能力と一人でいられる能力と関連しており，転移の概念を潤色し変形させることになった。ウィニコットにとって分析的出会いに必要不可欠なものとは，解釈できる能力よりも遊ぶことができる能力であった。こうした状況のもとで，分析家は解釈的なコメントを控え，患者が遊べる能力を発見し，そのなかにある答えを探し求めるのを待つことになるだろう。このことは，精神分析に新たな強調点をもたらした。それは被分析者の内界を知ってい

るのは分析家ではなく，被分析者自身なのだということである。

見出し語について

　各見出し語〔項目〕の下には，まず見出し語に関連する主題のリストを掲げ，その次に見出し語についての短い定義を掲げることとする。

　引用文献は各引用の直後に記載し，そして各見出し語の末尾に年代順に列挙することにする。各論文が収録されている単行本の巻（例：W16）は，巻末に掲げたハリー・カルナック（Harry Karnac）による著作目録に対応している。

　フロイト，ユング（Jung），クライン，そして他の著者の業績については，共通点，相違点，議論の領域を明確にするために簡単に言及しておくこととする。

　ウィニコットの文に準拠して，母親は「彼女」，赤ん坊は「彼」と表記した。

遊ぶこと

playing

1　遊ぶことに関する理論の発展
2　指標としての遊びの質
3　攻撃性
4　不安
5　自己を体験することと友情
6　遊ぶことと無意識
7　一連の発達と関連する遊ぶこと
8　遊ぶことと精神療法

　遊ぶ能力は，ウィニコットの情緒発達理論の偉業である。遊ぶことのなかで，幼児/子ども/大人は移行空間内で，またそれを通過することで外側の世界と内側の世界を橋渡しする。ウィニコットにとって第三の領域である移行現象における遊びの特質は，創造的に生きることと同義であり，生涯の自己体験の基盤を構成するものである。このようなことを分析関係に置き換えると，遊ぶことは治療の究極的な達成目標である。なぜならば，遊ぶことを通じてのみ自己が見いだせるし強化されるからである。

1　遊ぶことに関する理論の発展

　幼児と子どもに関するウィニコットの綿密な観察は，彼が人間関係における遊びの役割に敏感であったことを示している。ウィニコットはまず1930年代に，遊ぶことの意味と機能について気づき，人生の最後の10年間には特に治療関係や自己探求と自己発見と関係づけて，遊びの価値を強調した。
　ウィニコットの論文「遊ぶこと：理論的陳述」（1971）は，彼の生涯最後の2年間に書かれ，遊ぶことにおいて発展させてきた自分の見解を再考している。

> 私は自分自身の思考と理解の発達を示している論文を読み返してみて，赤ん坊と母親との間で発達する信頼関係における遊びについて私が目下関心を向けていることは，私が最初の著書に著した次の症例が示すように，つねに，私の診療技術の特徴だったことに気づいた。最初の著書の出版から10年後，私は「設定状況における幼児の観察」の論文のなかで，そのことをさらに詳しく述べた。
>
> [「遊ぶこと：理論的陳述」Playing: A Theoretical Statement, p. 48]

ウィニコットが認めているように，彼の仕事のなかでの遊ぶことの理論は，「治療技法の一つの特色として」，まず一つの診断道具として機能する舌圧子ゲームとして始まっている（舌圧子ゲーム参照）。後になって治療相談のもう一つの診断道具として年長児用のスクイッグル・ゲームを考案した（スクイッグル・ゲーム参照）。

この舌圧子ゲームとスクイッグル・ゲームを発展させることによって，ウィニコットは，発達する幼児の移行対象についての根本的な特質を理解するようになった。そのことは1951年の論文「移行対象と移行現象」のなかで見ることができる（移行現象：4参照）。1960年代には，ウィニコットの主な関心は，創造的生活と自己発見の見地から見ての遊ぶことの役割と機能に移っていた（創造性：6，自己：11参照）。

2　指標としての遊びの質

ウィニコットは遊びの質を，幼児の発達と幼児の存在することの感覚を示すものとして評価した。早くも1936年の論文「食欲と情緒障害」のなかに，遊ぶことの尺度が仮定されている。

> 一連の症例を分類するにあたって，人は尺度を使うことができる。この尺度の正常の端には遊びがあり，内的世界の生活の単純で楽しい劇化がある。また，尺度の異常の端には，内的世界の否定を含む遊びがあり，そのような場合には，遊びには常に強迫的で，興奮し，不安に掻き立てられ，そして，うれしいというよりは感覚を食い物にするものである。
>
> [「食欲と情緒障害」Appetite and Emotional Disorder, p. 47]

10年後，親向けに書かれた論文「正常な子どもとはどんな子ども？」(1946)のなかで，ウィニコットは異常行動として現れるものでも，実際のところ，一定時期のある子どもたちにとっては，正常なものだろうと助言している。遊ぶことの楽しさは，成長する子どもの健康の指標である。

> 生きていくことが通常なぜ困難であるか説明し続ける代わりに，身近なヒントをお伝えして終わりにしたいと思います。子どもの遊ぶ能力に重きを置きなさい。子どもが遊べるのなら，つまり，一人でも他の仲間と一緒でも遊ぶことを楽しむことができるのなら，一つや二つの症状があったとしても，深刻に心配するようなことは何も起こっていないのです。この遊びのなかで豊かな想像力を使うことができるのなら，また正確な知覚や外的現実を基にゲームを楽しむことができるのなら，たとえその子どもに夜尿や吃りがあったとしても，怒ってひきつけたとしても，またかんしゃく発作や抑うつ状態を繰り返したとしても，あなた方は十分幸せだと思ってよいのです。遊ぶことは，この子どもがほどよい安定した環境を与えられると，その子なりの生き方を見つけていけ，やがて世間の人に十分歓迎され，望まれる人になる力のあることを示しているのです。
> [「正常な子どもとはどんな子ども」What Do We Mean ? p. 130]

「遊んでいるときに豊かな想像力を駆使する」ということは，子どもが第三の領域をうまく使っているということを意味している。これは健康であることを示す。

遊びの中味よりも遊んでいる子どもや大人のことをより問題にするウィニコットは，個々の自己体験の過程とコミュニケーションのために遊びを使用するその方法に，重きを置いている。

ウィニコットにとって，言語は単に遊ぶことやコミュニケーションを敷衍したり，拡大するものであり，遊びの能力は子どもにとってと同じぐらい大人にも関係するものである（コミュニケーション：1参照）。

> 治療者は子どものコミュニケーションに手を差し出すと，次のことに気がつく。子どもは遊びのなかでそれを求めるものによって見いだされる無限のニュアンスを伝えることが可能な言語を自ら操る能力を通常持っていない……。

遊ぶ子どもについて私が言うことは，何でも実際成人にも当てはまる。ただ，その内容は患者の問題が主に言語的コミュニケーションで表されるときには，記述するのはずっと困難である。私たちは，大人の分析の場合にも，子どもとの作業と同じように遊ぶことをはっきりと見いだそうとすべきだと思う。それは，たとえば，言葉の選択，声の抑揚，ユーモアのセンスなどにおいて表れてくる。

　　　　［「遊ぶこと：理論的陳述」Playing : A Theoretical Statement, pp. 39-40］

　1942年に両親向けに書かれた短い論文「なぜ子どもは遊ぶの」のなかで，ウィニコットは子どもの遊びのいくつかの機能について概略している。この大変短く簡潔な論文のなかに，ウィニコットが1970年まで発展させようとした攻撃性，不安，自己を体験すること，親密さや統合などのすべての重要なテーマが含まれている。

3　攻撃性

　1942年にはすでに，1968年の論文「対象の使用と同一化を通して関係すること」における対象が生き残るというテーマの前身となるものが明白に述べられている。遊びには環境に対して，環境は「耐える」ことをしなければならないのだが，攻撃的な感情を再演することが当然のことながら含まれている。この「耐える」という言葉は，1968年までに「生き残る」という言葉になった（攻撃性：10参照）。

　　攻撃性は取り除かなければならない悪いものであるかのように，子どもたちは遊びのなかで「憎しみや攻撃性を消している」と一般に言われています。このことはある意味では正しいのです。閉じ込められた憤りや怒りの体験は，子どもには自分自身のなかの悪いものとして感じられるものなので。しかし，上記と同じことを次のように言うことが，もっと重要なのです。つまり，よく知っている環境のなかで憎しみや攻撃的な衝動を表出しても，それに対してそのような環境からの憎しみや暴力の報復がなされることがないということを見いだすことに，子どもが価値を置くということです。子どもが感じるほどよい環境というものは，子どもたちが攻撃的な感情を多少とも受け入れられる形で

表現したならば，耐えることができるものなのです。攻撃性が子どもの気質のなかにあることを，受け入れなければなりません。そこにあることが隠されたり，否定されたりするのなら，子どもは正直ではないと感じます。

[「なぜ子どもは遊ぶのか」Why Children Play ? p. 143]

そして，1971年の論文「遊ぶこと：理論的陳述」では，ウィニコットは，1931年に最初の著書のなかに記していたある母親とその赤ん坊の一連の診察に立ち戻っている。ウィニコットは，このケースを振り返って説明したいと思っている点を完全に明らかにしているわけではない。しかし，子どもを自分の膝の上にのせ，そして，「皮膚がほとんど剝がれてしまいそうになるぐらい」彼の指関節を咬むことを許しながら，子どもが遊び始めることができるように導くことがそれとなく述べられている。転換点は，赤ん坊が「罪悪感を示さずに」ウィニコットの指関節を咬むことができた瞬間であると思われる。このことは，(a) 赤ん坊が自分の攻撃性を表すニードと，赤ん坊の「無慈悲な自己」による自由な支配，そして，(b) ウィニコットが赤ん坊の原初の攻撃性を生き残る，という2点を例証するものである。

　　ある診察時，私はその子を膝の上にのせて観察していた。彼女はすきを見て私の指関節を，3度皮膚が剝がれるほど咬み始めた。それから，彼女は舌圧子を15分間何回となく床に落として遊んでいた。その間中彼女は，本当に不幸であるかのように泣き続けていた。その2日後，私は彼女を30分間膝の上にのせていた。彼女はその2日間に，4回痙攣を起こしていた。そのときも最初はいつものように泣いた。そして，再び，私の指関節を非常に激しく咬んだ。このとき，まったく罪悪感を示さず，咬みついては舌圧子を投げるゲームをして遊んでいた。つまり，**私のひざの上に居る間，彼女は遊びを楽しめるようになりだしたのである**。しばらくして，彼女は自分の足のつま先をいじり始めたので，私は靴と靴下を脱がせてやった。こうした結果が，彼女の全関心を集中していた実験の終結になった。つまり，まるで彼女は舌圧子は口に入れたり，投げ棄てたり，なくしたりできるのに，足の先は引き離すことができないことを，彼女は満足のいくまで何度も何度も発見し，立証しているかのように見えた。

[「遊ぶこと：理論的陳述」Playing: A Theoretical Statement, p. 49]

ウィニコットの膝の上にのっている間のこの子どもの遊ぶ能力は，外界に関係している自己の発見の側面を含んでいるが，自分と自分でないものの区別を達成することにつながるのである。

4 不安

不安を克服することは，遊ぶことのもう一つの特質である。

> 不安は常に子どもの遊びのなかの一つの要素であり，しばしば，それは重要な要素なのです。不安のため過度に脅かされると，遊びは強迫的なものとなったり，反復するだけの遊びとなったり，単に利己的な感覚的満足を求めるだけになってしまいます。
> ……子どもは楽しみを求めて遊んでいる限り，遊びを中断させる求めにも応じられますが，不安に対処するために遊んでいる場合，苦痛や現実の不安，あるいは（自慰や白昼夢のような）不安に対する新たな防衛を引き起こさないで，子どもを遊びから遠ざけることはできないでしょう。
> [「なぜ子どもは遊ぶのか」Why Children Play？ p. 144]

ここで再び，環境が関与しているのである。もし子どもの遊びが不安の対処として機能するなら，遊びの中断は大人の側で充分に感受性をもってなされなければならない。

不安と関係する遊びのテーマは，実際ウィニコットの仕事のなかでは充分に展開されていない。それはおそらく，彼の焦点が遊ぶことの健康で創造的なプロセスに置かれているからである。

5 自己を体験することと友情

遊ぶことは，生活体験を豊かにすることを含んでいる。そして，子どもと大人が自己を発見することができるのは，遊ぶことを通してのみだということをウィニコットは信じている。

> 子どもは，遊びのなかで経験を積んでいきます。遊びは，子どもの生活の大

きな部分を占めているのです。大人にとっては，内的な体験も外的な体験も同じように豊かなものとなりえますが，子どもにとっての豊かさは，主として遊びと空想のなかに見いだされるものです。大人の人格が，生きていく体験を通して発展するように，子どもの人格は，子ども自身の遊びや他の子どもや大人との遊びの即興を通して発展します。自分自身を豊かにしていくことによって，子どもは外界の現実世界の豊かさを知る力を徐々に広げていきます。遊びは創造性の証拠であり，生き生きしているということを意味します。

[「なぜ子どもは遊ぶのか」Why Children Play？ p. 144]

　創造性，生き生きしていること，そしてリアルであると感じる感覚は，健康な個人の指標であり，ウィニコットの仕事のなかでは指標となる概念なのである。
　友情が現れるのは，遊ぶことを通してのみである。さらにウィニコットは他者と遊ぶことが，ふたりの関係が友情となるためには必須のものであるということを指摘している。友情の文脈のなかで，他者は違っていたり分離していたりすることができる。

　　子どもが他の人を独立した存在として受け入れ始めるのは，主に遊びを通してです。遊びのなかで，他の子どもたちはあらかじめ思い描かれた役割にはめ込まれます。仕事のなかですぐに友達をつくったり，敵をつくる大人がいる一方で，何年も下宿で座ったまま，なぜだれも自分を必要としないのか不思議に思う大人もいるように，子どもたちは，遊びのなかでは友達をつくったり，敵をつくったりするのに，遊びを離れると友達をつくることはそう簡単にはできません。遊びは，情緒的な関係をもちやすくするような構造を提供するので，発達のための社会的な接触が持てるようになるのです。

[「なぜ子どもは遊ぶのか」Why Children Play？ pp. 144-145]

6　遊ぶことと無意識

　フロイトが夢を「無意識への王道」とみなしていたように，ウィニコットも遊ぶことを「無意識への入り口」として見ていた。

抑圧された無意識は，隠されたままでなければなりませんが，無意識の残りの部分は各人がわかるようになりたいと思うものであり，遊びは夢と同じように自己を表す機能の役に立つのです。

[「なぜ子どもは遊ぶのか」Why Children Play? p. 146]

1968年に，ウィニコットは遊ぶ子どもと大人について，上記の1942年の論文に四つのコメントを加えた。

1. 遊ぶことは，本来創造的なものです。
2. 遊ぶことは，いつも興奮を伴うものです。というのは，主観的なものと客観的に知覚されるものとの間の不安定な境界の存在を，取り扱うものだからです。
3. 遊ぶことは，赤ん坊と母親像（mother-figure）との間の潜在的な空間で起こります。この潜在的空間は，母親と一体化している赤ん坊が，母親が分離していくと感じるときに，十分考慮されなければならない変化とかかわりがあるのです。
4. 赤ん坊が，実際に分離してしまうことなく分離を体験しなければならないときに応じて，この潜在的空間のなかで遊ぶことが展開します。このことが可能となるのは，母親と一体化している状態が，母親が赤ん坊の要求に応じることで置き換えられるためです。つまり遊ぶことの始まりは，母親像を信頼するようになった赤ん坊の生活体験と関連しているのです。

[「なぜ子どもは遊ぶのか」Why Children Play? p. 146]

7 一連の発達と関連する遊ぶこと

1968年までに，ウィニコットは関係の文脈のなかに遊びを位置づけるようになった。関係の一連の発達は遊びの性質を変える。

発達過程と関連づけて一連の関係を述べることと，遊ぶことが属している場を調べてわかることがある。
A. 赤ん坊と対象とは互いに融合している。赤ん坊の対象の見方は主観的であり，母親は赤ん坊が見つけようとしているものを実現するように方向づけら

れている。

[「遊ぶこと：理論的陳述」Playing: A Theoretical Statement, p. 47]

　このようなことは，絶対的依存の時期，原初の母性的没頭，対象を差し出す母親の役割と関係している（依存：2；母親：8；原初の母性的没頭：2 参照）。

> B.　対象はまず拒絶され，再び受け入れられ，そして客観的に知覚される。この複雑な過程は，そこに参加する準備があり，赤ん坊が手放したものを戻す用意のある母親，または母親像がそこに存在するかどうかにかかっている。
>
> 　このことは，母親（あるいは母親の役割）が，赤ん坊が持っている能力で見いだすことができる存在であることと，（逆に）自分自身が見いだされるのを待つ存在であることとの間を，「行ったり来たり」することを意味している。
> 　もし，母親がこの役割をある期間支障なく果たすことができれば，（いわば）赤ん坊は魔術的統制の体験，つまり，精神内の過程についての記述で，「万能感」と呼ばれている**体験**を持つことになるのである。
>
> [「遊ぶこと：理論的陳述」Playing: A Theoretical Statement, p. 47]

　発達促進環境や抱えることに関する，ウィニコットの考えのあらゆる側面がここでは重要であり，それらは一人でいられる能力や思いやりの段階と重なり合う（一人：1；存在すること：3；思いやり：5；環境：1；抱えること：3 参照）。

　このことは，赤ん坊が自分の環境を信じることができたり，その結果，自分の周りの人びとを信じることができることに繋がっていく。

> 　母親が（もし不可能でないとすれば）このような難しい事柄を上手く行えるときに育つ確信の状態のなかで，赤ん坊は，精神内の過程としての万能感と，赤ん坊の現実への統制との「合体 marriage」に基づいた体験を楽しみ始める。母親への確信が，ここに中間の遊び場を作り，そこでは，赤ん坊はある程度万能感を**体験する**ので，魔術的な観念が生じる。……ここで遊びが始まるので，私は，これを遊び場と呼ぶのである。この遊び場は，母親と赤ん坊との間の潜

在空間であり，また，母親と赤ん坊を結びつける潜在空間なのである。

[「遊ぶこと：理論的陳述」Playing: A Theoretical Statement, p. 47]

この時点において，ウィニコットは遊びのなかに含まれる「不安定さ」という要素を導入する。

> 遊びは非常に刺激的である。それは，**本能が含まれているために刺激的なのではない**。このことをはっきりと理解してほしい。遊ぶことに関して重要なことは，常に，パーソナルな心的現実と，実在する対象をコントロールする体験との相互作用の不確かさがあることである。このことは魔術自体の不安定さであるが，そうした魔術は，親密さ，すなわち信頼できるとわかっている関係のなかで起こるのである。そして，信頼できるためには，その関係は母親の愛情，愛と憎しみ，対象と関係することによってどうしても動機づけられなければならず，母親の反動形成によって動機づけられるものではない。

[「遊ぶこと：理論的陳述」Playing: A Theoretical Statement, p. 47]

この魔術は，コミュニケーションと相互関係を介した共感性，すなわち「母親が一番よく知っている」という感覚を体験することによって触発されるのである（コミュニケーション：2；母親：3, 4参照）。

> C. 次の段階は，誰かと一緒にいて一人でいることである。そのとき子どもは，愛してくれる人，したがって信頼している人が身近にいるか，いったん忘れても再び思い出したとき身近にい続けてくれるのだという想定のもとに，遊んでいるのである。そして赤ん坊は，その身近にいる者が，幼児の遊ぶことのなかで起こることを照らし返してくれる，と感じている。

[「遊ぶこと：理論的陳述」Playing: A Theoretical Statement, pp. 47-48]

一人でいられる能力は，他の人，通常は母親が存在しているところで，一人でいることを体験するという逆説に基づいている（一人：1, 2参照）。

> D. 次に子どもは，二つの遊びの領域の重なり合うことを容認し，そのことを楽しめる段階への準備を進める。当然，最初に赤ん坊と遊ぶのは母親である

が，母親はむしろ赤ん坊の遊びの活動に調和しようと心を配る。しかし，まもなく母親は自分の遊びを導入するだろうが，彼女は赤ん坊というものは自分自身のものではない考えの導入を好んだり，好まなかったりする能力に応じてまちまちであることを理解するだろう。

このようにして，ある関係性のなかで一緒に遊ぶことへの道が開かれていくのである。

[「遊ぶこと：理論的陳述」Playing : A Theoretical Statement, p. 48]

8 遊ぶことと精神療法

ウィニコットにとって，精神療法は二人が一緒に遊ぶこと，つまり，二人が潜在空間を使用できることを含んでいる。

> **精神療法は二つの遊ぶことの領域，つまり，患者の領域と治療者の領域が重なり合うことで成立する。精神療法は一緒に遊んでいる二人と関係がある。このことの当然の帰結として，遊ぶことが起こり得ない場合に，治療者のなすべき作業は，患者を遊べない状態から遊べる状態へ導くように努力することである。**

[「遊ぶこと：理論的陳述」Playing : A Theoretical Statement, p. 38]

このような方法で，ウィニコットは精神分析における治療関係に新たな強調点を置き，それは静かにではあるが，根本的にフロイト派のやり方を変えたのである。フロイト派の解釈は，分析家が患者の無意識について何かを**理解する**ことに重点が置かれている。それに対して，ウィニコットは**遊ぶこと**と遊ぶ能力がより重要であると考えている。実際，彼にとって精神分析は，「遊ぶことを高度に特殊化した形態である」。

> ……**遊びこそが普遍的であり**，健康に属するものである。すなわち遊ぶことは成長を促進し，健康を増進する。また，遊ぶことは集団関係を導く。また，遊ぶことは精神療法においてコミュニケーションの一形態になりうる。そして，最後に精神分析は，自己と他者とのコミュニケーションのために，遊ぶことを高度に特殊化させた形態として発展してきたのである。

遊ぶことは人間本来のものであるが，精神分析は高度に洗練された20世紀的現象である。フロイトに負うところのものだけではなく，遊ぶことと呼ばれる人間本来の普遍的なものに負うところもまた，常に心にとめておくことは，分析家にとって価値のあることに違いない。
　　　　　　[「遊ぶこと：理論的陳述」Playing: A Theoretical Statement, p. 41]

ウィニコットは子どもの治療者に，遊びの空間は解釈より重要であると述べている。まさにそれは解釈を行う分析家の巧みさよりも，むしろ子どもの創造性を考慮しているからである。

　　　ここでの私の目的は，子どもが遊ぶことのなかには，すべてのものがあるということを忘れないようにしてもらうことである。精神療法家は遊ぶことの素材とか内容について作業しているのであるが，設定された職業的な時間においての方が，時間が無制限にある家庭の床の上での体験よりはっきりした布置が現れやすいのは当然のことである。しかし，もし，私たちのやることの基礎が，空間と時間を占める創造的体験であり，患者にとって非常にリアルなことである遊ぶことにあると知るのなら，私たちの作業は理解しやすくなる。
　　　以上のような観察結果によって，深層に及ぶ種類の精神療法がいかに解釈的作業を与えずに行えるか，理解しやすくなる。このよい例が，ニューヨークのアクスライン（Axline, 1947）の研究である。彼女の精神療法についての研究は，私たちにとって非常に重要である。私はアクスラインの研究を，ある特別な意味で評価している。というのは，その研究が私の「治療相談」の報告のなかで強調した点と共通しているからである。つまり，治療上重要なのは，私の才気ばしった解釈の瞬間ではなく，**子どもが自分自身を突然発見する**瞬間なのである。
　　　　　　[「遊ぶこと：理論的陳述」Playing: A Theoretical Statement, pp. 50-51]

分析家の仕事は，子ども，あるいは患者が自分自身について何かを発見できるような空間を作り出すことである。ウィニコットは，分析家の解釈が見せ掛けの分析の結果である患者の偽りの自己を発達させることの危険性を仄めかしている（自己：7, 10 参照）。

素材が熟していないときの解釈は教化であり，迎合を生み出す。その当然の結果として，抵抗は，患者と分析家が一緒に遊ぶことが重なり合う領域の外から与えられた解釈から生じる。患者の遊ぶ能力がないとき，解釈は助けにならないばかりか混乱をまねいてしまう。相互に遊ぶことがあるときに，受け入れられた精神分析の原則に従った解釈が，治療的作業を進めることができるのである。精神療法をやろうとするのなら，**この遊ぶことは自発的でなければならないし，決して盲従的であったり，追従的であってはならない**。

[「遊ぶこと：理論的陳述」Playing: A Theoretical Statement, p. 51]

　この自発的な身振りは，本当の自己からくる。そして，自発的になりえる個人は，創造的に生きているのである。創造的活動としてこのようなテーマや遊ぶことは，ウィニコットの著書『遊ぶことと現実』（W10）のなかの，特に第4章，「遊ぶこと：創造的活動性と自己への探求」のなかで大きく取り上げられ，調べられている（創造性：6；自己：11 参照）。

出 典

1936 「食欲と情緒障害」Appetite and Emotional Disorder ［W6］
1942 「なぜ子どもは遊ぶのか」Why Children Play ［W7］
1946 「正常な子どもとはどんな子ども」What Do We Mean by a Normal Child? ［W7］
1971 「遊ぶこと：理論的陳述」Playing: A Theoretical Statement ［W10］

移行現象

transitional phenomena

1　人間の本性についての三重の見解
2　真の自分でない対象は所有物である
3　移行対象と象徴化への道のり
4　移行対象の機能
5　文化的経験
6　友情と集団
7　潜在空間と分離

　移行現象という概念は，内的現実にも外的現実にも属していない生きていることのある重要な側面についてのものである。むしろそれは内的現実と外的現実を結びつけたり分離したりする場所である。ウィニコットはこの重要な側面を示すのに多くの用語を用いた——第三の領域，中間領域，潜在空間，休憩所，文化的経験の場。
　発達的に移行現象は，生まれる以前までも含めた母子一対の関係の始まりから生じる。ここに文化，存在すること，創造性が位置づけられる。
　幼児が自分でないものから自分を分離し始めるにつれて，絶対的依存から相対的依存の段階へと進みながら，幼児は移行対象を利用する。この必然的な発達の道のりは錯覚の使用，象徴の使用，そして対象の使用を導く。
　移行現象は遊ぶことや創造性と分かちがたく結びついている。

1　人間の本性についての三重の見解

　1951年にウィニコットが，大きな反響を呼んだ論文「移行対象と移行現象」を著す以前には，内側と外側の間の空間を説明する精神分析の文献はなかった。フロイトの快感原則が現実原則に移っていくという一連の発達概念は，人

間の幼児が通らねばならない移行についての理解に貢献したが，移行過程それ自体には焦点が当てられていなかった。メラニー・クラインは内的世界と幼児の空想に注目したが，ウィニコットの考えでは，幼児に知覚される外的世界の影響には十分注意を向けられていなかったように思われる。多くの仕事はまた，幼児が彼固有の主観的状態から誕生し，より客観的になり，象徴的に考えることができ始める時期における人間の発達という視点に基づいてなされていた。30年以上にわたる母親と子どもを相手にした仕事とおよそ20年間の精神分析家としての仕事の後に，ウィニコットは自分が完全には主観的でも客観的でもない中間領域を仮定していることに気づいた。

> 人間の本性について述べることは，対人関係の用語を用いた場合には，機能について想像力で練り上げ，抑圧された無意識を含んだ意識的・無意識的双方の空想すべてを考慮に入れてさえも，不十分であることは広く知られている。過去20年間の研究から生まれた人間について述べるもう一つの方法があり，それは（限界膜や内側や外側とともに）一つのユニットとなる段階にまで到達したすべての個人について，その個人にとっての**内的現実**や，豊かにも貧困にも，そして平和な状態にも闘争状態にもなり得る内的世界が存在するということを示唆している。
>
> 私の主張は，もしこの二重の見解が必要とされるのなら，三重の見解が必要とされるということである。人間生活には第三の部分，われわれが無視できない部分，**経験すること**における中間領域が存在し，それに対して内的現実と外的生活の両方が寄与する。それは問題にされていない領域である。なぜなら，それがいまだ相互関係がばらばらの内的そして外的な現実を保持するという知覚における人間的課題に没頭している個人にとって，休息場所として存在しているであろうということ以外にはそれを支持する主張がないからである。
>
> ［「移行対象」Transitional Objects, p. 230］

ウィニコットは，新生児の拳や指や親指の使用と，（3カ月から12カ月くらい）年長の幼児のテディベアや人形，あるいは柔らかいおもちゃ，時には指しゃぶりとの関連を観察することから，第三の領域のこういった認識に至った。

新生児が拳を口に突っ込む活動に始まり、やがてついにはテディベアや人形、柔らかいおもちゃ、あるいは硬いおもちゃへの愛着に至る一連の出来事には、幅広いバリエーションが見受けられる。

ここでは、口唇的な興奮や満足があらゆることの基礎かも知れないが、それら以外の何かが重要であることも明らかである。他の多くの重要な事柄のなかには、以下のようなことが含まれている。

対象の性質。

対象を「自分でない」ものと認識する幼児の能力。

対象の場所――外側か、内側か、あるいはその境界線上か。

対象を創造し、思い描き、工夫し、考案し、生み出す幼児の能力。

愛情のこもった対象関係様式の始まり。

[「移行対象」Transitional Objects, pp. 229-230]

2 真の自分でない対象は所有物である

幼児や子どもが取り込む外的対象は彼の最初の所有物である。観察者の視点から言い換えれば、それは幼児の旅路の象徴だが、その旅路は絶対的依存の期間に幼児のニードに対する母親の適応の経験からはじまり、相対的依存の時期には幼児は母親が自分でないことを見いだし始め、今やいわば自分の二本の脚で立ち始めなければならないことを認識し始めるようになるものである（依存：1, 6 参照）。このように、外的対象は養育のすべての構成要素を表しているが、それはまた幼児が自ら必要とするものを**創造する**能力を示してもいる。これはいかに移行対象が幼児の最初の所有物であるかということを述べたものである。彼がそれを創造したがゆえに、それは真に彼のものなのである（創造性：2；依存：6 参照）。

個々の幼児はそれぞれ最初の所有物を生み出す独自の方法を発見する。

> ある幼児たちの場合には、親指は口のなかに置かれ、一方で他の指は前腕を回内・回外運動させることによって顔を優しく撫でる。そのとき口は親指と関連して動くが、他の指とは関連しない。上唇かどこか他の部分を撫でている指は口を満足させている親指以上に現に重要であることも、あるいは重要になってくるかも知れない。さらにいえば、この愛撫活動はより直接的な親指と口の

結びつきがなくても単独で見られるかも知れない。

一般的には，以下のようなことのうちの一つが起こって親指しゃぶりのような自体愛的な経験を複雑にする。

1. もう一方の手で赤ん坊は外的対象，たとえば敷物や毛布の一部を，指と一緒に口のなかに入れる。あるいは，
2. 何とかして布の一部をつかもうとし，しゃぶろうとするが，実際にはしゃぶられないこともある。当然のことながら用いられる対象にはナプキンや（後には）ハンカチが含まれ，そしてこれは何がたやすく確実に手に入るかによる。あるいは，
3. 赤ん坊は最初の数カ月から毛糸をむしりとって集め，そしてそれを愛撫的な活動の一部のために用い始める。まれであるが，毛糸が飲み込まれて問題を起こすことさえある。あるいは，
4. 「マムマム」という音や，片言，おなら，最初の音楽のようなものなどと同時に口をもぐもぐさせる。

[「移行対象」Transitional Objects, pp. 231-232]

移行対象は必ずしも実際の対象ではない。それは以下のようなものかも知れない。

　……言葉やメロディーや癖は，幼児が眠りにつく際に使用するものとして決定的に重要になる。そしてそれは不安，とりわけ抑うつ的な不安に対する防衛である。

[「移行対象」Transitional Objects, p. 232]

両親たちは直感的に，彼らの子どもにとってこれらの対象が重要であることを理解している。

　両親はその価値を知るようになり，旅行の際にもそれを持って回る。母親はそれを洗うことによって幼児の経験の連続性に断絶をもたらし，その断絶が幼児にとっての対象の意味と価値を破壊するかも知れないことを知っているので，それが汚れても臭ってさえいてもそのままにしておく。

[「移行対象」Transitional Objects, p. 232]

両親は，幼児にとって移行対象は口や乳房のように確かに幼児の一部であるということを知っているように思える。

> ……両親はこの対象が引き続いてあらわれるテディベアや人形やおもちゃ以上の役割を果たしていることをすばやく理解し，これを尊重する。移行対象を失った幼児は，同時に，口と乳房，手と母親の肌，創造性と客観的な知覚のそれぞれ両方を失うのである。この対象は個人の精神と外的な現実との間の接触を可能にする架け橋の一つである。
> 　　　　　　［「集団の影響と不適応を起こした子ども」Group Influences and the Maladjusted Child, 1955, p. 149］

ウィニコットは対象の選択は別として，男の子と女の子の移行対象の用い方に違いがないことを観察している。

> 幼児の生活において，テディベアや人形や硬いおもちゃが徐々に手に入れられる。男の子は硬い対象をある程度繰り返し用いる傾向があり，一方で女の子は家族の獲得へとまっすぐに進んでいく傾向がある。しかしながら，男の子と女の子の間には私が移行対象と呼んでいる**最初の自分でない所有物の使用においては顕著な違いがない**ことに注意することが大切である。
> 　　　　　　　　　　　　［「移行対象」Transitional Objects, p. 232］

移行対象は子どもが音を使用できるようになるにつれて，子どもによって名づけられるのが普通である。そして通常は，大人によって用いられた言葉がそのなかに部分的に取り入れられている。たとえば，「ばー baa」は名前かも知れず，「b」は「赤ん坊 baby」あるいは「くまさん bear」といった大人が用いた言葉に由来するのかも知れない。言語の獲得はこれに関係があるのかも知れないが，ウィニコットが強調したのは，幼児の個人的言語の創造についてである。

移行対象には他にも多くの側面があり，それはウィニコットが「関係における特別な性質」として述べたことすべてである。彼は七つの性質を挙げている。

1. 幼児は対象に対して権利があるものと思い，私たちはこの想定に同意する。それにもかかわらず万能感がいくらかなくなることがはじめからの特徴である。
2. 対象は興奮して愛され手足をもがれたりするかと思うと，愛着をこめて抱きしめられたりもする。

[「移行対象」Transitional Objects, p. 233]

ウィニコットは「愛着」という言葉を幼児の移行対象の使用と大いに関連させて用いている。「興奮して愛されるのと同時に愛着をこめて抱きしめる」というのはつまり，母親との関係における幼児の静かな状態，そして興奮した状態と関連している。発達のこの段階で，幼児は興奮して愛している対象としての母親と，静かなときの母親である環境としての母親にまつわる経験と，内面で戦わねばならないのである。移行対象は，これら二つの母親と関わり，二つの母親を一緒にすることの再演を通じて，幼児によって使用されているとみなしうる（攻撃性：6, 9；思いやり：3；依存：6, 7参照）。これは以下のポイント3と4にあてはまる。

3. それは幼児によって変えられない限り，決して変化してはならない。
4. それは本能的な愛や憎しみに対して，そしてそれが純粋な攻撃性の様相を呈していても，それらに耐えて生き残らなければならない。
5. しかしながらそれは幼児に，暖かさを与えたり，動いたり，質感を持っていたり，それ自身の生命力や現実性があると思わせる何事かをなさなければならないようである。
6. それはわれわれの観点ではないところから生じるが，それは赤ん坊の観点からでもない。それはまた内面から生じるのでもなく，幻覚でもない。
7. その運命は徐々に脱備給されるままになり，そのため数年の経過で，それは忘れ去られるのではなく，むしろリンボ界*のかなたへと追いやられる。このことによって私が言いたいのは，健康な場合，移行対象は「内面へ行く」のではなく，それについての感覚が必ずしも抑圧を受けるのでもないということである。それは忘れ去られないが，嘆かれることもしない。それは

＊（訳注）　リンボ界とは，キリスト生誕以前の聖人や水子の霊魂が行く場所。つまり天国でも地獄でもない曖昧な領域ということ。

意味を失う。これは移行現象が「内面の心的現実」と「二人の人間によって共通に知覚されるような外的世界」の間の中間領域全体，つまり文化的領域全体に拡散し，広がっていくためである。

[「移行対象」Transitional Objects, p. 233]

　この最後の項目が移行対象を独特な対象にしており，それは発達過程にある幼児にとってばかりでなく，精神分析理論の発達にとってもまたそうである。従来，精神分析理論において対象は内面化されるか失われるかであった。ここで初めて対象は内面化されず失われもしないで，むしろ「リンボ界のかなたに追いやられた」。しかし，なぜ？

　対象関係から対象の使用への移行がいったん始まれば，移行対象それ自体は，ひとりでに，もはや幼児に必要とされなくなる。なぜなら，その使命がいわば終わるからである。今や小さな子どもは，内面と外界を別々に，しかし相互関係を保ちつつ，「自分」と「自分でないもの」を区別し，**さらに第三の領域で生活することができる**。これがウィニコットが述べた「全体的な文化的領域」への「拡散」や「広がること」である。15年後，ストレイチー（Strachey）によるフロイト全集の翻訳完成祝賀会の際に，ウィニコットは文化の位置づけというテーマを披露したが，それは1967年に「文化的経験の位置づけ」（創造性：3；遊ぶこと：1, 2参照）という論文になった。

　幼児の移行対象の使用と，両親のこの遊びを受け入れる能力は，すでに早期の母-子関係において確立された基礎を足場にしている（存在すること：1, 3；創造性：1；遊ぶこと：2参照）。

3　移行対象と象徴化への道のり

　移行対象は観察者から見れば，幼児が自らの環境について経験する一つの側面の象徴である。しかし，そうだからといって移行対象を使用する幼児が，象徴を使用する能力を獲得したという意味ではなく，むしろ幼児は象徴を使用するに至る**途中**にいるのである。このように移行対象は対象関係から対象の使用へという発達の移行段階を示しているのである（攻撃性：10参照）。

　　　毛布の切れ端（あるいは何であれ）は，乳房のような何らかの部分対象の象

> 徴であるというのは事実である。それにもかかわらずその重点は，その象徴的価値ではなく，むしろその実在にある。それが乳房（あるいは母親）そのものではないということは，それが乳房（あるいは母親）を表すという事実と同じくらい重要である。
>
> 象徴化が用いられるとき，幼児はすでに，空想と事実，内的対象と外的対象，原初の創造性と知覚をはっきりと区別している。しかし，移行対象という用語は，私の提案に従えば，相違と類似を受け入れられるようになる過程の可能性を表している。ゆくゆくは象徴の根源に対する用語，純粋な主観性から客観性へと向かう幼児の旅を記述する用語を用いる必要性があると私は考えている。そして移行対象（毛布の切れ端など）は，経験することへと向かうこの発展の過程として理解されるものであるように私には思える。
>
> [「移行対象」Transitional Objects, pp. 233-234]

ウィニコットは，象徴化は幼児の発達段階によるが，変わりやすいものであるとしている。

> 象徴化は個人の発達過程においてのみ適切に研究されうるものであり，せいぜいのところ変わりやすい意味しか持っていないように思われる。たとえば，私たちが聖餐に用いるパンをキリストの体の象徴と見なす場合，ローマ・カトリック教団ではそれは**まさに**キリストの体であるが，一方プロテスタント教会においては，それは**代用品**，暗示であり，実際のところ，本質的には体そのものではないと言えると思う。しかし，いずれにせよそれは象徴である。
>
> あるスキゾイドの患者がクリスマスの後に，そのお祝いで彼女を楽しんで食べたかと私に尋ねた。それから，**私が彼女を本当に食べたのか，それとも空想のなかでのみそうだったのか**と尋ねた。私は彼女がどちらか一方の答えでは満足できないことを知っていた。彼女の分裂は二重の答えを必要としていたのである。
>
> [「移行対象」Transitional Objects, p. 234]

私たちが想定する「二重の答え」とはウィニコットが空想においても現実にも彼女を食べるということであるが，それはローマ・カトリック教会における変質（transubstantiation）という教義に似ている。

4 移行対象の機能

最初に幼児は自分が乳房を作り出せることを信じる必要がある。幼児はお腹が空いている。泣いている。乳房がちょうど適当な時期に与えられて，自らが必要とするものを得る。このこと全体が幼児に自分が乳房を創造したことを信じさせる。これは必要な錯覚である（母親：4参照）。いったん錯覚が確立されると，幼児の相対的依存の期間における母親の機能は，彼を**脱錯覚**することになる。幼児は主観的に理解する代わりに客観的に知覚し始める（依存：6参照）。しかし，——そしてこれはウィニコットの理論にとって決定的に重要である——もし幼児がこの錯覚の経験を十分にもつことができなかったならば，彼は客観的に知覚することができないであろうし，自分と自分でないものとの違いを導き出すことに関わる過程は歪められるであろう。

> 誕生したときから……人間は客観的に知覚するものと主観的に思いつくものとの関係にまつわる問題に関わっており，この問題の解決において，母親によって十分に良く出発させられなかったならば，その人間は健康ではいられない。**私が述べている中間領域とは，幼児にとって原初の創造性と現実吟味に基づく客観的知覚の間に存在することを許されているような領域である**。移行現象は錯覚の使用の初期段階を示しており，それがなければ，その人にとって外界に存在すると知覚される対象との関係の観念は，人間にとって意味あるものではなくなってしまうだろう。
>
> ［「移行対象」Transitional Objects, p. 239］

ウィニコットは彼の考えを二つの図式に表した。最初のもの（図19）は，原初の母性的没頭の時期にある母親による対象表象が，どのようにして幼児に自ら必要とするものを創造するという錯覚を導くかを表している。そして二番目のものは錯覚の領域がどのようにして移行対象という具体的なものへと変形されるかを示している。

　　図20には，錯覚の領域に，私が移行対象と移行現象の主要な機能と考えているものを示すための図式が表現されている。移行対象と移行現象は，各々の

図19　　　　図20

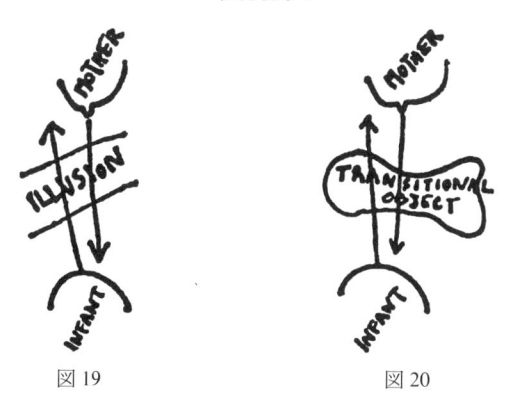

人間を，彼らにとって常に重要であるはずのものから出発させる。すなわちそれは決して挑戦されることのない経験の中間領域である。**移行対象とは，私たちと赤ん坊との間の合意の問題であり，私たちが「あなたはこれを思いついたの，それともそれは外からあなたに提示されたの？」とは決してたずねないであろうということである。重要なのは，これについては何の結論も期待されないということである。質問自体がなされるべきではない。**

[「移行対象」Transitional Objects, pp. 239-240]

移行現象についての論文に先立つ1年前に書かれた別の論文「剥奪された子ども，子どもはいかにして家庭生活の喪失を埋め合わせることができるか」(1950) において，ウィニコットはさらに少しばかり，その質問がなぜなされてはならないのか説明している。

　……あらゆる子どもが経験する困難の一つは，主観的現実を客観的に知覚することができる共有された現実と関係づけることである。起きている状態から眠りへと移行するときに，子どもは知覚された世界から自ら創造した世界へ跳躍する。その中間には，あらゆる種類の移行現象——中立地帯が必要である。私はこの大切な対象を，この現実が世界の一部なのかそれとも幼児によって創造されたものなのか，と主張するものはいないであろうという暗黙の了解が存在することを述べることによって説明したい。これら両方が真実であることは理解されるだろう。幼児はそれを創造し，世界はそれを提供するのである。これは，普通の母親が自分の子どもがやりとげられるようにする最初の課題の更

なる続きであり，そのとき最も細心の注意を要する積極的なやり方によって，母親は自分自身を，おそらく自分の乳房を，赤ん坊が母親の提供する乳房のような何かを創造する用意ができる無数の機会に提供しているのである。

[「剝奪された子ども」Deprived Child, pp. 143-144]

「起きている状態から眠りへと移行するとき」は――睡眠や夢を見ること，無意識そして「主観的現実」に属する「内面の」世界と，環境や「自分でないこと」としていっそう意識的に知覚された「共有された現実」に属する「外界の」世界――二つの違った世界の本質をはっきりと描いている。移行対象は，これら二つの状態をつなぐものとして幼児によって利用されているとみなすことができる。それはとりわけ，眠りにつく際に幼児が移行対象を必要とすることを説明する。この時点で，幼い子どもはすでに中間領域で生きているが，ウィニコットの指摘によれば，だれもが内側と外側との相互関係にまつわる戦いを解決してはいない。

> ここにおいて，現実を受容するという課題は決して完成されない。内的現実と外的現実を関連づける際の緊張から逃れられる人間はいないのだが，挑戦されることのない経験の中間領域（芸術や宗教など）によってこの緊張は和らげられるように思われる。この中間領域は，遊びに「没頭」している小さな子どもの遊びの領域と直接的につながっている。
>
> [「移行対象」Transitional Objects, p. 241]

移行現象と関連したテーマは，ウィニコットの著作で大きな役割を果たしており，彼の著作，『遊ぶことと現実』の各章は，すべて移行現象の異なった側面と関連している。

5 文化的経験

一つの章で，ウィニコットは「私たちが生きている場所」(1971) を検討している。

> 私は抽象的な意味で言葉を用いるのだが，私たちが人生を経験している際に

大部分の時間存在している場所について検討したい。
[「私たちが生きている場所」Place Where We Live, p. 104]

ここで，ウィニコットは早期の母子関係を大人の人生や生活の中へと押し広げている。彼は二つの極端な状態を見ており，それは行動と内面生活である。

> 人間の生活を考慮する際に，行動や条件反射，そして条件づけの面から表面的に考えようとする人たちがおり，これはいわゆる行動療法に通じる。しかし私たちの大部分は，人間の行動，あるいは観察できる外側の生活に自分たちを制限してしまうことにうんざりしている。というのは，それらは好むと好まざるとにかかわらず，実際には無意識に動機づけられているからである。対照的に，「内面の」生活を強調する人たちがいるのだが，彼らは経済的影響や飢餓そのものさえも，神秘的な経験に比べればほとんど価値を持たないと考えている……。
>
> 私はこれら二つの極端な状態の間に入り込んでみようと思う。私たちの生活を観察すれば，私たちはおそらく自分たちが大部分の時間をついやしているのは行動でも沈思黙考でもなく，何かほかの場面に使っていることを見いだすだろう。私は，それはどこかと尋ね，それに答えを出すことを試みたい。
> [「私たちが生きている場所」Place Where We Live, pp. 104-105]

ウィニコットの指摘では，精神分析の文献は私たち皆が日々の生活を送っている場所についての質問には答えていない。

> たとえば，ベートーベンの交響曲を聴いているとき，絵画ギャラリーを巡っているとき，ベッドで「トロイロスとクレシダ」を読んでいるとき，テニスをしているときに私たちは何をしているのだろうか？　母親に守られながら，床に座っておもちゃで遊んでいる子どもは何をしているのだろうか？　十代の子どもたちのグループは，ライブに参加しながら何をしているのだろうか？
>
> それは，私たちが何をしているか？　ということだけではない。その質問はまた，私たちがどこにいるのか？（もし，ともかくどこかにいるとして）という答えを必要としている。私たちは，内面のそして外界の，という概念を用いてきたが，ここで第三の概念がほしい。私たちが実際のところ大部分の時間し

ているとき，すなわち楽しんでいるときに，私たちはどこにいるのだろうか？
[「私たちが生きている場所」Place Where We Live, pp. 105-106]

ウィニコットの答えは，私たちは健康な場合，中間地帯，第三の領域，移行空間に生きているというものである。そして，私たちが生まれついた文化によって，読書やサッカーやダンスなど，違ったやり方で喜びを追い求める。しかしながら，原初の文化は早期の母子関係である（創造性：3 参照）。

これらの文化的活動の追及において，私たちの自己体験は高められ発展する。これらの活動すべてが人生の質を高めることに貢献している。

　……遊ぶことと文化的経験は私たちが特別に評価している事柄である。これらは過去や現在，未来と結びついている。**それらは時間と空間を獲得する**。それらは私たちの集中した意図的な注意を求めるが，しかし意図的とはいっても過剰な努力によって意図的なものではない。
[「私たちが生きる場所」Place Where We Live, p. 109]

マリオン・ミルナー（Marion Milner）は彼女の仕事全体を通じて経験の第三領域について多くの文献を書いた。そして彼女の考えはウィニコットに対応して発展した。『絵が描けないことについて』（*On Not Being Able to Paint*）はおそらく移行現象というテーマに対する彼女の最大の貢献である。

6　友情と集団

母子関係における自我の関係性，そこは存在すること，創造性，未統合，そして文化的経験が位置づけられる場所であり，ウィニコットによって「そこから友情が作られる原料」とみなされている（「一人でいられる能力」1958, p. 33）。遊んだり友達を作ったりすることを可能にする能力は，母親や環境（父親，同胞など）との関係における原初の喜びに由来する。

　ある大人たちが仕事においてたやすく友人や敵をつくる一方で，また別の人たちは何年間も下宿でじっとすわっていて，自分たちを求めているように思える人がだれもいないのはなぜだろうかと，ただ不思議に思っているのとちょう

ど同じように，子どもたちは遊びのなかで友人や敵をつくるのだが，遊びを離れては簡単には友人をつくれないのである。遊びは情緒的な関係の始まりとなる構造を提供し，そうすることによって社会的な接触が発展するのを可能にする。

[「なぜ子どもは遊ぶか」Why Children Play, 1942, pp. 144-145]

友人をつくり，友情を維持する能力は一人でいられる能力に基づいている（一人：1, 2 参照）。実際のところ，ウィニコットの主張に基づく友情の説明には，友人を心のなかで持ち続ける一方で，分離していることを認識している能力を必要とする。友情による関係のなかに文化的な楽しみを得ようとすることは，個々人の間の移行空間を使用するということである（遊ぶこと：7 参照）。

ここからさらに，ウィニコットは非常に満足な移行現象の経験は，恍惚あるいは「自我オルガスム」という観点から考えることができると思いをめぐらしている。彼は次のように質問する。

……ただ，自我オルガスムとしての恍惚感について考える価値があるかどうか。普通の人間の場合，コンサートや，劇場や，友情において得られるような大変満ち足りた経験は，自我オルガスムという言葉を用いるに値するかも知れない。この言葉は絶頂感とその重要性に注意をひきつけるからである。

[「一人でいられる能力」Capacity to Be Alone, p. 35]

「自我オルガスム」という表現は，喜び，幸福，そして創造的な生活に含まれるあらゆる側面を記述するものとして，ウィニコットによって特に再び言及されることはなかった。1960 年に，ラカン（Lacan）は同様の現象を「享楽 jouissance」と呼び，その後 1989 年にはボラス（Bollas）によって『運命の力』のなかで取り上げられた。

享楽とは主体の奪うことのできない恍惚感であり，実質的には合法的で避けることができない欲望追求の義務であると言ってもよい。

[Bollas, 1989a, pp. 19-20]

幸福の追求は移行空間において生じ，そこで満足は得られるかも知れない

し，そうでないかも知れない。もし欲求が本当の自己からやってくるのなら，それを「リアルであると感じる」であろうと同じくらいにより多くの満足な結果を得る機会が存在するだろう。

ウィニコットは文化的な追求が，遊びを通じて第三の領域において生じると考えている。

> ……普遍的で，健康に属しているのが遊びであり，遊ぶことは成長を促し，それゆえに健康を促進する。遊ぶことはグループ関係を導く。遊ぶことは精神療法においてコミュニケーションの一形態となりうる。そして最後に，精神分析はその人自身と他人とのコミュニケーションのために，遊ぶことを高度に特殊化した形態として発展してきている。
>
> 遊ぶことは自然なことであり，その高度に洗練された20世紀の現象が精神分析である。
>
> [「遊ぶこと：理論的陳述」Playing: A Theoretical Statement, 1971, p. 41]

7 潜在空間と分離

幼児は母親と融合することによって，良いスタートを切る必要がある。この経験は，もしすべてがうまくいけば，母親のなかに存在し，母親のもとに生まれ，母親とともに生きているという良い経験を内面化することを通して，幼児に母親への依存や信頼を導く。幼児が発達し，絶対的依存の段階を乗り越えるにつれ，幼児はそこから分離し，内面と外界の違いを理解するために，自分でないものとして母親を拒絶する必要がある。これが起こるにつれて，母親は脱適応（de-adapt）することを始めなくてはならず――それは，覚えているであろうが，母親自身の要求である――，そしてその結果，幼児は脱錯覚される。

> 母親と融合した段階にいるときから，赤ん坊は自己から母親を分離する段階にあり，母親は赤ん坊のニードに対する適応の程度を弱めている（それは母親が赤ん坊との高度な同一化から回復するためであり，そしてまた赤ん坊の新たなニード，分離した現象として母親を必要としていることを理解するためでもある）。
>
> [「私たちが生きる場所」Place Where We Live, p. 107]

ウィニコットは，この期間を精神療法において，患者が信頼と依存を経験しつつ，分離と自律性を獲得する必要がある時期になぞらえている。

> 母親と一緒にいる赤ん坊の場合のように，治療者が患者を喜んでさせようという態度がなかったなら，患者は自律的にはなりえない……。
> [「私たちが生きている場所」Place Where We Live, p. 107]

ウィニコットは分離というような事態は存在せず，ただ分離の恐れのみがあるという逆説を提起している。これは一人でいられる能力が，別の人間がいるときに一人でいる経験に基づいて作りあげられるという同様の逆説に基づいている。その意味では，無意識的な空想においては，存在することの連続性が危機にさらされてしまっている場合以外には，真に一人でいられる者はいない。

> 人間にとっては，分離というものはありえず，ただ分離の恐れのみがあると言うことができるだろう。そしてその恐れは最初の分離の経験に応じて最大にも最小にも外傷的となるのである。
> 人はこうたずねるかも知れない。主観と客観，赤ん坊と母親の分離は実際のところどのように生じ，またどのようにして関係する者すべてが利益を得られるように生じ，しかも大多数の事例においてそのように起こると思われるのか？　そして分離が不可能であるにもかかわらずこれが起こるのは一体どうしてなのか？（この逆説は耐えられねばならない）。
> [「私たちが生きている場所」Place Where We Live, p. 108]

母親の幼児に対する共感や，治療者の患者への共感を通じて，幼児/患者は依存から自立へと移っていく際に，安心であることを内面化し感じることができる。この安心と信頼を通じてのみ，潜在空間は生じ始める。ウィニコットは，幼児が母親から分離する時点で，幼児は同時に遊ぶことや文化的経験によって潜在空間を満たしている，という逆説を提起している。

> 赤ん坊の母親の信頼性に対する確信，そしてその結果として生じる他人や他の物事への確信は，自分から自分でないものを区別することを可能にする。しかしながら，同時に，創造的な遊びや，象徴の使用，そして最終的には結局文

化的な生活ということになるあらゆるもので潜在空間を満たすことによって，分離は回避されているということができるだろう。
[『私たちが生きる場所』Place Where We Live, p. 109]

ウィニコットが述べている「回避」は，ここでは主観的対象と関連した内的現象を記述するもう一つの方法である。それゆえ，自律性は**空想のなかで**経験された結びつきが持続していることを暗示している。移行対象の使用は，赤ん坊の最初の対象について，拒否と内面化の両方が成立しているものであるとみなしうる。

分離というものは決して存在せず，ただ分離の恐怖のみが存在するというこのウィニコットの概念を，彼は何ら詳細には追求していないが，移行空間が分離し集合するその両方の場であるがゆえに，それは移行現象という概念の中心にある。これは耐えられなければならず，解決されることのない逆説である。

　　移行対象と移行現象は，各々の人間を，彼らにとって常に重要であるはずのものから出発させる。すなわちそれは決して挑戦されることのない経験の中間領域である。**移行対象とは，私たちと赤ん坊との間の合意の問題であり，私たちが「あなたはこれを思いついたの，それともそれは外からあなたに提示されたの？」とは決してたずねないであろうということである。重要なのは，これについては何の結論も期待されないということである。質問自体がなされるべきではない。**
[「移行対象」Transitional Objects, pp. 239-240]

その逆説は，「分裂排除した知的機能への逃避」を通じて解決されうるが，そのときその価値は犠牲にされる。

　　この逆説は，いったん受け入れられ耐えられれば，すべての人間個人にとって価値を持つものとなる。そうした個人はただ生きてこの世で生活しているだけでなく，過去や未来との文化的つながりを利用することによって，無限に豊かになることができるのである。
[『遊ぶことと現実』*Playing and Reality*, 1971, p. xii]

出　典

1942　「なぜ子どもは遊ぶか」Why Children Play［W7］
1950　「剝奪された子ども」The Deprived Child and How He Can Be Compensated for a Loss of Family Life［W8］
1951　「移行対象と移行現象」Transitional Objects and Transitional Phenomena［W6］
1955　「集団の影響と不適応を起こした子ども」Group Influences and the Maladjusted Child［W8］
1958　「一人でいられる能力」The Capacity to Be Alone［W9］
1971　「私たちが生きている場所」The Place Where We Live［W10］
1971　『遊ぶことと現実』*Playing and Reality*［W10］
1971　「遊ぶこと：理論的陳述」Playing: A Theoretical Statement［W10］

依存

dependence

1　依存の行程
2　依存の事実
3　「女性」恐怖
4　相対的依存
5　脱適応と失敗
6　知的理解の始まり
7　気づき——自立に向かって

　ウィニコットにとって，幼児が環境に依存しているという事実は，子どもの情緒発達のありようを決定する大きな要素の一つである。ウィニコットは三つの依存段階を仮定している。それは「絶対的依存」，「相対的依存」，「自立に向かって」である。幼児が最初の二つの依存段階でうまくやり抜くことができるかどうかは，発達の初期段階からほどよい環境が提供されるか否かにかかっている。これら二つの発達段階の達成によって成熟の段階——つまり「自立に向かって」が促進されるのである。

1　依存の行程

　ウィニコットが述べた連続的な依存段階に関しては，1960年代の研究に見いだすことができる。とりわけ彼の2番目の理論的論文集といえる『成熟過程と促進環境』(W9) に収められた三つの論文「親と幼児の関係に関する理論」(1960)，「健康なとき，危機にあるとき，子どもに提供できること」(1962)，「個体の発達における依存から自立へ」(1963) は重要である。
　本質的にウィニコットは，個体の情緒発達を絶対的依存（彼の50年代の論文では，しばしば「二重依存 double dependence」という言葉でふれられている）から自立へと向かう行程として考察している。この行程の最後の段階を

ウィニコットは「自立に向かって」と名づけているが，この概念はどのような人も完全な自立には至らないということをほのめかしている。発達段階は個体の内的世界とダイナミックに関連している。それ故，たとえば，大人の生活は責任を伴った相互依存によって特徴づけられているが，病気になったときなどには，大人も絶対的依存段階へと再び投げ返される場合もあるのである。

「親と幼児の関係に関する理論」において，三つの依存段階が手短に定義されている。

> 依存
> 抱える段階にあっては，幼児は最大限の依存状態にある。以下のように依存を分類することができる。
> （ⅰ）絶対的依存。この状況下にある幼児は，母親による養育について知る術を持っていない。ここでいう母親による養育には予防の問題も大きく関わっている。幼児は，物事がうまくいっているかそうでないかをコントロールすることはできず，ただ利益を得るか，あるいは逆に困難に苦しむか，といった状況にいるだけである。
> （ⅱ）相対的依存。この頃になると幼児はきめ細かい母親による養育が必要であることに気づき，成長に伴って母親による養育を自らの衝動と結びつけられるようになる。そして後になって，精神分析的治療において，それらを転移のなかで再現できる。
> （ⅲ）自立に向かって。幼児は実際の養育がなくてもやっていける方法を発展させる。この発達は養育を受けたという記憶の蓄積，個人的なニードの投影，養育の一つひとつの取り入れを通じて遂げられる。そこには環境に対する信頼が深まることが伴っている。もちろんここには，莫大ともいえる言外の意味を含んだ知的理解の要素も加えられる必要がある。
>
> ［「親と幼児の関係に関する理論」Theory of Parent-Infant Relationship, p. 46］

2年後の「健康なとき，危機にあるとき，子どもに提供できること」という論文において，ウィニコットは，ニードと提供されるものに関連させて段階を依存の程度へと細分化している。この論文では，彼が環境から提供されるものを強調している点が非常に鮮明になっている。環境の不適切さが早期にあれば

あるほど，個人の精神的健康はより悲惨な結果となる。また，逆に発達早期の不安定な段階で幼児のニードが満たされる場合には，その幼児は後々の環境の不備を生き抜いていくのにしっかりとした足場を得るだろう。

5. ここで議論しているのは，子どもに提供すること――それだけでなく大人のなかの子どもに提供することについてである。成熟した大人は実のところは提供する役割を担っている。別の言い方では，子ども時代というものは依存から自立への一つの発展なのである。私たちは子どもの変化していくニードを，依存から自立に変化する過程にそって調べる必要がある。この視点に立つと，幼い子どもや幼児の最早期のニードを調べることにつながり，さらには究極の依存にたどり着くことになる。以下のように，依存の程度を段階に沿って考察することが可能である。

(a) 究極の依存。このときにはほぼよい状態でなければならず，そうでなければ幼児に本来自然に生じる発達が展開不可能となる。

　　環境による失敗：非器質性の精神欠損；幼児統合失調症；後日，精神病院への入院が必要となるような障害への脆弱性。

(b) 依存：実際に外傷を与えるような失敗が生じる状態であるが，すでに外傷を受けた一個人が存在する。

　　環境による失敗：感情障害への脆弱性；反社会的傾向。

(c) 依存と自立の混合状態。このときには，子どもは自立する実験をしているが，依存を再体験できることが必要である。

　　環境による失敗：病的な依存。

(d) 自立－依存。前述の状態と同じだが，より自立の方に重心が動いている。

　　環境による失敗：反抗；暴力の突発。

(e) 自立。内在化された環境があることを意味している：子どもが自分自身の面倒をみる能力。

　　環境による失敗：必ずしも有害ではない。

(f) 社会感覚：個人が自らを大人や社会的集団，社会に同一化できる一方で，パーソナルな衝動や独自性は過度に失われることがない。同時に，破壊的で攻撃的な衝動が過度に失われるのではなく，他の形に置き換えられ，満足のゆく表現となる。

　　環境による失敗：部分には，個人，その人自身，親，あるいは社会におけ

る親のような人物の責務である。

> [「健康なとき，危機にあるとき，子どもに提供できること」
> Providing for the Child, p. 66-67]

　ウィニコットは，年齢と関連させて発達段階を特徴づけようとはしなかった。しかしウィニコットの仕事を通じて見いだされるのは，絶対的依存とさまざまな程度の依存が，誕生後6週間から3,4カ月までの幼児に認められるということである。相対的依存は絶対的依存の後に続き，最大で18カ月から2歳までである。そして「自立に向かって」の段階は，赤ん坊あるいはよちよち歩きの子どもが前述の早期発達の課題を達成してはじめて開始されるのである。

2　依存の事実

　ウィニコットはしばしば人生早期の依存の「事実」について言及している。

> 　依存の**事実**を認めることは大切なことである。依存は現に存在している。赤ん坊や子どもが自分だけで何とか生きていくことができないということがあまりに明白なため，依存という当然の事実が容易に忘れられてしまう。
> 　子どもの成長の歴史は，絶対的依存から，依存の程度を減らしつつ着実に進み，手探りで自立に向かう過程と言える。
>
> [「保育における依存」Dependence in Child Care, p. 83]

　人生早期の苦境にある幼児が依存している事実とは抱える段階のことである。幼児の発達に寄与する環境を強調するためにウィニコットが指摘しているのは，幼児の絶対的依存が親と幼児の関係についての理論の半分を占めている点である。

> 　親と幼児との関係についての理論においてその半分は幼児に関するものである。そしてそれは幼児が絶対的依存から相対的依存を経て自立に向かう行程に関する理論であるが，同時に快感原則から現実原則へ，また自体愛から対象関係へ至る行程に関する理論でもある。そしてその理論の残りの半分は母親によ

る養育に関するものである。すなわち，幼児の特異的で発達しつつあるニードを満たすように方向づけられた母親の諸々の変化であり質である。
〔「親と幼児の関係に関する理論」Theory of Parent-Infant Relationship, p. 42〕

ウィニコットは「絶対的依存」という言葉を，そのなかで発達するために母親の子宮が必要であろうし，出生後には母親が自分のニードに「完全に応じる」ことを必要としている幼児の苦境を表現するために特に用いている。母親が原初の母性的没頭の状態（赤ん坊への強い同一化が生じている状態）にあった場合は，赤ん坊は身体的にも情緒的にもより健康的に成長するだろう。

ウィニコットは新生児の苦境に内在している逆説に注意を向けている。

　……心理学の観点からすると，幼児は同時に依存と自立の状態にあると言わねばならない。この逆説こそ私たちは探求する必要がある。成熟過程をも含んだ生得的な傾向や，病理的な生得的傾向といったあらゆるものがあるが，それらには幼児自身の現実が伴っており，だれも変えることができないものでもある。同時に成熟過程は，その発展について環境からの提供に依存もしている。
〔「個体の発達における依存から自立へ」From Dependence towards Independence, p. 84〕

ウィニコットはさらに重要な点を指摘している。

　促進環境によって成熟過程の着実な進展が可能になると言える。しかしながら，環境が子どもを形成するのではない。環境はせいぜい子どもが潜在的な力を認識することを可能にする程度である。
〔「個体の発達における依存から自立へ」From Dependence towards Independence, p. 84-85〕

両親は，子どもの生得的な傾向がどのようなものになるか知らない。子どものパーソナルなイディオム（idiom）こそ，両親が合わせたり反応したりする必要のあるものである。両親ができることといえば，適切な環境を提供すること（ニードを満たすこと）である。というのも両親は赤ん坊を，両親が思い描くような赤ん坊にはできないからである。

赤ん坊が絶対的依存の状態にある期間は，ウィニコットが研究した他の多くのテーマと関連している。関連あるテーマとは，存在し続けることあるいは存在することの連続性，侵襲に対する反応，原初の母性的没頭，融合，主観的に認知された対象，コミュニケーション，そして抱えることなどである（存在すること：1；創造性：1；自我：2；環境：4；母親：11, 12；遊ぶこと：7；自己：6参照）。

　幼児の視点からすると，絶対的依存の主な特徴は，母親による養育と母親に依存していることにまったく気づいて**いない**ことにある。幼児にしてみると母親は幼児自身であって，幼児は自分が要求したものを受け取ったときに，自分が神である（必要な万能感の体験）ために，自らによって要求が満たされたと信じるのである。

3　「女性」恐怖

　女性嫌悪という言葉はウィニコットによって使用されたものではないが，1950年という早い段階で「女性」というものへの恐怖（the fear of WOMAN）について記述し，そこで女性嫌悪の起源についてそれとなく触れている。この言葉は，1950年に出版された雑誌『人間関係』において，「『民主主義』という言葉の持つ意味」と題された論文に見られる。

> 　精神分析的，および関連領域の方法からすると，すべての個人（男性も女性も）がある種の「女性」というものへの恐怖を隠し持っていることが見いだされるだろう。なかには他の人よりもこの恐怖感を強く感じる人がいるが，恐怖感を感じること自体は普遍的であるといってよい。しかしこのことは，ある人物が特定の女性に恐怖感を抱いていることについて述べているのとはまったく異なる。ここでいう「女性」というものへの恐怖は社会構造における一つの強力な力であり，女性が政治的統御力をもっている社会がほとんどないという原因となっている。それはまた，ほとんどすべての文明社会に受け入れられている習慣において，女性にとって無慈悲なことが非常に多く存在していることの原因にもなっている。
> 　「女性」というものへの恐怖の起源についてはよく知られている。それはある事実と関連している。つまり，順調な発達を遂げているすべての人，正気で

> あり，自らを見つめることが可能なすべての人は，早期の発達史において女性に借りがあるという事実である。女性は幼児としての個人に身を捧げるが，その献身は個人の健康的な発達にきわめて本質的なものである。元来の依存は思い出されることはない。それゆえ「女性」というものへの恐怖がこのことを認識する第一段階として表されない限りは，その借り自体も認識されないのである。
>
> 〔「『民主主義』という言葉の持つ意味」Meaning of Word "Democracy", p. 252〕

ウィニコットは脚注で以下のことを追加している。

> ここでこのことについて詳細な検討を行うのは適切ではないだろうが，少しずつでも取り組むならばこの発想は最善なものに至るだろう。
> （ⅰ） 児童期早期における両親に対する恐怖心
> （ⅱ） 統合した両親像，つまり男性的潜在力を秘めた女性（魔女）に対する恐怖
> （ⅲ） 幼児の存在のはじまりにあって絶対的な力を持つ母親に対する恐怖。母親は一人の個人としての自己を早期に確立するのに不可欠なものを，提供するか提供し損なうかに関して絶対的な力を持っている。
>
> 〔「『民主主義』という言葉の持つ意味」Meaning of Word "Democracy", p. 252〕

続く二つのパラグラフで，ウィニコットは革命的な（議論はあるのだが）見解を示している。それは家長制社会が優勢であることの理由についての精神分析的理解の端緒となるものである。

> 個人の精神的健康は，母親が純粋に自分の子どもに身を捧げるときである最早期の時期にその基礎をおいている。そのときは幼児が自分の依存にまったく気づいていないという理由から二重に依存的である。そのような特性を父親が備えていたとしても関係ないのである。このため政治的意味においてトップに立つ男性は，仮にある女性が同じ立場にあった場合よりもより客観的に集団から評価を得ることができるのである。

女性はしばしば，女性に事態の解決が任されたら戦争はなくなるだろうと主張している。これは最終的に本当にそうだろうかと疑われる理由はそれ相応あるのだが，この主張が仮に支持されたとしても，最高権力のところで女性の一般的原則を，男性あるいは女性が容認するということにはやはりならないだろう（王室は，政治の外あるいは越えたところにあるため，影響を受けることはないのである）。

[「『民主主義』という言葉の持つ意味」Meaning of Word "Democracy", pp. 252-253]

続く二つのパラグラフでウィニコットはこの考えを敷衍して，支配的指導者を求める民衆と独裁の背後にある理由に適用している。

　……支配者の心理を考察することが可能である。支配者は，「民主主義」という言葉が意味するものすべてとは対極に位置している。**支配者であることを求める気持ちの起源の一つに，女性を完全に包囲し，女性のために行動することを通じて女性恐怖を処理するという強迫観念の存在がありうる**。支配者には，絶対的な服従や依存だけでなく，「愛情」をも求めるという奇妙な習慣があるが，この習慣は前述の強迫性を起源にしているのである。

　さらに，群衆が**実際**の支配を求めそして支配を受け入れるという傾向は，**空想上の女性**に支配されることを恐れるところから生じている。人びとはこの恐怖によって，既知の人物に支配されることを求めるばかりか歓迎すらするのである。特に，空想上では絶大の力を持つ女性の魔術的性質を体現し，同時にそれゆえ制限を加えるという重荷を引き受ける人が支配者となり，人びとはその人に恩を負うところとなる。支配者は倒されうるだろうし，いつかは死ななければならない。しかし，その一方で，原始的で無意識的な空想のなかの女性像はその存在においても力においても無限である。

[「『民主主義』という言葉の持つ意味」Meaning of Word "Democracy", p. 253]

ウィニコットの著作を見渡してみても，政治に明らかに関与している点はほとんど見いだせないが，このような形で彼の理論を応用していく可能性は常にある。「女性」というものへの恐怖は，大多数の社会における女性の扱われ方

を理解する点で役立っている。しかし，これは潜在的には重要であってもウィニコットが詳細に論ずることをしなかった理論の一つでもある。

1957年，「社会に対する母親の貢献」と題された放送番組を集めた論文集のあとがきのなかでウィニコットが強調していることがある。それは個々人が依存の事実を理解することの重要性であり，またこの理解によっていかに恐怖感が減らされるかということである。

> ここでもう一度強調しておきたい。そのような理解に至っても，結果は感謝でもなければ，まして賞賛でもないだろうということである。理解の結果は私たち自身のなかで恐怖感が減少することである。もしも私たちの社会が，発達初期段階においてすべての人に認められ，生育史上の事実である依存についての十分な理解に手間取るようであれば，後にも先にも進むことが妨げられたままに違いない。妨げているものの基礎にあるのは恐怖感である。母親の役割が真に理解されないのなら，依存に関する漠然とした恐怖感が残るに違いない。この恐怖は「女性」というものへの恐怖あるいは特定の女性に対する恐怖という形をとることもあろうが，支配を恐れるという点は常に含まれていても，容易には理解されない形をとることもある。
> 　　　　　　　[「社会に対する母親の貢献」Mother's Contribution to Society, p. 125]

ウィニコットは再び，支配者の支配欲求と人びとの支配されたい欲求——つまり依存の事実を認識しないことの帰結——について言及している。

> 不幸なことに，支配を恐れる気持ちがあっても群衆は支配されることを回避するに至らなかった。それどころか群衆は，特定のあるいは選ばれた支配に引き寄せられる。事実，支配者の心理を研究してみると，他にもあることのなかでとりわけ支配者が無意識的に支配されることを恐れている女性を，自分自身のパーソナルな格闘のなかでコントロールしようとしている姿が見られるだろう。支配者は，その女性を完全に包囲したり，彼女のために行動したり，代わりに完全な服従や「愛」を求めることでコントロールしようとしているのである。
>
> 社会史を学ぶ多くの学生は，人類が集団になると見せる不合理な振るまいが「女性」というものへの恐怖によって生じていると考えてきた。しかし，この

恐怖の起源をたどることはめったになかった。個々人の歴史のなかにその起源をたどっていくと，この「女性」というものへの恐怖は依存の事実を認識する恐怖であることが判明するだろう。
　　　　　[「社会に対する母親の貢献」Mother's Contribution to Society, p. 125]

　数年後の1964年，プログレッシヴ・リーグ（Progressive League）＊に発表した論文において，ウィニコットは「『女性』というもの」という言葉を「男女を問わずあらゆる人の人生の初期段階においてそれとは認識されていない母親」という意味で提示することにより，これらのテーマを簡潔に発展させたのである（「フェミニズムの現在」This Feminism, 1964, p. 192）。
　こうしてウィニコットは男性と女性を区別する個人的な方法を身につけた。すべての女性のなかには三人の女性が存在する。

　　……われわれは性差の違いを表現する新たな方法を見いだすだろう。女性は，「女性」というものと同一化することによって「女性」というものとの関係を処理する方法を備えている。それぞれのすべての女性には常に三人の女性がいるが，それは，(1) 女の赤ん坊，(2) 母親，(3) 母親の母親，である。
　　神話には三世代の女性か，三つの異なる機能を兼ね備えた三人の女性が絶えず登場している。ある女性に赤ん坊がいようといまいと，彼女は果てしない連続性のなかに存在している。彼女は赤ん坊であり，母親であり，祖母である。また母親であり，女の赤ん坊であり，赤ん坊の赤ん坊でもある。……他方男性は個（one）になることを強く迫られるところから始まる。個は一人であり，みな孤独である。そして時がたつにつれ，より孤独となるだろう。
　　男性は，女性にできるこのことができない。つまり，人格全体を侵されることなしに一族に同化するということができないのである。
　　……女性にとっても男性にとっても厄介な事実が残っている。それは，だれでもかつては女性に依存しており，後に人格が十分成熟した際には，依存への憎しみが感謝の一種に形を変えることである。
　　　　　　　　　　　[「フェミニズムの現在」This Feminism, pp. 192-193]

――――――――――
　＊（訳注）　1932年にファシズムに対抗してイギリスで設立された政治団体。H. G. Wells は創立者の一人。同性愛者，被虐待児など，社会的弱者の救済にも乗り出していた。

男性は女性が出産するときに冒している危険をうらやんでいる，とウィニコットは想定している。このうらやみから男性は危険なスポーツを求め，そこで危険を引き受けることを強いられるわけである。しかしウィニコットは謎めいた指摘をしている。「男性が亡くなるときその男性は死んでいるのに対して，女性は常に存在したし，これからも存在するのである」と（「フェミニズムの現在」This Feminism, p. 193)。

4　相対的依存

幼児が「自分」と「自分でないもの」とを区別し始めた段階には，五つの重要で，重なり合う特徴が含まれている。これらの特徴はすべて離乳のプロセスとの関連を有しており，母親と幼児との相互の関係において両者に生じるものである。

ウィニコットは，この段階が通常6カ月頃から2歳まで続くと見積もっているが，離乳期の目標は「物事を処理する幼児の発達しつつある能力を活用することと，乳房の喪失を単なる偶然の出来事にしてしまわないこと」であると述べている。

相対的依存段階の五つの主要な特徴は，
- 母親が少しずつ幼児の発達に合わせて失敗し，適応を減らしてゆくこと
- 幼児が知的理解を始めること
- 母親が幼児に世界を信頼でき安定した形で提示していること。それは母親が**自分自身である**能力（対象を提示すること）によっている。
- 幼児が自らの依存性に少しずつ気づくこと
- 幼児の同一化の能力

5　脱適応と失敗

母親は原初の母性的没頭から離れ，世界で独立した存在であるという観点から自分が何者であるかを思い出し始める。母親は身体的にも情緒的にも，妊娠後期の重要な段階，出産，そして母親に絶対的な依存状態にあった幼児に同一化していた状態からもとの状態に戻るのである。

幼児の方は，母親の脱適応（de-adapt）を求める。この脱適応は母親が

自分自身のことを思い出すことの本質的な部分である。母親側のこの「失敗」によって子どもは「現実原則」を知ることになるうえ，この失敗は離乳に関連した脱錯覚過程の一部でもある（母親：11 参照）。このような形で「失敗すること」により，母親は知らず知らずのうちに幼児が自分の欲求を感じ，経験することを可能にしている。この「失敗」のおかげで，幼児の自己感——つまり自分でありながら母親から分離している自己——が発展するのである。

しかし，仮に母親が「失敗」（幼児が成長することをすすめ，成長を許すという言い方もできる）できない場合は，幼児の自己実現に向けた欲動が妨げられるだろう。

> ……母親から分離し始めた幼児は，進行中のあらゆる良きことをコントロールする手段を持ち合わせていない。創造的な身振り，泣くこと，抗議することや，母親の行為を生み出すと思われるちょっとしたサインすべてなど，これらのことすべてが見落とされる。というのも母親が，幼児がまだ母親と一体化しており，母親もまた幼児と一体化しているときのように，欲求を満たしてしまっているためである。このようにして母親は，見かけ上は良い母親であることによって，幼児を去勢するよりも悪いことをしている。というのも去勢であれば，二つの選択肢が残されているからである。一つは，永久に退行し母親と一体化した状態を続けること，もう一つはたとえ見かけ上良い母親であっても，母親をすべて拒絶するような状態にとどまることである。
>
> それゆえ，幼児期と幼児の管理に関しては，母親が共感に基づいて幼児のニードを理解していることと，幼児あるいは幼い子どもが見せるもののなかで，ニードを示すものに基づいて母親が理解するように変わることの間には非常に微妙な違いが認められるわけである。母親にとってこのことは特に難しいわけだが，それは子どもは一方の状態からもう一方へと揺れるという特徴があるからである。つまりある瞬間，幼児は母親と一体になったり，共感を求めたりするかと思えば，次の瞬間，母親から分離するからである。さらに母親があらかじめ幼児のニードを知っている場合には，母親は危険な人，つまり魔女になってしまうのである。
>
> [「親と幼児の関係に関する理論」Theory of Parent-Infant Relationship, p. 51-52]

ウィニコットが「失敗」という言葉をどのように使ったか明らかにしておくことは意義深いことだろう。小文字で表記される失敗は脱適応と関連している。幼児の発達という点からすると，この失敗は必要なことであるがゆえに健康的なことである。必要である理由は，この失敗が母親/女性が自分自身であること（発達し続け，自らの人生を生き続けること）を通じて脱錯覚のプロセスを（無意識的かつ**ついでに**）促進するからである。

母親が自分の人生を生きることができなかったり，適切な時期を越えても子どもにしがみついていると，幼児の方は思いやりの段階に近づけないし，移行空間を利用できなくなってしまう（思いやり：7；移行現象：3参照）。

その一方で，実際に幼児を見捨てたり，幼児の存在することの連続性を突然断ってしまうような母親は，大文字の"F"で表記される失敗を犯している。反社会的傾向の病因はこの種の環境の問題から生じてくる（反社会的傾向：2, 3参照）。

相対的依存の時期において重要なことの一つは，幼児が自分の欲求を母親に知らしめることである。母親に向けた幼児からのこの「合図」を，患者と治療者の関係に当てはめることが可能である。

> ……一体となっている時期の最後の方，つまり子どもが環境から分離する頃に重要な特徴は，幼児が合図を出さなければならないという点である。分析治療においては，この微妙な点が転移のなかに明確に現れることが見いだされる。患者が早期幼児期や一体化している状態までに退行している際に重要なことは，患者が手がかりを提供する以外には分析家が答えを手にすることはないということである。
>
> [「親と幼児の関係に関する理論」Theory of Parent-Infant Relationship, p. 50]

ウィニコットは，1963年の論文「幼児のケア，子どものケア，分析的設定における依存」のなかで，治療関係における依存について探求している。この論文は，1954年の論文である「精神分析的設定内における退行のメタ心理学的および臨床的側面」と関連している。1954年の論文では分析的関係に関連する幼児のケアについて言及している。いずれの論文も治療関係において患者が発展させる依存の段階について述べている。

1963年の論文でウィニコットが記述したのは，転移関係のうちで治療者が犯す失敗の重要性についてである。失敗が早く起きすぎると，それは患者にとって外傷の繰り返しとなってしまうし，逆に治療関係において適切なタイミングであれば，それらは母親が起こした脱適応と「失敗」と同じように，必要な脱錯覚の段階に貢献するのである。

6　知的理解の始まり

幼児に知性が芽生えてくるのは，絶対的依存における抱える段階である。そして，相対的依存の時期までには幼児の知的理解能力が発達してくる。ウィニコットは例を挙げている。

> 幼児が食事を期待しているところを考えてみて欲しい。台所から聞こえてくる音はもうすぐ食事が出てくるということを示すので，幼児が少しだけ待てるようになるときがやってくる。台所からの音でただ興奮するのではなく，幼児は待つことができるように情報を利用するわけである。
> 　　　　　　　［「個体の発達における依存から自立へ」From Dependence
> 　　　　　　　　　　　　　　　　towards Independence, p. 87］

この例は，いかに幼児が待てるようになるかだけでなく，母親が幼児の思考能力をいかに利用するかを明らかにしている。絶対的依存段階の頃，母親は代理自我として自分の能力を用いて幼児の代わりに考えなければならなかった。これに対し相対的依存の段階では，母親は幼児が自分自身で考え始めるのに任せることができる。発達しつつある幼児の能力のおかげで，母親は原初の母性的没頭から次第に離れ，それとともに母親は自分の自己感を回復し，幼児から分離していくことが可能となるのである。

> 幼児がその人格を歪ませることなく発展させていくためには，初期の段階において母親が幼児のニードにかなり的確に応じなければならない，といえるだろう。母親は適応の面で失敗しても構わないが，ただしそれは徐々にである。というのも幼児の心と幼児の知的な過程が適応の失敗を説明し，それによって失敗を許すことができるからである。このようにして，心は母親と結びつけら

れ，母親の機能の一部を取り込んでいく。幼児の養育において，母親は幼児の知的過程に依拠しており，このことで徐々に母親自身の人生を再び取り戻していくことになるわけである。

[「人生の最初の年：情緒発達の現代の見解」The First Year of Life: Modern Views of Emotional Development, p. 7]

この発達段階において，幼児の知性を頼りにすることには生来的な危険が含まれている。つまり，幼児が母親を手放すような状況を強いられたり，知性を過剰に使わなければならない場合は，分裂して知性化された偽りの自己を発展させる可能性がある（自己：8参照）。

幼児の思考能力は，母親が子どもにどのように世界を提示したかによる。

もちろん，早期の段階で幼児がどれだけ知的理解力をつかえるかどうかについては非常に多くの多様性が認められる。そして，幼児が獲得したであろう理解力は，しばしば現実の提示のされ方によって生じる混乱のために遅れる。ここで強調しておきたい一つの考えがある。つまり幼児を養育する全体のプロセスには，主要な特徴として，幼児に世界を常に提示することが含まれているという考え方である。このことは考えてなされるものではないし，また機械的に管理されうるものでもない。このことは首尾一貫して自分自身でいる一人の人間による持続的な管理によってのみ可能である。ここでは完璧さは無縁である。完璧さは機械に属するものである。幼児が必要としているのは，幼児が通常得ているものであって，それは自分自身であり続ける人がもたらすケアと注意である。もちろんこの人というのは父親にも当てはまる。

[「個体の発達における依存から自立へ」From Dependence towards Independence, pp. 87-88]

対象提示能力は母親のもつ重要な機能の一つである（母親：8参照）。

ウィニコットはさらに，役目を「演じる」親と，親でありながら**なおかつ自身でありうる親**とを区別し，本当の親と偽りの親という考えを導入している。

この「自分自身であること」の重要性は力説してもし過ぎることはないだろう。なぜなら，男性あるいは女性から，母親あるいは看護師からその人格を分

けて取り出すべきだからである。というのもこれらの人たちはある役目を**演じ**ており，時にはほぼ完全に近いぐらい役目を演じているかも知れないのだが，彼女たちは本や講義を通じて幼児の養育をいかにするか学んできたので，おそらく十分よく演じることができるのである。しかしこの演じることではほど良いというわけにいかない。幼児は，自分に専念し，自分のケアに身をそそいでくれる人物に養育されることによってのみ，外的な現実であってしかも混乱していない表象を見いだすことができるのである。母親はこの気楽な専心の状態から成長し抜け出し，しばらくすると職場に復帰したり，小説を書いたり，あるいは夫とともに社交生活を送ったりするようになるだろう。しかし，それまでの当面は育児に首までつかっているのである。

[「個体の発達における依存から自立へ」From Dependence towards Independence, p. 88]

「失敗」という言葉はこの論文の転回点で再び導入されている。ウィニコットが指摘しているのは，「自分自身であること」は「人間的であること」を意味し，また人間は間違いを犯しもするし失敗もするということである。逆説的であるが，ウィニコットが強調しているのは，母親の真の信頼感を幼児に伝えるのは失敗である，ということである。

　発達が進み，赤ん坊が内側と外側を獲得してゆくにつれ，環境に対する信頼は確実なものとなり，信頼感（人間的なもので，機械的な完全さではない）を持てる経験を基礎にして取り入れが生じる。

　母親が赤ん坊とコミュニケートしてきたというのは真実ではないのだろうか？　母親は言っている。「私を信頼してもいいですよ——でもそれは私が機械だからというのではなく，あなたが必要としていることを私が知っているからです——私はあなたを養育しますし，あなたが必要としているものを与えたいのです。あなたの発達のこの時期では，これがいわゆる愛と言うものなのです」。

　しかし，この種のコミュニケーションは無言のものである。赤ん坊はこのコミュニケーションに耳を傾けたり，これを記録しているわけではなく，ただ信頼の結果を記録している。つまりコミュニケーションは持続的な発達というかたちで記録されているわけである。赤ん坊は，信頼の**失敗**による影響をのぞい

ては，コミュニケーションを知ることはない。ここに機械的な完全性と人間の愛情の違いが現れてくる。人間は何回も何回も失敗する。ごく普通の養育をしているなかで母親はいつも失敗を修復しているのである。これらの相対的な失敗は，迅速な修復をともなっており，結果的にコミュニケーションの意味を持つことになるのは間違いない。そして，このことから赤ん坊は成功について理解するようになる。このように適応がうまくいくことにより安全感が提供され，愛されてきたという感覚が与えられる。
　　　　　　　［「幼児と母親および母親と幼児のコミュニケーション，比較と対比」
　　　　　　　Communication between Infant and Mother, and Mother and Infant,
　　　　　　　　　　　　　　　　Compared and Contrasted, 1968, pp. 97-98］

「迅速な修復」があってはじめて，人間が犯したこれらの失敗は幼児にとって意味があるものとなる。つまり幼児が持つ健康感に寄与するのは，「**失敗が修復される**」ことにほかならない。

　　　愛情のやりとりや，自分を養育する人間が存在するという事実のやりとりを確立するのは，数限りない失敗に引きつづいて失敗を修復する養育が起こるからである。必要な瞬間，秒，分，時間のなかで失敗が修復されない場合は，剝奪という術語であらわされる事態が生じる。剝奪を体験した子どもは，修復された失敗を知った後に，修復されなかった失敗を経験するようになる。そしてその後は，もう一度修復された失敗がもたらされるように挑発することが子どものライフワークとなった人生のパターンができあがる。
　　　　　　　［「幼児と母親および母親と幼児のコミュニケーション，比較と対比」
　　　　　　　　　　Communication between Infant and Mother, p. 98］

また，修復された失敗は治療関係のなかで，治療者が犯した失敗と関連して生じてくる必要がある。

7　気づき――自立に向かって

絶対的依存は，母親に依存していることを幼児自身が気づいていないことによって特徴づけられている。相対的依存の段階の間で，赤ん坊は自分自身の依

存性に気づき始める。この認識によって，母親から分離する際に，幼児のなかに不安感が生じる。不安が示されることは，幼児が母親の養育と保護について認識していることを示しているわけである。

 幼児が何らかの形で母親に対するニードを感じるようになった後，つまり次の段階になると幼児は母親が必要であることを**自分の心のなかで知り**始める。
 次第に，実際の母親に対するニードが（健康な場合）激しく，並々ならぬものとなる。このため母親は実際に子どもを手放すのを嫌がり，そして多くのものを犠牲にする。幼児が特別なニードを持つこの段階で，母親は心を痛めたり，実際に憎しみや脱錯覚を引き起こすよりも多くを犠牲にする方を選ぶ。この段階は（大雑把に）生後6カ月から2歳までの間続くと言えよう。
［「個体の発達における依存から自立へ」From Dependence towards Independence, p. 88］

 幼児が母親から分離する際に不安を示すことは，幼児が自分と自分でないものを区別し始めたことも表している。
 同一化もまたこの過程の一部である。母親と同一化し，そして母親を自分とは分離したものとして見られる幼児は発達の重要な段階に至ったと言える。ウィニコットはこのことを「一つのユニットとしての状態」と記述している。幼児はこの段階にいたって自分自身で権利を有した人間となったのである（「親と幼児の関係に関する理論」p. 44）。

 私は発達の形態，特に幼児が複雑な同一化を作り出す能力に影響するような発達の形態について触れてみたいと思う。これは幼児が統合していく傾向を示す段階に関係している。統合していく傾向は，幼児に，一つのユニットであると同時に全体的な人間であり，内部も外部も持っており，身体に住みついた人格であって，多かれ少なかれ皮膚による境界をもっている，といった状態をもたらす。いったん外部が「自分でないもの」を意味するとそれに対して内部は「自分」を意味するようになり，そうするとものを貯めておける場が存在することになる。幼児の空想において，個人的な心的現実は内部に位置づけられる。仮に外部に位置づけられるなら，それはそれなりの理由がある。
 ここに至って，幼児の成長は内的現実と外的現実の持続的で相互的なやりと

りといった形をとる。そしてその内的および外的現実はお互いを豊かにしあうのである。

　　　　　　　　　[「個体の発達における依存から自立へ」From Dependence towards
　　　　　　　　　　　　　　　　　　　　　　　　　Independence, pp. 90-91]

　この「内的現実と外的現実の持続的で相互的なやりとり」があることによって，「創造とほぼ同義の知覚」が形成される。これが一つのユニットの状態の枠となる。

　　　ここに至って，子どもは世界の潜在的創造者だけにとどまらず，自分自身の内的生活の実例を携えながら世界で暮らすことができるようになる。こうして子どもは次第におおよそどんな外的な出来事でも「扱う」ことができるようになり，知覚は創造とほぼ同義になる。
　　　　　　　　　[「個体の発達における依存から自立へ」From Dependence
　　　　　　　　　　　　　　　　　　　　　　towards Independence, p. 91]

　これはウィニコットの提唱している創造的統覚（creative apperception）の概念と結びついている。これは，主観的対象と関連しているとともに創造的に生きるうえでは錯覚が必要であることとも関連している（存在すること：3；コミュニケーション：9；創造性：2；母親：4参照）。
　「親と幼児の関係に関する理論」のなかで，ウィニコットは「自立に向かって」の段階について以下のように記述している。

　　　……幼児は実際の養育がなくてもやっていける方法を発展させる。このことが達成されるには，養育を受けたという記憶の蓄積，パーソナルなニードの投影，そして細々とした養育の実際の取り入れを経験することが必要で，環境に対する信頼が発達していくことも伴うことになる。もちろんここには，莫大ともいえる意味を含んだ知的理解の要素も加えられるべきである。
　　　　　　　　　　[「親と幼児の関係に関する理論」Theory of Parent-Infant
　　　　　　　　　　　　　　　　　　　　　　　　　Relationship, p. 46]

　ウィニコットが述べているのは，最初の二つの依存の段階がほどよく乗り越

えられ，その上で幼い子ども/よちよち歩きの子どもが経験に基づいてしっかりとした内的世界を作り上げていることである。この段階は後の人生の発達を予告することになる。

幼い子どもの自立の高まりは依存し続けることと表裏一体である。この必要不可欠な矛盾は青年期の頃に最も大きなものとなる。

> 両親は子どもが青年期になると管理の面で大変必要となる。青年期の子どもは次から次へと社会的集団を探しまわる。このころ両親が必要とされる理由は，限られた社会領域から無限の社会領域への進行が急すぎるときに，両親は子どもたちよりもしっかりと見通す能力を持っているからである。またおそらくすぐ近くに危険な社会的要素が存在することや，あるいは思春期にみられる挑戦的行動や急激な性的発達があることも理由となる。しかし，両親が特に必要とされるのは，よちよち歩きの頃にあきらめられた本能的な緊張や型がふたたびあらわれたためである。
> 　　　　　[「個体の発達における依存から自立へ」From Dependence towards Independence, p. 92]

ウィニコットの研究は初期の二つの依存段階で繰り広げられる幼児の奮闘に注目している。これは情緒発達がそのときからずっと，この始まりにその基礎を持ち，そこから作り上げられているためである。大人であることは情緒的成熟が達成されたことを意味するわけではない。大人の人生が始まるのは個人が以下のようになったときからである。

> ……仕事を通じて社会に適所を見いだしたとき，そして……両親をまねることと，自分の自己同一性をはっきりと確立することとの妥協であるような型に落ち着いたときなのだろう。
> 　　　　　[「個体の発達における依存から自立へ」From Dependence towards Independence, p. 92]

出　典

1950　「『民主主義』という言葉の持つ意味」Some Thoughts on the Meaning of the Word "Democracy" [W14]

1957 「社会に対する母親の貢献」The Mother's Contribution to Society ［W14］
1958 「人生の最初の年：情緒発達の現代の見解」The First Year of Life: Modern Views of Emotional Development ［W8］
1960 「親と幼児の関係に関する理論」The Theory of the Parent-Infant Relationship ［W9］
1962 「健康なとき，危機にあるとき，子どもに提供できること」Providing for the Child in Health and in Crisis ［W9］
1963 「個体の発達における依存から自立へ」From Dependence towards Independence in the Development of the Individual ［W9］
1964 「フェミニズムの現在」This Feminisim ［W14］
1968 「幼児と母親および母親と幼児のコミュニケーション，比較と対比」Communication between Infant and Mother, and Mother and Infant, Compared and Contrasted ［W16］
1970 「保育における依存」Dependence in Child Care ［W16］

思いやり

concern

1　抑うつポジション
2　抑うつポジションについての個人的見解
3　母親の二つの側面
4　二つのタイプの不安
5　良循環
6　両価性
7　寄与する機能
8　時間的広がり
9　生まれつきの道徳性
10　邪悪さ

　思いやりはウィニコットによって罪悪感の積極的な側面を強調するために用いられた言葉である。「思いやりの段階」は，それまで幼児が自らの無慈悲な愛を向けていた母親に対して思いやりを感じ始めるに従って近づいてくる。幼児の母親に対して思いやりを感じる能力は，前慈悲から慈悲への移行という発達上の達成を示している。
　ウィニコットの思いやりの段階において共通する特徴は，両価性，良循環，寄与すること，そして生まれつきの道徳性である。

1　抑うつポジション

　1935年，ウィニコットが精神分析家の資格を得た頃，メラニー・クラインは彼女の主要な理論的成果の一つであり，「抑うつポジション」として知られるようになった仕事に取り組んでいた。この用語はクライン派の用語の一部となり，フロイトのエディプス・コンプレックスと同じくらい理論的に重要なものとなった。ウィニコットも他の人たちと同様に，特に情緒発達の点で重要なものとしてその理論構成を認める一方で，その用語は好まなかったので，この

発達段階を独自の方法で述べた。

1950年代におけるウィニコットの論文の多くを通じて，とりわけ1954年の「正常な情緒発達における抑うつポジション」，後には1958年の「精神分析と罪悪感」において，相対的な依存と関連した幼児の情緒発達におけるこの特別な段階に対し，ウィニコットが独自の理論的貢献を練り上げたことをはっきり認めることができる。これらの論文で提唱され徐々に発達しつつあった考えは，1963年に「思いやりの能力の発達」に結実した。ウィニコットはこの論文でクラインの抑うつポジションを自分の思いやりの段階にまさに取り代えようとしている。

2 抑うつポジションについての個人的見解

「正常な情緒発達における抑うつポジション」において，ウィニコットはクラインの「抑うつポジション」という教義に対する彼の個人的見解を提示している。彼が強調したのは「正常」という言葉について，そして抑うつポジションの発達上の達成についてである。

その論文の始めで，ウィニコットはその用語を批判し，病気よりも健康を示すために，その代わりとなるものを提示している。

> 抑うつポジションという用語は，正常な発達にとってみれば良くない名称であるが，だれもそれよりも適当なものを見いだすことができなかった。私が提案したいのは，それは**「思いやりの段階」**と呼ばれるべきであるということである。私はこの用語がその概念を分かりやすく伝えるものだと信じている……。
> 病気を意味する用語を正常な過程が述べられている場面に用いるべきでないということはしばしば指摘されている。抑うつポジションという用語は，健康な幼児がうつ病，あるいは気分障害の段階を経過することをほのめかしているように思われる。実際には，そういう意味ではない。
>
> [「抑うつポジション」Depressive Position, pp. 264-265]

ウィニコットは，抑うつは不健康の徴候であり，正常で健康的な発達や，抑うつポジションとはほとんど関係がないことを強調した（抑うつ：1参照）。

「抑うつ」という言葉を使用するとこのように難問に突きあたる——それはウィニコットが幼児の母親に対する無慈悲な愛（一次的攻撃性）の観点から探求しようとしたものであり，発達促進的な環境において慈悲や思いやりへと変化するであろうものである（攻撃性：3, 8 参照）。

> 初めに幼児は（われわれの観点からは）無慈悲であり，本能的な愛の結果についての思いやりも未だない。この愛はもともと衝動，身振り，接触，関係性の一形態であり，幼児に自己表現の満足や本能的緊張からの解放を与える。さらにそれは自己の外にある対象を編成する。
> 　幼児が無慈悲さを感じるのではなく，振り返って（そしてこれは退行のなかで起こる）その個人が，あのとき私は無慈悲だった！と言い得ることに注目すべきであろう。その段階は前慈悲なのである。
> 　　　　　　　　　　［「抑うつポジション」Depressive Position, p. 265］

ウィニコットは幼児の前慈悲から慈悲への過程を情緒発達の最も重要な側面とみなしている。思いやりの段階を特徴づけているのはまさにこの過程である。

> あらゆる正常な人間の発達経過におけるどこかの時点で，前慈悲が慈悲へ切り替わるときがやってくる。だれもこのことを疑問には思わないだろう。唯一の疑問点は，このことがいつ，どのようにして，どんな状況下に起こるかということである。抑うつポジションという概念はこれら三つの疑問に答えようとしている。この概念によれば，前慈悲から慈悲への変化は5カ月から12カ月の間に，ある一定の養育状況において徐々に起こるのだが，その確立はずっと後になるまで必ずしも決定的なものとはならない。そして，分析においてはそのようなことは決して起こらないかもしれない。
> 　抑うつポジションは，それゆえ複雑な問題であり，あらゆる人間一人ひとりに前慈悲から慈悲あるいは思いやりが出現するという議論の余地のない現象における固有の要素である。
> 　　　　　　　　　　［「抑うつポジション」Depressive Position, pp. 266-267］

この前慈悲から慈悲への過程は，多くの作業を幼児に課する。この作業は

いったん幼児が母親を彼自身とは違う存在と認識できるようになって始めることができるのだろう。ウィニコットはこれを「ユニットの状態 unit status」の達成として述べている。これはすなわち幼児が「自分」と「自分でないもの」とを区別する地点に到達したときである。

3 母親の二つの側面

「ユニットの状態」にたどり着いた幼児は自分の空想における二つの母親が一つのまったく同じ存在であることに気づくようになる。この1954年の論文で，ウィニコットは静かな状態の母親と興奮した状態の母親という二つの母親について述べている。(1963年までには，これらの二つの母親はそれぞれ「環境としての母親」と「対象としての母親」と呼ばれるようになった)。

この時期を通じて母親の機能は幼児にとって重要であり続けるがゆえ，母親は幼児の要求に適合し，無慈悲に彼女を攻撃してくる幼児が彼女を傷つけようとは意図していないことをよく理解せねばならない。幼児を無慈悲にさせるのは本能であり，飢えのような生物学的な欲動なのである（攻撃性：2, 3 参照）。

> 全体的人間である幼児は，母親をそのものとして認識することができるが，赤ん坊にとってはいまだ意図したことと実際に起こったこととの間にはっきりとした区別は存在しない。諸機能とそれらを想像力によって補ったものは現実なのか空想なのかいまだはっきりと区別できないのである。赤ん坊がまさにこの時点で成し遂げなければならないことには驚かされる。
> 　　　　　　　　　　　　［「抑うつポジション」Depressive Position, pp. 266-267］

そしてウィニコットは赤ん坊の課題を説明するのに例を示した。

> さて，その日の早い段階のある時点で赤ん坊が本能的な経験をしていると仮定して，母親がその状況を抱えているある一日のことを考えてみることにしよう。話を単純にするために私は授乳について考えてみるが，それはこれが実際すべての問題の基礎にあるからである。そこで食人的で無慈悲な攻撃が現れるが，それの一部は幼児自身の身体的な行動を表し，また一部は幼児自身の身体機能について想像力で練り上げたものを表している。幼児は一つのものと別の

一つのものをくっつけ、そしてその答えが一つであり二つではないことを認識し始める。依存的な関係にある母親は、同時に本能的な（生物学的に駆り立てられた）愛の対象である。

　　　　　　　　　　　　［「抑うつポジション」Depressive Position, pp. 267-268］

4　二つのタイプの不安

　この生物学的に駆り立てられた本能は、幼児を意図せず無慈悲にさせ、そしてまた幼児に不安を生み出す。この1954年の論文で、ウィニコットは抑うつ不安の二つのタイプについて書いている（1963年までに彼は「抑うつ」という言葉を修飾語として用いるのをやめて、単に「不安」と述べている。

　一つ目のタイプの不安は、授乳後の母親は、赤ん坊の「食人的で無慈悲な攻撃」を受ける前の母親とはまったく同じではなくなるという赤ん坊の知覚と関係する。ウィニコットはこの一つ目のタイプの不安にまつわる赤ん坊の経験を言葉にしている。

　　望むなら、幼児が感じ言おうとすることを言葉で表現することができる。
　　「かつては豊かな全体があったところに穴があいている」と。
　　　　　　　　　　　　　　　［「抑うつポジション」Depressive Position, p. 268］

　　二つ目のタイプの不安は、幼児の内面でいかに感じているかについての気づきが増すことに関係している。というのは幼児が自分と自分でないものとの相違を努力して理解しようとしているのが、まさにこの発達段階の期間だからである。これら二つのタイプの不安が発達上の苦闘を幼児に課すのである。
　　……授乳の後に、そのうえ母親の身体の想像上の穴（hole）に不安になっているこの幼児は、さらに自己の内面での苦闘、良いと感じられるもの、いわば自己支持的なものと、悪いと感じられるもの、いわば自己に対して迫害的なものとの間の苦闘にいたく没頭している。
　　　　　　　　　　　　　　　［「抑うつポジション」Depressive Position, p. 269］

　幼児の苦闘が成功を収めるかどうかは、(a) 母親が幼児をどのように抱えるか、そして (b) 母親が幼児の「贈り物」をいかに**受け取る**かにかかっている

だろう（抱えること：2参照）。

> その間中，母親は調子を合わせてその状況を抱える。こうして幼児期の一日は進んでいき，生理的な消化とさらにそれに対応する徹底操作が精神において起こる。この徹底操作は時間がかかり，幼児にできることといえば，受身に自分の内部で起こっていることに身を任せ，結果を待つことである。健康な場合，このパーソナルな内的世界は非常に豊かな自己の核となる。
> すべての健康的な幼児は，人生におけるこの時期の終わりに向けて，内的な作業が遂げられた結果として，幼児はそれとして差し出すことができる良いものと悪いものを持つようになる。母親は良いものも悪いものも受け取れるが，何が良いものとして，そして，何が悪いものとして差し出されたか分かっていることが求められる。これが最初の贈り物であり，この贈り物なしには本当の受容はない。これらすべてのことは幼児の養育において極めて現実的で日常のことであり，そしてまた分析においてもそうである。
> 　　　　　　　　　　　　　　［「抑うつポジション」Depressive Position, p. 269］

　母親と幼児の間で与えられそして受け取られるこれらの「現実的で日常の事柄」は，幼児が二つの母親（静かな/環境としての母親と興奮した/対象としての母親）を心のなかでまとめるために決定的に重要であり，それは統合作業のまさに中心である（自我：3参照）。
　ウィニコットはこの段階の相互作用において，すべての違いを生み出す役割を果たすのは母親の側であることを強調している。

> 生き残る母親，贈り物としての身振りをそれが作りだされたときに理解する母親に恵まれた子どもは，今や原初の本能的な瞬間に想像のなかで形成された乳房や体の穴を何とかすることができる位置にいる。このとき償いや復元という言葉が始まり，それらは正しい設定のもとではそのままのことを意味するが，いい加減に用いられれば直ちに陳腐な表現になってしまうのである。しかし母親が彼女の役割を果たすならば，贈り物を与える身振りはその穴に達するかも知れない。
> 　　　　　　　　　　　　　　［「抑うつポジション」Depressive Position, p. 270］

5　良循環

　どのように感じるかに関連して，二つの母親を区別しようとしている幼児の苦闘は，一連の力動へと築きあげられ，それは引き続き繰り返される必要がある。ウィニコットはこの現象を「良循環」と名づけ，その諸側面について役に立つリストを提示している。

> 　今度は良循環がはじまる。すべての要素のうち私たちが認識できるのは，
> ・本能的な経験によって複雑になっている幼児と母親の関係。
> ・その結果（空白）についてのぼんやりとした知覚。
> ・内面での徹底操作，それによって経験の結果は整理される。
> ・与える能力。これは良いものと悪いものを内側で処理するためである。
> ・償い。
> 　良循環が日々強化される結果，幼児は穴（本能的な愛の結果）に耐えられるようになる。さらにこれは**罪悪**感の始まりである。吹き込まれた罪悪感は自己にとって偽りであるゆえ，これが唯一の真の罪悪感である。罪悪感は二つの母親，静かなそして興奮した愛，愛情と憎しみをまとめていくことを通して始まり，そしてこの感情は徐々に諸々の関係における活動の健康的で正常な原動力となる。
> 　良循環が働くなか，時間が与えられれば，穴に対して，また母親の身体へのイド衝動のさまざまな影響に対して何事かがなされうるのだと認識するにつれて，思いやりは幼児にとって耐えられるものとなる。
>
> 　　　　　　　　　　　　　　　　［「抑うつポジション」Depressive Position, p. 270］

　その後の論文，とりわけ「精神分析と罪悪感」（1958），そして「思いやりの能力の発達」（1963）において良循環の諸側面が詳しく検討された。

　1958年に強調されたのは，幼児が母親に対して感じ始める責任についてであり，幼児が発達のこの段階に到達する年齢についての認識をともなっていた。

> 　……発達のこの重要な段階は，この時期全体に広がる数え切れない反復から

成り立つ。良循環には次のようなものが含まれる，（ⅰ）本能的経験，（ⅱ）罪悪感と呼ばれる責任の受容，（ⅲ）徹底操作，（ⅳ）真の償いの行為，……。

　私たちが幼児の人生における最初の1年目について話しているということ，もっとはっきりと言えば，幼児が母親と明らかに人間的な二体関係（two-body relationship）を持っている期間全体について話し合っていることを指摘しておく……。6カ月までに幼児はかなり複雑な心理状態を持つようになるとみなすことができ，抑うつポジションの始まりはこの年齢までに見いだすことができる。

　　　　　　　　　［「精神分析と罪悪感」Psycho-Analysis and Sense of Guilt, p. 24］

　1963年の，「思いやりの能力の発達」までに，ウィニコットはクラインの理論を彼のものと置き換える用意ができていた。この論文において，この重要な時期における情緒発達の諸側面についての決定的な記述は，精神分析理論への独創的な貢献となった。強調されたのは幼児の健康的で正常な成熟過程であり，それは常に環境との関係においてであった。

　この段階での母親と幼児の相互関係は，1963年頃までには，無慈悲な攻撃よりも「破壊」と呼ばれている。1960年代にウィニコットが，仕事のなかでより一層言及するようになったのはこの「破壊」であり，この論文で彼の発展させつつあった一次的攻撃性の考えがはっきり認められるようになり，それはやがて1968年の論文「同一化を通して対象の使用と関係を持つこと」に至っている（攻撃性：10参照）。

　　「思いやり」という言葉は，「罪」という言葉によって否定的に扱われていた現象を肯定的に扱ったものであった。罪の意識は両価性の概念と結びついた不安であり，良い対象のイマーゴをその破壊という考えとともに保持することを可能にする個人における自我の統合の度合いを暗示している。思いやりは更なる統合や更なる成長を暗示し，とりわけ本能欲動の入り込む関係性ということに関して，個人の責任感と積極的に関連している。

　　　　　　　　　　　［「思いやる能力の発達」Development of Capacity, p. 73］

6　両価性

　両価性は，同じ人間を同時に愛し憎むことを知ったことを示す発達上の達成である。この両価性は帰するところ，静かなときの母親が興奮したときの母親とまったく同じであることに赤ん坊が気づいたことを示している。
　両価性と関連した心のなかの二つの母親についての自覚が幼児のなかに現れ始めた頃，幼児はとりわけ傷つきやすい。さらに母親は彼が分離するに任せ，それを受け入れなければならない。ウィニコットはここでハンプティ・ダンプティを思い出させる。

> 　この最初不安定な状況は「ハンプティ・ダンプティ段階」と呼びうるようなものであり，ハンプティ・ダンプティが不安定に乗せられている塀は，すなわち膝を提供しようとはしなくなった母親である。
> 　　　　　　　　　　　　　［「思いやる能力の発達」Development of Capacity, p. 73］

　1954年にまったく同じ母親の二つの側面について，ウィニコットはあらましを描き，それに引き続いて（思いやり：3参照），今度はこれらの側面を描くための用語を提案した。しかしウィニコットは同時にそれらが教義的に響くのを避けようとした。

> 　未熟な子どもにとっての二つの母親――それらを対象としての母親と環境としての母親と呼んでみようか？――の存在を仮定してみることは役に立つ。私はやがて行き詰まってしまい，いつかは硬直し邪魔になるような名称を作り出したくはないが，「対象としての母親」と「環境としての母親」という用語を，幼児の養育における二つの側面の間にある大きな違いを記すために用いることは妥当なことであるように思われる。二つの側面とはすなわち，対象あるいは幼児の切迫したニードを満足させることができる部分対象の持ち主である母親と，予期できないことを避け，赤ん坊を取り扱うことにおいても，全般的な養育においても積極的に関わる人物としての母親である……。
> 　この語法では，愛情や感覚的な共-存在と呼びうるものすべてを受け取るのは環境としての母親であり，未熟な本能的緊張を背景とする興奮した経験の対

象となるのが対象としての母親である。思いやりは対象としての母親と環境としての母親が幼児の心のなかで一体になる，きわめて複雑な経験として赤ん坊の生活のなかに現れるということが私の言いたいことである。環境からの供給はこの時点でもきわめて重要であり続けるが，幼児は自立性の発達に伴う内的安定性を持つことができ始めている。

[「思いやる能力の発達」Development of Capacity, p. 76]

ウィニコットは離乳と分離を含むこの発達段階の構成要素を破壊することを意図していた。彼は罪悪感や責任感，思いやりの感覚を導く幼児の破壊性（以前は「一次的攻撃性」と呼ばれた）に専念した。この（空想における）破壊は，幼児にとって所有のニードであり保護のニードを含むのである。

> 血気盛んなイド欲動に伴う空想は攻撃と破壊を含んでいる。赤ん坊は対象を食べると空想するばかりでなく，対象の中身を所有したがる。対象が破壊されないとすれば，それはそれ自身の生き延びる力のためであって，赤ん坊がその対象を保護するためではない。これはその状況の一つの側面である。
>
> もう一つの側面は赤ん坊の環境としての母親との関わりと関係があり，この角度からみれば母親の保護が強いあまり，子どもは抑えつけられるかあるいは目をそむけるようになるかもしれない。このようなことは幼児が離乳することにおける積極的な原動力であり，自ら離乳をする幼児がいる理由の一つである。
>
> 「思いやる能力の発達」[Development of Capacity, p. 76]

この保護についての考えは重要なものであり，本質的に解放促進的なものである。なぜなら，それは主体の責任と対象の責任の間に一線を引くものだからである。たとえば，もし母親が幼児の泣き声にわずらわされたとしても，それは幼児の責任ではない。しかしながら，もし母親が彼女自身の問題で幼児のニードに対して持続的にわずらわされたならば，幼児は成長しておそらく自分が母親の感情に対して責任があるという確信を抱くであろう。

7　寄与する機能

ほどよい環境を強調しつつ，ウィニコットは幼児のアンビバレンスを扱う技術について述べた。

> 望ましい環境においては，このアンビバレンスの入り組んだ状況を解決するための技術が築き上げられる。幼児はもし母親を食べ尽くしてしまったら母親を失ってしまうがゆえに不安を経験するが，この不安は赤ん坊が環境としての母親を作り出すことに寄与しているという事実によって性質を変えられる。環境としての母親に対して，何かを寄与し贈り物を与える機会があるだろうという信頼が育つにつれて，その信頼は幼児が不安を抱えることを可能にする。このように抱えられた不安は性質を変え，罪悪感となっていく……。
> この良循環や好機到来への期待のなかで信頼が確立していくとき，イド欲動に関連する罪悪感はさらに修正され，私たちは「思いやり」のようなより積極的な用語を必要とする。そのとき，幼児は思いやることや，自分自身の本能衝動やそれらに属する諸機能に対する責任を引き受けることができるようになっている。このことは遊びや仕事の基本的な構成要素の一つを提供している。しかし発達過程において幼児の能力のなかに思いやりが生まれるのを可能にするのは何かを寄与する機会そのものである。
> 　　　　　　　　　[「思いやりの能力の発達」Development of Capacity, p. 77]

再び，ウィニコットは母親が幼児の母親に対する無慈悲なニードを生き残らねばならないだけでなく，「贈り物の身振り」-「自発的な身振り」を，そこで**受けとめなくてはならない**ことを明確にしている。要するに，母親の生き残りに関わる重要部分は，母親の受けとめる能力である。彼の贈り物を受け入れることで，一瞬のうちに彼の不安を思いやりに変えることができる（これはウィニコットの主張である「対象の使用」の大きな特徴となる）（攻撃性：10参照）。

もし母親が幼児の身振りを受けとめ難ければ，幼児は思いやりという統合された能力をあまり発達させることはできないだろう。

> 手短に言えば，対象としての母親が生き延びること，あるいは環境としての母親が償いの確実な機会を提供することにそれぞれ失敗することは，思いやる能力の喪失や，未熟な不安や防衛，つまり分裂や崩壊のようなものによってそれが置き換えられる事態を導く。私たちはしばしば分離不安について議論するが，ここで私は分離が**無**く子どもの養育についての外部の継続性が破綻して**いない**場合に，母親と赤ん坊そして両親と子どもの間に起こることを述べようとしている。私は分離が回避された場合に起こる事態について説明しようとしているのである。
>
> [「思いやりの能力の発達」Development of Capacity, p. 77]

ここでウィニコットの主張は彼の多くの理論と同じく逆説的である。彼にとって分離不安は分離の恐れとは関係なく，むしろ分離することが**できない**という障害と関係がある。

8　時間的広がり

抱える機能に関する母親の責務の一部は，時間に気を配ることである。

> 特に「抱えこまれる」不安という概念に関連して注目すべき特徴は，時間的な統合は，より早い段階のいっそう動きのない統合に**ゆくゆく**は加えられていくという点である。時間を流れさせるのは母親の役目であり，母親の代理的な自我機能の一側面でもある。しかしやがて幼児は，最初はわずかの時間しか続かないものの，自らの時間感覚を持つようになる。
>
> [「思いやりの能力の発達」Development of Capacity, p. 77]

この時間という次元は，存在することの連続性——成長するために幼児が持つ中心的な経験——の一因ともなっている。母親-幼児関係の時間的特徴は1967年のウィニコットの論文「文化的経験の位置づけ」に詳しく述べられている（創造性：3参照）。

9　生まれつきの道徳性

　1962年に,「家庭と学校での幼い子ども」と題された一連の講演において,ウィニコットはロンドン大学教育研究所の聴衆に対して,道徳教育についての彼の考えを述べた。それは後に『変動しつつある社会における道徳教育』(Niblett, 1963),そして1965年には「道徳と教育」という表題で『成熟過程と発達促進環境』(W9)のなかで出版された。

　道徳性と不道徳性はウィニコットにしてみれば,本当のそして偽りの自己の生き様と密接な関係があった。(彼の論文「本当のおよび偽りの自己という点からみた自我の歪み」はわずか2年前の1960年に書かれた)。

> 　最も荒々しい道徳性は早期幼児期のそれである。これは個人の生涯を通じて認められる,人間性のある傾向として持続する。幼児にとっての不道徳性とは**自分なりの生き方を犠牲にしてへつらうこと**である。たとえばどんな年齢の幼児も,食べることが悪いことであると,その主義によって死ぬほどのことがあっても,そうであると感じるかも知れない。迎合は直接的な報酬をもたらすが,大人たちはあまりにも簡単に迎合を成長と見誤るのである。成熟過程は一連の同一化によって迂回されるかも知れず,その場合には,臨床的に観察されるものは偽りの,見せかけの自己であり,おそらく誰かの複写である。本当のあるいは本質的な自己と呼べるものは隠され,生き生きとした経験は奪われる。
>
> 　　　　　　　　　　　　　　　[「道徳と教育」Morals and Education, p. 102]

　ウィニコットのこの論文,そして彼の仕事全体における主張は,道徳教育はもし子どもがはじめに思いやりの内的な感覚を発達させていないならば無意味だということである。言い換えると,幼児の思いやる能力は大人の道徳感や倫理感の基礎であり,それは情緒的成熟と健康の一部である。

> 　……道徳教育は,良い養育が促進する自然な発達過程によって子どものなかに到来する道徳性を,自然に引き継ぐものである。
>
> 　　　　　　　　　　　　　　　[「道徳と教育」Morals and Education, p. 100]

10　邪悪さ

もし幼児が役に立つ機会を持ったことがなく，それゆえ思いやりの感覚を発達させられないならば，その幼児はこの文脈においては反社会的な傾向と結びついた「邪悪な」存在となるだろう（反社会的傾向：2参照）。

> 強迫的に邪悪であることほど道徳教育によって救済できない，あるいはそれどころか止めることのできないものはない。子どもは，邪悪な行動に繋ぎとめられているのは**希望**であること，そして**絶望**は迎合や偽りの社会化に結びついていることを直感している。反社会的なあるいは邪悪な人間にとって，道徳教師は間違った側に存在しているのである。
> 　　　　　　　　　　　　　　　　　[「道徳と教育」Morals and Education, p. 104]

ウィニコットの道徳性にまつわる言葉は，普通に養育する両親によって支えられたときに幼児が持つ発達傾向への信頼という点において，彼の全般的態度の特徴を表している。

ウィニコットの思いやりの段階の理論は，環境によって果たされる役割を強調することによってクラインの抑うつポジションをさらに飾り立てることになった。ウィニコットの理論にとっての中心は，母親が赤ん坊の贈り物を贈る身振りを知ることであり，その贈り物を受け取る能力である。

このパラダイムは，分析状況における被分析者からの「贈り物」を受け取る分析家の能力についてにまで拡張された。クリストファー・ボラスは「分析家による被分析者への賛辞」(1989b) においてこの主題を詳細に論じている。

出　典

1954-55　「正常な情緒発達における抑うつポジション」The Depressive Position in Normal Emotional Development［W6］

1958　「精神分析と罪悪感」Psycho-Analysis and the Sense of Guilt［W9］

1963　「思いやりの能力の発達」The Development of the Capacity for Concern［W9］

1963　「道徳と教育」Morals and Education［W9］

抱えること

holding

1　境界と構造
2　抱える機能
3　私有化
4　マネージメント（管理）

　出産直前と直後における母性的な養育の一つひとつが，抱える環境の形成に寄与している。この抱える環境には母親の原初の母性的没頭が含まれているが，幼児はこの原初の母性的没頭によって必要な自我の支持を得ることができる。
　心理的そして身体的に抱えられることは，発達が重要であり続ける限り，幼児が必要とするものであるが，すべての人にとって抱える環境の重要性が失われることは決してないのである。

1　境界と構造

　ウィニコットは，抱えることが重要であることをまさに一番最初から認識していたものの，1950年代半ばまでは「抱えること」という言葉を使用しなかった。第二次世界大戦の間は，後に彼の妻となるクレア・ブリトン（Clare Britton）とともに仕事をしていたのだが，彼ら二人ともが反社会的傾向を持つ子どもの管理と治療に，抱える環境が欠かせないことを見いだしていた（反社会的傾向：1参照）。
　1950年代までにウィニコットは，分析的関係において提供されるものを理解するための方法として，ほどよい母親と幼児というパラダイムを利用し，そうすることで抱えることに関する理論の基礎をかためた。ウィニコットは食事の提供，入浴，着替えなどといった身体的ケアと組み合わせつつ，心のなかで心理的に赤ん坊を抱えることについて焦点をあてるようになった。

>　……幼児は母親に抱えられており，身体的な言葉で表現された愛情を理解するだけである。つまり生きた人間に抱えられることによって愛情を理解するのである。ここにあるのは絶対的依存であり，この最早期における環境の失敗に対しては，発達過程を中止させるか，あるいは幼児精神病に陥ることによる以外には身を守ることができない。……私たちは，赤ん坊に**授乳している**母親よりも赤ん坊を**抱えている**母親についてより関心を持っている。
>
> 　　　　　［「集団の影響と不適応児」Group Influences and the Maladjusted Child, pp. 147-148］

幼児が経験を統合する能力を発展させ，「私はいる」（わたし ME）という感覚の発展を容易にするのは，ほどよく抱えられる**おかげ**である。

>　また，本能的経験が統合過程に大きな役割を果たすことは間違いないが，一方ではそこにはいつもほどよい環境も存在しており，そこでは，だれかが幼児を抱えていて，刻々変化するニードに上手に対応している。そうしただれかというのは，この時期にふさわしい愛情，つまり幼児と同一化する能力が伴っており，幼児のニードに応えることが価値あることだという感覚が伴っている愛情を通じてでないと，役割を果たすことができない。この状況を私たちは，母親は一時的ではあっても真心をこめて幼児に身を捧げていると表現する……。
>
>　この「私はいる」というときは，無防備のときであって，新しく生まれた個人は完全にむき出しになっていると感じる状態である，ということを提案したい。こんなとき，だれかが幼児を両腕で包み込んでくれることによって初めて，私はいるという状況も何とか持ちこたえることができる，あるいはむしろ何とかやってみることができる。
>
>　　　　　［「集団の影響と不適応児」Group Influences and the Maladjusted Child, p. 148］

この時期は絶対的依存の時期に相当し，ウィニコットはこれを「抱える時期」として言及している。一般的に言うなら，赤ん坊の人生のはじまりの時期に一人の主要な養育者がいるとしたらこの上ないことであり，主たる養育者が生物学的な意味での母親であったとしたらそれ以上のことはない，とウィニコットは信じていたようである。しかし，仕事を通して一貫してウィニコットが主張したことは，養母であっても，原初の母性的没頭に身をささげることが

できるとしたら，抱える環境に欠かすことのできない諸々のものを提供することができるに違いないということだった（母親：5参照）。

ウィニコットのほどよい抱える環境という見方は，家庭内の母親と幼児の関係に始まり，社会における他の集団へと広がっている。彼は論文選集『家庭と個人の発達』（W8）の序文でこの点を強調している。

> 家庭は，発達中の子どもが，社会のなかで働いている諸々の力にめぐり会うところとして，はっきりと規定された位置づけがある。そして，この相互作用の原型は，もともと幼児と母親の関係のなかに見いだすことができる。そしてこの母子関係において母親によって提示された世界は，非常に複雑なやり方で，幼児の成長しようという遺伝的に規定された傾向を，助けもするし阻害もするのである。そしてこの論文集のなかで展開してきたのは，このような考え方である……。
> [「家庭と個人の発達　序文」Preface to *The Family and Individual Development*, p. vii]

1960年の「親と幼児の関係に関する理論」という論文のなかで，抱えることについてのウィニコットの主張は明確になっている。抱える環境にはどうしても父親が含まれるということである。

> 両親による十分な育児は，おおざっぱに分けると次の重複する三つの段階に分類することができる。
> 　a．抱えること。
> 　b．母親と幼児とがともに生きること。ここで（母親のために環境調整をする）父親の機能は認識されていない。
> 　c．父親，母親，幼児の三者がともに生きること。
> [「親と幼児の関係に関する理論」Parent-Infant Relationship, p. 44]

「ともに生きること」という言葉は，幼児が持っている自分と自分でないものを分ける能力と，父親と母親とを分離してなおかつ全体的な人間として見いだす能力について言及しているのである。「ともに生きること」は両親による抱えることがうまくいった**結果**としてのみ可能となり，このことから現実の正

しい認識と「時間的要因が漸次加わってくる三次元的で空間的な関係」がもたらされるのである（「親と幼児の関係に関する理論」p. 44）。

　抱えることの理論においてウィニコットが主張するのは，環境によってほどよく抱えられることは確かな発達過程の開始に責任があるということである。

2　抱える機能

　両親は幼児に，幼児のニードに適した環境を提供しなければならない。もしも，両親が子どもに必要であろうと考えたものを子どもに提供するのであれば，それは子どもにとってはまったく役に立たない。またこういった姿勢は子どもに迎合的であることを強いる可能性がある。というのも両親からの圧力のもとでは，子どもは何かあるものを好きでなくても好きと言ってしまうかも知れないからである。ウィニコットは，両親が子どもに何かを提供するときは子どもの統合性に常に気を配るべきであり，それとともに子どもを一人の独立した人間，つまり異なっていることが認められる権利を当然持っている人間として尊重すべきであると主張している。

　ウィニコットは環境から提供されるものに必要な特徴を列挙している。

　　　　生理的欲求が満たされること。ここでは生理学と心理学の分化は未だなされていない。あるいは分化の過程にある次に，
　　　当てにできること。しかし，環境からの提供は，機械的にそのまま当てにできるのではない。母親の共感が含まれるという点で当てにできるようになるのである。
　　　抱えること：
　　　　　物理的侵襲からの保護になる。
　　　　　幼児の皮膚の感受性すなわち，触覚・温覚，聴覚の感受性，視覚の感受性，落下（重力の作用）に関する感受性と，自己以外のものの存在に対する幼児の認識が欠けていることの配慮がなされる。
　　　　　それには昼夜を問わず行われるすべての日常的な世話が含まれる。抱えることの一部は幼児自身に含まれ，二人の子どもがまったく同じということはありえないので，どの二人の幼児を比べてみても，抱えることが同一ということはない。

また，抱えることは，幼児の心身両面での成長発達に伴ってあらわれる日ごとの些細な変化に従うのである。
[「親と幼児の関係に関する理論」Parent-Infant Relationship, p. 48-49]

ウィニコットが強調するのは，人生のまさに開始の時点での養育の質が，精神病に罹患しないという点で個人の精神的健康に寄与しているということである。

治療関係に置き換えてみると，患者にとって必要な抱える環境を提供するのは分析治療の設定そのものである（環境：2参照）。（精神分析の設定＝抱える環境）。

3 私有化

抱えることのある部分は，ウィニコットが**あやすこと**として言及しているところである。このあやすことというのは，日々繰り広げられている養育すべてにおいて母親が幼児を扱っている方法を指している。これには，母親が赤ん坊といることを**楽しんでいる**ことも含まれている。そしてこの楽しむことは愛情の表現でもある（母親：9参照）。

ほどよくあやすことは，幼児の「精神が身体に宿る」ことにつながる。ウィニコットはこれを「私有化 personalisation」として述べている。「私有化」とは，愛情のこもった扱いを受けることの結果として幼児が自分自身の身体を自分として感じ，自己感覚が身体内部の中心に据えられていると感じるようになることである（精神-身体：1参照）。

ウィニコットは「私有化」という言葉を，反対の意味を持つ「離人化」という言葉を強調するために使用している。離人化とは，心と体が分裂して経験され，体のなかに自分を感じられない状態である。

> 発達初期に愛されていることは受け入れられているということを意味する。……そうした子どもは，ほとんどは自分の体の形態や機能の問題としては，正常に発達するために必要な設計図を持っているものである。
> 大部分の子どもは出生直前の最後の段階ですでに受容されているが，子宮のなかにいる胎児に問題があるときには通常適切なものである。つまり，私が私

有化と呼んでいるものの基礎や，離人化が生じやすい特異的傾向の欠損といったものは，子どもの出生前からすでに始まっており，子どもには生理的な応対だけではなく抱える人の情緒的な関わりが配慮されることが必要で，子どもが一度でもそういった情緒的配慮をもった人に抱えられるかどうかということは，大変重要なことなのである。私が私有化と呼んでいる，あるいは身体に精神が宿ることとして記載されるような赤ん坊の発達のある部分の始まりは，情緒的関わり合いをもつ母親の能力に見いだされるものであり，そうした母親の関わりはもともと身体的であるとともに，生理的なものである。

[「身体における自己の基盤」On the Basis for Self in Body, p. 264]

分析状況において，母親の原初の母性的没頭に相当するのは分析家の注意である。この分析家の注意は，環境の物理的側面，つまり寝椅子，温かい雰囲気，部屋の色調などと一緒にある。治療設定のなかで抱えることというウィニコットの概念には，分析家が患者に身体接触を持つことは含まれていない（コミュニケーション：3；憎しみ：4；退行：1参照）。

4　マネージメント（管理）

ウィニコットは抱えることをしばしばマネージメントの形態の一つとして言及していた——特に自分で自分の世話ができない人たちの援助に日々専念している専門家集団に話す際はこの視点から述べていた。マネージメントという言葉は，分析的治療関係においてだけでなく，精神医療の場における患者への援助の際にも利用された専門用語である。マネージメントをどの程度行うかは，抱えることがどれだけ必要かという点からして，患者の病理に依存していた。

スキゾイド的な人の治療では，分析家は差し出された素材をもとに行われる解釈についてあらゆることを知っている必要がある。しかし，患者の主要なニードが自我への支持や抱えることといった賢くないものであったり，不適当といえるこうした作業をするという脇道に入りこむことを自制できなければならない。育児における母親の仕事のように，この「抱えること」は，患者が解体し，存在の基盤を失い，奈落の底に落ち込もうとする傾向をもっているとい

うことを，暗黙のうちに認めているわけである。
［「幼児の成熟過程からみた精神医学的疾患」Psychiatric Disorder in Terms of Infantile Maturational Processes, p. 241］

　ウィニコットは，反社会的傾向を示す子どもや青年の治療に際して，抱える環境の一つとしてマネージメントが重要であることを強調している。またウィニコットは，ケアを提供する者に相当な情緒的要求を向けてくる人びとを対象に援助をしているスタッフ自身が，抱えられることをどれだけ必要としているかについても認識していた。1947年のクレア・ブリトンと共著の論文，「困難を抱えた子どもの治療としての施設管理」においては，抱える環境の重要な側面との関連から，施設内ケアに関するあらゆる点について詳しく述べている。その結論は今日，実際的な意味のあるものになっている。

　分析的な関係においては，患者の心理的身体的ニードを取り扱う抱える環境を作り出すのは，解釈することに伴った，あるいは解釈することを含みこんだ治療の設定と分析家が向ける注意である。抱えることを通じてのみ潜在空間は実現されるのである（移行現象：7参照）。（抱える環境の失敗の結果は，環境：3, 4, 5, 6において詳しく検討した）。

出　典

1955　「集団の影響と不適応児」Group Influences and the Maladjusted Child ［W8］
1960　「親と幼児の関係に関する理論」The Theory of the Parent-Infant Relationship ［W9］
1963　「幼児の成熟過程からみた精神医学的疾患」Psychiatric Disorder in Terms of Infantile Maturational Processes ［W9］
1965　『家庭と個人の発達』*The Family and Individual Development* ［W8］
1970　「身体における自己の基盤」On the Basis for Self in Body ［W19］

環境

environment

1　人間の発達に与える環境の衝撃
2　分析の設定──抱える環境
3　精神病──環境欠損病
4　精神病的不安
5　侵襲
6　破綻恐怖
7　「ただ正気であるということは，何と貧しいことか」
8　父親──破壊不可能な環境

　情緒発達についてのウィニコットの理論では，環境と，幼児の情緒的な健康に対する環境の責任とが重視されている。
　幼児にとっての最初の環境は母親であり，最初は母親と幼児が環境-個人の組合せのなかで融合している。
　幼児の心理的健康という点に関するすべての責任を，環境に帰することができるわけではない。環境は，ただ利用可能な経験の連続体──一方の極では発達を促進する経験，他方の極では発達に障害を与える経験──を提供することができるだけである。
　発達促進環境は個人に成長する機会を与え健康へと導くものだが，逆に環境が失敗すると，失敗が発達早期におきた場合には特に，精神的不安定や不健康の状態が導かれてしまう。

1　人間の発達に与える環境の衝撃

　精神分析の文献では，幼児に関わる母親の役割について言及されているものの，1950年頃までは，理論の中心は主として個人とその内界に関するものであった。個人の精神的健康に対する環境の衝撃については，分析理論でとりあげられても，それが本来有する重要性には実際には一致していなかったのであ

る。この領域へのウィニコットの貢献は，とても重要なものである。

　1942年にウィニコットは，ある集会で飛び上がって「一人の赤ん坊というものはいないんだ！」と叫んでいる自分に気がついた。それが彼にとっての真の発見の瞬間となったが，その発見について彼は10年後の1952年に英国精神分析協会で発表された論文「安全でないことに関連した不安」で述べている。それ以後は個人というのはもはや単一のものではなく，環境-個人の組合せ――すなわち養育カップルとなったのである。

> ……もし赤ん坊を私に見せるならば，同時に赤ん坊の世話をしているだれかをも確かに見せることになるし，少なくとも，だれかの目と耳が注がれた乳母車をみせられることにはなるだろう。人びとはそこに，養育カップルを見ることになる。……対象関係以前の状態とは次のようなものである。一つのユニットとなっている個人ではなく，環境-個人の組合せである。存在の重心は，個人の内部で生じるわけではない。組合せ全体のなかで生じるのである。
> [「安全でないことに関連した不安」Anxiety Associated with Insecurity, p. 99]

　言い換えれば，個人というものはいないのであって，外界と関係ある個人があるだけなのである。ウィニコットはここで一体関係（one-baby relationship）が二体関係より**前**に存在するのではなく，**後**に存在することを示そうとしている。

> われわれは二体関係の前に一体関係があるのだと漠然と仮定することがあるが，その仮定は間違っているのであって，もしじっくりと眺めてみれば明らかに誤りだとわかる。一体関係のための能力は二体関係の能力の**後**に，対象の取り入れを通じて生じるものである。
> [「安全でないことに関連した不安」Anxiety Associated with Insecurity, p. 99]

　これが6年後の1958年の論文「一人でいられる能力」において，ウィニコットが発展させた主題である。そこで彼は，一人でいられる能力の基盤は逆説的だが他者の存在，すなわち環境-母親の存在のもとで，一人でいる経験にあるのだと述べている（一人：1, 2参照）。

2　分析の設定――抱える環境

1954年にウィニコットは論文「精神分析設定内での退行のメタサイコロジカルで臨床的な側面」で，フロイトが精神神経症の患者に対する設定をどのように直感的に選択するようになったかについて述べている。この設定は早期の環境の設定を反映しており，フロイトはほどよい早期の環境を無意識的に知っていたからこそ，そうした設定を作り出したのである。

> 早期に母親的養育が行われることをフロイトは当然のように考えていて，**彼の分析の設定が提供されるなかに母親的養育が現れていたのだ**というのが私の主張である。彼自身は自分の行為についてほとんど気がつかなかったのだが，フロイトは，自分自身を独立した完全な人格として分析することができていたし，彼の関心は対人関係にまつわる不安にあった。
> 　　　　　　　　　[「メタサイコロジカルで臨床的な側面」Metapsychological and Clinical Aspects, p. 284]

この論文でウィニコットは精神分析の技法を，解釈と設定とに分けるようになった。そしてこの設定が1950年代の終わりに抱える環境となったのである。
　この時期にウィニコットが観察した点で，精神分析の発展において重要なものが二つある。一つはこの時点までに母親と幼児に関する広汎な研究を通じて発見したことだが，それは良い環境と良くない環境との違いということである。もう一つはこのきわめて重要である早期の良い環境が，フロイト派の設定で複写されていること，そして当然ながらその設定には分析家の人格も含まれていることを観察したということである。それゆえ早期の環境の失敗によって傷ついた患者は，高度に特化したフロイト派の設定で癒される機会を与えられることになる（抱えること：4，退行：2参照）。そして，精神病的な患者こそが，文字通りの意味で抱える環境の安定性と信頼性を必要としているのである（憎しみ：5参照）。

　　ここで私がどのようにフロイトの仕事を人為的に二つの部分に分けたのか，
　　それを明らかにしたい。一方には，徐々に発展を遂げてきたものとしての，そ

して研修生たちが学ぶものとしての精神分析の技法がある。患者によって提示される素材は**理解**され**解釈**されるべきものとなる。他方には，以上の作業がその内部で遂行される**設定**がある。

[「メタサイコロジカルで臨床的な側面」Metapsychological and Clinical Aspects, p. 285]

ウィニコットは，必要な設定の12の側面を列挙している。フロイトとは違い，ウィニコットは設定を当然のものとは考えなかった。彼は，抱える環境の重要な側面一つひとつを描写し定義していった。

1. 毎日決められた時間に，週5〜6回，フロイトは患者のために身を置いた（この時間は，分析家と患者の双方の都合にあうように設定された）。
2. 分析家は，信頼に足る存在として，時間通りに，生きていて，息をして，そこにいる。
3. あらかじめ設定された長さの時間（約1時間）の間，分析家は起きていて，患者のことに没頭するようになる。
4. 分析家は，積極的な関心をもつことで愛を表現し，厳格な開始と終了，そして治療費のことで憎しみを表現した。愛と憎しみは分析者によって正直に，つまり否認されることなく表現された。
5. 分析の目的は，患者の経過によりそって，提示された素材を理解し，その理解を言葉でコミュニケーションすることだと言える。抵抗は苦しみを意味するが，それは解釈によって和らげることができた。
6. 分析家の方法は，客観的観察である。
7. この仕事は廊下ではなく，部屋のなかでなされなくてはならない。その部屋は静かで突然予想外の音がすることはない部屋ではあるが，物音ひとつしないほどではなく，普通の家の物音はしているといった部屋である。適度に照明されているであろうが，顔を照らし出すような光ではなく，変化するような光でもない。部屋は決して暗くはなく，心地よい暖かさであろう。患者は寝椅子の上に横たわることになるだろうし，それは快くいられるときには快いものだろうし，そしておそらく膝掛けを用いたり，水を飲んだりすることもできただろう。
8. （よく知られているように）分析家は，道徳的な判断を患者との関係のな

かに持ち込まないし，個人的な生活や考えの詳細を侵入させようとは望まない。また迫害的な組織が，地域的にあるいは政治的に等々，実際に共有された状況の形をとって現れている場合でも，分析家はその組織の側につくことを望まない。もちろん，戦争や地震があったり国王が死んだりした場合には，分析家がそれに気がつかないことはない。
9. 分析状況における分析家は，普段の生活における一般の人びとよりはずっと信頼できる存在である。概して時間を守るし，かんしゃくを起こすこともないし，強迫的に恋に落ちることもないし，その他いろいろな点でそうである。
10. 分析においては，事実と空想とは非常に明確に区別される。それゆえ分析家は，攻撃的な夢によって傷つけられることはない。
11. 同害復讐の反応がないことが期待できる。
12. 分析家は生き残る。

［「メタサイコロジカルで臨床的な側面」Metapsychological and Clinical Aspects, pp. 285-286］

ウィニコットは，物質的および時間的環境のなかで本当に重要なものは分析家の振舞いであると強調した。彼は限定的に述べているわけではないが，この特別にしつらえられた環境の重要な側面は転移と逆転移である。さらに付言すれば，この環境は普通の子育てと同じ道筋で機能する。

ここには研究すべき素材が豊富にある。そして，これらすべてのことと両親の普通の仕事とも――特に幼児とともにいる母親のものだが，母親の役割をしている父親についても，そしてある点ではごく初期の母親の仕事とも――非常に類似していることに気づかれるだろう。

［「メタサイコロジカルで臨床的な側面」Metapsychological and Clinical Aspects, p. 286］

3　精神病――環境欠損病

ウィニコットは，精神病の病因を環境-個人の組合せにあると考えた。それゆえ，母親が原初の母性的没頭の状態に入ることができない場合，子どもを落

胆させてしまうことになる。この抱えることの反対である「落としてしまうこと dropping」が意味するのは，最も重要なときにおかした幼児に対する失敗を，後になってから償わなくてはならなくなるということである。

　実際に，子どもを出産したものの，生まれてごく間もない時期にチャンスを逃したような女性は，失われたものを償わなくてはならなくなる。彼女らは長い期間，成長していく子どものニーズにぴったりあわせなくてはならないのだが，早期の歪みをうまく直せるかどうかもわからない。早期の一時的な没頭の良い影響を当然のことだとみなすかわりに，彼女らは治療——すなわちニードに長い期間あわせること，言い換えると甘やかすこと——を求める子どものニードに巻きこまれる。彼女たちは，親であり続ける代わりに治療を行う。……母親（もしくは社会）のこのような作業は，自然に起こるものではないため，非常な重荷になる。そうした現時点での作業は，本来もっと早期に行われるべきものであり，このケースでは，幼児がようやく個人として存在し始めた頃に行われるべきものである。
　　　　　　　　　［「原初の母性的没頭」Primary Maternal Preoccupation, p. 303］

ウィニコットはリアルに感じる感覚を重視したが，普通の没頭を経験できるという幸運に出会えなかった幼児は，それを得られない。

　……最初のほどよい環境の提供なしには，この（死ぬ余裕があるような）自己は決して発達しない。リアルであるという感覚は欠けており，さほどのカオスがない場合には，根本的な感覚は不毛な感覚である。人生に固有の困難には到達できないし，満足にも当然たどりつけない。
　　　　　　　［「原初の母性的没頭」Primary Maternal Preoccupation, pp. 304-305］

原初の母性的没頭の状態にない母親は自分の幼児に共感することができないし，必要な自我支持を提供することもできない。幼児は自分で思うようにやらなくてはならなくなる。

　……「自分」から「自分でないもの」を分離する前の人生早期に，ほどよい世話を受け損なった赤ん坊の運命。母親の失敗の程度や種類が多岐にわたるた

め，これは複雑な問題である。まずは，次の事柄から述べることが適切だろう。
(1) スキゾイド的な特徴を有する基盤を生じる自我構造の歪み，と
(2) 自己を保持するための特殊な防衛，あるいは世話役の自己，そして偽りである人格の側面の組織化（表出されているものが，幼児個人の派生物でなく幼児－母親カップルの母親的養育の側面の派生物であるという点で偽りである）。これは防衛であり，自己の中核を隠し，そして守るようにと設計されてはいるものの，防衛の成功は自己の中核に対して新たな脅威を与える。

[「子どもの発達における自我の統合」Ego Integration in Child Development, p. 58]

この二番目の歪みについては，1960年の論文「本当の，および偽りの自己という観点から見た，自我の歪曲」でウィニコットは研究している（自己：6, 9 参照）。環境の失敗から，精神的に不健康な種々の状態がもたらされる。

欠陥のある自我支持が母親によって行われる結果，非常に深刻な不具合が生じるが，それには次のような例が含まれる。

A　児童統合失調症または自閉症

このよく知られた臨床的一群には，器質的な脳障害や欠損による二次的障害が含まれているし，また人生最早期の成熟過程のさまざまなことにおけるあらゆる種類の失敗が含まれている。このうちの一部の例では神経学的な欠損や病気を示す証拠は認められない。

B　潜在性統合失調症

正常とみなされたり，知性の特別なきらめきや早熟なふるまいを見せたりする子どものなかでさえも，さまざまなタイプの潜在性統合失調症が存在する。病気は「なしとげた結果」のもろさにあらわれる。後の発達の段階の，緊張やストレスが発病の引き金となる。

C　[偽りの自己による防衛]

防衛の使用，特に成功した偽りの自己という防衛を使用することで，多くの子どもは，予後良好のように見える。けれども最終的には発病によって本当の自己がそこにはなかったという事実が明らかになる。

D　スキゾイド・パーソナリティ［統合失調症］

　　一般には，スキゾイド的要素が他の点では正常な人格のなかに隠されているという事実をもとにした人格障害が発達する。重症なスキゾイド的要素もそれが個人の住む地域文化に受け入れられるようなスキゾイド障害のパターンに隠されていることができている限り社会化されることになる。
　　　　　　　　　　　　　　　　　［「自我の統合」Ego Integration, pp. 58-59］

これらの状態の病因は，母子関係の最早期におかれている。

　　これらのさまざまな程度と種類の人格障害は，個々の症例を検討すると，さまざまな種類と程度で最早期に抱えられたり，扱われたり，対象を提示されたりすることの失敗に関連づけることができる。
　　　　　　　　　　　　　　　　　　　［「自我の統合」Ego Integration, p. 59］

ウィニコットはこの早期の失敗の派生物が，依存への恐怖とつながりを持つ「女性」というものへの恐怖をもたらすのだと主張している。

　　……母親に対する絶対的な依存を理解し，原初の母性的没頭の能力について理解することは，**高度に洗練されたもの**に属していることであり，大人たちでさえ必ずしも到達するわけではない段階に属しているものである。初期での絶対依存について理解することがうまくできないと，男性と女性の両方の重荷となる「女性」というものへの恐怖が引き起こされる。
　　　　　　　　　　　　［「原初の母性的没頭」Primary Maternal Preoccupationp. 304］

4　精神病的不安

これまで述べたような精神病の形態は，ウィニコットにとっては，想像を絶する不安や原初の苦悩から中核の自己を守るために経験されねばならない精神組織なのである。これは次のように記述される。

1　ばらばらになること
2　落ち続けること

3　身体との繋がりがまったくないこと
　　4　どうすればよいかわからないこと
[「自我の統合」Ego Integration, p. 58]

そして6年後の1968年に付け加えたのが，

　[5]　コミュニケーションの手段がないために完全に孤立すること。
[「幼児と母親，母親と幼児のコミュニケーション，比較と対比」
Communication between Infant and Mother, p. 99]

　これらの不安は「想像を絶する」ほどのものである。というのも，この種の不安については考えることができなかったものだし，ショックや外傷（侵襲への反応）を通じて発生したものだからである。ウィニコットにとっては，原初の苦悩は**侵襲**を構成するものである。過剰な侵襲は，自己感覚の絶滅という結果を幼児にもたらすことになる。これは存在することの正反対であり，自己の本当の中核を傷つけてしまう**絶滅**の外傷である（コミュニケーション：10参照）。

　　これら母子関係の早期における不安は絶滅の脅威と関連しているが，この言葉が意味することを説明する必要がある。
　　抱える環境が絶対的に存在することによって特徴づけられるこの段階では，「生来の潜在力」それ自身が「存在することの連続性」となる。存在することに代わるものは反応することであり，反応することは存在することを中断し，絶滅させることになる。存在することと絶滅とは，どちらかしかありえない。したがって抱える環境は，幼児のパーソナルな存在の絶滅という反応を結果としてとらざるをえなくなる侵襲を最小限に抑えることを，目的とすることになる。
[「親と幼児の関係に関する理論」Theory of Parent-Infant Relationship, p. 47]

　絶滅は，中核的自己の孤立に対する脅威のために生じてしまう。幼児の中核的自己を守るためには，母親の自我支持が必要であり，もし自我支持がなけれ

ば，幼児は自分自身を守り続けること——すなわち精神病的防衛を発展させることを強いられることになる。

　この時期で考えなければならない他の現象は，人格の中核を隠すことである。この中心の，あるいは本当の自己という概念を検討してみよう。中心の自己というのは，存在することの連続性を体験し，独自のやり方と速さで独自の心的現実と独自の身体図式を獲得しつつある，生来の潜在力ということができる。この中心的な自己の孤立という概念は，健康の特徴とみなされるべきであろう。この本当の自己の孤立に対するいかなる脅威も早期においては大きな不安をひきおこし，この孤立を妨害するであろう侵襲から母親が（あるいは母親的な養育において）幼児を守ってやれないことに関連して，幼児期最早期の防衛は出現する。

[「親と幼児の関係に関する理論」Theory of Parent-Infant Relationship, p. 46]

後になってウィニコットは原初の苦悩のリストに，存在することの連続性の中断に苦しむ幼児や個人によって用いられるであろう種類の防衛も加えた。

　……原初的な苦悩（不安という言葉ではここでは不十分である）のリストをつくることができる。
　少し挙げると，
1．まだ統合されていない状態への逆行（防衛：解体）
2．落ち続けること（防衛：解体）*
3．心身が共動することの消失，身体に宿ることの失敗（防衛：脱人格化）
4．現実感の消失（防衛：一次的ナルシシズムの搾取）
5．対象と関係する能力の喪失（防衛：自己の現象にだけ関係している自閉的状態）

[「破綻恐怖」Fear of Breakdown, p. 90]

このようにウィニコットは精神病を，**原初の苦悩に対する防衛**だと見なした。

＊（訳注）　原典では，「2．落ち続けること（防衛：自分で自分を抱えること）」。

> ここで示したいと思うのは，臨床的に見られるものは，たとえそれが児童統合失調症の自閉であっても，防衛構築であるということである。奥底にある苦悩は想像を絶するほどなのである。
>
> 精神病的な病気を破綻と考えるのは間違っている。それは原初の苦悩と関連した防衛構築なのであり，この防衛はたいていは成功する（ただし，発達促進環境がないわけではないが，じらされてだけいるという，人間の子どもに起こりうる最悪の場合を除く）。
>
> [「破綻恐怖」Fear of Breakdown, p. 90]

5　侵襲

ウィニコットは「侵襲」という言葉に，幼児の存在することの連続性を妨げるものという意味を持たせている。侵襲の性質がどのようになるかは本質的に環境に左右されるが，侵襲は（上述したように）外傷的にはたらく場合もあるし，逆に強化するはたらきをもつ場合もある。もし幼児が早期に適切に保護されていれば，すなわち環境からほどよい自我支持を得ていたとしたら，次第に侵襲にあわせることを学ぶだろうし，そのことで自己認識が強化されるであろう。しかし侵襲が早すぎたり強烈に過ぎたりすれば，結果は外傷的になるだろうし，幼児はただ**反応する**しかできなくなる。一定の期間に生じた侵襲に対する**反応**こそが，人格に障害を与え断片化をもたらすことになる。

> 存在が連続することに対する破壊的な反応が繰り返しおこるようであれば，存在することの断片化のパターンが生じることになる。存在することの連続性の流れが断片化することが一つの自分のパターンになっている幼児は，ほとんど最初から発達上の重荷を背負って精神病理へと向かっていく。それゆえ，落ち着きのなさ，多動，不注意さ（後日，集中する能力の欠如と呼ばれるもの）の原因には，（生まれて最初の数日，または数時間からはじまる）ごく早期の要素が必ず存在する。
>
> [「自我の統合」Ego Integration, pp. 60-61]

侵襲についてのウィニコットのテーマと関連しているのは，準備状態と準備されていることである。これは物事をそれ自身の道を歩ませることを許容する

能力と繋がりを持つ。たとえば誕生というのは初めて体験する環境の大きな侵襲であるが，正常の場合にはそもそも幼児を害することにはならないだろう。

　　生まれる前に，特に予定日から遅れている場合には，繰り返しの体験が幼児にとても起こりやすくなるが，その体験においては自己よりも環境が重視され，まだ生まれていない幼児は，出生の時が近づくにつれて，ますます環境とのこの種の交わりにとらえられていくようである。それゆえ，自然な過程では，**生まれる体験というのは幼児がすでに知っていることの誇張された一例なのである**。生まれている間は，幼児は反応する存在となり，重要なものは環境である。そして生まれた後には，重要なものは幼児である事態に戻る。……健康な場合には，幼児は生まれる前に環境の侵襲に対して準備ができていて，反応する存在から反応しなくてよい状態に自然に戻ることをすでに体験しているのだが，この反応しなくてもよい状態が自己が存在し始められる唯一の状態なのである。

〔「出生記憶，出生外傷，そして不安」Birth memories, Birth Trauma, and Anxiety, p. 183〕

もし反応するパターンができあがってしまうと，自己の感覚が成長する機会が減ってしまうことになる（自己：1, 2 参照）。

6　破綻恐怖

ウィニコットの死後1974年に発行されたが，1963年には書かれていたと考えられている論文「破綻恐怖」は，発達早期に個人に対して環境が失敗した場合の結果の一つを探求している。

　　破綻恐怖はある患者では重要な特徴であるが，他の患者ではそうではない。この所見が正しければ，破綻恐怖は，個人の過去の体験と環境の気まぐれさとに関連していると言えよう。

〔「破綻恐怖」Fear of Breakdown, p. 87〕

将来生じる破綻への恐怖の基盤は，**過去において生じた破綻にある**，という

ことがこの論文の主題である。

　もし分析の経過中に，破綻恐怖が一つの症状としてあらわれたならば，それは進展のサインである。患者は分析に依存するようになり，そのことで信頼感が促進される。これが，次に元の外傷体験（原初の苦悩）を，分析と転移の文脈のなかで体験できるだけの安全感を患者にもたらすのである。そして「破綻」は防衛の破綻をも意味しているのだが，その防衛とは（上述したように）想像を絶する不安を退けるために元々は作り上げられたものである。それゆえ，患者は自分の感受性により開かれた状態になっていく。

> ……今検討している，より精神病的な現象では，自己がまとまりとして成り立っていることの破綻が問題なのである。……自我は自我組織の破綻に対して防衛を構築するのであって，脅かされているのは自我組織なのである。しかし自我は，依存が生きた現実である以上，環境の失敗に抗して自身を組織することはできない。
>
> 　　　　　　　　　　　　　　　　　　　［「破綻恐怖」Fear of Breakdown, p. 88］

　防衛が成功していると言うことでウィニコットが意味しているのは，個人の苦しみを，言うならば寄せ付けないということである。1967年の論文「防衛組織化の概念と比較した臨床的退行の概念」では，ウィニコットは「寄せ付けない」ことを，統合失調症や自閉症に見られるような**傷つかないことへの組織化**として言及している。

> 「統合失調症」という語，それは本来，青年や成人に適用されるものだが，その語を使わざるを得ないような形で病気になっていく子どもや幼児に見られるもの，そしてとてもはっきりと私たちの目に映るもの，それは**傷つかないことへの組織化**である。病気になるのが成人か子どもか赤ん坊か，それぞれの情緒の発達段階に応じて違いがあるはずであろう。すべての症例に共通しているのは，その赤ん坊，子ども，青年，成人は，スキゾイドの病の根源にある想像を絶する不安を**二度と経験してはならない**ということだ。
>
> 　精神的欠陥へ向かう旅をほとんど終えた自閉的な子どもは，もはや苦しんではいない。傷つかない状態へとほとんどたどり着いているからである。苦しみは両親にある。傷つかないことへの組織化は成功しているが，それは臨床的に

は，病像において実は不可欠なものではない退行的な特徴に伴って見られる。
[「臨床的退行の概念」Concept of Clinical Regression, pp. 197-198]

この「傷つかないこと」は，ウィニコットが1963年に提示した問い，「守られることなしに，孤立するとしたらどうなるだろうか」（コミュニケーション：10参照）を思い出させる。
「破綻恐怖は，**すでに体験された破綻を恐れることである**」という発見をもとにして，ウィニコットは患者に次のように言うことを勧めている。

> 私の経験上，患者の人生を破壊している破綻恐怖の，破綻は**すでに起こってしまっている**と患者に言わなくてはならないときがある。それは，無意識のなかにしまいこまれた事実なのである。……この特別な文脈で無意識は，自我の統合は何かを包み込むことができないということを意味している。自我は未熟すぎて個人の万能感の領域にすべての現象を集めることができないのである。
> [「破綻恐怖」Fear of Breakdown, pp. 90-91]

別の言い方をすれば，環境からの侵襲に対する反応は，幼児の精神にとっては衝撃であり外傷なのである。なぜなら幼児は侵襲を受け止めるだけの準備ができていなかったからであり，それゆえ侵襲について**考える**こと，すなわち体験として集約し統合することができなかったからでもある。侵襲は生じたけれども，処理されているという感覚で体験されなかった。ウィニコットは，次のような疑問を提示している。

> ここで次のように問われるべきだろう。患者はなぜ過去に属するこのことに悩まされ続けるのか。それは，原初的苦悩の起源の体験は，自我がまずそれを現在時制の体験のなかに入れ，（母親〈分析家〉の補助的な自我支持機能があるものとして）次に万能の支配のもとに置くことができない限り，過去時制になることができないからに違いない。
> 言い方を変えると，患者は**まだ体験されていない**過去の詳細を探し求めなければならないのである。この探求はこの詳細を未来に探し求めるという形をとる。
> 治療者が，この詳細は既成の事実であるということに基づいてうまく作業し

ないと，患者は，強迫的に未来のなかに探し求められているものを見いだすのを恐れ続けなければならない。

[「破綻恐怖」Fear of Breakdown, p. 91]

　患者の発達早期に，環境の失敗に関して生じたことが必ず治療関係のなかでも生じるということ，そして治療関係のなかで**初めて体験される望みがある**ということに治療者と患者の双方が気づく必要があるのだと，ウィニコットは述べている。

　　この論文の目的は，そもそも個人の一生の始まりのころに，破綻はすでに起こってしまったのだ，という可能性に注意を引くことにある。患者はそれを「思い出す」必要がある。しかしまだ起こっていないことを思い出すことはできない。この過去の出来事がまだ起こっていないというのは，それが起こったとき患者はそこにいなかったからなのである。この場合「思い出す」唯一の方法は，患者がこの過去の出来事を，初めて現在のなかで，すなわち転移のなかで体験することである。この過去にして未来の出来事はこうして，今・ここの出来事になり，患者が初めて体験することになるのである。これは思い出すことの等価物であり，その結果は抑圧を取り除くことと等価物である。

[「破綻恐怖」Fear of Breakdown, p. 92]

　この主題は，死の恐怖とからっぽの恐怖——死とからっぽというのは，環境の失敗によって発達早期に生じたものである——にもまた適用される。
　ここでウィニコットが行っている治療者への推奨は，剝奪された子どもや青少年，大人の治療に携わる治療者に対しての推奨と同様のものである。治療者は剝奪が起こる前に戻る援助を子どもに行わなくてはならないのである（反社会的傾向：5参照）。

7　「ただ正気であるということは，何と貧しいことか」

　ウィニコットの論文からは明白なことだが，彼は健康と健康でないことを区別してはいるけれども，精神病は私たちのだれでもが罹る可能性がある病気なのだと，非常に早い時期の論文中で述べている。

健康な状態で個人はいつも統合されていて，自分自身の身体で生きていて，世界を現実的に感じることができるものだと，当然のようにみなされることがときどきある。しかし，症状的な性質をもっている正気が多数あるのであって，それは狂気への恐れや否認――無統合な状態や離人化された状態になることができ，そして世界を非現実的なものだと感じることができる，すべての人間の生来持っている能力への恐れや否認――で満たされている。十分な睡眠を欠けば，だれでもがこうした状況に陥ってしまう。
　　　　　　　　［「原初の情緒発達」Primitive Emotional Development, p. 150］

そして，最も有名な脚注の一つがここに付されている。

　われわれは芸術的表現を通じて，非常に強い感情，そして恐ろしくさえある激しい感覚が生じてくるわれわれの原初的な自己に接触し続けることができるが，もしわれわれがただ正気なだけであるとすれば，何と貧しいことか。
　　　　　　　　［「原初の情緒発達」Primitive Emotional Development, p. 150］

これは多分，1960 年に「健康な人びとは精神病と遊ぶことができる」と書いたときに意味したことと同じであろう。

　精神病は，精神神経症に比べてはるかに現実的なものであり，人間の人格や実存の部分により深く関わっている。（私自身の文を引用すれば）もし私たちが正気なだけであるとすれば，われわれは何と貧しいことか。
　　　　　　　［「精神病は家庭生活にどんな影響を及ぼすか」The Effect of
　　　　　　　　　　　　　　　　　　Psychosis on Family Life, p. 61］

人生最後の年に，彼は「創造性とその起源」で次のように付け加えた。

　健康とスキゾイド的状態の間に，また健康と重篤なスキゾフレニーの間にさえ，臨床的には**何ら明確な一線**がひけないことに気づくことは重要である。私たちは，統合失調症に遺伝的要素は認めてはいても，また，個別の症例で身体疾患の影響を進んで取り上げてはいても，日常生活の問題や与えられた環境での個人の発達という普遍的命題から主体を切り離したような，統合失調症の理

論には疑いの目を向けている。つまり，私たちは，環境側の供給，特に個人の幼児期の最早期における環境の供給がきわめて重要だと思っている。それだからこそ，私たちは人間に関して，依存が意味を持つ時期の人間の発達に関して，発達を促進させる環境について特別に研究を行っているのである。

[「創造性とその起源」Creativity and Its Origins, pp. 66-67]

これは，人間的な状態についての一つの認識である（依存：2参照）。

8　父親──破壊不可能な環境

ウィニコットの著作では，父親の役割は必ずしもとりたてて言及されているわけではないが，環境という点から言えば，父親は「切り盛りすること」によって家族の強さを高める貢献をしている。論文「父親とは？」は1945年に書かれたこともあって，現代の男性と女性の役割からすればやや時代遅れの感は否めないものの，それでも概念としては今でも価値のある論文だが，そこでウィニコットは父親の価値を，三つの主要な領域──父親と母親の関係，母親の権威に対する父親のサポート，「他の男性との区別が明確になる」ような自分自身であること──に置いている。

> 子どもは父親と母親の関係に対して，実際とても敏感である。いわば舞台裏で首尾良くすべてのことが運んでいれば，子どもはその恩恵を受ける第一番目の人間であるが，人生がより容易になっていることに気づき，より満足し，そしてより対処しやすくなることによって，その恩恵を理解するようになる。私が思うに，これが幼児や子どもが「社会的な安心感［社会保障］」という言葉によって意味しようとすることなのだろう。
> 　父親と母親の性的なつながりがもたらす事実は過酷なもので，子どもはその事実をめぐって幻想──子どもがつかまることのできる岩であったり，蹴りつけることのできる岩であったり──を構築するかも知れない。さらにそうした幻想が，三角関係の問題を自分なりに解決するための自然な基盤の一部を提供することになる。
>
> [「父親は？」What about Father ? pp. 114-115]

母親を支え，かつ自分自身でいること，さらに母親との関係を愛し，楽しむことが，ほどよい環境に貢献するすべての要素である。後にウィニコットは，子どもの成長のために役立つそうした環境の強さとは，子どもの憎しみや攻撃性によっても破壊されることがないことだと明確にした。そしてこれが，環境が**生き残ること**であり，それによって幼児が安心感を得て，対象と関係することから対象を利用することへと移ることができるようになる（攻撃性：10参照）。

さらに後の1967年にウィニコットは，父親と社会に関連した，破壊されることのない環境の重要性を強調した。

> 子どもが，……怒りの感情を持つことも，攻撃的になることも安全だと理解するのは，社会を縮小した形で代表している家族の枠組みゆえのことである。母親の夫に対する信頼，そして助けを求めた場合には得られるであろう地域社会や，あるいは警官からの支えに対する信頼，そうしたものがあるおかげで，一般的には運動機能と関連した破壊行為，そしてより限定して言えば憎しみのまわりに蓄積された空想と関連のある破壊を，未熟なやり方ではあるが探求することができる。このようにして（環境の安全感，父親によって支えられた母親などによって）子どもはとても複雑なこと，つまり破壊衝動を愛の衝動に統合するという複雑な作業ができるようになる。……これが発達のなかで実現されるために，子どもにとって**本質的な点で破壊されない環境が絶対に必要なのである**。確かにじゅうたんは汚され，壁は張り替えなければならず，窓ガラスも壊されてしまうこともあるのだが，それでも何とか家庭はまとまっていて，これらすべての背後に，両親同士との関係に対して子どもが寄せる信頼が存在している。家族とは何とかやり繰りを続けるものなのである。
>
> [「希望のサインとしての非行」Delinquency as a Sing of Hope, p. 94]

「対象が生き残ること」にまつわる主題はウィニコットの仕事の至るところに見られるものの，唯一1968年の「対象の使用」という論文で，破壊と生き残ることに関する理論と，父親の機能の重要性とを明確にすることができている（攻撃性：10, 11参照）。

英国精神分析協会のなかの独立学派とクライン派の間で行われた，主たる論争の一つに，環境が個人の精神的健康にどれほどまで貢献しているのか，に関

するものがある。1962年，幼児の内的世界に関するメラニー・クラインの貢献を評価するにあたって，ウィニコットは，クラインが環境の役割を無視している（とウィニコットが感じた）点について批判を行っている。

　　私が思うに，メラニー・クラインが分析家の仕事の質，つまり患者のニーズに適応する分析家の能力という事柄に入りこむことがなかったならば，彼女は分析家の「良い乳房」という議論を発展させることができなかったであろう。このことと結びついているのが，人生の一番初めの新生児の自我ニーズ（イドニーズも含めて）に適応していく母親の能力である。この議論を通じてクラインは，**母親に対する幼児の依存**（分析家に対する患者の依存）を取り扱うか，あるいは母親（分析家）の変動しやすい外的要因を意図的に無視し，**幼児に個人的にそなわった原初的メカニズム**という観点を掘り返すか，いずれかを選ばなくてはならなくなってしまった。クラインは後者の道を選択したことで，依存の時期に相当する環境依存的な幼児期そのものを盲目的に否定することになってしまった。このようにして，彼女は，遺伝的な要因へ早まって到達せざるを得なくなってしまったのである。
　　　［「羨望についてのクラインの論述の評価と批判に関する一つの公式化の開始」
　　　　　　　　The Beginnings of a Formulation of an Appreciation
　　　　　　　　and Criticism of Klein's Envy Stement, p. 448］

出　典

1945　「父親は？」What about father? ［W7］

1945　「原初の情緒発達」Primitive Emotional Development ［W6］

1949　「出生記憶，出生外傷，そして不安」Birth memories, Birth Trauma, and Anxiety ［W6］

1952　「安全でないことに関連した不安」Anxiety Associated with Insecurity ［W6］

1954　「退行のメタサイコロジカルで臨床的な側面」Metapsychological and Clinical Aspects of Regression ［W6］

1956　「原初の母性的没頭」Primary Maternal Preoccupation ［W6］

1960　「家族生活への精神病の影響」The Effect of Psychosis on Family Life ［W8］

1960 「親と幼児の関係に関する理論」The Theory of Parent-Infant Relationship [W9]

1962 「羨望についてのクラインの論述の評価と批判に関するひとつの公式化の開始」The Beginnings of a Formulation of an Appreciation and Criticism of Klein's Envy Statement [W19]

1962 「子どもの発達における自我の統合」Ego Integration in Child Development [W9]

1963 「破綻恐怖」The Fear of Breakdown [W19]

1967 「防衛組織化の概念と比較した臨床的退行の概念」The Concept of Clinical Regression Compared with Defence Organization [W19]

1967 「希望のサインとしての非行」Delinquency as a Sing of Hope [W14]

1968 「幼児と母親および母親と幼児のコミュニケーション，比較と対比」Communication between Infant and Mother, and Mother and Infant, Compared and Contrasted [W16]

1971 「創造性とその起源」Creativity and Its Origins [W10]

原初の母性的没頭

primary maternal preoccupation

1　普通の献身
2　存在し続けること
3　ニードに応えること

　健康な妊婦は，出産直前と産後数週間，精神的に「病気」になる。この特有の状態は，ウィニコットが「原初の母性的没頭 primary maternal preoccupation」と呼んだものである。
　この見解によれば，赤ん坊の心理的および身体的健康は，母親が存在することのこの特別な状態に出入りすることができるかにかかっているということである。

1　普通の献身

　『赤ん坊とその母親』と表題がつけられた未発表の講演集は，ウィニコットの死後，1986 年に出版された。それは幼児の最早期，すなわち，絶対的依存の時期，健康な状態において母親が原初の母性的没頭の状態にある特別な時期についての発表を集めたものである。この本の論文のほとんどは，1960 年代に，英国や世界中のさまざまなグループに対してウィニコットが行った講演よりなる。これらの論文のなかの一つである「普通の献身的な母親」は，1966 年の保育所協会ロンドン支部での講演を基にしたものである。しかし，「普通の献身的な母親」という用語は，ウィニコットが以下に説明しているように，1949 年にすでに表れている。

　　1949 年の夏，私は BBC のプロデューサー，イサ・ベンジーさんと飲みに行こうとして歩いていました。……そのとき彼女は私に，何でも気に入ったテーマで 9 回のシリーズで話をしないかと言ったのです。彼女はもちろんキャッチフレーズを探していましたが，私はそのことを知りませんでした。私は，人び

とにこうすべきだといった話には何にせよ関心がないと答えました。そもそも，私はこうすべきだということは知りませんでしたから。しかし，私は，お母さんたちが上手くやっていることについて話したいと思ったのです。そして，お母さんたちは，それぞれのお母さんが今やっている仕事，すなわち一人の幼児の世話や，ことによると双子を世話することにただ献身的であるからこそ，上手にやっているのです。普通，これは自然に行われています。ただし，赤ん坊が生まれたばかりのとき，お母さんという専門家による世話なしにやっていかねばならない場合を除いてですが。イサ・ベンジーさんは，20ヤードばかり歩くうちに手掛かりを拾い出し，「素晴らしいわ！ 普通の献身的なお母さん」と言いました。それでこれがそのタイトルになったのです。

[「普通の献身的な母親」Ordinary Devoted Mother, pp. 3-4]

同じ論文の後の方で，ウィニコット自身が「普通の献身的な母親」の「レベル」で機能している母親に言及し，なぜ「普通」や「献身的」という用語が，出産直前の女性に生ずる心理的準備状態を記述するのに役立つのかを説明している。

私が言いたいのは……女の人は**普通**，ある一つの段階に入っていきますが，その段階からは赤ん坊を生んだ後，数週間か数カ月の間に**普通**，回復するのですが，その時期の大部分で，彼女が赤ん坊であり，赤ん坊が彼女なのです。どうあろうと，彼女はかつて赤ん坊だったわけですし，彼女は自分のなかに赤ん坊であったことの記憶をもっています。そして，彼女はまた，世話されたことも記憶していますし，これらの記憶は，母親としての彼女自身の体験のなかで，助けにもなれば，邪魔もします。

[「普通の献身的な母親」Ordinary Devoted Mother, p. 6]

母親は赤ん坊に強い同一化を起こしているので，没頭し「献身する」ようになるのは，こうした無意識の記憶を通してである（母親：6, 7 参照）。

1956年にウィニコットは，このテーマに関して「原初の母性的没頭」というタイトルの決定的な理論的論文を書いた。

この論文の序論からわかることは，ウィニコットは自分がアンナ・フロイト（Anna Freud）とマーガレット・マーラー（Margaret Mahler）の両者とは意

見が異なることを強調するために，この文章を書いたということである。妊娠の前後に母親が自分自身で**普通**に気づくような心の状態に十分な注意が払われていない，とウィニコットが感じているのは明らかである。

　　最早期においてわれわれは，母親の非常に特別な状態を取り扱っているのだ，というのが私の論点である。この状態は心理学的なものであり，たとえば，**原初の母性的没頭**とでも名づけられよう。われわれの文献のなかでは，またおそらくはどこにおいても，母親の精神医学上非常に特別な状態に対してまだ十分な敬意が払われてきたわけではない，と私は思う。そこで，私はこれについて次のように言ってみたい。
　　　それは妊娠の間，そしてとりわけ妊娠の終盤に向かって，だんだんと発達し，そして感受性の高まった状態に至る。
　　　それは，子どもの誕生後数週の間続く。
　　　母親が一度その状態から回復すると，彼女がそれを思い出すのは簡単なことではない。
　　　さらに言うならば，母親がこの状態について持っている記憶は抑圧される傾向にある。
　　　　　　　［「原初の母性的没頭」Primary Maternal Preoccupation, p. 302］

この状態は，健康な女性に生じ，実際に幼児の健康を促進するために生じなければ**ならない**のだが，ある種の病気にたとえられる。

　　この組織化された状態は……一時的に，パーソナリティのある側面が占拠してしまう引きこもりの状態，解離状態，とん走，あるいはスキゾイドのエピソードのようなより深い水準の障害と比較されよう。私は，この状態に対してふさわしい名称を見つけ，最早期の幼児についてのすべての言述において考慮に入れられるべきものとして，提示したいと思う。ほとんど病気に近い，高まった感受性の状態に母親が到達でき，さらにそこから回復できなければならないことを理解しないならば，幼児の人生のまさに始まりにおける母親の機能は理解できない，と私は信じている。（この病的状態を発展させるために，そして幼児が解放してくれたときには，そこから回復するためにも，女性は健康でいなければならないからこそ，私はここで「病気」という言葉を

持ち出している)。

[「原初の母性的没頭」Primary Maternal Preoccupation, p. 302]

2　存在し続けること

　健康な幼児は，自己の感覚と「存在し続けること」の感覚を確立する。そして，これは，適切な設定においてだけ生じうる。すなわち，原初の母性的没頭の状態にある母親のみが，供給できるのである（存在すること：3, 4, 5；環境：1；自己：5参照）。

> 　私が「原初の母性的没頭」と呼んでいるこの状態を発達させている母親は，幼児の素質がはっきり現れてくるための，また発達傾向が展開し始めるための，さらに幼児が即興的な運動を経験するようになり，人生のこの早期にふさわしい感覚を有するものとなるための，設定を供給することになる……。
> 　健康な母親が妊娠後期，そして出産後の数週間にわたって，(私の言う) 本物であるこの状態にいることができたときにのみ，赤ん坊は最初から，この存続し続けることを十分に享受することができるのだ。
>
> [「原初の母性的没頭」Primary Maternal Preoccupation, p. 304]

　早期の経験は，後の発達のあらゆる側面に対する舞台を設定するのである（母親：8, 9, 10参照）。

3　ニードに応えること

　母親に無条件の愛なくしては，幼児のニードに応えることはできないのであるが，それは幼児の苦境への全面的な共感を要する。

> 　私が述べているような形で母親の感受性が高められさえすれば，母親は子どもの立場に身を入れて感じとることができ，その幼児のニードに応じることができる。これらは，最初は身体的なニードであるが，心の動きが身体的体験を想像的に練り上げたものから発現するにつれて，それらは徐々に自我ニードとなるのである。

そこで母親と赤ん坊との間には，自我関係性が存在することになり，そこから母親は回復する。そして，それを基にして幼児は，母親のなかに一人の人物がいる，という考えをやがて築き上げるだろう。このような観点からすれば，正常な場合，母親を一人の人物として認識することは肯定的な形で生じるわけであり，母親を欲求不満の象徴として体験することから生じるのではない。

[「原初の母性的没頭」Primary Maternal Preoccupation, p. 303]

原初の母性的没頭は，早期の特殊化された環境である。この状態にある母親は健康で，ほどよい母親で，そのなかで彼女の子どもが**存在**でき，また，**成長**できるような発達促進的な環境を提供することができる。

この理論によれば，最早期におけるほどよい環境の提供によって，幼児は存在し始めることが可能になり，体験を持ち，パーソナルな自我を確立し，本能を御し，生きることに固有のあらゆる困難に出会うことができるようになる。これらすべては，幼児によって本物と感じられ，結果的には，自発性さえも犠牲にし，死ぬことさえできるような余裕すら持てる自己を有することができるようになる。

[「原初の母性的没頭」Primary Maternal Preoccupation, p. 304]

ウィニコットが，原初の母性的没頭の理論で理解してもらいたいと望んでいる重要な点は，幼児と母親が幼児の人生の初期から心理的に融合しているということである。それゆえ，その時期には，まだ対象関係が存在せず，ただ，母親から幼児への自我サポートと自我で関わること（後に，対象と関わることと呼ばれるようになる）だけが存在するようなときなのである（存在すること：4；自我：4参照）。

そして，この時期に起こりうる一連の失敗の結果については，ウィニコットの仕事の多くの他の領域で詳しく研究されている（環境：3；精神−身体：3；退行：1, 3参照）。

出 典

1956 「原初の母性的没頭」Primary Maternal Preoccupation [W6]
1966 「普通の献身的な母親」Ordinary Devoted Mother [W16]

攻撃性

aggression

1　精神分析における攻撃性の概念
2　原初的攻撃性
3　赤ん坊の無慈悲
4　分析家に引き起こされた憎しみ
5　発達中の子どもにおける攻撃性の発展
6　融合の課題
7　抵抗の必要性と外的対象の現実性
8　無慈悲な愛
9　思いやりへと導かれる破壊性への耐性
10　生き残ること：対象と関係することから対象の使用へ
11　死の本能と父親

　ウィニコットによれば，人間の攻撃性は子宮のなかですでに芽生えており，活動性や運動性と同義である。初期の著作においてウィニコットは「原初の攻撃性」に触れ，本能的攻撃性は元来食欲の一部であると述べた。
　攻撃性は幼児が発達するにつれてその性質を変える。この変化は幼児のおかれる環境の様態に完全に依存している。ほどよい養育や促進的な環境とともに，成長していく子どものなかで攻撃性は統合されるようになる。もし環境がほどよいものでなければ，攻撃性は破壊的で反社会的な様式で現れる。
　ウィニコットの仕事が発展するにつれて，次第に概念としての攻撃性（後に「破壊性」）は情緒発達についての彼の理論における中心的な役割を果たすようになり，最も有名な彼の概念すべてにおいて，すなわち「反社会的傾向」「創造性」「ほどよい母親」「移行現象」「本当と偽りの自己」，そして彼の経歴の終わりへと向かうなかで，おそらくとりわけ

中心的な「対象の使用」において極めて重要である。

1　精神分析における攻撃性の概念

　フロイト自身，1920年の「快感原則をこえて」まで独立した攻撃欲動の概念を取り上げなかった。この論文で，フロイトは彼の生と死の本能についての二元論を導入したが，これまで指摘されてきたように，彼はこのことを幾分あいまいにしていた（ペッダー Pedder, 1992）。

　メラニー・クラインのごく幼い子どもたちに関する仕事は，自らをフロイトの本能論を敷衍する方向へと導き，彼女は攻撃性を，その派生物であるサディズムや羨望とともに，死の本能の現れとみなすようになった。それゆえクライン理論に従えば，攻撃性は羨望や憎しみやサディズム，そして死の本能の現れであるすべてのものと同義語である。死の本能が生得的なものであるがゆえ，新生児における羨望や憎しみやサディズムもまた同じである。

　フロイトによる死の本能のメラニー・クライン版は，フロイトが慎重に扱ってきたこの理論を確定的なものへと変えた。死の本能についてのメラニー・クライン（と彼女の追随者）の叙述の論点は，1941年から1945年にかけての英国精神分析協会における論争を導く要因の一つとなった（キング King とシュタイナー Steiner, 1992）。「大論争」（Controversial Discussions）の間，クラインに向けられた批判の一つは，フロイトの理論を否定するほどにフロイトを誤解しているというものだった。

　アンナ・フロイトと彼女の追随者は，多くの他の分析家と同様にクラインの死の本能の概念を受け入れられなかった。彼らの一部はついには本能論さえもまた同じようにみなす傾向にまで至った。また，ドイツ語の「Todestrieb」を，死の「本能」と訳したことを批判した人もあり，そこでは死の「欲動」がより正確な訳とみなされた（Pedder, 1992）。

　ウィニコットはフロイトの本能論についての自分の見解を明確にはしなかったが，「本能」という用語を生物学的につき動かされた衝動を示すものとして用いている。しかしながら，彼はクライン派の「死の本能」とは明確に意を異にしている。なぜなら，彼は羨望やサディズムや憎しみは，外的環境との関係において幼児のなかで発達する情緒的な成長の徴候であると信じていたからで

ある。ウィニコットの攻撃性についての理論において，外部環境は幼児が自らの生まれつきの攻撃性を扱う方法に影響を与える。よい環境において，攻撃性は作業や遊びに関連する役に立つエネルギーとして個々のパーソナリティのうちに統合されるが，一方で剝奪された環境においては暴力や破壊を生み出すことになりうる。

英国精神分析協会内での死の本能の価値に関する意見の不一致は，異なるグループ間の政治的な問題となった。1959年から1969年の間に書かれた四つの論文は，大論争が継続していることについてのウィニコットの考察と観点を（ある程度）まとめたものとなっている。それらは彼の死後に「メラニー・クライン，彼女の羨望についての概念をめぐって」という表題で，『精神分析探求』（W19, pp. 433-464）において出版された。これらの論文の基調は怒りであり，彼は政治路線に懸命になることよりも独自の思考をすることを訴えている。

> この協会において私たちは科学に仕えているが，私たちはいったん片がついたように思われる事柄を再検討するときにはいつでも努力が必要となる。それは疑惑への不安に属するものぐさに由来するだけでなく，われわれが忠誠を抱いているからでもある。私たちは特定の考えを先人たちによる発展を印しづける達成の極みと結びつけるものである。この視点から，攻撃性の根源を考え直してみるとき，そこには特に二つの概念があるが，それらの概念はないほうがいいかどうかを見極めるために，その双方とも意識的に放棄されるべきである。その一つはフロイトの死の本能の概念であり，これは彼の思索の副産物である。そのなかで彼はミケランジェロのような彫刻家の技術において細部が段階的に省略されることに匹敵するかもしれない理論的な単純化を成し遂げているように思われる。もう一つはメラニー・クラインが1955年にジュネーブにおいてたいへん重要なものとして位置づけをした羨望である。
> 　　　　　　　　　　　　　　　　［「攻撃性の根源」Roots of Aggression, p. 458］

ウィニコットはメラニー・クラインの重要な論文「羨望と感謝」に言及している。彼の主な論点は，羨望は環境との関係における情緒発達の結果として幼児に生じるものであり，それゆえ何らかの生まれつきのものとして述べることはできないというものだった。1969年に羨望と嫉妬についてのシンポジウムへの寄稿論文の一つとして書かれた論文，それはエニッド・バリント（Enid

Balint）によって彼の不在時に読まれたのであるが，そこに彼は以下のように書いている。

> 最初に私は，近年クライン派の人びとによって書かれたほとんどすべての臨床論文に現れる用語としての羨望や嫉妬には，この議論のなかで関わらないことにしたい。そしてまた私はこれら二つの用語の今日的な用法において以下のように主張したい。羨望は一つの精神状態であり，高度に複雑な心的構造に属するものであるのに対して，嫉妬という言葉が用いられるのは一個の全体としての人間（the whole person）が復讐や盗みをすでに準備し始めていることをほのめかしているという特徴を持っている。
> ［「羨望と嫉妬に関するシンポジウム」Symposium on Envy and Jealousy, p. 462］

四つのどの論文においても彼は環境を考慮することを忘れないように嘆願している。

> 私の反論は，環境との関連を除外した独りの赤ん坊という観点から人間の赤ん坊の個々の発達を完全に説明しようというクライン夫人の決断と関係している。私の考えでは，成熟へと向かうあらゆる傾向は遺伝的なものであり，精神分析は遺伝的なものと環境的なものの相互作用に単純に関連している，と考えるのは不可能である。
> ［「羨望と嫉妬についてのシンポジウム」Symposium on Envy and Jealousy, p. 463］

そして今日の精神分析の世界において，すべての臨床家の間で，個人の生得的なものと環境に関連するものとの相互作用についてのこの議論はいまだ続いている（環境：1参照）。

2 原初的攻撃性

ウィニコットの攻撃性に関する最も早期の意見は，1939年に教師向けに話された，単に「攻撃性」と題された論文に見いだされる。1939年が第二次世

界大戦の始まりを示していることを見過ごすことはできないだろうが，この論文においてウィニコットは外の現実状況にまったく言及していない。

ウィニコットの攻撃性についての基本的な観点は，この論文以降，実際のところまったく変化していないが，個人の発達における攻撃性の役割への彼の傾倒は，この最初の論文で提出された考えを修飾し，推敲させることになった。

ウィニコットは彼の聴衆である教師たちに，外的な関係において原初の攻撃性がいかに現れるかを多くの例を以って示した。そして同時に，彼は攻撃性が空想を通じて現れる場である内的世界についての考えをそこに含めた。

> ある知り合いの母親が次のように言った。「赤ん坊が私のもとに連れてこられたとき，彼女は私の乳房を獰猛に求めて歯肉で乳首を引き裂いたので，まもなく血が流れてきました。私はばらばらに引き裂かれたように感じ恐れおののきました。その小さな獣に対して私のなかでかきたてられた憎しみから回復するのに長い時間かかりました。私はこのことが彼女が良い食べ物に対して本当の信頼を発達させられない大きな理由だと思います」。
>
> これは起こったのかもしれないことと，母親の空想を示すものでもある事実についての彼女自身の説明です。この赤ん坊が実際に何をしたにせよ，大部分の幼児は彼らに与えられた乳房を破壊したりしないことは確かである。しかしながら私たちは彼らが乳房から授乳されることによってそれらを破壊したがっており，そのことを信じてさえいるという十分な証拠を持っている。
>
> ［「攻撃性とその根源」Aggression and Its Roots, pp. 86-87］

ウィニコットは，実際の授乳に関連して母親と子どもの双方の内的世界を探求するという着想を紹介している。実際の乳房は破壊されず，母親の破壊されたという感覚は彼女の空想によるものであり，彼女自身の幼児に向けられた暴力的な感覚と結びついている。［母親の新生児へと向けられた憎しみの感情は，8年後の1947年に「逆転移における憎しみ」という論文のなかでウィニコットによって探求されている（憎しみ：6参照）］。しかしながら，1939年のこの論文において，幼児自身の攻撃性についての自らの経験に焦点を当てつつ，ウィニコットは実際に破壊しようとする衝動の制止に加えて，原初の攻撃性に含まれる破壊の空想を探求しつづけている。この論文は，空想のなかで生じる破壊と行動化された破壊との違いについてのウィニコットの見解を示してい

る。この考えはウィニコットの対象の使用についての論文の中心であり，1968年に結実した。

> それにしても，幼児が破壊のための莫大な能力を持つことが真実ならば，幼児が自らの破壊性から愛するものを守るための莫大な能力を持っていることもまた真実であり，主な破壊は常に空想において存在するに違いない。そしてこの本能的攻撃性について知っておくべき重要なことは，それがやがて何らかの憎しみのために使われるものになりうるにせよ，それはもともとは食欲の一部，あるいは本能的な愛情の何か他の形態であるということである。それは興奮のうちに増大する何かであり，それを働かせることはとても気持ちのよいものだということである。
>
> おそらく貪欲という言葉が，愛情と攻撃性が最初から融合しているという考えを他のどんなものよりもよりたやすく伝えているが，ここでいう愛情とは口唇愛にとどまっている。
>
> [「攻撃性とその根源」Aggression and Its Roots, pp. 87-88]

原初の攻撃性を説明するのに，ウィニコットは「本能的攻撃性」「理論上の貪欲さ」「原初の食欲愛」「口唇愛 mouth-love」といった用語を用いている。彼は新生児における攻撃性のすべてのこういった側面が「残酷で，傷害的で，危険である」ものとして観察者によって観察されうる（あるいは母親によって感じとられる）ことを指摘したが——そしてこの点がウィニコットの理論のなかで決定的に重要なのであるが——，幼児にとってみれば，それらは**たまたま**そうだったのである。このことは，メラニー・クラインや彼女の追随者たちとウィニコットとの一貫した意見の相違と結びついている。彼は幼児を観察する際に，生まれつきの羨望といったぐあいに情緒に名前を付けることは，幼児の側の意図を暗示するものとして感じている。母親と幼児の観察から，ウィニコットは最初，幼児は羨望を感じることができないが，その理由はこれが情緒発達の後の段階に属するものだからであると結論した。

この意図したことと偶然の出来事の間の相違は，大論争の2年前，クラインが羨望は明確な生まれつきの本能であると判断した7年後にウィニコットによって作り出された。繰り返して言えば，ウィニコットは，幼児の早期の攻撃性は観察者によって憎しみに満ちて（羨望的な，あるいはサディスティック

に）見えるかもしれないが，最初は幼児によっては**そのように意図されてはおらず**，それゆえ幼児の情緒的な範疇にはいまだ入っていないのだと見なした。

ウィニコットにとって，最早期の攻撃性は食欲や愛情――「口唇愛」――の一部である。3年前，1936年の論文「食欲と情緒発達」のなかで，ウィニコットは幼児が舌圧子をどう用いるかについての観察（舌圧子ゲーム参照）を通じて，赤ん坊の食欲と情緒発達との間のつながりを示した。5カ月から13カ月の間にある幼児の舌圧子への関わり方は，幼児の生まれ持った攻撃性が母親との関係に従ってどのように変化し発達するかを示すものであり，そのため舌圧子にたどり着き，それに触れ，取り上げ，落とし，口に入れるといったような幼児の態度は，母親が幼児を抱っこし，食べ物を与え，彼を愛し，優しく扱ったやり方についての幼児の経験に一致するであろう。ここでは母親が幼児の健康を決定するということが暗に強調されているが，ウィニコットは実際に母子間のコミュニケーションや彼らの無意識の相互交流が，幼児の成熟過程に対していかに貢献しているかに焦点をあてていた（コミュニケーション：2参照）。

3　赤ん坊の無慈悲

1945年までに，ウィニコットの攻撃性についての考えはかなり発展した。この年は第二次世界大戦が終わったばかりでなく，英国精神分析協会がフロイト派とクライン派の二つのグループに分かれた大論争に終止符が打たれた年でもあった。どちらかの党派に属することを望まなかった分析家たちは中間学派として知られるようになった。このグループは後に独立学派と名乗り，ウィニコットはどのグループに属することも望まなかったが，彼の仕事は，マリオン・ミルナー（Marion Milner），マイケル・バリント（Micheal Balint），ロナルド・フェアバーン（Ronald Fairbairn），そして今日とりわけ目立つクリストファー・ボラス（Christopher Bollas），チャールズ・ライクロフト（Charles Rycroft）といったような他の臨床家とともに，英国精神分析における独立的な伝統に最も結びついていた。

彼の重要で中心的な論文である「原初の情緒発達」（1945）において，ウィニコットが残りの人生で夢中になり続けた多くのテーマが，彼の後の思索のための基本計画のように提示されている（フィリップス Phillips, 1988, p. 76）。彼は人生の始まりにおいて三つのプロセスの開始を仮定した。

三つの過程がごく早期に始まるように私には思われる。(1) 統合，(2) 私有化，(3) これらに引き続く時間や空間，そして現実のその他の属性の理解——まとめれば現実化。
　われわれが当たり前と見なしがちな多くのものが，そこから発達する，始まりと一定の状態を持っていた。
〔「原初の情緒発達」Primitive Emotional Development, p. 149〕

　上記の三つの過程は幼児のなかで生まれて最初の24時間以内に始まるのかもしれないが，ウィニコットは彼が「原初の無慈悲な自己」と呼ぶものが存在することを主張した。この無慈悲は，幼児が思いやりを感じることができるようになる前に生じるものであり，そのような無慈悲な自己は思いやる自己の前に来るものである。しかし思いやる自己——思いやりを感じる能力——は，その発達において無慈悲の自己を表現することを許されることに依拠している。

　個人が統合され，私有化され，そして現実化への良いスタートを切ると仮定するならば，個人が全体的な存在としての母親に関わり，そしてその人自身の考えや行動の母親に対する影響を思いやるようになるには，いまだ長い道のりがある。
　われわれは早期の無慈悲な対象関係を仮定しなければならない。……正常な子どもは母親との無慈悲な関係を楽しみ，それは大抵遊びのなかに見られ，そして子どもは母親を必要とするのだが，なぜなら母親のみが遊びのなかであっても現実に母親を傷つけ，消耗させる子どもの無慈悲な関係に耐えてくれることを期待できるからである。この母親との遊びがなければ，彼はただ無慈悲な自己を隠し，解離状態においてそれを生き長らえさせることができるのみである。
〔「原初の情緒発達」Primitive Emotional Development, p. 154〕

　ウィニコットはこの論文において，母親に対して無慈悲となる幼児のおおよその年齢について特定はしていない。しかしながら，ここまで見てきたように，幼児や発達中の子どもが示す無慈悲さは生後最初の2年間の特徴である。無慈悲な自己と関連した遊びは6カ月以降の子ども，遊ぶことのできる幼児や子どもにみられる（遊ぶこと：4参照）。

しかしながら，遊ぶことにおける無慈悲な側面は，対象関係以前の時期における早期の無慈悲な自己の成立を示している。これはウィニコットの考察において発展した部分である。1945年の論文「原初の情緒発達」において，ウィニコットは無慈悲な対象関係は人生が始まった時点で存在するはずであると述べた。1952年の，「安全でないことに関連した不安」という小論において，ウィニコットは1942年の時点で，自分がどのように「一人の赤ん坊というものはいない」ことを見いだし，1952年の論文において対象関係に先立ち，母親と赤ん坊が融合した時期があることを進んで提起したことを説明している。幼児の無慈悲さはこの期間，すなわち幼児の絶対的な依存の時期，彼が母親への自らの依存や母親に対する無慈悲な愛を知ることができないでいる期間に生じている（依存：2，存在すること：3，憎しみ：5参照）。

これは，ウィニコットによって「前慈悲」あるいは「前思いやり pre-concern」とよばれた時期であることは記憶されるべきであろう。言い換えれば，幼児は自分の無慈悲について気づいていない。彼は自覚し始めるにつれて，振り返って「私はそのとき無慈悲だった」と言えるのみである（思いやり：6参照）。

この無慈悲な自己に対して母親がどのように反応するかは，発達中の幼児の情緒発達に攻撃性がどのように影響するかに関して極めて重要な側面である。

もし幼児が自分の無慈悲な自己を，環境が攻撃性に耐えられないがゆえに隠すことを余儀なくされたとしたら，それは解離する——つまり統合されず，認識されず，分裂する——であろう。そしてウィニコットが1947年に重要な論文の一つである「逆転移における憎しみ」において探求したのがこの解離である（憎しみ：1参照）。

4　分析家に引き起こされた憎しみ

この1947年の論文は，ウィニコットが「研究のための症例」（憎しみ：3参照）と呼ぶ，境界例や精神病の患者を治療している際に，分析家のなかに引き起こされる原初の攻撃性の感情を検討している。

このことに関連して，ウィニコットはなぜ自分が生まれつきの憎しみや，サディズム，そして羨望を支持できないと信じるかについてはっきりと描き出すために，フロイトの論文「本能とその運命」（1915 c）を引用している。

「私たちは危機において，対象を『愛する』本能について口にするかもしれない……。そのように私たちは，愛や憎しみの態度が，対象との本能的な関係の特徴であるとは断定することはできず，全体としての自我と対象との関係のためにとっておかれていることに気づくだろう。」

……このことを私は真実であり重要であると感じる。これは幼児が憎んでいると断定されうる前に，その人格が統合されていなければならないということを意味してはいないだろうか？　早期の統合は成し遂げられているかもしれないが——おそらく統合は最も早期，興奮や憤激の極みにおいて生じている——，幼児が傷つけるどんな行為でも，憎しみでなされてはいない理論的により早期の段階は存在する。私はこの段階を記述するのに「無慈悲な愛」という用語を用いてきた。これは受け入れられるだろうか？　幼児が全体としての人間を感じることができるようになるにつれ，憎しみという言葉は，彼の感情のある一群を記述するものとしての意味を発達させる。

[「逆転移における憎しみ」Hate in the Countertransference, pp. 200-201]

メラニー・クラインとの論争を継続するなかでウィニコットは，羨望，憎しみ，そしてサディズムは意図を必要とする情動であり，未熟な幼児は意識的に意図する能力を得るにはまだ至っていないと論じた。ウィニコットにとって，全体的人間とは「一つのユニットとしての状態」に達しており，「自分」と「自分でないもの」，内側と外側を区別することのできる個人のことである（自我：3；抑うつ：3参照）。

ウィニコットの発展する理論のなかで浮かび上がったのは，幼児における攻撃性の始まりにおいてはたまたま無慈悲であることが必要であったということである。ここにいるのは絶対的な依存の段階の幼児である（依存：1, 2参照）。

1950年代の初期以降，ウィニコットの攻撃性に関する考察は，ある意味では分析家たちにクラインの幼児に対する視点に代わるものを提供している。

5　発達中の子どもにおける攻撃性の発展

1950年から54年の三つの論文を組み合わせた論文「情緒発達に関連する攻撃性」において，ウィニコットによる攻撃性の役割についての決定的な主張が

詳しく説明されている。
　彼は攻撃性を自我発達の三つの異なる段階に区別することから始める。

　　あるまとまった研究が，攻撃性が自我発達のさまざまな段階で現れることを突き止めた。

　　　　早期　　　　前統合
　　　　　　　　　　思いやりのない意図
　　　　中間　　　　統合
　　　　　　　　　　思いやりを持った意図
　　　　　　　　　　罪悪
　　　　全体人格　　対人関係
　　　　　　　　　　三角状況など
　　　　　　　　　　葛藤，意識的もしくは無意識的な
　　　　　　　　［「情緒発達に関連する攻撃性」Aggression in Relation to
　　　　　　　　　　　　Emotional Development, pp. 205-206］

　ウィニコットは――クラインやフロイトとは違って――自我と自己の区別はしたが，彼の仕事を通じてこれらの用語の使用法はしばしば矛盾したり曖昧であったりすることに注意しなければならない（自我：1；自己：1参照）。
　ウィニコットはクラインの用語である「抑うつポジション」を置き換えようとの願望を有していたことは極めて明白であり，同時に彼は攻撃性の成り行きについての考えに磨きをかけた。

思いやりの段階
　さて，メラニー・クラインによって「抑うつポジション」と記述された情緒発達の段階にやってきた。私は意識的に，これを思いやりの段階と呼ぶことにしたい。個人の自我統合は母親像の人格を識別することが十分にできるが，このことは身体的そして観念的な本能経験の結果に関わるとても重要な成果である。
　思いやりの段階は，罪悪感を感じる能力をもたらす。これ以降，攻撃性のいくらかは，悲嘆，罪の感情，あるいは嘔吐のような何らかの身体的等価物とし

て臨床的に現れる。罪悪感は興奮した関係において，愛情対象に対してなされたと感じられる損傷と関係する。健康な場合，幼児は罪悪感を保持でき，パーソナルで生きた母親（時間要因を体現している）の助けのもとで，与えたい，作りたい，直したいというパーソナルな衝動を発見できる。こんなふうに，攻撃性の多くが社会的な機能へと変容し，そのようなものとして現れる。自分ではどうすることもできない場合（贈り物を受け取ったり，修復の努力を認める人が見いだせないような場合），こうした転換は破綻し，そして攻撃性が再び現れる。社会的な活動は，それが攻撃性との関係を持った個人的な罪悪感に基づかない限り，満足なものにはなりえない。

怒り

さて，私の説明は欲求不満時の怒りのところまできた。欲求不満，それはあらゆる経験においてある程度避けられないものであり，二分法を助長する。すなわち1．欲求不満対象へ向けられた無邪気な攻撃衝動，と2．良い対象へ向けられた罪悪感が生み出す攻撃衝動である。欲求不満は罪悪感から逃れるための誘惑としての役を果たし，防衛機制，すなわち愛と憎しみを違った道筋へ方向づけることを促進する。この良いものと悪いものへの対象の分裂が起これば，罪悪感はなだめられる。しかし，その報いとして，愛情は貴重な攻撃的構成要素のいくらかを失い，憎しみはいっそう破壊的なものとなる。

[「情緒発達に関連する攻撃性」Aggression in Relation to
Emotional Development, pp. 206-207]

この最後の段落は，クラインの理論とは逆の見方である。クラインの理論において，赤ん坊は最初から良いと悪いに分裂している（妄想-分裂ポジション），一方ここでは，ウィニコットのいう赤ん坊は良いものと悪いものを分裂するようになるが，それは欲求不満の**結果として**そうなるのである。クラインの焦点は幼児の内的世界にあった。一方，ウィニコットにとって幼児の内的世界の色合いは，まったく外的世界との関係次第であった（存在すること：5；環境：1；原初の母性的没頭：1参照）。

すでに上で述べたように，ウィニコットは決してクラインの（生と死の）本能論を受け入れなかった。代わりに彼は臨床の仕事のなかで，彼が本能的生活の二つの根源と述べたもの，攻撃的根源と，性愛的根源を見いだした。ウィニコットを印象づけたのは，

……攻撃的根源を見いだすことに患者が没頭しているとき，分析家は，患者が本能的生活の性愛的根源を見いだそうとしているとき以上に，あれかこれかという過程によってよりいっそう疲弊させられる。
〔「情緒発達に関連する攻撃性」Aggression in Relation to Emotional Development, p. 214〕

　彼は本質的な違いをほのめかしているが，「性愛的」の意味をはっきりさせてはいない。ウィニコットの仕事全体において，「性愛的」という言葉はめったに使われず，彼の理論はしばしば「性愛からの逃避」のように見なされる（フィリップス Philips, 1988, p. 152）。　その当時の，英国精神分析協会の同僚たちが発言しているように，彼は自分が正常と見なしているものが病理化されることに不満を抱いていた。

　　われわれが自然発生的なことを示す際に，時として攻撃性という用語を用いることに関しての混乱が存在している。
〔「情緒発達に関連する攻撃性」Aggression in Relation to Emotional Development, p. 217〕

　ウィニコットの性向は，個人の病理と対立するように常に健康な面を見ようとしているが，彼のフロイト派の用語についての独特な表現法は，患者からの言葉と混ざりあったため，1950-54年における論文のいくつかのパッセージは混乱する傾向があり，理解しにくい。攻撃性に関連した四つの主要分野には，以下のものがある。

・融合の課題
・対立の必要性
・外的対象をリアルであると感じる現実性の必要性
・快感以上の対象の必要性

6　融合の課題

　融合は，フロイトが本能論に関連して用いた用語であった。ウィニコット

は，性愛的な部分と攻撃的な部分との融合は当然のことと見なされるべきではなく，獲得されたものとして賞讃すべきであると考えた。

> 私たちは，健康において攻撃的な部分と性愛的な部分が融合すると想定しているが，前融合の時期，そして融合の課題に対して必ずしも適切な意味を与えてはいない。私たちは，融合をあまりにも当然のことと見なしすぎることで，実際の事例の考察を離れるや否や，無駄な議論に陥ってしまっているのかも知れない。
>
> 融合という課題は，健康な場合でさえも完成されることがないくらい困難なものであり，多量の融合されていない攻撃性が，分析されている個人の精神病理を複雑なものにしていることは認められるに違いないだろう。
>
> ……融合の時期における失敗を含んでいる重症の患者たちのなかに，攻撃性と性愛性を交互にあらわす患者の関係性を見いだすことができる。そして私が主張したいのは，分析家は性愛性の部分関係によってよりも，攻撃性によってより疲れさせられやすいという点である。
>
> [「情緒発達に関連する攻撃性」Aggression in Relation to Emotional Development, pp. 214-215]

ウィニコットは分析中に退行した患者と新生児は同様の状態にあると述べている。早期の環境の失敗で，融合の課題が個人のなかでまだ生じていないのならば，それは転移関係のなかで成し遂げられなくてはならないであろう（退行：5, 6, 7 参照）。

彼は「患者の分析家に対して交互にみせる攻撃的そして性愛的な関係性」の厳密な意味をはっきりさせていないが，われわれはそれを，母親を本当に疲れさせる赤ん坊の無慈悲な愛と結びついた「攻撃性」と仮定してよいかも知れない。対照的に，性愛的なものは，原初の母性的没頭の時期の母親との未統合な状態にある赤ん坊の「感覚的な共存在」と結びついている。

これら本能生活の二つの分離した起源は，先の引用のほぼ10年後，1963年に書かれた「思いやりの段階」でのウィニコットの主張とも関連しているかも知れない。「思いやる能力の発達」という1963年の論文のなかで，ウィニコットは幼児にとっては二つの母親すなわち，対象としての母親と環境としての母親が存在しているという考えを詳しく述べている。前者は，赤ん坊が興奮して

いるときに経験されている母親であり，後者は，赤ん坊が静かに安らいでいるときにまた違って経験されている母親である。赤ん坊の心のなかでこれら二つが一緒になることは，思いやりの感覚を発達させることを可能にするうえで必要な発達課題である。このように，「融合の課題」は，1963年に「二つの母親を一緒にする課題」へと発展した，ウィニコットの前駆的な理論のなかに見いだすことができる（思いやり：3参照）。

加えて，融合の課題を経験している幼児とともに過ごす母親の疲労と，本能生活の二つの根源を融合させようとやはり苦闘している患者とともに過ごしている分析家の疲労は，赤ん坊によって母親に，患者によって分析家に引き起された憎しみと関係していると仮定できるかも知れない。それは，苦痛を伴うが必要なものである（憎しみ：3参照）。

7　抵抗の必要性と外的対象の現実性

　……攻撃衝動は，抵抗が無ければどんな満足する経験も提供しない。抵抗は環境から，自分でないものからやってこなければならず，それは徐々に自分から区別される……正常な発達において，外部からの抵抗は攻撃衝動の発達を導く。
[「情緒発達に関連する攻撃性」Aggression in Relation to Emotional Development, p. 215]

ウィニコットが初期の仕事で「原初の攻撃性」と称したものを，彼はここでは「生命力 life-force」——「組織の活動性」と呼び，それはどの胎児にもだいたい同じように存在していると明言している。

　複雑なのは，幼児が持っている攻撃的な潜在力の総量は，出会ってきた抵抗の総量次第である点である。言い換えれば，抵抗は生命力を攻撃的潜在力に変換するように作用する。そのうえ，過剰な抵抗は困難な状況を生み，個人が攻撃的な潜在力を持ちながら，性愛的な融合を達成することを不可能にする。
[「情緒発達に関連する攻撃性」Aggression in Relation to Emotional Development, p. 216]

この最後の文は，侵襲に対する反応に基づく情緒発達の崩壊について述べている（環境：7参照）。もし外的な抵抗があまりに侵入的であるなら，赤ん坊は応答することができず，ただ反応できるだけである。ウィニコットの語彙において，侵襲に反応することは幼児の自己や存在することの連続性の感覚が中断されたことを意味する。それゆえ融合の課題も妨げられる。これが自己の侵害を形成するものである（環境：7，コミュニケーション：10参照）。

ウィニコットが強調しているのは——「攻撃的潜在力」とここで彼が呼んでいるものの——量である。

> ……[攻撃的潜在力は] 生物学的な要因（運動性や性愛を決定している）によるのではなく，早期の環境的な侵襲の機会に基づいており，それゆえにしばしば，母親の精神医学的異常や，母親の情緒環境の状態に依存している。
> [「情緒発達に関連する攻撃性」Aggression in Relation to Emotional Development, pp. 217-218]

「対象の外的性質」と題され，もともとは1954年に私的な集まりで発表されたこの論文の第3部において，ウィニコットは三つの自己をもつパーソナリティを定式化している。

> このパーソナリティは三つの部分からなる。自分と自分でないものがはっきりと確立し，攻撃的要素と性愛的要素がいくらか融合している本当の自己。性愛的経験に引きずられて，いともたやすく誘惑されるが，リアルであるという感覚の喪失の結果でもある自己。まったく無慈悲に攻撃性に身を任している自己。この攻撃性は破壊のために組織化されたのですらないが，それは現実感覚や，関係している感覚をもたらすために，個人にとって価値がある，しかし，それは能動的な抵抗や（後には）迫害によってのみ存在するのである。
> [「情緒発達に関連する攻撃性」Aggression in Relation to Emotional Development, p. 217]

ウィニコットがこれら三つの自己を一まとめにして特に言及することは，二度と再びなかった。しかしながら，1960年までに，自己感覚の発達に関連した解離に関する彼の思索の発展が，彼の論文「本当のそして偽りの自己に関連

した自我歪曲」で述べられている（自己：4参照）。

　フロイトの本能論では，快感原則の働きが幼児の対象に対するニードの大部分を占めていた——つまり，幼児は対象に手を伸ばしているときには快楽を求めているのである。ウィニコットはこれとは意見が異なっていたが，フロイトと意見が異なることを決して明確にはしなかった。彼の意見の相違はクラインとのものであった。

　　　抵抗が与えられたとき，衝動的な身ぶりは広がり，攻撃的になる。この経験には現実性があり，新生児を待ち構えている性愛的な経験にたやすく融合する。そこから発達し，外的な対象，単に満足させるのではない対象を幼児に必要とさせるのがこの衝動性や攻撃性であると私は思う。
　　　　　　　　　　［「情緒発達に関連する攻撃性」Aggression in Relation
　　　　　　　　　　　to Emotional Development, p. 217］

　この論文の最後の節は，ウィニコットの最も難解で，しかしながらおそらく最も独創的な概念であり，彼がほとんど死ぬまで取り組み続けていた論文「対象の使用と同一化を通じて関わること」の先駆をなすものである。

　　　大人の成熟した性交において，特定の対象を必要とするのは純粋に性愛的な満足からではないということはおそらく真実である。融合した衝動の攻撃的あるいは破壊的な要素が，対象を決定し，相手が実際に存在し，満足し，生き延びていることが感じられるニードを決定している。
　　　　　　　　　　［「情緒発達に関連する攻撃性」Aggression in Relation
　　　　　　　　　　　to Emotional Development, p. 218］

　「対象の使用と同一化を通じて関わること」は1968年に書かれ，ウィニコットの著作『遊ぶことと現実』において出版された。しかしながら，この論文が存在するようになる前，1954年以降，ウィニコットの攻撃性に関するテーマは多くの違った論文，とりわけ抑うつと抑うつポジション，罪悪感と償い，創造性，そして思いやる能力に関連して現れている（反社会的傾向：4；思いやり：8；創造性：5；母親：8参照）。

8　無慈悲な愛

　ウィニコットの1954年の論文「抑うつポジションと正常な発達」はメラニー・クラインの「抑うつポジション」についての個人的な見解を述べるところから始まっている（思いやり：2参照）。

　彼は，最初，幼児の「本能的な愛」は「無慈悲」であると繰り返し言っている。要するに，彼は後に論文「対象の使用」や『遊ぶことと現実』のなかの諸論文で発展させる考えを紹介し，幼児の無慈悲な愛は，最初のうち「自己の外に対象を位置づける」のに役立つと述べた。

　「思いやる能力」に属する「良循環」や二つの母親——対象としての母親と環境としての母親——という概念はこの論文で導入され，1960年代にさらに発展した（思いやり：3, 5参照）。

　4年後の1958年に，フロイトの生誕100年を記念する論文で，「無慈悲」は積極的に芸術家の創造性と結びつけられた。「創造的な芸術家」という副題の謎めいた一節で，ウィニコットは芸術家における「無慈悲な自己」を賞賛している。

　　　普通の罪悪感を担った人びとはこのことを当惑しながら見いだす。しかしながら彼らは無慈悲さに対して口には出さずに顧慮するので，その結果として，このような状況でも罪悪感に動かされた労働以上のものを成し遂げることがある。
　　　　　　　［「精神分析と罪悪感」Psyco-Analysis and the Sense of Guilt, p. 26］

　1960年5月に，プログレッシブ・リーグ〔45ページの訳注参照〕のために，「攻撃性，罪悪感と修復」と題された講演のなかで，ウィニコットは早期の無慈悲な愛とその必然的な破壊的性質の探求を続けている。

　　　私は分析的な仕事において繰り返し現れ，常に大変重要なテーマを述べるために，精神分析家としての私の経験を引き合いに出したい。それは建設的な活動の根源の一つと関係がある。それは建設と破壊の関係に関連している。
　　　　　　　［「攻撃性，罪悪感と修復」Aggression, Guilt and Reparation, p. 136］

これに引き続いてメラニー・クラインへの賛辞が述べられるが、ウィニコットによれば、彼女は「人間の本性にある破壊性を取り上げ、精神分析的な用語を用いて理解し始めたのである」。

9　思いやりへと導かれる破壊性への耐性

ウィニコットはこの 1960 年の論文で、各々の人間にとって、早期の愛に属している原初の破壊衝動を理解することがいかに重要であるかを指摘している。

> 人間は、ごく早期の愛情における破壊的な意図に耐えられないというのはおそらく本当だろう。しかしながら、もしそこに向かっている個人が、すでに手近に思い出すことのできる建設的な目標の根拠を持っているならば、その考えは耐えることができるだろう。
> 　　　　　　　　[「攻撃性，罪悪感と修復」Aggression, Guilt and Reparation, p. 139]

この建設的な目標は、彼が言うには罪悪感の一側面である。

> 私たちは、罪悪感の一側面を扱っている。罪悪感は原初の愛にある破壊衝動を耐えることから生じる。破壊衝動に耐えることは新しいもの、すなわち破壊性を含んでいても物思いを楽しむ能力、そしてそれらに関係していたり、それらが関係していたりする身体的な興奮を生み出す。この発達はあらゆる建設的なものの基礎となる、思いやりの経験に対する余地を提供する。
> 　　　　　　　　[「攻撃性，罪悪感と修復」Aggression, Guilt and Reparation, p. 142]

ウィニコットが破壊性の価値を論述するとき、彼は明らさまに明白に実行される破壊とは対照的に、無意識の空想のなかで進行する破壊性について特に言及している。彼は対象と関係することと対象の使用との結びつきを見いだすために、彼の内面における旅のなかでの無意識の破壊性の意味を自ら努力して理解しようとしてきたことが、1963 年に同僚に宛てた手紙から窺い知ることができる。彼は三つの部分に分かれた夢の一つを記述している。初めの部分では、彼は破壊された世界の一部であり、二番目では、彼は破壊者であり、第三の部分で彼は夢から覚めた。

……そして，私は破壊され，そして破壊者となった夢をみたことを知った。そこに解離はなく，三つの私は互いに結びついていた。このことはとても満足に感じられたが，その仕事はとてつもない要求を私のなかに生み出した。
[「ユングへの書評と関連した D. W. W. の夢」D. W. W's Dream Related to Reviewing Jung, p. 229]

ウィニコットにとってこの夢は，対象の使用が対象と関係することに置き代わる，情緒発達段階に関係した攻撃性の役割の意味を気づかせるものであったがゆえに「特別重要」であった。「原初の攻撃性」と「無慈悲」は原初の破壊性の諸側面であり，もし対象/環境がそれらを生きのびるなら，主体が現実をありのままに認識できるように導くであろう。

　私は夢の第三の部分を見て目覚めたとき，破壊性は主観的世界あるいは万能感の領域の外にある対象と関わることに関連していることに急に気づいた。言い換えれば，最初生きていることに関連した創造性が存在し，世界はただ主観的な世界であった。それから客観的に知覚された世界やその徹底的な破壊，そしてその詳細のすべてが存在する。
[「ユングへの書評と関連した D. W. W. の夢」D. W. W's Dream Related to Reviewing Jung, p. 229]

最初，幼児は自分と自分でないものを分けられず，対象（環境）は主観的に知覚される——対象と関係する。幼児が発達するにつれ，発達促進環境やほどよい母親に依存しつつ，幼児は客観的に世界を知覚するようになる——対象の使用。

ウィニコットは破壊性についての考えがいかに受け入れられがたいものであるかに気づいていた。

　そのために，私は熱心さとかそういったことについて述べていることを指摘したいと思う。
[「私の論文『対象の使用』についてのコメント」Comments on My paper 'The Use of an Object', p. 240]

そのために，龍が口から火を吐くことについての考えを用いるのが都合がよいだろう。私は，（火の代価を払うことについて）「火は本質的に建設的なものであるか，あるいは破壊的なものであるかとだれが言うことができるだろうか？」と書いたプリニウス（Pliny）を引用する。私が言おうとしていることの生理学的な基礎は，最初とその後に続く呼吸，息を吐き出すことである。

[「私の論文についてのコメント」Comments on
My paper 'The Use of an Object', p. 239]

このことは霊感（inspiration）の言語学的起源，つまり息を吸うことを思い出させる。共謀（conspiracy）はともに呼吸することであり，そして息（breath）（精気 spirit）はユダヤ・キリスト教文化においては神聖である。

私が提示した論文は，精神分析がこの主題について再考する機会を与えるためのものである。この極めて重要な早期の段階において，個人の「破壊的な」（火-空気あるいはその他）活動は，単に生きていることの徴であり，現実原則との出会いと関連した欲求不満時の個人的な怒りとは，ほとんど関係がない。
　私が主張しようとしたのは，欲動は破壊的であるということである。対象が生き残ることは，対象の使用を導き，そしてこのことが二つの現象の分離を導く。
1. 空想，そして
2. 投影の領域の外に対象を実際に位置づけること
　それゆえ，このごく早期の破壊的衝動は生き生きとした肯定的な機能（対象が生きのびることでそれが機能するのである）すなわち対象の対象化（転移における分析家）という機能を持っている。

[「私の論文についてのコメント」Comments on
My paper 'The Use of an Object', p. 239]

後に，ウィニコットは彼が「破壊欲動」と呼ぶものは，「一体化した愛と争い love-strife の欲動」，すなわち二つの個別の生と死の本能ではないが，最初から一つである二つのものの組み合わせである，と呼びうると述べた。

これはユングの理論に似ている。ユングは攻撃性には焦点を当てず，むしろ精神における破壊的そして建設的な過程について述べた。彼は精神的なエネルギーと分割できない生命エネルギー（生命本能とも呼ばれた）の中立的な性質を仮定したが，それは発達的な過程と同様に退行的な過程にも働くものであった。それが退行的に働くとき，自我の解体や「死」を導き，精神の変化や「再生」を引き起こす。創造性はこの「死」の過程と生まれながらに持っている正反対方向への緊張とに耐えることができることと関係している。

10　生き残ること：対象と関係することから対象の使用へ

「破壊的欲動の運命」を参照しつつ，ウィニコットは環境によって演じられる重要な部分は，主体の破壊を生き残ることに違いないと強調している。これはいかにして個人が対象の使用に到達するかということになるであろう。

> この欲動の統一性がどのような運命をたどるかについては，環境に触れずには述べることができない。欲動は潜在的に「破壊的」であるが，それが破壊的であるか否かは対象がどのようなものであるかにかかっている。対象は**生き残るのか**，すなわちその性質を保つのか，**反応する**のか？　もし前者ならそのとき破壊はまったく無いかあまり無く，そして次の瞬間には，赤ん坊は破壊され，傷つき，損傷し，怒りに満ちた対象の**空想**を加えて備給された対象に気づくことができ，実際徐々に気づくようになる時期が存在する。環境の供給がこんな風に極度の状態にある赤ん坊は，持続的な（無意識的な）破壊空想の背景を与える，パーソナルな攻撃性を発達させるパターンへ進んでいく。ここで私たちはクラインの償いの概念が使えるかも知れない。それは破壊や挑発（正確な言葉は見つかっていないかも知れないが）にまつわるこの（無意識的）**空想的な背景**を伴った，建設的な遊びや作業と結びついている。しかし生き残ってはいるものの，反応せず，姿を消しもしなかった対象の破壊は，その使用へと導かれる。
> 　　　　　　[「『モーゼと一神教』の文脈における対象の使用」The Use of an
> 　　　　　　Object in the Context of *Moses and Monotheism*, p. 245]

客観的に世界を知覚できるようになった幼児は，対象が彼の破壊性（原初の

攻撃性）を生き残ったという経験をする。これは対象がほぼ同じ状態にとどまったこと，そして拒絶したり，罰したりすることによって仕返しをしなかったことを意味する。ほど良くない，幼児の自発的な身振りに応答できない母親は生き残れず，その結果，幼児の情緒発達に影響を及ぼす。この種の侵襲の結果として，迎合的な偽りの自己，あるいはもっと悪い事態を発展させる危険がある（環境：4, 7；母親：6 参照）。

1965年に書かれ，1969年に出版された覚え書のなかで，ウィニコットは文字通りの破壊性の実演と，空想における破壊性の違いについて描いている。

> たとえば，美術館に入って昔の巨匠による絵をめった切りにする反社会的な人間は，絵画への愛によって触発されているのではなく，そして事実，美術愛好家が絵を保護しそれを十分に活用し，無意識の空想のうちにそれを繰り返し破壊するときと同じように破壊的であるということはない。しかしながら，芸術品の心ない破壊者の一つの破壊行為が社会に影響を及ぼし，社会は自己防衛しなければならなくなる。このかなり荒っぽい例は，対象と関係することにおける生まれながらの破壊性と，個人の未熟さに由来する破壊性の間には大きな違いが存在することを示すのに役立つと思う。
> 　　　　　　　［「列車のなかで記された記録 第二部」Notes Made on a Train, Part 2, p. 232］

言い換えれば，ウィニコットにとっては健康的な破壊と病的な破壊が存在している。健康的な破壊は無意識のもので空想のうちにあり，統合と情緒的な成熟を意味する。病的で行動化された破壊は人格のなかに統合されず，分裂したままの——これは情緒的な未熟さである——攻撃性を示している。

「対象の使用と同一化を通じて関わること」から引用された一節で，ウィニコットは対象と関わることから対象の使用へと至る過程が，無意識的な破壊を通じていかに成し遂げられるかを描いた。

> （関係することから使用への）この変化は主体が対象を破壊することを意味する。このことから，机上の思考にふける哲学者によって，実際には対象の使用といったような事態はないとの議論がなされるだろう。対象が外にあるならば，対象は主体によって破壊される。しかしながら，哲学者が椅子から立ち上

がって，患者とともに床に座るならば，自分が中間的な位置にいることを見いだすだろう。言いかえれば，彼は「主体が対象と関わる」後に「主体が対象を破壊する」（それが外部のものになるにつれて）ことを見いだすだろう。そしてそのときに「対象が主体による破壊を**生き残る**」ことになるかもしれない。しかし生き残るかもしれないし，生き残らないかもしれない。このようにして対象と関係する理論に新たな特徴があらわれる。主体は対象に向かって「私はあなたを破壊した」言う。しかし，対象はコミュニケーションを受け取るためにそこに存在する。その後は主体はこう言う。「こんにちは対象！」「私はあなたを破壊した」「私はあなたを愛している」「あなたは私の破壊を生き残ったゆえに私にとって価値がある」「私はあなたを愛している一方で，常に（無意識の）**空想**のなかであなたを破壊し続けている」。ここに個人にとっての空想が始まる。主体は今や生き残った対象を**使用する**ことができる。対象が万能的な支配の外に置かれるがゆえに，主体を破壊するばかりではないことを指摘しておくことは重要である。これをあべこべに述べること，つまり対象を主体の万能的支配の外に置くのが対象の破壊であるということは，また等しく重要である。このようにして対象は自らの自律性や生命，そして（もし生き残れば）主体に貢献することにより，その特性に応じて発達させる。

[「対象の使用と同一化を通して関わること」Use of an Object and Relating, pp. 89-90]

ウィニコットとクラインの間のもう一つの基本的な違いについて触れておくべきだろう。破壊された対象は主体によって修復されるのではなく，むしろ対象が生き残ったがゆえに，主体の知覚において全体的で，分離した，外部のものとなるのである。

古典的な理論においては，攻撃性とは現実原則との出会いの反応であるという過程が常に存在するのだが，一方ここでは，破壊的な欲動が外面的な性質を作り出すのである。これが私の議論の中核を構成する……。私が述べている対象の破壊に怒りはないのに対し，対象が生き残ることへの喜びと言えるものは存在する。

[「対象の使用と同一化を通して関わること」Use of an Object and Relating, p. 93]

この論文の終わり近くで，ウィニコットは「使用」という言葉の意味をはっきりさせている。

> 　私は，使用することと使用についての注解でしめくくりたい。「使用」という言葉で私は「利己的利用 exploitation」を意味してはいない。分析家として，私たちは使用されることはどのようなものであるかを知っており，それは何年かかろうとも治療の終わりとみなしうる事態を理解できることを意味している。私たちの患者の多くは，この問題をすでに解決している——彼らは対象や私たちや分析を使用することができる，ちょうど彼らが両親や兄弟たちや家を使用してきたように。しかしながら，私たちに私たちを使用する能力を与えるように求める多くの患者がいる。彼らにとってこのことが分析の課題である。このような患者のニードと相対する際に，私たちは彼らの破壊性を生き残ることについてここで私が言ったことを知る必要があるだろう。無意識的な分析家の破壊という背景が用意されると，私たちはそれを生き残るかさもなければ，またもう一つの終わりの無い分析を続けることになる。
> 　　　　　　　　　　[「対象の使用と同一化を通して関係すること」Use of
> 　　　　　　　　　　　　　　　　　　　an Object and Relating, p. 94]

　晩年の数年間，ウィニコットは破壊欲動の対象と関わること，そして対象の使用における破壊欲動の役割に関連する主題に主に没頭した。健康な発達の根本には，対象を発見し使用する能力がある。そしてウィニコットにとって，他人によって使用されることは光栄なことであった。

> 　たいていの人間にとって，究極の賞賛は発見され使われることである。そして，それゆえ私はこれらの言葉で赤ん坊と母親とのコミュニケーションを表現できるだろうと想像する。
> 　　私はあなたを見つけた。
> 　　あなたは，私があなたは自分でないことに気づくにつれ，あなたにしてきたことを生き残った。
> 　　私はあなたを使用する。
> 　　私はあなたを忘れる。
> 　　しかしあなたは私を覚えている。

私はあなたを忘れ続ける。
私はあなたを失う。
私は悲しい。
[「幼児と母親および母親と幼児のコミュニケーション，比較と対比」
Communication between Infant and Mother, and Mother and Infant,
Compared and Contrasted, p. 103]

　攻撃性に関連する問題についてのウィニコットの40年間にわたる思考を集めた一つの論文があるとするならば，それは1968年にニューヨーク精神分析協会で発表された「対象の使用と同一化を通じて関係すること」(1968)である。その論文の主たる教義は，上述したように，攻撃性──この論文では「破壊性」──は通常の情緒発達の重要な側面であるということである。しかしながら，ウィニコットの逆説的な用法，「破壊」や「生き残ること」といった日常用語からの造語，「対象と関係すること」や「対象の使用」といった新しい言葉の組合せの考案は，その論文を彼の仕事に精通していないものにとっては理解しがたいものにさせた。この論文に対するニューヨーク精神分析協会の当初の反応については，大変痛ましい物語がある (Goldman, 1993, pp. 197-212, Kahr, 1996, pp. 118-120)。

　ウィニコットが経験した，ニューヨーク精神分析協会側の無理解の結果，彼は対象の使用という概念に関連して二つのより短い論文を書いた (『精神分析探求』W19, pp. 238-246)。これらの論文のうち二つ目のものは，1969年1月付けの「『モーゼと一神教』の文脈における対象の使用」であり，父親の重要性を特に取り扱っている (『精神分析探求』pp. 217-218 において述べられている)。

11　死の本能と父親

　死後に出版された「『モーゼと一神教』の文脈における対象の使用」のなかで，ウィニコットはフロイトの死の本能という遺産について述べている。攻撃性が幼児のなかで発達する経過についての，ウィニコットの最後の言説と関連して，二つの主要な点が検討されている。

・幼児の統合能力の発達に関連して，実際の父親によって演じられる役割。
・精神病の病因論において環境によって演じられる役割。

ウィニコットはフロイトを彼の本能論の重荷から解放することを望み，精神病者との作業が違った結論を導くだろうことを述べている。

> 読者に警告しておきたいのだが，私は死の本能論には愛着を持ったことはないので，もし私が巨人アトラスであるフロイトが肩の上で永遠に背負っている死の本能という，重荷から解放することができたら幸せであるといわねばならない。……死の本能の定式化とは，フロイトが常に包括的な説明に近づこうとしたがそうできなかった立場の一つであるということができる。しかし，そうできなかったのは，備給された対象との関係におけるイドの抑圧に基づいた人間心理について，私たちが知っているようなことはすべて彼が知っていた一方で，彼の死後30年に，境界例や精神病患者から私たちが教えられつつあることについては知らないからである。
> 　　　　　［「『モーゼと一神教』の文脈における対象の使用」The Use of an Object in the Context of *Moses and Monotheism*, p. 242］

それから，ウィニコットは常になく父親の役割の重要性について語っている。ウィニコットの父親の機能の考察に関わる用語には，実際のところ新しいものは何もない。彼は，両親の協力の意義と成長する子どもへの影響に常に気づいていた（母親：6, 7, 8, 9 参照）。しかしながら，彼が死のほぼ1年前に書いたこの論文において強調されていたのは，第三者としての父親の役割，すなわち，ただの父親，すなわち母親と関係する人物としての父親だけでなく，母親が養育するとき心のなかで抱いている父親でもある，ということであった。

> 父親が実際に存在していること，そして父親と子ども，子どもと父親の関係に関わる経験において彼が演じる役割にはいったいどのようなものがあるのだろうか？　このことは赤ん坊にいったい何を為すのだろうか？　というのも，父親がいるかいないか，関係をつくる能力があるかないか，正気か否か，気さくか堅物かといったようなことによって違いが生じるからである。

もし父親が死ねばこのことは重大であるが，ちょうど赤ん坊の頃に父親が死んだとしたら，母親の内的現実における父親のイマーゴやその運命に関連して，さらに多くのことを検討しなければならなくなるだろう。
　　　　[「『モーゼと一神教』の文脈における対象の使用」The Use of an Object
　　　　　　in the Context of *Moses and Monotheism*, p. 242]

ウィニコットは，常に存在し，それゆえ幼児にとって全体対象である父親の存在を前提としている。

　……第三者が役割を果たす，あるいは私には大きな役割を果たすように思われる。父親は母親の代わりかも知れないし，そうでないかも知れないが，あるとき彼はそこに違った役割として存在することを感じ始め，そしてこれが私の指摘したいところだが，赤ん坊がちょうどときどき一つのユニットになる時期になる頃に，彼や彼女たちの統合のための青写真として父親を用いるように思われる……。
　このように父親は，子どもにとっての統合と個人の全体性にとっての最初のほのかな光になりうるものだと見ることができる……。
　母親が部分対象あるいは部分対象の塊として始まるがゆえに，父親の場合も母親の場合と同様なやり方で自我に把握されると仮定するのはたやすい。しかし，順調な場合，父親は全体（すなわち，母親の代わりとしてではなく，父親）として始まり，そして後に重要な部分対象としての性質を与えられ，赤ん坊の自我の組織化や身体の心的概念化において統合されたものとして始まるのだと私は思う。
　　　　[「『モーゼと一神教』の文脈における対象の使用」The Use of an Object
　　　　　　in the Context of *Moses and Monotheism*, pp. 242-243]

ウィニコットがほのめかしたのは，ほどよい環境は幼児のニードに適応する母親に依拠する一方で，父親あるいは第三者は，母親と幼児の両方との関係のなかでそこに当然存在するのと同時に，母親の心のなかに常に存在しているということである（環境：8 参照）。

出　典

1939　「攻撃性とその根源」Aggression and Its Roots［W13］
1945　「原初の情緒発達」Primitive Emotional Development［W6］
1947　「逆転移における憎しみ」Hate in the Countertransference［W6］
1950-54　「情緒発達に関連する攻撃性」Aggression in Relation to Emotional Development［W6］
1958　「精神分析と罪悪感」Psychoanalysis and the Sense of Guilt［W9］
1960　「攻撃性，罪悪感と修復」Aggression, Guilt and Reparation［W13］
1963　「思いやりの能力の発達」The Development of the Capacity for Concern［W9］
1963　「ユングへの書評と関連した D. W. W. の夢」D. W. W's Dream Related to Reviewing Jung［W19］
1965　「列車のなかで記された記録　第二部」Notes Made on a Train, Part 2［W19］
1968　「私の論文『対象の使用』についてのコメント」Comments on My Paper "The Use of an Object"［W19］
1968　「幼児と母親および母親と幼児のコミュニケーション，比較と対比」Communication between Infant and Mother, and Mother and Infant, Compared and Contrasted［W16］
1968　「攻撃性の根源」Roots of Aggression［W19］
1968　「対象の使用と同一化を通して関わること」The Use of an Object and Relating through Identifications［W10］
1969　「羨望と嫉妬に関するシンポジウム」Contribution to a Symposium on Envy and Jealousy［W19］
1969　「『モーゼと一神教』の文脈における対象の使用」The Use of an Object in the Context of *Moses and Monotheism*［W19］

コミュニケーション

communication

1　非言語的象徴化
2　相互性の体験
3　治療中に患者に触れることの是非について
4　二種類の赤ん坊
5　コミュニケーションすること，あるいはしないこと
6　不満足の機能
7　良い対象を拒む必要性
8　コミュニケーションにおける二つの対立物
9　リアルであると感じる感覚
10　自己の侵犯
11　精神分析技法への影響
12　孤立と青年期

　ウィニコットによれば，コミュニケーション〔交流すること〕は母親と赤ん坊との間の感情状態のやりとり——すなわち相互性から始まっているのだという。まだ生まれていない赤ん坊に対する感情は，想像のなかでは母親自身が赤ん坊だった頃から母親の存在することのなかに生じている。赤ん坊も母親が自分に向ける感情を，子宮のなかにいる間から感じている。
　ウィニコットは幼児の発達の各段階において変化する，コミュニケーションの質の違いを区別している。
　ウィニコットのコミュニケーション理論の中心は，コミュニケーションの不可能な，隔絶された/孤立した自己の逆説的発想にある。それは決してコミュニケート〔交流〕されることはないが，しかしもしコミュニケーションが「滲み出し」始めた場合には傷つきが発生し，その人は核/真の自己を隠し守るために防衛システムを構築しなければならなくなる。

1　非言語的象徴化

　ウィニコットは晩年の十年間でコミュニケーションの意味を探求した。これを通じて早期母子関係，対象と関係すること，主観的に理解される対象から客観的に理解される対象への移行，移行空間の創造的コミュニケーション，などの多領域において彼の業績は発展し，洗練されたものになった（存在すること：2, 3；創造性：2, 3；抱えること：4；母親：12；原初の母性的没頭：2 参照）。
　無意識的コミュニケーションに焦点を当ててウィニコットが考えたのは，コミュニケーションの能力は，発達の初期においては言語の獲得に依拠しているのではなく「相互性」を通じた前言語的交流に依拠しているということだった。それゆえ遊んだり象徴化する幼児の能力は，言葉を使い始める時期に**先行して存在している**のである。

> ……母親は赤ん坊に話しかけたりしなかったりするだろうが，それは問題ではない。言葉は重要ではないのである。
> 　さてここで読者の皆さんは，最も洗練された話しぶりをも特徴づける抑揚の変化についての私の発言を聞きたいところだろう。分析家がいわゆる分析をしていて，患者は言語化し分析家は解釈する。それは，言語的コミュニケーションにとどまる問題ではない。今話されている患者の材料のなかにある流れが，言語化を必要としているのだと分析家は感じるのである。分析家が言葉をどう用いるかが重要であり，それゆえ解釈の背後にある分析家の態度が重要なのだ。ある患者が強烈な感情を体験して，私の皮膚に爪をたてたことがあった。そこでの私の解釈は「痛い！」だった。ここには私の知的な素養はほとんど関与していなかったが，それでも解釈が有効だったのは（考える間なしの）**すぐの**反応だったからであり，私の手が生きていて私の部分であるということを意味する反応だったからであり，そして利用される状態でそこに私がいたからである。あるいはこう言ってもいいだろう。私が生き延びれば，私は使用されることができる。
>
> 　　　　　［「幼児と母親および母親と幼児のコミュニケーション，比較と対比」
> 　　　　　Communication between Infant and Mother and Mother and Infant,
> 　　　　　Compared and Contrasted, p. 95］

論文「幼児と母親および母親と幼児のコミュニケーション，比較と対比」が書かれた1968年までに，ウィニコットは対象の使用に関する理論にまでたどり着き，同年に発表した。それは，対象を使用することができるようになるのは，対象が生き残ることによってである，というものである（攻撃性：10参照）。

精神分析に対するほかの急進的考えとともに，この論文に流れる皮肉めいた調子に読者はお気づきになるであろう。言葉は重要ではないということではなく，言葉は時に無関係な場合があるということである。

> 精神分析はふさわしい題材についての言語化を通じて行われているけれども，解釈の内容とともに，言語化の裏に潜む態度も重要であって，こうした態度が，ニュアンス，タイミング，さらに詩の無限の多様性に比しうるほどのさまざまな形で現れているのだと言うことを，すべての分析家は知っているのである。
> [「幼児と母親および母親と幼児のコミュニケーション，比較と対比」
> Communication between Infant and Mother, p. 95]

キーツ（Keats）は，薬のごとくに詩は癒すのだと指摘している。ウィニコットは分析のセッションで意味がやりとりされる際の，その**やりとりのされ方**を重視している。

> たとえば，精神療法やソーシャルワークの基本である，道徳で人を判断しない態度は，言葉を通じて伝えられるものではなく，道徳で判断しないという治療者の人柄を通じて伝わるのである。ミュージックホールの歌のリフレイン部が，その例証になるだろう。「それは彼女の言ったこととはちょっと違うね，彼女は汚い言葉を使ったんだよ」。
> 赤ん坊のケアの場合では，そう感じている母親なら「悪い」というような言葉の意味を赤ん坊が理解できるようになるずっと前から，道徳的な態度を見せることができる。「まったくもう，駄目な子ね」なんて言う場合でも，機嫌良く言えば母親自身の気分もよくなるし，赤ん坊も話しかけられるものだから何だかうれしくなって微笑み返したりする。もっと繊細な例なら，こんなのもある。「おやすみなさいね，木の上で」。言葉のうえでは何だか落ち着かない歌詞

だけれど，素敵な子守唄じゃないだろうか？
［「幼児と母親および母親と幼児のコミュニケーション，比較と対比」
Communication between Infant and Mother, p. 96］

1947年にウィニコットは論文「逆転移における憎しみ」のなかで，最初からすべての母親が赤ん坊を憎むことを観察し，そうなる18の理由を提示している。憎しみについての彼の理論には，母親の愛情と同様に，母親の憎しみをも赤ん坊が主観的に体験することの必要性が含まれている（憎しみ；6参照）。

まだ言葉を話せない赤ん坊にも，母親ならこんなことさえも伝えられる。「きれいにしてあげたのに，また汚したら神様の罰が当たって死んじゃうよ」。それからこんなふうにも。「そこでそんなことしたらだめよ，絶対だめ！」。こうした言葉を通じて，願望と人格とがストレートに直面化されるのである。
［「幼児と母親および母親と幼児のコミュニケーション，比較と対比」
Communication between Infant and Mother, pp. 95-96］

2　相互性の体験

原初の母性的没頭——ほどよい母親が幼児に波長をあわせること——は，ウィニコットによって「相互性 mutuality」という言葉で言及されるようになったが，これはダニエル・スターン（Daniel Stern）の情動「調律」（Stern, 1985）についての業績と同種のものである。ウィニコットにとって，相互性は前言語的コミュニケーションに属している。

　　　生まれてすぐ，赤ん坊はお乳をのむ。赤ん坊はおっぱいを見つけ出し，それを吸い，本能満足と成長とに十分なだけの量のお乳をのみこむ。このことは将来正常に発達する脳の赤ん坊であっても，脳に欠陥や障害のある赤ん坊であっても同様である。われわれが知りたいのは，赤ん坊がお乳をのんでいるとき，あるいはのんでいないときにどういうコミュニケーションが生じているのかである。幼児観察という方法では，最初の数週でさえ母親の顔色を何やらうかがっているらしい赤ん坊もいるのだが，こうした問題を確かめることは難しい。しかし12週目ともなれば赤ん坊は，コミュニケーションが実際にあるの

だと，推測の域を超えて理解できる情報を与えてくれる。

実例1

正常の赤ん坊においても，発達の程度は（特に観察される現象からの判断では）個人差に富んでいるけれども，12週目になると赤ん坊は食事（授乳）のために抱かれると，母親の顔を見て手を伸ばし口のなかに指を入れ，母親を授乳する遊びに興じるようになる。

この遊びが一つひとつ作りあげられる際には，母親が何らかの役割を果たしているということができるかも知れない。しかし，そうだからといって，このような遊びが起こりうる事実から導きだした結論さえもが否定されるものではない。

このことからの私の結論は，すべての赤ん坊がお乳を飲むといっても，母親と赤ん坊が相互にお乳を与えあう関係でなければ，母子の間にコミュニケーションは存在しないのだ，ということだ。赤ん坊はお乳を与えるし，赤ん坊の体験には，お乳を飲むとはどんな感じなのかを母親が知っているという考えが含まれている。

12週目で観察するすべての赤ん坊にこのことが生じるなら，さらにより早い時期に少々漠然とした形で，同様のことが生じていることも正しい可能性だってあるだろう（しかし，そうである必要はない）。

[「母子相互性の体験」Mother-Infant Experience, p. 255]

このように，母子間の無意識的コミュニケーションと感情の状態は，赤ん坊に同一化（融合）する母親の能力に本質的に関係している。母親が赤ん坊に十分に同一化できれば，その赤ん坊は理解されたと感じる経験から多くを得ることとなる（存在すること：3参照）。

ウィニコットによれば，相互性の経験は母親が幼児へ同一化できるかどうかと，幼児が成長への潜在力を持っているかどうかということの両者に左右されるのだと述べている。赤ん坊にとっては，これは一つの達成を構成していく。

こうして**相互性**という二人の人間のあいだのコミュニケーションの始まりを，われわれは実際に観察する。これは（赤ん坊にとっては）発達上の一つの達成であって，うまくいくかどうかは情緒的な成長をもたらす赤ん坊の遺伝的過程にかかっており，また同様に赤ん坊が手を伸ばし発見し創造するつもりで

いることを現実のものにする母親の存在と，その母親の態度と能力とにかかっているのである。

[「母子相互性の体験」Mother-Infant Experience, p. 255]

　赤ん坊の発達を順調なものにするためには，世界を創造する能力を育んでくれる母親に真に依存する必要がある（創造性：2 参照）。
　ここでウィニコットは，セシエー（Sechehaye）の「象徴的実現」に関する業績についての脚注で，次のようなコメントを行っている。「象徴的実現とは，ある特別な設定のもとで，現実に存在するものを，相互性の意味深い象徴にするのを可能にすることである」（「母子相互性の体験，p. 255」。この作業が，発達早期の環境の失敗のために世界を創造する経験が得られなかった患者に対して実行される必要がある（環境：3, 4；自己：8 参照）。
　ウィニコットは，さまざまな水準の相互コミュニケーションのなかで，母親と赤ん坊が異なった個人的体験をすることについて探求を進める。

　　ここで，次の明らかな事実にも触れておかねばならない。母親と赤ん坊は異なったやり方で相互性の地点に到達するのである。母親はかつて世話された赤ん坊だった。そして赤ん坊としても母親としても遊んできたし，たぶん同胞の誕生も経験しただろうし，自分や他人の家の年下の子を世話した体験もあるだろうし，育児について学んだり本を読んだ体験もたぶんあるだろうし，赤ん坊の扱い方について何が正しく何が間違っているかを自分なりに正しく把握しているだろう。
　　一方，赤ん坊の場合，まず赤ん坊であるのは初めての体験であり，母親になったこともなければ，どう振る舞ったらよいかを教えてもらったこともない。税関通過のために唯一持っているパスポートは，遺伝的特質と，成長と発達に向かう生まれながらの傾向の総和だけである。
　　その結果，母親は赤ん坊に――まだ生まれていなかったり生まれつつある赤ん坊に対してさえも――大変洗練されたやり方で同一化できるのに対して，赤ん坊は，現実となった相互性の経験のなかで，交叉同一視を獲得することができる発達中の能力だけを，その状況に携えてくることになる。この相互性は，赤ん坊のニードにあわせることができる母親の能力に含まれている。

[「母子相互性の体験」Mother-Infant Experience, p. 256]

「交叉同一視 cross-identification」というのは、ウィニコットが晩年に使用した言葉である。この言葉は『遊ぶことと現実』（W10）中の三論文、「創造性とその起源」「青年期発達の現代的概念とその高等教育に対してもつ意味」「相互に関係すること：本能欲動の面からでなく、交叉同一視の面からの考察」に現れている。そして死後に刊行された，『精神分析的探求』（W19）のなかの論文にも使用されている。この言葉は基本的に、他人に波長を合わせて感情移入できる能力を述べたものである（創造性：7参照）。

「この相互性は，赤ん坊のニードにあわせることのできる母親の能力に含まれている」という最後の文に，ウィニコットは以下の脚注をつけている。

> ここでは「ニード」という言葉が重要であって，それは本能の満足において「欲動」という言葉が重要であることと同じである。この際「願望」という言葉は適当ではない。というのも，ここで検討している未成熟な時期にはまだ獲得されていない，洗練されたやり方に基づいた言葉だからである。
> ［「母子相互性の体験」Mother-Infant Experience, p. 256］

「ニード」と「願望」との区別は，情緒発達におけるそれぞれに関連した段階とのつながりがあり，退行した患者と分析中に退行して依存的になる患者との精神分析的治療へと適用される（依存：1, 4；退行：9参照）。

ここから後の部分でウィニコットは，「欲動や本能緊張とは直接は関係しない，相互性という深海部へ潜っていく」ことを願っている。そこでは二つの異なったタイプの相互性について触れられているが，その一つはニードに関連しているものであり，もう一つは願望に関連している。本能緊張なしの相互性は，患者のニードに関連した相互性であり，また「依存状態への退行」の領域にも関連しているのである。

> ごく早期の赤ん坊の体験に関するわれわれの多くの知識と同様に，ここであげる症例は年長の子どもや大人の分析の作業で得られたもので，それは依存状態への退行が転移の主たる特徴である時期——期間の長短を問わないが——に得られたものである。この種の作業には，常に二つの側面がある。一つ目は，患者自身の生育歴のなかで，つまり母親との最早期の関係のなかで失われたり損なわれたりした患者の早期体験の転移を通じて，肯定的な発見をすることで

あり，二つ目は，治療者の技法上の失敗を患者が利用することである。この失敗は怒りを生み出すが，怒りによって過去が現前するがゆえに価値がある。最初の失敗（あるいは相対的な失敗）の時点では，赤ん坊の自我組織は，特定の問題への怒りといったことのように複雑な問題に対しては，十分に組織化されていなかったのである。

[「母子相互性の体験」Mother-Infant Experience, p. 257]

ここで触れられている治療者が転移のなかで犯さざるを得ない過ちと失敗という構成要素については，1963年の論文「幼児のケア，子どものケア，分析設定における依存」で，さらに探求されている（依存：7参照）。

3　治療中に患者に触れることの是非について

1969年の論文「母子相互性の体験」中の臨床例で，ウィニコットは「患者に触れないという分析的なモラルを固守する分析家」に対して特に明確に批判を行っている。ウィニコットが触れることの重要性を指摘しているのは，発達上の重要な時期に母親に常に失敗されていた患者の場合である。

実例3

この例は，40歳の女性（既婚，二児の母）の分析からとったものだが，患者は私の同僚の女性から受けた6年間の分析でも完全な回復を果たせていなかった。そこで，男性との分析治療で何が得られるかをみようということについて同僚と意見が一致したので，私が代わって治療を引き受けることになった。

ここで私が選び出したやりとりは，この患者がときどき示した私と接触することへの激しいニードに関連している。（患者は，女性治療者との間では同性愛的な意味ゆえに，この段階まで達することを恐れていた）。

さまざまに親密な行為が試みられたが，主にそれは幼児を哺乳させたり面倒を見たりすることに関するものであった。そこで暴力的なエピソードが出現することもあった。最終的に，彼女の頭を私が手で抱えて，二人一緒にいることになった。

やがてどちらからともなく，ゆらゆらリズムをとって揺らすようになった。それは毎分70回（心拍と比較せよ）程度のやや速いリズムで，私はこのリズ

ムにあわせるようにしなくてはならなかった。それにもかかわらず，このわずかではあっても揺らし続けることのなかに現れた**相互性**を二人で体験していた。言葉もないのに，二人は**コミュニケーション**を行っていた。こうした交流は，患者がまだ前もって成熟さを持たなくても構わなかった発達段階で起こったものである。そして，その成熟さを彼女が獲得していることが，分析中に依存の段階へと退行するなかで発見された。

　この経験はしばしば繰り返されたが，治療上重要なものであったし，それに先立つ暴力的エピソードは今や単なる準備段階であって，早期幼児期における多くのコミュニケーションの技法に治療者があわせることができるかどうかを試す複雑なテストであると見なせるようになった。

　ここでの揺らすことを共有した経験は，赤ん坊の世話のごく早期に関して私が述べたいと願っていたことを示している。赤ん坊の本能的な欲動は，特に含まれてはいない。母子間の解剖学的，生理学的な生身の身体でのコミュニケーションに主要なポイントがある。この主題を練り上げるのは簡単なことで，重要な現象というのは，心拍，呼吸運動，呼吸の暖かさ，体位を変えようとする動きなど，生きていることが伝わるような類のものなのであろう。

[「母子相互性の体験」Mother-Infant Experience, p. 258]

　この患者とのやりとりする際のウィニコットの姿は，まるで母親をいきませ赤ん坊が生まれることを促進する産婆であるかのように見える。

　しかし触れることを強調することは，分析の伝統に則っている臨床家からすれば，大いに議論のあるところである。**どんな**接触であっても患者にとっては性的に喚起されるものだとする治療者もいるだろう。しかし退行した，あるいは転移関係のなかで退行するようになった患者に対して，いかに技法を適応させるか腐心している治療者も大勢いる。

　治療中に患者に触れることの是非にまつわる困難な問題については，独立学派の指導的立場の分析家，ジョナサン・ペッダー（Jonathan Pedder）やパトリック・ケースメント（Patrick Casement）による二つの論文中に描かれている。ペッダーは1976年の論文で，患者に触れることが最適な介入であると決めた理由について説明しており，ケースメントは1982年の論文で，手を握ってほしいという患者の希望を拒んだ理由を述べている。

　1969年の時点で，極端に剥奪され退行している患者を治療していた多くの

治療者と同様，ウィニコットは自分がニードにあわせていると信じていたし，それゆえに1969年の論文で述べた症例では自分にとって最適だと思われる方法で，患者に触れることを選択したのである。患者に触れるという彼の態度については，分析界の一部から批判をうけることになったし，今でもある種の患者に対しては，これが正しい種類の技法であるのかどうか議論が続いている（退行；9参照）。

4　二種類の赤ん坊

ウィニコットは，二種類の赤ん坊——信頼できる環境を体験した赤ん坊と，体験できなかった赤ん坊——について述べている。信頼できることについて知っている赤ん坊は，母親に抱えられることから「無言の」コミュニケーションを受け取り，一方，母親が抱えられない場合に赤ん坊は「大いなる侵襲 gross impingement」を構成する外傷的コミュニケーションを受け取ることになる（環境：7参照）。

>　別の場所で，赤ん坊の発達過程が発現するには，母親に抱えられることが必要だというテーマを展開しようとしたことがある。「無言の」コミュニケーションというのは，外界からの侵襲に対して**自動的に反応してしまうこと**から，実際に赤ん坊を保護してくれる信頼できることの一つだが，これらの反応というのは，赤ん坊の生の連続性を断ちきってしまったり，外傷を作り上げてしまうものである。外傷とは，構造化された防衛をもっていないために混乱した状態に陥ることによって生じるものである。その結果としておそらく防衛の再組織化がもたらされることになるが，外傷の発生以前であれば十分に役立っていた防衛よりも，さらに原始的な種類の防衛が用いられる。
>
>　抱えられている赤ん坊を調べることで，コミュニケーションが無言（信頼できることが当たり前のものとして受け取られる）であるか，外傷的（考えられないような不安や，太古的な不安の経験が生じる）であるかがわかる。
>
>　これが赤ん坊の世界を二つのカテゴリーに分けることになる。
>1.　幼児期にひどく「うちのめされた」体験がなく信頼のよりどころがあると信じられるので，「自立に向かって」と名づけられる状態の重要な成分である自分への信頼感がもてるようになる赤ん坊。こうした赤ん坊の生は連続性を持

っており，（発達的に）行きつ戻りつできるだけの能力を持っており，しっかりと保証されているので，どんなリスクでも背負うことができるようになる。

2．かつてひどく「うちのめされた」体験を持っている赤ん坊。あるいは（母親や母親の代わりの人の精神の病的状態に関連した）環境の失敗のなかにいた赤ん坊。こうした赤ん坊は考えられないほどの不安，あるいは太古的な不安の経験をしている。これらの赤ん坊は，急性の混乱状態や解体の苦悩とはどういうものかを知っている。さらに，落っことされるとは，永遠に落ちるとは，精神と身体が分裂してしまうとはどういうことなのかも知っている。

　　言い換えれば，こうした赤ん坊は外傷を経験しているのであり，赤ん坊の人格は，外傷に続いて生じる防衛の再構成に添ってつくられることになるし，その防衛は必然的に人格の分裂などといった原始的特徴が備わったものになる。

[「母子相互性の体験」Mother-Infant Experience, pp. 259-260]

　この「分裂」は，本当の自己と偽りの自己との防衛的な分裂を指している。1963年の論文「交流することと交流しないこと：ある対立現象に関する研究への発展」で提示された，孤立した中核自己の「無言のコミュニケーション」によって言及されているのは，第一カテゴリーの健康な赤ん坊の特徴となって**いなくてはならない**分裂についてである。これらの赤ん坊は，コミュニケーションすることとコミュニケーション**しない**権利の間で選択することができるが，コミュニケーションしない権利は，自己の傷つきで苦しみ，その結果選択が制限されている赤ん坊の病理的分裂とつながりがある（コミュニケーション：10参照）。

5　コミュニケーションすること，あるいはしないこと

　コミュニケーションに関するウィニコットの中心の考えは，すべて個人は孤立しており，それゆえコミュニケーションしない権利は尊重されなければならないということだった。この点は，彼の有名な逆説の一つ——「隠れることは楽しいけれど，見つけられないことは悲惨だ」——に由来するものである（「交流することと交流しないこと」, p. 186）。

　1963年に論文「交流することと交流しないこと：ある対立現象に関する研究への発展」が発表されたが，その年ウィニコットは67歳であった。この論

文は，彼の晩年の発想や，40年にもわたる母子関係を情緒的に探求し，観察し，分析し，さらにそれを分析家－被分析者関係を理解するパラダイムとして使用してきたことの成果を示している。

　生後まもない時期に個人が持つあらゆる関係のなかで，最も重要な関係に関するテーマを拡大して練り上げていったことで，個人の自己コミュニケーションと，「閉じこめられた incommunicado」個人的な隠された自己（secret self）の必要性という主題への道が開かれた。この隠された自己というのは，コミュニケーション**しない**という権利を持つだけでなく，本質的に「外的現実とコミュニケーションしてはならないし，それに影響も受けてはいけない」ものである（「交流することと交流しないこと」，p. 187）。

　この1963年の論文をウィニコットは「思考のあらゆる部分は，知的世界の中心である」というキーツの引用から始めている。そしてこの論文は「たった一つの発想だけを含んでいる」とも述べている。この一つの発想が第二段落で示唆されているが，それは明らかにウィニコットの当時の主観的体験と関連があるものである。

　　　論旨がはっきりしないままに論文にとりかかり始めたが，この論文を準備しているうちに……驚いたことに，私はコミュニケーションしない権利というものを主張するようになった。これは私の深い中核の部分から湧き出てきた，無限に搾取されるという恐ろしい空想に対する抗議でもある。これを別の言葉で言えば，のみこまれる空想だと言えよう。本論文の言葉を用いれば，**見つけられる空想**である。

　　　　　　　　　　　［「交流することと交流しないこと」Communicating
　　　　　　　　　　　　　and Not Communicating, p. 179］

　コミュニケーションしない権利というテーマを探求するべく，引き続きウィニコットは情緒の発達の早期の段階について言及し，対象と関係すること（object-relating）（それまでは自我関係性 ego-relatedness）に関する自身の定式化を再検討した。これを通じて，幼児が対象を創造するという発想を再び発表する機会を得ることになった。本論文は「対象の使用と同一化を通じてかかわること」という論文の5年も前に書かれたものであるが，その論文で彼は，対象と関係することから対象を使用すること（object-usage）への変遷を検討

している（攻撃性：10 参照）。

> 発達促進環境に守られて万能感を体験している赤ん坊は，**対象の創造を繰り返し**，次第にその過程は人格に組み込まれて記憶として蓄積されていく。
> これは，疑いないことだが，主観的対象と関係することから客観的に認知された対象と関係することへの大変困難な変遷を行わせる，まだ未発達の個人の能力に影響を与えるのは，最終的に知性になる部分である……。
> 幼児は健康な状態で，実際にはその辺に転がっていて発見されることを待っている，そういうものを創造する。しかし健康な状態では**対象は創造されるもので，発見されるものではない**。正常な対象と関係することの魅力的な視点については，私は種々の論文を通じて探求してきたが，その一つが「移行対象と移行現象」(1951) である。良い対象は，幼児によって創造されたものでなければ，幼児にとっては良いものではない。あるいは，ニードをもとにつくられたものでなければ，と言ってもいいだろうか。しかも対象は創造されるためには，発見されなくてはならない。このことは逆説として受け入れられるべきだ……。
> [「交流することと交流しないこと」Communicating and Not Communicating, pp. 180-181]

幼児に備わっている攻撃性の力は，母親，その他の家族，社会といった環境から報復的でない方法で反応されることが必要である。この反応が，幼児の情緒的な成熟段階に到達する能力，そして自分と自分でないものを区別できる能力を決定することになる（攻撃性：5 参照）。

コミュニケーションすることとコミュニケーションしないという二つの流れを，ウィニコットは一つの矛盾だととらえていたし，特に芸術家にとってはそうだと考えていた。

> 私が思うにあらゆる芸術家のなかには本質的な矛盾を見つけることができるが，その矛盾とは二つの流れ——交流したいという強いニードと，さらに見つけられたくないというより強いニード——が同時に存在するために生ずるものである。
> [「交流することと交流しないこと」Communicating and Not Communicating, p. 185]

この万感こもった一文は明らかに，著述家でありコミュニケーションを行う人でもあったウィニコットが自ら抱えていた矛盾に関連している。

6　不満足の機能

幼児が自分と自分でないものを区別できる能力を身につけるためには，認知面に関する発達上の課題をなし遂げていなくてはならない。ウィニコットは認知の二つのタイプを述べているが，その一つは主観的認知，もう一つは客観的認知である。主観的に認知された対象とは，幼児が母親の顔を見つめたときに，そこに見えているものは自分（それが自分だ）なのだと信じるときに関連している。自分の身体と外的対象（すなわち，自分でないもの）との違いに気づくようになると，客観的に認知することを始めるのである。

しかし主観的対象の認知から客観的対象の認知への旅路には，時間という二つの認知の間をつなぐ橋が必要となる。それが，客観的に世界を認知することができるようになる段階に到る前に，万能感（私のニードのままにこの対象を創造した。ゆえに私は神である）がすでにできあがっている必要がある（母親：8参照）。ここの中間段階できわめて重要な点は，不満足の体験ということである。

> 対象の位置を考慮に入れると，他にも重要な点がある。「主観的」対象から「客観的に認知された」対象への変化は，満足よりも不満足によってより効果的に変化が生じるということだ。対象と関係することが確立するという側面から言えば，おっぱいをのんで得られる満足は，対象がいわば邪魔をしている場合に比べれば価値が低いということである。本能満足によって幼児は個人的経験を得ることにはなるが，**対象の位置にはほとんど影響を与えない**。私の見ていた症例のなかに，満足のゆえに対象が消え去ってしまった大人のスキゾイド患者がいたが，彼はそのためにカウチに横になることができなかったのである。というのは，横になってしまうと，外的現実あるいは対象の外面性を消し去った幼児期の満足した状況を再現することになってしまうからであった。これを別の言い方をすれば，幼児はおっぱいをのんで満足することで「黙らされた」と感じる，ということになる。一方，世話をする母親の不安感は，幼児が満足しない場合には，母親が攻撃され破壊されてしまうのではと感じる恐怖が

もとにある。哺乳の後，満足した幼児は数時間は危険でなくなる……。

　一方，幼児の経験した攻撃性というのは，筋肉の性感，行動，動かされない対象に出会った際の圧倒的な力などに現れるものであるが，この攻撃性はそれに強く結びついた観念とともに，自己が一つのまとまりとして出現しはじめているのであれば，自己と対象とを区別して位置づける過程へと自らを導くことになる。

[「交流することと交流しないこと」Communicating and Not Communicating, p. 181]

　幼児が持たねばならない感覚は，自分の努力——自分が必死で乳房を吸うこと——によって，お乳をのむ（対象を創造する）という感覚である。こうした種類の満足感というのは努力**なしに**満足を感じてしまう場合，すなわち黙らされてしまうことになる満足感の体験に比べて，より現実的な感覚を導き出すものである。

　世界と関係した自己の感覚を発展させるタイプの不満足のはたらきは，ウィニコットの脱錯覚の過程に関する仕事とも関連がある（母親：11参照）。

7　良い対象を拒む必要性

　ウィニコットは，健康な発達の中間段階の別の側面にも注意を喚起している。それは主観的な自分である体験から，客観的な自分でない体験への道程に関するもの，すなわちいやだと言える能力に関することであった。

　健康な発達には中間段階があって，その段階にある患者にとって良い対象，あるいは満足させる可能性のある対象との関係において最も重要な体験というのは，対象を拒絶することである。対象を拒むこと，それは対象を創造する過程の一部なのである。

[「交流することと交流しないこと」Communicating and Not Communicating, p. 182]

　拒絶するという行動のなかに対象の創造があるというこの逆説が，旅路の全体を通じてコミュニケーションの目的に違いをもたらすことになる。

コミュニケーションの理論

以上の問題は，ここまでは対象と関係することの文脈で述べてきたが，コミュニケーションの研究にも影響を与えることになろう。というのは，人生の経験として子どもが万能感に浸った状態から離れるのであれば，**対象が主観的であることから客観的に認知されることへと変化するのにつれて**，コミュニケーションの目的および手段についても自然に変化が生じるからである。対象が主観的である限り，**対象とのコミュニケーションが明示的である必要はない**。対象が客観的に認知される場合には，コミュニケーションは明示的であるとか言葉を伴わないものとなる。ここで二つの**新しい**ものが現れる。一つはコミュニケーションのさまざまなあり方を個人が利用し楽しむことであり，もう一つは個人のコミュニケーションしない自己，すなわちまったく孤立した，自己のパーソナルな核が現れるのである……。

[「交流することと交流しないこと」Communicating and Not Communicating, p. 182]

信頼できる環境から利益を得ている健康な赤ん坊の場合，コミュニケーションする，しない，という選択が可能である。この選択ができる能力は，早期の母子関係から生じるものであり，ウィニコットが論文「思いやりを持つ能力の発達」で探求した二つの母親——環境としての母親，対象としての母親——が一人の母親のなかにあることとも関連があることである（思いやり：3参照）。

8 コミュニケーションにおける二つの対立物

赤ん坊におけるコミュニケーションと，さらに情緒的に発展するなかでのコミュニケーション，この二つの間の質の違いを明確にした後で，ウィニコットは，コミュニケーションしないことの二つのタイプについて素描している。

コミュニケーションにおける二つの対立物は，
1　普通の，コミュニケーションしないこと
2　積極的な，あるいは反応的な，コミュニケーションしないこと
　この1については，理解は容易であろう。普通のコミュニケーションしない

こというのは，いわば休んでいるようなものだ。それ自身が持つ権利に基づく状態であり，そしてコミュニケーションすることに場所を譲るようになるが，また自然な流れのなかで再び現れることにもなる。

[「交流することと交流しないこと」Communicating and Not Communicating, p. 183]

普通のコミュニケーションしないこと，このことが言及しているのは，統合されていない静かなひとときのことであり，母親と幼児の間で存在していることでもあり，それはくつろぐこと（relaxing）へと変化していくものでもある（存在すること：4参照）。

「積極的なコミュニケーションしないこと」というのは健康なものであって，選択されたものだ。「反応的なコミュニケーションしないこと」というのは病理的なものであって，環境がほどよくなかったために成長を促進することに失敗した場合に生じるものである。

> 精神病理という点では，……発達を促進させることに，ある範囲である程度の失敗をした場合，対象と関係することにおいて幼児は人格の分裂を発展させることになる。分裂した半分は，そこに存在する対象と関係することになり，この目的のために偽りの自己とか迎合する自己と私が名づけたものが，発達させられることになる。分裂したもう半分は主観的対象や，単に身体的な体験に基盤をもつ現象と関係することになるわけだが，これらの存在は客観的に認知された世界から影響を受けることは滅多にない。（臨床的な例をあげれば，たとえば自閉症児のように前後に揺さぶる動き，そして抽象絵画——これは袋小路コミュニケーションであり，一般的妥当性がないだろうか？——などは，客観的な世界の影響が見られないものである）。

[「交流することと交流しないこと」Communicating and Not Communicating, p. 183]

大いなる侵襲に苦しむ赤ん坊は，人格を分裂させる防衛構造をつくりあげなければならなくなる。ウィニコットはこの種の分裂を，環境による外傷的な侵襲の必然的帰結とみなした。1960年の論文「本当の，および偽りの自己という観点からみた，自我歪曲」では，本当の/偽りの自己から生じる，本当の/

偽りのコミュニケーションに関して探求した視点を補足している（自己：6, 9参照）。

9　リアルであると感じる感覚

　ウィニコットの主題のなかには病理的な「袋小路」コミュニケーション（反応的な，コミュニケーションしないこと）という考えがあり，たとえばこれは引きこもった状態として描かれるが，それは実際には個人がリアルであると感じられるように助けるものである。その一方で，偽りの自己に属したコミュニケーションは，真の自己から離れてしまっているか分裂排除されてしまっているために現実的に感じられないもので，それゆえそこには主観的対象とのコミュニケーションが存在していない。

　　　観察している側の視点では，どんなに不毛なものと思えても，袋小路コミュニケーション（主観的対象とのコミュニケーション）が，すべての現実的な感覚を担っていることには疑問の余地はない。**他方**で偽りの自己から生じる世界とのコミュニケーションの際には，リアルに感じることはない。それは本当のコミュニケーションではないのであって，自己の中核――本当の自己とよばれる可能性があるもの――を含んでいないからである。
　　　　　　　　　　　［「交流することと交流しないこと」Communicating
　　　　　　　　　　　　　　　　　　 and Not Communicating, p. 184］

　観察者からの立場からすれば，世界のなかで個人はいずれ成功するだろうが，それが偽りの自己にもとづいた成功であるならば，空虚感や絶望感の強化に繋がってしまうのである。これはウィニコットが1960年に述べた，知的な偽りの自己というものに関連している（自己：8参照）。
　ウィニコットは，まったく新しいことを提示している。すなわち，病理（引きこもり）のなかで明らかに認められる分裂や解離は，健康な個人にも同様に存在しており，実際に**健康さの一部分**でもあるということである。

　　　これは容易にわかることだが，病理がやや軽い症例の場合では病的な部分と健康な部分が併存しており，そして必ずといっていいほど積極的なコミュニ

ケーションしないこと（臨床的引きこもり）が認められる。その理由は，いとも簡単にコミュニケーションと，偽りの，または迎合的な「対象と関係すること」との間に繋がりを生じてしまうからであるが，バランスを回復させるためには，主観的対象との間に生じる，無言の，または秘密のコミュニケーション——これは現実的な感覚を伴っている——が，定期的に取って代わらなくてはならない。

　私が仮定するのは，健康な（対象と関係することの発達という観点から言えば，成熟した）人には，分裂した人——分裂した一方の部分が主観的対象と無言のコミュニケーションを行っている人——の状態に相応するものへの要求が存在するということである。そしてさらに言えることは，意味のある関係することとコミュニケーションすることは，無言だということである。

〔「交流することと交流しないこと」Communicating and Not Communicating, p. 184〕

ウィニコットが「現実的に感じることの確立」と関連づけているのは，とりわけこの主観的対象との無言のコミュニケーションである。そしてこれは創造的統覚の全部分であり，存在することができる能力でもある（存在すること：3 参照）。

10　自己の侵犯

健康においては，コミュニケーションしないこととすることの間に自己の分裂を創造できる能力がある，という複雑な考えは，ウィニコットによる自己の侵犯という主題と関連している。侵犯という主題にたどりついたのは，1963年の論文「交流することと交流しないこと」のなかであるが，そこで彼は二人の女性患者の短い臨床例を二つ提示している。

　　その患者が話したのは，子ども時代（9歳）にこっそり隠した教科書を持っていて，そこに詩やことわざを集めて書き，そこに「私の秘密の本」と書き付けていたということだった。表紙には，「心のなかで考えていること，それがその人」と書いていた。事実は，母親は「このことわざ，どこで覚えたの」と訊ねたのである。これには問題がある。なぜなら母親が彼女の本を読んだに違

いないことを意味しているからだ。もし母親が読んだとしても、何も言わなければ問題はなかったのだろうが。

　ここにはコミュニケーションしない、個人的な自己をうち立てた一方で同時にコミュニケーションすることを望み、また見つけられることを望んでもいる子どもの姿がある。それは、かくれんぼという一つの洗練されたゲームであり、**隠れることは楽しいけれども、みつからないことは悲惨**なゲームなのである。

〔「交流することと交流しないこと」Communicating and Not Communicating, p. 186〕

　ウィニコットの患者のこうした記憶は、侵入される夢の連想から浮かんできたものであった。彼女の子ども時代の記憶を通じて、（秘密の本で表現されている）中核の自己への母親の侵入が、どのように侵犯されたと感じられたかを、ウィニコットは理解したのである。

　二例目に関してウィニコットが理解したのは、患者が詩を書くことを通じて主観的対象と関係することを求めている様相であり、その場合、詩が他人に読まれようが読まれまいが、患者にとってはどうでもよいのである。

　　彼女が子ども時代の想像に橋を架けようとする際には、それが詩という形に結晶化する必要があった。そこで自伝を書くのであったなら、きっと退屈したことだろう。彼女は詩を刊行することはなかったし、誰にも見せたことすらなかったのだが、それは一つひとつの詩はしばらくは好きでいても、すぐに興味を失ってしまうからだった。友だちとくらべると、彼女には生来身に付いた技能があったおかげで、いつも簡単に詩を書くことができていた。しかしこういう問いには無関心であった。「詩は本当によくできてる？　それとも、だめ？」。すなわち他の人がその詩をどう思うかには関わりがなかった。

〔「交流することと交流しないこと」Communicating and Not Communicating, p. 187〕

　ここから、ウィニコットは論文の核心部に至る。それは、彼の全業績のなかでも核心部にあたる部分だと言ってもいいだろう。

ここで提示するのは健康な場合でも，分裂した人格の本当の自己に相当した人格の中核が存在するということで，この中核は知覚された対象世界とコミュニケーションすることはなく，外的現実からコミュニケーションされることもなければ，影響を受けることもないということを個人一人ひとりが知っているということだ。これが私の主たる論点であり，それが私の知的な世界と論文の中心点を形成している。健康な人はコミュニケーションし，コミュニケーションを楽しんでもいるけれども，また同様に正しいのは，**一人ひとりの個人は孤立していて，永久にコミュニケーションしないし永久に知られることもない，つまり見つかることもない，**という事実である。

　実際の生活ではこの厳しい事実は，文化的経験のあらゆる領域に属するものを互いに共有することで和らげられている。一人ひとりの中心にはコミュニケーションしない要素があって，それは神聖であり最も保存する価値があるものである。環境－母親の失敗という早期の破壊的な経験をしばらく脇において考えるならば，原始的な防衛の組織化をもたらす外傷体験は，孤立した核への脅威の一部であり，見つけられ，変化させられ，コミュニケーションされてしまうことの脅威の一部でもある。防衛は秘密の自己をさらに隠すことにも存在するし，極端になれば投影したり果てしなく拡散してしまうことにもなる……。

　……強姦，そして人食いに食べられてしまうことというのは，自己の中核が侵犯されることや，防衛をくぐり抜けてしみ出してくるコミュニケーションのために蒙る，自己の中心部分の変化に比べればほんのつまらないことにしか過ぎない。私からすれば，このことは自己に対する罪なのである。人格のなかへ深く入り込み，秘かに孤立していたいというニードを持つ個人への脅威となる精神分析に対して人びとが向ける嫌悪の念も理解することができる。問題は，侵入されることなしにどうやって孤立するのか？　ということである。

[「交流することと交流しないこと」Communicating and Not Communicating, p. 187]

　自己を精神的に侵犯することは，強姦や人肉を食べることよりもはるかに悪いと述べている。これには議論の余地があるとしても，こういう表現を用いることで，こうした種類の侵犯がいかに強力なものであるかを，ウィニコットは強調して述べたかったように思われる。

次に彼は，健康な発達における三つのコミュニケーションの流れを仮定した。

> 最高の環境においては成長が生じ，子どもはコミュニケーションの三つの流れを持つことになる。**永久に無言**のコミュニケーション，間接的で楽しい**明示された**コミュニケーション，そして三番目の，遊びからあらゆる種類の文化的経験までの広がりを持つ，第三の**中間**の形態のコミュニケーションである。
> 　　　　　　　　　　　[「交流することと交流しないこと」Communicating and Not Communicating, p. 188]

11　精神分析技法への影響

「侵入されることなしに，どうやって孤立するのか」という重要な問いは，健康で創造的な人生に対してだけではなく，さらに精神療法の技法や実践においても大きな意味を持っている。これは，精神分析技法に対するウィニコットの重要な貢献の一つである。

> 臨床では，われわれの仕事で許容しなくてはならないことがある。それは患者がコミュニケーションしないことを，積極的な貢献だとみなすことだ。治療者は，自分の技法が患者にコミュニケーションしていないと伝えることを許容しているものであるかどうか，自問せねばならない。これが生じるためには，分析家としてのわれわれは「コミュニケーションしていないよ」という信号を受信する用意をしておくべきであり，その信号とコミュニケーションの失敗に伴う苦しみの信号とを区別できねばならない。これと，誰かがいるところで一人でいること，という考えとの間にはつながりがある。それは，最初は子どもの生活のなかで自然なことであり，その後においては，引きこもることが必要になったときに，引きこもる前に同一化していたものとの同一性を失うことなく引きこもることができる能力の獲得という点においてである。これは仕事に集中できる能力となって現れる。
> 　　　　　　　　　　　[「交流することと交流しないこと」Communicating and Not Communicating, p. 188]

これは，精神分析の概要に変化をもたらすことになる。フロイトが推奨していたのは，患者に自由連想させてすべてを話させようとすることであったが，ここでウィニコットが推奨したのは，母親/分析家は，「すべてを話」さ**ない**，コミュニケーションし**ない**という幼児/患者の個人的な自己の要求を尊重すべきだということである。

ウィニコットはこの相違をさらに練り上げて強調したが，その理由は，分析家によって無言でいることの権利が尊重されない限り，精神分析には本質的に危険が内在するのだと思ったからであった。このウィニコットの意見の異例とも言える性質は，言葉を（そしてその結果，移行空間を）使える患者と，象徴化するだけの能力を獲得していないために，言葉が用いられない患者との違いの理解に関係しているものである（移行現象：3参照）。

> はっきりした精神神経症のケースにおいては問題はないが，それは分析全体が言語という媒介を通じて行われるからであるし，患者も分析家もそうであることを願っている。しかし分析は，（隠されたスキゾイドの要素が患者の人格に存在する場合には）いとも簡単に，コミュニケーションしないことを否認している患者との共謀関係に分析家が陥ってしまい，それが無限に続くようにもなるのである……。そうした分析では，沈黙することが患者の可能な最も前向きの貢献であって，この場合分析家は「待機戦術」に巻き込まれることになる。もちろん，動きやジェスチャー，あらゆる些細な行動に対しても解釈を行うことができるが，しかし私が念頭にある類の症例に対しては，分析家は待った方がよいと私は考えている。
>
> ［「交流することと交流しないこと」Communicating and Not Communicating, p. 189］

ウィニコットは分析家に，待って患者に自分自身の解釈にたどりつく余裕を与えるべきだと述べているが，特に分析家が（患者の経験のなかで）客観的に認知される対象になりつつある間にはそうすべきだと述べている。

> ……分析家が主観的対象から客観的に認知されるものへと変化していないときには，精神分析は危険なのである。しかし治療者がどう振る舞えばよいかを知っていれば，危険は回避することができる。もし治療者が待っていれば，患

者は自らのペースで治療者を客観的に認知するようになる。しかし，患者の分析過程（幼児や子どもの成熟過程に匹敵する）を促進するようには振る舞えなかった場合には，患者にとって分析家が，自分でないものへと突然変化することになり，知りすぎてしまった存在になり，危険な存在にもなってしまうのである。それはコミュニケーションのなかで，患者の自我組織に含まれる中心部の静かで沈黙した一点に近づきすぎてしまったからである。

　こうした理由から，単純な精神神経症の症例であっても，分析の外での接触を避けた方が良いということがわかった。一方，スキゾイドやボーダーラインの患者の場合では，転移外の接触をどう取り扱うかの問題が，患者との治療においては大きな要素になる。

[「交流することと交流しないこと」Communicating and Not Communicating, p. 189]

　このことは，分析の関係にとって安全な枠組みをもたらす境界が必要であることと関連がある。

　ウィニコットは，分析家が知っていることをほのめかすフロイト派の解釈を逆説的に用いて，分析家が**知らない**でいることが患者にとっては有益な経験となるということで，それを推奨している。

　　ここに至って，分析家が解釈することの狙いについて語ることができる。私はいつも，解釈の重要な機能とは，分析家の理解に**限界**があることが明示されることにある，と感じている。

[「交流することと交流しないこと」Communicating and Not Communicating, p. 189]

　赤ん坊と同様に患者もまた，象徴化と自己への気づきに向かう旅路の一部として，分析家に幻滅することにまで到達せねばならない。

12　孤立と青年期

　個人というのは孤立したものであるということを繰り返して述べるなかで，ウィニコットは誰にでも備わっている孤立の好例として青年期を用いた。

孤立した存在としての個人というテーマは，幼児や精神病の研究において重要であるが，それだけではなく青年期の研究においてもまた重要なのである。思春期の少年少女についてはさまざまな切り口があるが，そのうちの一つが**孤立した存在としての青年期**という切り口である。この個人の孤立が保たれるということは，一つはアイデンティティを探し求めること，もう一つは，中心の自己が傷つかないような，コミュニケーションの個人的手法の確立を追い求めることにとって必要な部分なのである。多分にこうした理由から，青年たちは総じて精神分析療法を避けることになるが，そのくせ青年は精神分析理論には興味を持つのである。彼らは精神分析によって，レイプされると感じるものである。それは性的にではなくて，精神的にであるが。実践では分析家はこうした青年の恐怖について強化することを避けることができるが，しかし分析家が青年を治療する場合には，いろいろと試されることを予期しておかねばならないし，間接的なタイプのコミュニケーションを用いたり，単にコミュニケーションしないでいることも認めなければならないのである。

　思春期の変化の真っ最中であり，大人の世界の一員としての準備がすっかり整っているわけではない青年期にあっては，見つけられることに対して防衛が強化されることになる。それは言い換えれば，見つけられる前に自分を見せてしまう，ということである。真に個人的でリアルであると感じるものは何が何でも防衛されねばならないのであって，たとえこのことが妥協の価値を一時的に見失わせるものであったとしてもそうなのである。青年は単にグループをつくるのではなく，一つの同質な集まりを形成する。見た目によく似たものにすることで，一人ひとりの個人が持つ本質的な寂しさを強調するのである。

[「幼児と母の間のコミュニケーション」Communication between Infant and Mother, p. 190]

　妥協と迎合の間の違いというのは，青年が学ばなければならないものである（自己：11 参照）。この特別な論文におけるウィニコットの眼目は，人一人ひとりの実存主義的孤独ということであった。

出　典

1963　「交流することと交流しないこと：ある対立現象に関する研究への発展」
　　　Communicating and Not Communicating Leading to a Study of Certain

Opposites [W9]
1968 「幼児と母親および母親と幼児のコミュニケーション，比較と対比」Communication between Infant and Mother and Mother and Infant, Compared and Contrasted [W16]
1969 「母子相互性の体験」The Mother-Infant Experience of Mutuality [W19]

自我

ego

1 精神分析の専門用語
2 統合
3 自我の補償
4 未統合と解体

　ウィニコットは，特別に意識した場合には，「自我」と「自己」をはっきりと区別しているが，意識しない場合には両者をほとんど同義に用いている。
　一般に，ウィニコットの仕事においては，「自我」という言葉は，精神・身体と同じように，本当の「自己」または偽りの「自己」の一側面を表すときに使われる。その側面とは，自己の体験を統合するのに役立つ側面である。

1　精神分析の専門用語

　ストレイチーがフロイトの仕事を医学用に翻訳したために英語の精神分析の専門用語は問題がある（Bettelheim, 1983）。「自我」という言葉の使用法に関しては，これまで複雑な歴史がある。
　すでに指摘されてきたように，ウィニコットは本来の意味に厳密な関連性がないのに（Phillips, 1988），重要な精神分析用語を使う傾向がある。「自我 ego」についてもその例外ではない。
　『人間の本性』（W18）において，ウィニコットは，自分がフロイトの局所論や構造論に精通していることを明らかにしている。しかし，ウィニコットの仕事を通して，特に最後の10年の著作において，彼の「自我」の概念は，フロイトのものとまったく異なったように思える。
　情緒発達における自我の役割と機能を特定化する最も決定的な記述は，ウィニコットの1962年の論文「子どもの情緒発達における自我の統合」のなかに

見ることができる。

　ここで自我について述べられていることには，二重の意味がある。自我は，「適切な条件下においては，一つのユニットに統合される傾向があるパーソナリティの一部であり」，それは，最初の時点から自我が潜在力として存在することを示唆する。その潜在力が現実になるためには，無傷の脳が必要だが，それは経験を組織化することができるが，なぜなら「電気装置無くしては経験はありえない，それ故に自我はありえないから」である。しかしながら，経験を組織化する能力というのもまた，適切な条件，つまりほどよい養育に依存しているのである。

　フロイトの理論では，自我はイドから出現する。クラインと同じようにウィニコットも，未発達だが最早期から自我があることを信じている。

　　　それゆえ，人の子どもの情緒発達の非常に早期における自我機能は，一人の人間としての幼児の存在から切り離せない概念として考えておく必要がある。そこでは，自我機能から分離しているかもしれない本能生活は，無視されている。というのは，幼児は経験を持った実体とはなっていないからである。自我以前にイドはない。
　　　　　　　　　［「子どもの情緒発達における自我の統合」Ego Integration
　　　　　　　　　　in Child Development, p. 56］

　ウィニコットにとって，自我とは情報（内的経験と外的経験）を集約してそれを組織化する責任を負うものである。しかし，これができるのは母親がほどよい**場合**だけである。なぜなら**非常に**早い時期においては，母親は赤ん坊の自我**である**からである。絶対依存の段階に幼児がある間は，母親は原初の母性的没頭の状態なので，自分の幼児に対して必要な自我支持を提供することができる。このような自我の強さは母親の適応する能力に拠る（移行現象：4参照）。
　1950年代によく使われた「自我関係性 ego-relatedness」という言葉は，一番最初の時期には母親と幼児は融合体であることを意味している。1960年代には，ウィニコットは同じ現象を「対象と関係すること object-relating」という言葉で表している。それは，幼児は自分のニードに気づいていないときであり，それを知るためには環境，すなわち母親に頼っているのである。母親は幼児と強力な同一化を通して，幼児を守ったり，支持するための幼児の自我とな

らなければならない（一人：1；依存：2；抱えること：4参照）。

初期のこの強い自我の支持を助けとして，幼児は発達したり成長することができる。そして，精神的健康の基盤はここに始まる。

この基盤から，幼児は次の発達段階に進むための準備がなされる。依存の段階の過程を経て，健康と迎合の段階へと到達する。これが人生の各々の段階において，各々の個人に起こっている継続的な力動である（依存；参照）。

2 統合

ほどよい母子関係の基盤(matrix)から自我は発達することができる。ウィニコットの図式においては体験を人格にまで統合するのが自我の機能なのである。

> 自我の発達は，いろいろな傾向によって特徴づけられる。
> (1) 成熟過程の主な傾向は，**統合**という言葉のもついろいろな意味に集約される。時間的統合は，空間的統合（とでも呼べるもの）に付加されるようになる。
> 　　　　　　　　［「子どもの情緒発達における自我の統合」Ego Integration
> 　　　　　　　　　　　　　　　　　in Child Development, p. 59］

それからウィニコットは，身体に基礎を置く自我と，対象関係をはじめる自我について述べている。

> (2) 自我というのは身体的自我に基づいているけれども，一人の人間としての赤ん坊が，境界膜としての皮膚とともに，身体と身体機能に結びつけられ始めるのは，何もかも上手くいったときである。私は，この過程を記載するのに**私有化**という言葉を用いるようにしている……。
> 　　　　　　　　［「子どもの情緒発達における自我の統合」Ego Integration
> 　　　　　　　　　　　　　　　　　in Child Development, p. 59］

母親や他の人たちから赤ん坊が受け取る取り扱いは，すべてさまざまな身体的ケアであるが，一人の人間としての赤ん坊の感覚に寄与している。「私有化 personalization」という言葉を使うことによって，ウィニコットは正反対の「離人化」に焦点をあてている。それはほどよい取り扱いを受けなかった患者

にみられる心身の分裂である（抱えること：2参照）。

　(3) **自我は対象とかかわることをはじめる**。もし母親が最初のときにほどよい養育をしていれば，赤ん坊は，自我の参加がある場合を除いては，本能的な満足に屈しないだろう。この点においては，赤ん坊に満足感を与えるということよりも，むしろ赤ん坊が対象（乳房，哺乳瓶，ミルクなど）を自分で見つけていい関係になることの方がはるかに重要がある。
〔「子どもの情緒発達における自我の統合」Ego Integration in Child Development, pp. 59-60〕

　ウィニコットはここで，幼児が信号を出す前に彼のニードに応えてしまうのではなく，むしろ彼のニードに応じる母親のいる幼児について述べている。このようにして，幼児は自分のニードを満たすものを受け取る責任があると感じるのである。

　　母親の適応能力について言及するとき，十分に授乳するというような口愛的欲動を満足させることはほとんど関係のないことを理解しておく必要がある。ここで論議されていることは，このような考慮と並行して起こっていることである。実際，口愛的欲動を満足させる一方で，そうすることによって子どもの自我の機能や後のち，自己として嫉妬深く守られるもの，すなわち人格の核を**侵害**するということが実際に可能なのである。授乳による満足は，誘惑となることもあるし，もしそれが幼児の自我機能の及ぶ範囲をこえてなされれば，外傷ともなりうるのである。
〔「子どもの情緒発達における自我の統合」Ego Integration in Child Development, p. 57〕

　幼児の授乳のこの側面は，ウィニコットによってしばしば言及されている。初期の1945年より「原初の情緒発達」という論文において，彼は，「主な恐怖は満足することについてであった」男性患者について述べている。彼は，脚注で次のように付け加えている。

　　私は今，幼児がなぜ満足というものに満足しないのかについてのもう一つの

理由を述べようと思う。彼は騙されていると感じているのである。彼はカニバリスティックな攻撃をしようと思っていたのに，授乳という麻薬によってそれを先延ばしさせられた，と言えるかも知れない。彼にできることはせいぜい，その攻撃を，先延ばしすることだけである。

[「原初の情緒発達」Primitive Emotional Development, p. 154]

満足に満足しないということは，ウィニコットの重要な逆説の一つである。これは幼児のニードを無慈悲なものとして生き延びることができない母親と関係がある（攻撃性：3, 8；環境：7；母親：11 参照）。

この種の「騙す」ということは，統合を阻止するがゆえに一つの自我の歪みを導くだろう。

統合能力は，人生の非常に早期の段階から成長しているのである。

(1) 統合は何から？

一次的ナルシシズムの素材である運動と感覚的要素の面で，どんな材料から統合がなされているかを考えることは有益である。これから，存在感へと向かう傾向が得られるだろう。成熟過程のこのはっきりしない部分を記載するのに違った言葉を使うことができるかも知れないが，新しい人間が存在しはじめ，それにパーソナルといえるような体験を集約し始めたことを主張しようとするならば，純粋な身体機能に関して想像力で補うための基礎が仮定されねばならないのである。

[「子どもの情緒発達における自我の統合」Ego Integration in Child Development, p. 60]

3　自我の補償

ウィニコットは，「自我の補償 ego-coverage」という言葉を母親の特定の仕事に関して使っている。それは，想像を絶する不安や，精神病的不安と呼ばれている原初の苦悩から彼女の赤ん坊を守る仕事のことである。

最初の自我の組織化というのは，絶滅恐怖の体験からやってくるものである。それ自体は絶滅に導かないし，そこから何度も**回復**がありうる。そのよう

な経験をもとに，回復に対する信頼は，自我や，欲求不満に対処する自我の能力に導くものになり始める。

　この理論が，母親は欲求不満を引き起こす母親なのだという幼児の認識になるという問題に役立つと感じられることを私は望んでいる。これは，後のちになると真実になるけれども，初期の段階では真実ではない。

[｢原初の母性的没頭｣ Primary Maternal Preoccupation, p. 304]

　適切な自我の塡補があれば，幼児の存在し続けるということが，1962年の論文「子どもの情緒発達における自我の統合」でウィニコットが「ユニットとしての自己」と呼んでいるものになる。ユニットとしての自己は，幼児が自分の体験を統合したり，パーソナリティを形成したり，自分自身になるために利用するのである。

　(2) 何によって統合されるか
　……この非常に初期の段階で起こるのは，母親と子どもの繋がりに対して母親が与えた自我の補償によるということは，いくら強調されても強調しすぎることはない。

　母親から与えられるほどよい自我の補償は（想像を絶する不安という点では），新しい人間に存在し続けることの連続性のパターンを基盤として，人格を作り上げるということを可能にするということができるだろう。

[｢子どもの情緒発達における自我の統合｣ Ego Integration in Child Development, p. 60]

　ウィニコットはこの1962年の論文を，統合の過程を定義し，「自我」を「私」に置き換えることで締めくくっている。

　統合というのは抱えることという環境の機能と密接に結びついている。統合の達成された姿は一つのユニットである。最初にやってくるのは「私」であるが，それには，「他のすべてのものは自分ではない」という意味が含まれる。次にやってくるのは「私は〜である，私は存在する，私は体験を集め，自分自身を豊かにして，自分でないものとの間で取り入れと投影の相互作用を持つこと，共有された現実の世界である」。さらに付け加えて，「私は誰かに私の存在

をみられ，理解される」，さらに，「私が存在するものとして認められてきたということに関して私が必要とする証拠（鏡にうつった顔のように）を取り戻す」が加わる。

　好適な状況のなかで，皮膚は自分と自分でないものとの間の境界となる。言い換えれば，精神は身体のなかに宿るようになり，個人の精神-身体の生活がそこで始まる。

[「子どもの情緒発達における自我の統合」Ego Integration in Child Development, p. 61]

　これはまた，「ユニットの状態」を記述したものである。その言葉は，ウィニコットによって自分と自分でないものとを区別する赤ん坊の一つの達成を表すものとして使われている。1960年代を通して，ウィニコットはユニットとしての自己とも呼んでいる。

　全体として，次のように言えば有用であり最も正確だろう。ウィニコットが「自我」という言葉を使うときは，実際は**統合の特別の機能に役立つ自己のある側面**を規定している。このことを記憶に留めておくことは，ハイフン付きの多種の「自我」を，ウィニコットは仕事のなかで創造しているのだが，また，ウィニコットの本当の自己と偽りの自己の理論においては，健康な「自我」は，本当の自己と偽りの自己の双方に奉仕するのと同時に，本当の自己と偽りの自己の部分を双方含んでいる（自己：1参照）。

4　未統合と解体

　ウィニコットは「未統合」を幼児の「静かな状態」を描写する際に使用している。

　統合の反対語といえば解体であろう。これは部分的には正しい。反対語としては，最初は，未統合のような言葉が求められるだろう。幼児にとってくつろぎは，統合する必要を感じないということを意味する。そこでは，母親の自我の支持機能は当然のこととして思われるのである。

[「子どもの情緒発達における自我の統合」Ego Integration in Child Development, p. 61]

くつろいで未統合になることができる幼児と大人は，信頼の経験や安全感を実存的に知っている。これは文化的な気晴らしを享受することのできる能力へとつながる体験である。未統合は存在することと創造することに結び付く。それゆえ，未統合になる能力は一つの発達的な達成を構成している。

一方，解体は防衛である。

> 解体という言葉は，洗練された**防衛**を記述するのに使われる。この防衛は母性的な自我支持のないときに未統合に対する防衛のために積極的にカオスを創造したものであり，言い換えれば，絶対的依存の段階における抱えることの失敗から起こる，想像を絶するような不安や原初の不安に対するものである。解体によるカオスというのは環境の信頼性のないことと同じく「わるいものである」が，それは赤ん坊自身がつくりだした，したがって非環境的であるという利点がある。それは赤ん坊の万能感の領域内にある。精神分析的観点からすると，想像を絶する不安が分析不能なのに対し，それは分析可能なのである。
> [「子どもの情緒発達における自我の統合」Ego Integration in Child Development, p. 61]]

解体はいつも統合がある程度起こったことを示唆する。その結果，分析家は転移のなかで解釈することができるし，また，患者の統合を促進することができる。

想像を絶する不安や原初の苦悩を体験した患者は，それらの強烈さを体験しなかった人とは同じようには分析的設定を用いることはできない。分析家はそのニードに適応しなければならないし，患者が解釈できるようになるまで待たねばならない（退行：3 参照）。

出 典

1945 「原初の情緒発達」Primitive Emotional Development ［W6］
1956 「原初の母性的没頭」Primary Maternal Preoccupation ［W6］
1962 「子どもの情緒発達における自我の統合」Ego Integration in Child Development ［W9］

自己

self

1　主観性と自己
2　泡そして核としての自己
3　原初の未統合
4　三つの自己
5　自己感を高める養育の特性
6　偽りの自己
7　分裂排除された知性
8　象徴的実現
9　本当の自己
10　迎合と妥協
11　精神療法と自己の探求

　ウィニコットは「自己」と「自我」とは異なるものだと繰り返し述べているが、彼の区別は常に明確で一貫したものとは言えない。それは「自己」という術語がしばしば「自我」や「精神」と交換のきくものとして使用されているためである。
　ウィニコットにとって本質的には、「自己」という術語は個人が主観的に感じていることの心理学的な記載であって、彼が自己感の中心に据えているのは「リアルであると感じる」という感覚である。
　発達的には、「自己」は新生児に備わった一つの潜在力から始まり、ほどよい環境が提供されれば全体的な自己に——すなわち自分と自分でないものを区別できる人間に——発展するのである。
　ウィニコットは晩年の十年間、本当の自己と偽りの自己を区別し、外部とは連絡を持たない、孤立した中核的自己を強調した。そして精神の健康のためには、中核的自己はどんな犠牲を払ってでも守られる必要があるとした。

1　主観性と自己

　読者にとって，ウィニコットの「自己」の厳密な意味はしばしば混乱させられるものかも知れない。ウィニコットの仕事全体にわたって，彼はしばしば自我と自己の区別をしているのだが（自我：1参照），まずは以下のことを心に留めておくのが有用であろう。それは——ウィニコット自身によって明らかにされたことではないが——，自我は自己の一面であり，経験を組織したり統合するといった特殊な機能を持っているということである。
　このように自己は，ウィニコットの言葉でいうと，自分でないものから区別され，それぞれの自分を形作っている人格のすべての諸側面から構成されている。それゆえ「自己」という術語は，存在することの主観的感覚を述べているのである。
　ウィニコットの仕事を見渡してみてわかるのは，自己，自我，精神というそれぞれの術語による内的現実と機能という側面での強調点が異なっており，ウィニコットが使用した他のすべての術語と同様に，術語をはっきりとできるわけでもないし，またすべきでもない，ということかも知れない。
　一般的に，ウィニコットは自己（中核的自己あるいは本当の自己）を人生の開始期に位置づけるのであるが，全体的な自己について言及する際には，自己の発生は思いやりの時期にあるとしている（思いやり：5；自我：2参照）。

2　泡そして核としての自己

　1949年の論文「誕生の記憶と誕生の外傷と不安」のなかで，自己について述べるため，ウィニコットは一人の患者を具体例としてあげている。

　　早期段階の幼児がおかれている状況に関してきわめて深く根ざした理解に基づいて，私がこのことを説明する方法は，ある患者に負うものである。……その患者は次のように述べた。「人生のはじまりにおいて，個人は一つの泡のようなものです。もし外側からの圧力が内部の圧力に積極的に適応するなら，泡は意味があるもの，すなわち赤ん坊の自己であるのです。しかし，もしも環境からの圧力が泡の内部の圧力よりも非常に高かったり逆に低かったりすると，

その場合，重要なのは泡ではなく環境なのです。泡が外界の圧力に適応するのです」。

[「誕生の記憶と誕生の外傷と不安」Birth Memories, pp. 182-183]

ウィニコットは幼児の課題を記述するためにこの例を使用した。つまり，赤ん坊が誕生する際の課題である環境から身体自己に及ぶ侵襲をいかに扱うかということ——それは泡が外側からの圧力に合わせることと似ている——について述べようとしたのである。

　出生前に，特に出生が予定よりも遅れている場合には，幼児にとっていとも簡単に繰り返される体験がある。その体験では，しばらくの間，自己よりもむしろ環境に重点がおかれる。そしてまだ生まれていない赤ん坊は，出生が近づくにつれ，環境とのこの種の交わりによりいっそう没頭するようである。このようにして，自然な経過においては，**出生体験というものは赤ん坊にとっては既知のものの誇張された一つの例である**。当面出生の間は，幼児は反応者であり，重要なのは環境である。そして出生後は，それがどんなことを意味しようと，重要なのは幼児の方である状態に戻るのである。健康な場合，幼児は生まれる前より環境の侵襲に対して準備ができていて，反応することから反応する必要のない状態へと自然に戻る経験をすでにしている。この反応する必要のない状態とは自己の存在が可能な唯一の状態である。

[「誕生の記憶と誕生の外傷と不安」Birth Memories, p. 182]

この論文では，自己は出生前からすでに位置づけられている。また自己が環境からの侵襲に**反応**しなければならない状況にあるならば，自己は「存在し」始めることができないということが明らかである（環境：5；精神-身体：4；退行：2, 3参照）。

後の1952年，「安全でないことに関連した不安」と題された論文では，ウィニコットは対象関係が始まる前の母子の二者関係を，環境と個人の組合せ（存在すること：1参照）——殻（母親）と核（赤ん坊）——として描写し，自己と自己のすべての構成部分が母子のユニットの内側から始まることを，喩えを用いて表現している。

自己：2   169

　存在することの重心は個体から始まるのではない。それは全体的な組合せのなかに出発点を持つ。ほどよい養育，技術，抱えること，そして一般的なマネージメントによって殻は徐々に子どもに引き継がれることとなり，核（私たちにはいつでも赤ん坊のように見えてきたもの）は個体として存在し始めることができる。……その中心から一つの統一体に発展しつつある人間は，赤ん坊の体に自らを位置づけることが可能となり，そうして境界膜と内部を獲得すると同時に，外的世界も創造しはじめることができるのである。
　　　　　　　　　　［「安全でないことに関連した不安」Anxiety
　　　　　　　　　　　Associated with Insecurity, p. 99］

　ここでは自己と自我について述べられているわけではないが，統一体というのは，潜在能力を有し発展しつつある自己または自我について言及していると仮定することができるだろう（自我：1, 2参照）。自我と自己は「原初の母性的没頭」（1956）の最後の節で，互いに交換可能なものとして使用されている。

　　ここでいう自我は経験の総和を意味している。個人の自己は，休息の体験，自発的な運動と感覚，活動から休息への回帰……などの総和として始まる。
　　　　　　　［「原初の母性的没頭」Primary Maternal Preoccupation, p. 305］

　1956年当時に強調されているのは，自己の始まりは「経験の総和」であるということで，この「経験の総和」は1962年には自我の始まりとして記述されている。

　　自我と名づけられるものに関して最初に尋ねられる質問は，自我は最初からあるのか？　というものである。この問いに対する解答は，自我が始まったときが始まりである，というものである。
　　　　　　　　　　　［「子どもの発達における自我の統合」Ego Integration
　　　　　　　　　　　　　in Child Development, p. 56］

　脚注で以下のことが追加されている。

始まりはいくつかの始まりの総和であるということを思い出すのが適切だろう。

[「子どもの発達における自我の統合」Ego Integration in Child Development, p. 56]

しかしながら，同じ論文でウィニコットは分類して記述している。

自己という言葉が妥当性を持つよりもずっと以前に，自我が研究の対象となることは理解されよう。自己という言葉は，子どもが知性を用いて，他人は何を見たり感じたり聞いたりしているのか，そしてこの幼児の身体に遭遇したときに他人は何を思い浮かべるのか，といったことを考え始めた後になってあらわれるものである。

[「子どもの発達における自我の統合」Ego Integration in Child Development, p. 56]

つまりここでは，ウィニコットにとっての自己は，幼児が自分と自分でないものを区別しはじめるまでは——前述した思いやりの時期までは——存在しないものと考えられていたようである。

3 原初の未統合

内的現実と心的現実に関する問題は，1935年の論文「躁的防衛」のなかで取り扱われた。また1945年までに「原初の情緒発達」において内的現実のテーマが詳細に論じられており，そこでウィニコットは特に幼児の潜在的自己の状態をさして，原初の未統合状態——しばしば一次的ナルシシズムとして述べられている——を仮定している。ウィニコットによると，「自己」の存在のうちにある「感覚」を強調するような認識が生じるまでは自己は存在しないのである（このテーマはウィニコットの移行現象，遊ぶこと，自己の探求に関する研究において検討されている——遊ぶこと：5,6；自己：11；移行現象：6参照)。

自己認識が生じるには，原初の未統合状態から生じる必要のある三つの過程が存在する。それは，

……統合，人格化，そしてこれらに続いて，時間と空間や現実のその他諸属性の識別——それは手短にいうと現実化である。
> [「原初の情緒発達」Primitive Emotional Development, p. 149]

ちなみに，ウィニコットは人格化に関連した問題に端的に触れている。

> 人格化に関連した一つの問題は，幼少期における空想上の仲間（imaginary companions）の問題である。これらは単なる空想の産物ではない。（分析において）これら空想上の仲間の将来を研究してみると，それらが時に他の自己の極めて原初的なものであることがわかる。
> [「原初の情緒発達」Primitive Emotional Development, p. 151]

ウィニコットはこの論文において，空想上の仲間の現象を探究していない。しかし彼はこの種の空想の利用について以下のように述べている。

> ……非常に原初的で魔術的な創造物は……取り入れ，消化，保持そして排出に関連したすべての不安を魔術的に回避するために，容易に防衛として利用されるのである。
> [「原初の情緒発達」Primitive Emotional Development, p. 151]

これは防衛の性質に関するテーマを導くが，このような文脈のなかで防衛が示していることは，自己が攻撃にさらされた場合には，自己は自らを防衛するよう義務づけられていることである。有効な防衛の一つは解離である。

> 未統合の問題から解離という別の問題が生じる。解離は，初期の状態で，もしくは自然な状態において，研究するのがもっとも有効であろう。私の見方では，未統合から，その後解離と呼ばれる一連のものが発生してくるのである。解離は，統合が不完全あるいは部分的なために生じる。
> [「原初の情緒発達」Primitive Emotional Development, p. 151]

この記述からウィニコットはさらに説明を続け，ごく初期の時点では，幼児は自分が「穏やか」なときと「興奮」しているときとで同じ赤ん坊であること

がまだ認識不可能である，と述べている。

> たとえば，穏やかな状態と興奮した状態がある。私が思うのは，幼児は最初，ベッドのなかでいろいろと感じたり，お風呂に入って皮膚感覚を楽しんでいる自分と，ミルクで満足できなければ何かを手にとって壊すといった衝動にとりつかれていて，すぐに満足したいがために泣き叫んでしまう自分とが，同一だと自覚しているとは言えないということである。
> 〔「原初の情緒発達」Primitive Emotional Development, p. 151〕

ここでは1人の幼児のなかに2人の幼児が，そして1人の母親のなかに2人の母親がいる。始まりの時点では，主体の視点からすると，「穏やかな」気分と「興奮した」気分に含まれている情緒は分離し"解離"している。そして統合の作業によってそれらはまとまってゆくのである（攻撃性：6；思いやり：3, 4, 5；憎しみ：6参照）。

4 三つの自己

ウィニコットは，1950年の「情緒発達に関連する攻撃性」という論文のなかでのみ，一つの人格のなかに三つの自己が存在することに触れている。

> 人格は三つの部分からなる。すなわち一つ目は本当の自己であって，これは自分と自分でないものがはっきりと確立されており，攻撃的な要素と性愛的要素がいくらか融合しているものである。二番目は性愛的な経験の筋道にそって容易に誘惑される自己であるが，しかしこれには現実感覚の喪失という結果が伴っている。三番目は完全にそして無慈悲に攻撃性に委ねられる自己である。
> 〔「情緒発達に関連する攻撃性」Aggression in Relation to Emotional Development, p. 217〕

このモデルでは，本当の自己はすでに境界を確立している——これは容易に取り込まれる自己や「攻撃性に身を任せて」いる自己とは異なったものである。そしてウィニコットは同じ論文でも後の部分では，この無慈悲な自己を衝動的な身振りと関連づけている。この衝動的な身振りは健康な場合には外界を

求めるものである（攻撃性：7参照）。

　　これらの考察から導き出された主要な結論は，われわれが時として自発性をさして攻撃性という言葉を使うため，混乱が生じているということである。衝動的な身振りが広がってゆき，それに対する妨害に突き当たった際は攻撃的となる。この体験には現実性があり，それは新生児を待ちかまえている性愛的な体験ときわめて容易に融合する。私が提案しているのは以下のようなことである。**幼児に外的な対象を必要とさせるのは，この衝動性とそこから発展した攻撃性であり，単に充足を与えられる対象が必要なのではない。**

　　　　　　　　　　［「情緒発達に関連する攻撃性」Aggression in
　　　　　　　　　　Relation to Emotional Development, p. 217］

　これら二つのパラグラフの内容は，当時の（論文のこの部分は1954年に，私的な集まりで明らかにされている）ウィニコット自身の成長を描写するものであるが，そこではフロイトの本能理論を用いないで済ませている（今や衝動は充足よりはむしろ対象を求めるものとなっている）。また，創造性が生じるのはクラインの「抑うつポジション」の理論のように修復を求めることによるよりもむしろ早期の「原初的な愛情を求める衝動」からであるという仮説も示されている。

　別の言い方をすると，フロイトが人間の幼児における本能は充足のために奮闘していると信じていたのに対し，ウィニコットは，もし幼児が充足の獲得に**自ら**参与しているように感じていなければ，その充足は「ごまかし」でありうると考えるようになったのである。

　同じ年の1954年，「正常な情緒発達における抑うつ態勢」においてウィニコットはごまかしの意味について探求している。

　　赤ん坊は食事そのものによってごまかされる。つまり，食事によって本能的緊張は消え，赤ん坊は満足するとともにだまされるわけである。食事が与えられることによって充足と睡眠が生じる，という風に非常に安易に仮定されている。しかし，しばしばこのごまかしの後にやってくるのは苦悩であり，特に身体的な充足が幼児から興奮を急速に奪ってしまう場合はそれが顕著である。そのとき幼児は放出されずじまいの攻撃性を抱えることになるが，なぜならこれ

は筋肉系の性愛，あるいは原初的衝動（あるいは運動性）が授乳の過程で十分に利用されないからである。またあるいは，幼児はがっくりとした感覚を抱くことになるが，これは生への強い興味の源が突如として消え去ってしまい，幼児はそれが帰ってくるかどうかを知らないためである。このようなことすべては臨床の分析体験のなかではっきりと現れるし，そして少なくとも幼児の直接観察によって否定されることはないのである。

[「正常な情緒発達における抑うつポジション」Depressive Position, p. 268]

その4年後のフロイト生誕100年を記念する講演の際，ウィニコットは次のように述べ，そこでは創造的な芸術家に無慈悲さを認めているようだった。

……普通の罪悪感を抱えた人たちはこれに対して驚きあきれているが，一方では，罪に駆られてする仕事以上のことを達成している無慈悲さに対して秘かな関心を持っている……。

[「精神分析と罪悪感」Psychoanalysis and the Sense of Guilt, p. 27]

ウィニコットは自分の主張を明確には述べていないが，それはおそらくこれがフロイトを記念する講演であったためだろう（当時はメラニー・クラインと彼女の追従者たちが英国精神分析協会の中心だった）。しかし彼はこの無慈悲さが創造的な欲動のまさしく重要な部分であり，人生の始まりの時期においては無慈悲さは抑うつポジションに対する償いのなかにではなく，愛情のなかにこそあったとほのめかしている（攻撃性：7, 8；創造性：5 参照）。

自己の発展にとって，幼児の持つ攻撃的な無慈悲さは「原初の愛情衝動」の一部分であるのだが，この無慈悲さは，外的な環境である母親に出会わなければならない。そうすることによって自己は強化されるのである。ウィニコットは常に外的な環境を強調しつつ，1954年には本当の自己と無慈悲な自己であったものを，1960年には最終的に本当の自己にまとめている。

5 自己感を高める養育の特性

このような自己防衛と解離のテーマは，ウィニコットの1960年の論文である「本当の自己と偽りの自己に関連した自我歪曲」で頂点に達している。この

論文で，ウィニコットはスペクトラムの概念を援用して，本当の自己と偽りの自己との相違点を描き出している。一方の端では偽りの自己が本当の自己を保護しており，もう一方の端では本当の自己が隠されているために偽りの自己は本当の自己についての認識を欠いている。

　本能と環境に関連した攻撃性の特徴について，ウィニコットが徐々に発展させた考えを詳細に検討すると，彼が「自我欲求〔ニード〕」と「イド欲求〔ニード〕」と呼んでいるものの相違について明確な考えを持っていたことがわかる。ここで穏やかであろうと興奮していようと本質的には同じ赤ん坊であることを認識できない幼児のことを思いうかべていただきたい（攻撃性：6；思いやり：3参照）。

　　強調されるべき点は，私が幼児のニードを満たすことに言及する際，本能の充足のことを述べているのではないということである。私が研究している領域では，本能はまだ幼児にとって内的なものとしてはっきりと定義されていない。本能は雷鳴あるいは衝突と同じぐらい外的でありうるのである。幼児の自我は強固なものになり，そしてその結果，イド要求が環境としてではなく，自己の一部として感じられる状態に到達する。この発展が生じるとき，イド充足は自我あるいは本当の自己を強化するとても重要なものになるのである。しかしイド興奮は，自我がまだイド興奮を受け入れることができない場合や，イド充足が生じる際にそれに伴う危険や体験される欲求不満を自我が抱えることが不可能である場合には，外傷的となりうる。

　　　　［「本当の自己と偽りの自己に関連した自我歪曲」Ego Distortion, p. 141］

　イド欲求——生物学的に生じる諸本能——は，母親が幼児のニードを満足させることが可能な場合においてのみ自己の一部になることが可能であり，経験に統合される。こうしてニードを満たすことは，与えることだけでなく受け取ること——幼児の衝動的なジェスチャーに反応すること——から成り立っている（思いやり：7参照）。

　幼児の養育と患者への援助の類似点を常に意識して，ウィニコットはこの自我の概念をイドニードを言い換えている。

　　一人の患者が私に「私がこの時間に経験したようなよいマネージメント（自

我へのケア）は，授乳（イド充足）『そのものです』」と述べた。この患者は他の言い方ではなく，このような言い方しかできなかったのである。というのも，もしも私が彼に授乳していたら，彼はそれに応じ，その結果，彼の偽りの自己の防衛を利用することになったか，あるいはあえて欲求不満を選択することで自分の統合を維持し，私の申し出に対し反応し，それを拒否するということになっただろうからである。

[「本当の自己と偽りの自己に関連した自我歪曲」Ego Distortion, p. 141]

良質のマネージメントは分析の枠組みにおいて抱えることの質に関連している。これはウィニコットの 1945 年の論文「原初の情緒発達」の一節を思い出させる。そこでは患者が自らを寄せ集める（統合する）ために分析家を利用する患者の欲求が描き出されている。

統合は人生の初期から直ちに始まっている。しかし私たちの作業においてはこれを当然のこととして扱うことはできない。私たちはそのことを説明しなければならないし，変化を観察しなければならないのである。

未統合の現象の一例は非常にありふれた経験によって表現することができるだろう。たとえば週末の出来事を事細かく報告し，すべてのことが言い尽くされたならば終いには満足する患者がいるが，こういった場合，分析者は分析作業ができなかったと感じているものである。こういった場合，時にはこれを，一人の人間，つまり分析家にあらゆることを理解してもらいたいという欲求として解釈しなければならない。理解されるということは，少なくとも分析家という人間のなかで，統合されたと感じることを意味する。これは幼児の生活においてはよくあることであり，断片を集めてくれる人を一人として持たなかった幼児は，自己を自分で統合してゆく作業の面でハンディキャップを抱えながら歩み始める。そしておそらく統合を成し遂げることはできないか，あるいはできたとしても，自信を持って統合を維持してゆくことは不可能である。

[「原初の情緒発達」Primitive Emotional Development, p. 150]

ウィニコットは，人生の最後の十年間はこのテーマに取り組み続けた。彼が強調するのは面接室における抱える環境であり，この環境によって患者が自分自身の解釈に至ることを促進されることであった。満足のいく食事が与えられ

ることは自分の努力によるものであると感じることが幼児に必要なように，患者は分析の作業が自分の努力の一部分であると感じる必要がある（コミュニケーション：6参照）。

6　偽りの自己

ウィニコットが本当の自己と偽りの自己を区別するようになったのは，臨床における実践のなかでである。偽りの自己──ある患者によっては「世話役の自己」と呼ばれた──は，ウィニコットがその患者の分析作業開始の最初2, 3年は扱わなければならないと気づいた自己である。このケースを通じて，ウィニコットは偽りの自己組織を病理的なものから健康へと広がる一連のスペクトラムに分けるようになった。どの分類においても，偽りの自己は健康の方で，あるいは──特に健康の方では──本当の自己を**防衛**するために存在する構造なのである。早期の環境は欠くことのできない防衛の本質を方向づける（環境：1参照）。このテーマはさらに詳しく1963年の論文「交流することと交流しないこと」で述べられている。

7　分裂排除された知性

偽りの自己に位置づけられるような特に優れた知性について触れるなかで，ウィニコットは，偽りの自己の人格は世界を難なく欺くことができる，と述べている。

> この二重の異常，つまり (i) 本当の自己を隠すために組織された偽りの自己と，(ii) 明晰な知性を利用しパーソナルな問題を解決するための個人側の試み，があるとき，その臨床像は簡単に欺いてしまうという点で特異な状態を示す。世間には高い学問的成功として姿を現すが，成功すればするほどそれが"まがいもの"に感じられる当の本人に，現実の苦悩が存在することなど人びとには信じられないだろう。そういった人が，期待を実現する代わりにさまざまな方法で自分を破壊するとき，彼らに大きな期待を寄せていた人たちは判を押したようにショックを受けるのである。
> 　　　　　［「本当の自己と偽りの自己に関連した自我歪曲」Ego Distortion, p. 144］

1965年，デボン成人教育センターで教職員を相手に発表した論文のなかで，ウィニコットは分裂排除された知性の病因を突きとめている。

> 適応に関して母親がかなり早期に失敗した赤ん坊の例を考えてみると，赤ん坊が心をたよりにして生き残ることを見いだすだろう。母親は赤ん坊に備わっている物事を考え抜く力，照合する力，そして理解する力を濫用するのである。赤ん坊に適切な精神装置が備わっている場合，考えることが養育や適応の代用物になる。赤ん坊は理解するという，あるいは理解しすぎるという手段を使い，自らを「(母親のように) 養育する」わけである……。
> こうしたことから，赤ん坊の明晰な頭脳が濫用され，その結果ぎこちない知性が生じる場合がある。その知性は幾分か剝奪を覆い隠している。言い換えるなら，濫用された頭脳を持つ人たちには，常に知性と理解力が崩壊し，心の混沌あるいは人格の解体へと至る脅威が存在しているのである。
> [「子どもの思考に関する新しい見方」New Light on Children's Thinking, p. 156]

8 象徴的実現

偽りの自己の病因は早期の母子関係にあり，その際母親の役割は決定的要因である。ウィニコットは，ほどよいということの定義を行っている。

> ほどよい母親は，幼児の万能感を満たし，ある程度までその意味を理解する。母親はこれを繰り返し行っている。母親は幼児が万能感を表現することを接助し，それによって幼児の脆弱な自我が強化されていくが，こうしたことを通じて本当の自己は自らの生命を持ち始めるのである。
> [「本当の自己と偽りの自己に関連した自我歪曲」Ego Distortion, p. 145]

母親側のこの適応によって，幼児の象徴化機能が可能となる。ウィニコットが強調しているのは，母親が反応することによって**現実となる**ような幼児の身振りにこのことが依存しており，このことが幼児の象徴利用能力を導くという点である。(このことはウィニコットの晩年の十年間で練られており，それには『遊ぶことと現実』のなかのすべての論文が含まれている。特に「対象の使

用と同一化を通じた関係づけ」という論文においては詳しく述べられている）（攻撃性：10；創造性：3；遊ぶこと：7 参照）。

　フランス人分析家であるセシエー（M. A. Sechehaye）によって，1951年に出版された著書『象徴的実現』は，統合失調症患者に対する分析家の仕事を全経過にわたって記録したものであり，分析家が，患者が発達早期に受け取ることのなかった何ものかを患者に与えるために，分析的な技法を修正しなければならなかった経過を詳述している。その記録では，著者が患者の欲求を満たすことにいかに取り組んだか，そしていかにこの「ニードに適応することが」患者の象徴の使用開始に寄与するかということが表現されている。「象徴的実現」では，セッションのなかで患者が現実の対象を使用することについて触れ，この現実の対象が，早期の環境上の失敗を表象し，補うようになると述べている。言い換えると，これは患者が自分と自分でないものを区別し始めることを手助けしているのである。

　ウィニコットはときどきセシエーの仕事に言及し，ニードに適応するという彼の理論が特に剥奪と混乱に陥ったケースに当てはまるとしている。原初の母性的没頭の状態にあって幼児のニードに適応することができる母親というパラダイムを使用することで，ウィニコットは分析のセッションにおける依存への退行を理解するための方法と，分析家がどのように退行を処理するべきかを見いだしている（退行：2, 9, 10 参照）。

9　本当の自己

　偽りの自己の概念とバランスを保つために，ウィニコットは本当の自己の存在を提案している。

> 　最早期の段階において本当の自己は，そこから自発的な身振りとパーソナルな思考が生まれるような理論的な場に位置するものである。自発的な身振りは行為における本当の自己である。本当の自己のみが創造的でありうるし，本当の自己のみが現実を感じられるのである。本当の自己が現実を感じられるのに対して，偽りの自己の存在は非現実感や空虚感という結果を招くのである。
> 　　　［「本当の自己と偽りの自己に関連した自我歪曲」Ego Distortion, p. 148］

ウィニコットは,「世話役の自己」を持ちながら,分析治療の最後に「**自分の人生のはじまり**」に至った患者を参照しつつ述べている。その患者の人生にはそれまで「ほんとうの経験がなかったのである……50年間を無駄に費やした後に人生は始まったが,ついに彼女はリアルであると感じ,それ故に今現在生きることを望んでいるのである」("Ego Distortion", p. 148)。

　それからウィニコットは本当の自己に関して詳細に述べている。その記述は,2年後の1962年に「子どもの発達における自我の統合」において自我に関して記述されたものとまったく同じではないにしても,非常に似通ったものである。

　　　ここで定式化された理論によると,個人が抱く対象の内的現実という概念は,本当の自己と名づけられたものの概念が適応されるよりももっと後の段階に適応される,ということに注意しておくのは重要である。本当の自己は,個人に何らかの心的組織があればすぐにでも立ち現れるのであり,それは感覚運動系の活き活きとした動きの総和とほとんど同じ意味しかない。
　　　　〔「本当の自己と偽りの自己に関連した自我歪曲」Ego Distortion, p. 149〕

　4年後の1964年に,オックスフォード大学のグループに向けて「偽りの自己の概念」と題した講演をしている。そこで彼は,詩人や感受性豊かな人たちは真実への関心を持っていると信じている。

　　　詩人や哲学者や予言者は,いつも本当の自己という考えに関心を向けてきた。そして彼らにとって,自己をあざむくことは受け入れがたいものの典型例であった。シェークスピアは,おそらくうぬぼれを防ぐためにさまざまな真実を一つに集め,ポロニウスと呼ばれるくだらないやつの口を通じてそれを私たちに分け与えたのである。こうして私たちは助言を得られるのである。

　　　いちばん大事なことは,己に忠実なれ,
　　　この一事を守れば,あとは夜が日につづくごとく,万事自然に流れ出し,
　　　他人に対しても,いやでも忠実にならざるを得なくなる。
　　　　　　　　　　〔『ハムレット』福田恆存訳　新潮社〕

　　　あなた方は私に,たいていの著名な詩人から引用して,これが感受性の豊か

な人たちにとって大切なテーマである，と示すことができるだろう。また，現代のドラマは，まじめなもの，感傷的なもの，うまくいったもの，しゃれたもののなかに，真実の核心を探し求めている，と指摘することもできるだろう。

[「偽りの自己の概念」Concept of False Self, pp. 65-66]

10　迎合と妥協

迎合は，ウィニコットの言葉のなかでは常に偽りの自己で生きることと関連づけられており，希望よりも絶望と結びつけられている（移行現象：2参照）。1963年の論文「道徳と教育」でウィニコットは述べている。

> 幼児にとっての不道徳はその自分の生き方を犠牲にして迎合することである。たとえば，何歳の子どもであっても，その主義のためにたとえ死に至るとしても食べることは間違っている，と感じることさえある。迎合するとすぐにその見返りが得られるが，大人たちは簡単に迎合と成長を取り違えてしまうのである。

[「道徳と教育」Morals and Education, p. 102]

にもかかわらず，分かち合った現実を妥当に理解するという点からすると，妥協する能力は健康の一つの表れである。それは「偽りの自己の正常な等価物」の肯定的で健康な部分である。

> 健康な生活では，本当の自己に迎合的な側面がある。それは幼児が迎合する能力であって，さらされる能力ではない。妥協する能力は一つの達成である。正常な発達において偽りの自己にあたるものは，子どものなかで社会的な礼儀に発展していくような，適応的なものである。健康な場合，この社会的な礼儀は妥協を表象する。また同時に健康な場合は，問題が重大になった際に妥協は許容されなくなる。このとき，本当の自己は迎合的な自己よりも優位に立ちうるのである。臨床的にはこれは青年期に繰り返し生じる問題を構成することになる。

[「本当の自己と偽りの自己に関連した自我歪曲」
Ego Distortion, pp. 149-150]

ウィニコットは，人格のなかで健康的な分裂と見なされうるものについて触れている。そしてそれを「心の内をあからさまにしない」自己として表現している。

> 単純に言うと，人はだれでも礼儀正しかったり社会化された自己を持っているが，同時にまた親密な間柄以外では出てこないようなパーソナルで私的な自己も持っている。これはごくありふれて見られることであり，正常なことと言える。
> 　考えてみると，**健康な場合は**，この自己の分裂はその人の成長がうまくいったことを示しているが，**不健康な場合は**，自己の分裂は心のなかで様々な深さを持つ分離（schism）の問題なのである。そして最も深いところでの分裂がスキゾフレニア〔統合失調症〕と名づけられている。
> 　　　　　　　　　　［「偽りの自己の概念」The Concept of False Self, p. 66］

これはユングの理論でいう「ペルソナ persona」（ラテン語では「仮面 mask」）を連想させる。ここでいうペルソナとは，社会において礼儀正しく社会化された自己の表現というふうに定義される。これはウィニコットの理論である健康な偽りの自己に似ている。健康な偽りの自己は，個人の私的な自己と外的世界とを広く仲介するのである。しかし，ユングによるとペルソナに過剰に同一化しすぎることは一つの病的な組織化として見られる，——それはウィニコットのスペクトラムでいうと，病的な偽りの自己と似ているといえる。

11　精神療法と自己の探求

本当の自己と偽りの自己に関するウィニコットの主張の重要な点は，それが分析的な治療関係における技法とのつながりを持っている点である。ウィニコットは長期にわたる分析を受けた多くの患者に出会い，その患者の多くがニセの分析を受けたにも等しかったことを発見した。

> 原則をはっきりと述べておきたい。われわれの分析実践における偽りの自己の領域では，患者の自我の防衛機制に基づいた長い分析作業を続けるよりも，患者が存在していないことに気づくことによって，より前進する。患者の偽り

の自己は，防衛の分析において分析家と漠然と共同作業をし得るのであって，これはいわばゲームなら分析家の側にいるということになる。この報われない作業は，分析家がいくつかの本質的な事柄が欠けていることを以下のように指摘し特定できたときだけ，有益に早くきりあげられる。「あなたには言葉がない」，「あなたは未だ存在しはじめていない」，「身体的には男性であっても，男らしさに関することは経験的に何も知らない」などなどである。こうした重要な事実の認識が，適切なときに明確になれば，本当の自己と交流する道が開かれるのである。

[「本当の自己と偽りの自己に関連した自我歪曲」Ego Distortion, p. 152]

これはウィニコットが精神分析にもたらした革命的貢献の特徴である。つづいてウィニコットが相談室でパラドックスを想像力豊かに使用した例が述べられている。

　　ある患者は偽りの自己に基づいて多くの無駄な分析をしてきたのだが，その偽りの自己が全体自己であると考えていた分析家と精力的に共同作業をしていた。その患者は次のように私に言ったのである。「希望があると唯一感じたのは，あなたが私に希望を見いだせないと言いながらそれでも分析を続けたときでした」。

[「本当の自己と偽りの自己に関連した自我歪曲」Ego Distortion, p. 152]

『遊ぶことと現実』（W10）は「移行現象」の探求に捧げられたウィニコットの論文集である（移行現象参照）。「遊ぶことと自己の探求」と題された第4章で，ウィニコットは精神療法を自己の探求と定義しているが，それはすなわち内的にリアルであると感じる感覚を探求することを意味している。治療的な領域は，ほどよい環境と同じように，促進的な空間である第三の領域——それは内部ではなく，かといって外部でもなく，その間にあるような領域である——を絶対に必要としている（創造性：6；遊ぶこと：8参照）。

　　……精神療法は二つの遊びの領域が重ね合わされるなかで，つまり患者の領域と治療者の領域との重なりのなかで行われる。もし治療者が遊ぶことができないならば，その人はその仕事に適していないのである。もし患者が遊ぶこと

ができないのであれば，患者が遊べるよう何か講じられる必要がある。そしてその後に精神療法は始まるかも知れない。遊ぶことが本質的である理由は，遊ぶことにおいて，あるいは遊ぶことにおいてのみ患者が創造的でありうるからである。
　……私は自己の探求に関心をよせている。そしてこの探求がうまくゆくにはいくつかの条件が必要であるという事実を再度述べることにも関心を持っている。これらの条件は通常，創造性と呼ばれているものに関係している。遊ぶことで，遊ぶことにおいてのみ個人としての子どもや大人は創造的であり得るし，全人格を使うことができる。そして創造的であることにおいてのみ，個人は自己を発見するのである。
〔「遊ぶことと自己の探求」Playing: Creative Activity and the Search for the Self, 1971, p. 54〕

優れた芸術作品やそれに類するものは，芸術家が自己を発見したことを示しているわけではない。

　自己は現実には，身体や心から作り出されたもののなかに見いだされることはない。ただ，これらの作品は美，技術，インパクトという点からは価値あるものである。……完成された創造物であっても，根本的な自己感の欠如を癒すことは決してない。
〔「遊ぶことと自己の探求」Playing: Creative Activity, p. 54-55〕

ウィニコットの1945年の論文「原初の情緒発達」で触れられている「原初的な未統合」は，ここでは「休息状態 resting state」や「無定形 formless」とその呼び方を変えている。
　人生早期の段階で，母親とともに未統合であることをリラックスして体験したことのない患者は，治療者とともにこの経験を見つけだす必要がある。そしてこのことは与えられた環境で感じる信頼感に依存している。

　その体験は無目的な状態の一つであり，それは未統合な人格がアイドリングしているようなものと言えるかも知れない。私はこれを無定形と表現した……。

個人が活動しているその設定が，信頼に足るものかどうかを考慮する必要がある。また，私たちは合目的活動と，無目的な存在の……選択との間の違いを区別する必要性にせまられる。

　私はリラックスすることを可能にするような本質的な事柄について述べようと思う。これは，自由連想法に関して言うなら，カウチに寝ている患者や床の上でおもちゃと一緒にいる子どもが，結びつきのない……一連の観念，思考，衝動，気持ちの交流を許容されなければならない，ということである。

[「遊ぶことと自己の探求」Playing：Creative Activity, p. 55]

　ウィニコットはフロイトの自由連想法の技法を賞賛しているようだが，同時に「自由連想の素材のさまざまな構成要素」をお互いに繋げることが，**理解しないこと**の不安に対する防衛になる危険性を孕んでいることを指摘している。言い方をかえるなら，無意識を解釈するためにつながりを見いだし，「理解」しようとしている分析家は，患者とともに「いる」能力，さらに——あるいは特にといっていいかも知れないが——無意味さ（nonsense）を受け入れる能力が損なわれるかも知れないのである。

　……作業の後に休息をとることはできても，**創造的な広がりが生じてくるような休息状態に至ることができない**という患者のことを考えてみるとよいだろう。この理論によれば，首尾一貫したテーマを明らかにするような自由連想はすでに不安によって影響を受けており，考えのつながりは防衛組織なのである。おそらく，時には治療者に無意味さを気づいてもらう必要のある患者がいることを受け入れなければならないだろう。そういった，患者は無意味さを組織化する必要がないのである。組織化された無意味さはすでに防衛であり，それはちょうど組織化された混沌が混沌の否定であるのと同じことである。このようなコミュニケーションを行えない治療者は，無意味なところに組織を見いだそうという無駄な試みに専念するようになる。そのため，患者が無意味さを交流することについて失望し，無意味な領域から離れてしまう結果となる。休息のための機会は，無意味なところに意味を探そうとする治療者のニードのために見過ごされてきたのである。

[「遊ぶことと自己の探求」Playing：Creative Activity, pp. 55-56]

患者は休息状態を促進しない環境によって失望させられる。ウィニコットは，この「無定形」が許されることなくしては「創造的な広がり」も起こり得ないと信じていた。彼は無定形に与えた意味について，ある患者との3時間続いたセッションを描写することで明らかにしている。そのセッションの説明はウィニコットが治療者たちに懇願することからはじめられている。

> 私が述べることは結局すべての治療者に，患者の遊ぶ能力を，つまり分析作業において創造的である能力を許容して欲しいという懇願である。患者の創造性は，知りすぎる治療者によっていとも簡単に奪われ得るのである。
> [「遊ぶことと自己の探求」 "Playing: Creative Activity", p. 57]

ウィニコットは一つの心構えとでも言うべきものを明確に提案している。彼はここで3時間のセッションを推奨するかどうかについて説明しているのではない。彼が明らかにしているのは，これは患者が希望したことである点と，もし彼が特別な時間設定を条件にしたとしたら患者のプロセスに負担を強いることになっただろう，という点である。彼女のニードに対してウィニコットは時間枠の拡張を提供することで応じた。

この3時間のセッションについての説明において，自己発見に向けた旅の一部として，存在すること，無定形であること，遊ぶことが描かれている。探求することは発見よりも重要（あるいは同じくらい重要）になる。

ウィニコットは自分が伝えたいことをまとめるにあたり，患者の言葉を使っている。

> 彼女は質問をした。私は，その質問に対する答えが私たちに長くそして興味深い会話をもたらすであろうことを伝えた。しかし，私の興味を引いたのは**質問をしたということ自体**だった。私は「あなたは質問をするということを思いついたのですね」と言った。
>
> この後彼女は，私が言いたいことを表現するために必要としていた正にその言葉を述べたのである。彼女はゆっくりと，そして感慨深く言った。「ええ，そうです。人は探求することによるのと同じように，質問によって自分の存在を仮定できるのですね」。
>
> 彼女はここで本質的な解釈をしたのである。すなわち，質問が彼女の創造性

としか呼びようのないものから生じており，その創造性は，統合とは対極に存在するリラクセーションの後に一緒にやってくるものである。
　　　　　　　　　［「遊ぶことと自己の探求」Playing: Creative Activity, pp. 63-64］

ウィニコットのデカルト的結論——我思うゆえに我あり——は，明記されたわけではないが，探求することと質問を見いだすことを通じて生じる**気づき**を必要としている。しかし，この探求と発見は関係のなかで生じ**なければならない**。そしてほどよい関係とは映し返されるような関係である。

　探求することは，とりとめなく無定形に機能することからのみ生じるか，あるいは中立地帯におけるように，遊ぶことの初歩から生じるかも知れない。ここで，つまりこの人格の未統合の状態においてのみ，私たちが創造的と述べたことが生じ得るのである。これは，もし映し返されるのであれば，**いや映し返されてはじめて組織化された個人の人格の一部となり**，最終的にはこれが総和されることで，個人が存在し，見いだされることとなる。そしてついには自分たち自身が自己の存在を前提にすることができるようになる。
　　　　　　　　　［「遊ぶことと自己の探求」Playing: Creative Activity, p. 64］

ウィニコットは亡くなる1年前に，自己の定義に関して個人的な見解を示している。

　……中心的なことは「自己」という言葉と関係している。この言葉について私は何かを記述することができるものだろうかと思ったが，実際書き出すとすぐに，この言葉の意味が私のなかでもかなり不確かなものであることに気づいたのである。私は次のように書き記していた。
　私にとって自己とは，自我とは異なるものであり，成熟過程の活動に基づく全体性を有していて，自分であって，唯一自分である人間のことである。同時に自己には部分があり，実際自己はこうした部分から成り立っている。成熟過程が進むにつれ，これらの部分は内部から外部の方向へと凝集していく。こういったことは，抱えたり，あやしたり，生き生きした方法で促進するような人間的環境によって（最初の段階では特に最大限に）助けられるに違いない。自己は自然に身体のなかに位置づけられるが，場合によっては母親の視線や表情

のなかや母親の顔を表すことになる鏡を介して，自己は身体から解離するようになる可能性がある。そしてついに自己はある重要な関係にたどり着く。その関係とは，（心的表象の体内化と取り入れが十分に行われたのち）精神内界の生きた現実という形で組織化されるようになった同一化の総和と子どもとの間に存在する関係である。子どもたちと彼らの内なる心的組織との間にある関係は，父母や外的生活で子どもたちに重要となった人たちがよせる期待によって修飾されるようになる。これまで成長してきたうえに，なおも依存と未熟から自立に向けて，また個人の同一性を失うことなく成熟した愛情対象と同一化する能力に向けて成長し続けている個人の視点からすると，行動の意味や生きることの意味を理解するのはまさに自己と自己の営む生なのである。

[「身体における自己の基盤」On the Basis for Self in Body", p. 271]

この論述にはウィニコットの発達理論のあらゆる観点が含まれている。しかしながら，ウィニコットが最初の部分ではっきりと自己は自我でないと述べているにもかかわらず，彼が本当のところはその違いについて説明していない点は印象的である。

自己の部分部分が「凝集する」過程は，経験の組織化を必要とする。このことは自己の一部がオーガナイザーであること——これは自我であるべきではないのだろうか？——をそれとなく述べている。つまり自我は自己の一部なのである。

さらに，ここでいう自己は身体に宿るが，ウィニコットが身体に宿る精神として言及したものと同じものであり，また彼は自己を人格化の過程と関連づけて身体自我とも呼んでいる。

ベッテルハイム（Bettelheim）の著作『フロイトと人間の魂』（1983年——フロイトの仕事の英訳に対する批評）のなかで彼は，「das Ich」の訳が英語の「自分 Me」あるいは「私 I」と訳されるのでなく，ラテン語の「自我 ego」と訳されたことに特にその批判を向けている。ベッテルハイムは，英語ではなくラテン語が採用されたその決定は，精神分析を医学化しようという願望のためであったに違いないと確信している。ベッテルハイムにとっては，このことは大きな犠牲を意味している。それは単にフロイトの仕事に対してではなく，フロイトがもともと「das Ich」を選んだことの背景にある本質的な意図を犠牲にしたものである。

「私 I」という代名詞以上に，偉大で親しみがもてて含蓄のある単語は存在しない。それは話し言葉のなかで最も頻繁に使用される単語の一つであり，──そしてより重要なことは，最も**パーソナル**な言葉である。Ich を誤って「自我」と訳したことは，Ich を学者だけに通じる専門用語に変形することである。それはもはや，私たちが「私」とか「自分」と言うときに生み出している個人的な関わりあいを伝えない──そして，子どもの頃私たちが「私」と言うことを学び，そして自分を発見したときのような，深い情緒的経験の前意識的な記憶を言い表すことはないのである。私はフロイトが，オルテガ・イ・ガセット（Ortega y Gasset）が述べた，ある概念を作ることは現実性から離れることである，という発言を知っていたかどうか知るよしもないが，しかし彼は確かにその真実に気づいており，可能なかぎりこの危険を避けようとしていたのである。Ich という概念を創造することにおいて，彼は現実を置き忘れることを実質的に不可能ならしめる言葉を使うことによって，その言葉と現実を結びつけた。私という言葉を読んだり話すことは，人が自分を内省的に見つめることを強いるのである。それとは対照的に，置き換えや投影といった明確なメカニズムを使用する「自我」は，「イド」に対する取り組みのなかでその目的を果たすため，他のものを観察することによって，外部から検討されることが可能なものである。この不適切で，──私たちの情緒的な反応に関する限りだが──誤解を招く訳により，内省的心理学は外部から観察をする行動的心理学に作り替えられるのである。

　　　　　　　　　　　　　　　　［『フロイトと人間の魂』Bettelheim, 1983, pp. 53-54］

　ウィニコットの「自我」という単語の使用を詳細に検討してみると，自我は自己の特異的な機能であることが明らかになる。「自分」はフロイトが「das Ich」を使ったのと同じ理由で，ウィニコットが正確に使用するようになった術語である──それは，主観的で内的な体験を強調するために使用されたのである。事実，ウィニコットの仕事全体は主観性を引き出すことに捧げられているように見える。それゆえ非常に皮肉なことは，彼が亡くなる直前の自己に関する記述において，なおも自我は自己ではないと強く主張していたことである。この謎を説明しうる見方の一つは，それが英国精神分析協会内での政治的緊張に対する反応の一つであったとするものである。英国精神分析協会ではフロイトに対する忠誠を示さなければならず，それはフロイトの翻訳をした

ジェームズ・ストレイチー（James Strachy）がウィニコットの最初の分析家であった事実と重なる。

出 典

1945 「原初の情緒発達」Primitive Emotional Development［W6］
1949 「誕生の記憶と誕生の外傷と不安」Birth Memories, Birth Trauma, and Anxiety［W6］
1950 「情緒発達に関連する攻撃性」Aggression in Relation to Emotional Development［W6］
1952 「安全でないことに関連した不安」Anxiety Associated with Insecurity［W6］
1954 「正常な情緒発達における抑うつポジション」The Depressive Position in Normal Emotional Development［W6］
1956 「原初の母性的没頭」Primary Maternal Preoccupation［W6］
1958 「精神分析と罪悪感」Psychoanalysis and the Sense of Guilt［W9］
1960 「本当の自己と偽りの自己に関連した自我歪曲」Ego Distortion in Terms of True and False Self［W9］
1962 「子どもの発達における自我の統合」Ego Integration in Child Development［W9］
1963 「道徳と教育」Morals and Education［W9］
1964 「偽りの自己の概念」The Concept of the False Self［W14］
1965 「子どもの思考に関する新しい見方」New Light on Children's Thinking［W19］
1970 「身体における自己の基盤」On the Basis for Self in Body［W19］
1971 「遊ぶことと自己の探求」Playing : Creative Activity and the Search for the Self［W10］

スクイッグル・ゲーム

Squiggle Game

1　治療的診断の道具
2　信頼
3　「遊びましょう」
4　技法
5　夢のスクリーン

　ウィニコットは子どもに対する初回の診断面接のなかで，スクイッグル・ゲームを開始した。まず，彼は一枚の紙にスクイッグルを描き，その次に，子どもにそのスクイッグルに付け足すように言った。初回面接が終わるまで，ウィニコットと子どもは，交互に相手のスクイッグルに何かを描き足した。このようにすることで，ときどき，スクイッグルが絵になることがあった。各面接の間，通常約 30 の描画が生まれた。
　スクイッグル・ゲームはウィニコットにとって，単に診断用の道具であるだけではなく，彼が「治療相談」と呼ぶものであった。

1　治療的診断の道具

　ウィニコットによって考案された「スクイッグル・ゲーム」は，彼自身の描画に対する興味から生まれたものであった。それは，幼い子どもと遊ぶことで，子どもとコミュニケートする適当な方法を見つけ出す技量に結びついていた。
　舌圧子ゲームがちょうど母子向けの診断クリニックから始まったように，スクイッグル・ゲームは，彼の児童精神科外来から生まれたものである。「スクイッグル・ゲーム」とだけ表題されたウィニコットの死後に出版された論文は，2 本の論文，1 本は 1964 年に，もう 1 本は 1968 年に公表されたものだが，この 2 本の論文を一緒にしたものである。前者は彼の 60 歳代後半，後者は 70 歳代前半と，彼の人生の終わりの時期のものであった。

スクイッグル・ゲームの主な特徴は以下の通りである。

- スクイッグル・ゲームは，診断の道具であるが，ほどよい環境にいる子どもにとっては，治療にも役立つ。
- スクイッグル・ゲームは，援助は必ず見いだされるという子ども（と家族の）希望と信頼がもとになる。
- スクイッグル・ゲームは相談者が開始し行うが，決して支配的であってはいけない。対等であるということが，きわめて重要なのである。
- スクイッグル・ゲームの技術は，簡単である。目指すところは，遊びとそのとき生じる驚きの要素を促進することである。
- 紙上の相互作用の結果は，無意識の表象として夢にたとえられるであろう。

ウィニコットは，スクイッグル・ゲームを使用することについて，精神分析や精神療法と区別するため，また，初回相談それ自体が治療になりうるということを示すために，「治療相談」と呼ぶようになった。

> 私は児童精神科外来のなかで次のことに気づいた。それは，特別な位置が初回面接に与えられるべきだということである。私は初回面接の素材を十分活かすための技術を徐々に開発した。精神療法や精神分析からこの作業を区別するために，私は，「治療相談」という名称を使っている。それは，診断面接であり，治療の見通しに耐えるものでなければ，精神医学においてはどのような診断も下せないという原則に基づいている。
>
> [「スクイッグル・ゲーム」Squiggle Game, p. 299]

ウィニコットの言う「治療の見通し」とは，彼がそのゲームを通して，提供された状況を子どもがどのように**使用する**ことができるかを見立てることである。ちょうど，舌圧子に関して赤ん坊を見立てたり，分析的設定について患者を見立てるように（舌圧子ゲーム：1 参照）。

相談を活用することができる環境のなかに子どもはいる必要があることをウィニコットは指摘した。

この種の治療面接で避けなければならない種類のケースがある。重篤な子どもたちにはこの有用な作業をすることができない，と言おうとしているのではない。私が言いたかったことは，次のことである。それは，もし，子どもが治療相談を去り，**異常な家庭や社会状況に戻るとすれば**，そのときは，必要であり，しかも私が当たり前と思う種類の環境による供給がなくなるということである。面接中に少年や少女のなかで起こる変化，すなわち，発達過程で生じた結び目がほどけていくことを示す変化や，出会いを上手く使うことのできる「平均的に期待できる環境」に私は依っているということである。

[「Therapeutic Consultations in Child Psychiatry」1971, p. 5]

2 信頼

ウィニコットは，支援を見つけることを信じる個人の無意識の確信を信用していた。彼は，剥奪や心身症に苦しんで長年治療相談をした個人や家族のだれものなかに，無意識の確信を見いだした。ウィニコットは，症状を患者の希望のサイン，すなわち，彼らのコミュニケーションを聞きとられるものと見ていた。精神療法やマネージメントは，経験を統合する手段として，過去の剥奪を追体験するための機会を与えることができた（移行現象：4, 5；精神-身体 4, 5, 6 参照）。

　この専門的な仕事は，次の理論を基盤としている。それは，子どもでも大人でも患者は援助が得られるということを**信じ**，そして，援助を提供する人を信頼するというそれなりの能力を持って，初回面接にやってくるだろうということである。そして，援助する側に求められていることは，きちんとした専門的な設定を提供することであり，そのなかで，患者は相談がコミュニケーションのために与える特別な機会を自由に展開していくのである。患者は精神科医に自分の情緒的傾向を伝達するだろうが，それは現在のものであるとともに，過去をさかのぼったり，患者の人格構造や患者個人の内的現実にまで深く関わる根源を有する特定のものでもある。

[「スクイッグル・ゲーム」Squiggle Game, p. 299]

3 「遊びましょう」

　舌圧子ゲームにおける「設定」が極めて重要であるように，スクイッグル・ゲームにおいても，相談員の提供する枠組みは，自由に動くための基盤として非常に重要である。このことは，象徴的にも情緒的にも子どもを**抱える**相談員の能力に依存するであろう。

> 　この作業では，相談員や専門家はそれほど賢明である必要はない。必要なことは専門的設定の枠組みのなかで，自然で自由に動ける人間関係を提供できることである。そうしていると，これまでパーソナリティ全体に統合されなかった考えや感情が生じることに患者自らが次第に**驚かされる**のである。おそらく，主になされた作業は統合という性質を持つものであり，人間的でありつつ，専門的な関係を信頼することによって可能になるもの，すなわち「抱えること」の一つの形である。
> 　　　　　　　　　　　　　　［「スクイッグル・ゲーム」Squiggle Game, p. 299］

　相談員の役割はゲーム遊びに参加することと**同時に**，診断相談の状況を抱えることである。これは，治療相談が互いに関わりをもつ二人の人間から成り立っていて，「理解している」専門家と「理解していない」患者というよりもむしろ，対等な人間関係であることを意味している。

> 　交代で絵を描くときに相談員が，自分の役割を自由に演じるという事実が，この技法を成功させるのに確かに非常に重要である。そのような手続きは，たとえば，身体の健康に関して医者に診察されているときや，また，しばしば心理テスト（特に人格検査）を受けているときに患者が感じるような劣等感を起こさないものである。
> 　　　　　　　　　　　　　　［「スクイッグル・ゲーム」Squiggle Game, p. 301］

　実際，ウィニコットはだれかがスクイッグル・ゲームを心理テストに変えてしまわないかと心配して，そのことについて書くことはまったく気が進まなかった。

……私はこの技法を長年にわたって数多く扱ってきたものの，それを記述することにためらいがあった。その理由は，それが二人で遊べる一つの自然なゲームだからというだけでなく，もし私が行っていることを書き始めれば，あたかもそれが規則や制限を持つ技法であるかのように，誰かが書き直してしまいそうだからである。そうなれば，この手続きの価値はすっかり無くなってしまう。私がやっていることを述べれば，他の人たちがそれを取り上げて，絵画統覚検査（TAT）に相当するような何らかの形にしてしまうという非常に現実的な危険がある。この技法とTATの違いは，第一にこの技法がテストではないということ，そして，第二に相談員も子どもとほぼ同じぐらいに創意工夫をこらして参加するということである。もちろん相談員の寄与は差し引くのだが，それは悩みを伝えているのは相談員ではなく，子どもの方だからである。

[「スクイッグル・ゲーム」Squiggle Game, p. 301]

4　技法

ウィニコットは，その技法の簡潔さを描写している。

　患者が来た後，適当なときに，普通は親に待合室に行ってもらうように頼んだ後で，私は子どもに言う。「何かして遊ぼう。私が遊びたいものがあるので，それを見せようか」。子どもと私との間にテーブルがあり，紙と2本の鉛筆が置いてある。まず，私が何枚かの紙を取り，そして，われわれのすることがすごく重大なことではないという印象を与えながらその紙を半分に引き裂く。そして，それから私は説明を始める。私は言う。「私が好きなこのゲームには，何のルールもない。鉛筆を取ってこんな風にする……」，そして，私はたぶん目を細めて，やみくもにスクイッグルを行う。私は説明を続ける。「もし，あなたがそれを何かに見立てたり，何かに変えられるのなら，私に見せて。後で，私に同じことをしてみて。あなたのものから何か作ることができるかどうか見てみよう」。

　技法としてはこれがすべてである。ただ，この一番最初の段階においてさえ，完全に柔軟な態度であることを強調しなければならない。もし，子どもが絵を描いたり，話をしたがったり，おもちゃで遊びたがったり，音楽を作りたがったり，はしゃぎまわりたがったりするのなら，私は子どもがしたいことに

合わせることに異存ない。よく男の子は，「得点ゲーム」，つまり勝ち負けがあるものだが，そう呼ぶものをしたがる。それにもかかわらず，初回面接で高い割合で，子どもは私の望んでいることや私が好きな遊びを何らかの進展が起こるのに十分な時間やってくれる。まもなくその成果が現れ，ゲームが続く。しばしば，1時間のうちにわれわれは，20枚，30枚の絵を一緒に描く。そして，これらの合作の絵の意味がだんだん深まっていき，そして，子どもはそれらが意味のあるコミュニケーションの一部だと感じるのである。

[「スクイッグル・ゲーム」Squiggle Game, pp. 301-302]

しかし，この技術を実行するためには，情緒発達の理論が，心のなかにあることが，というよりも，骨肉となっていることが，決定的に重要であることを，ウィニコットは指摘している。

　新しいケースの未知の領域を探るときに私が持つ唯一の手引きは，私に馴染んでいて，私の一部になっていて，わざわざ考える必要すらない理論である。これは，個人の情緒発達に関する理論であり，私にとってそれは，特定の環境に対する個々の子どもとの関わり合いの歴史全体を含んでいる。時間の経過や経験の積み重ねによって，私の作業のこうした理論的基盤が変更されることは，避けられない。私の立場は，まず**技術**を磨くことに精を出し，それから，技術は当然のこととして，実際には**音楽**を演奏することができるようになるチェロ奏者と比較できるだろう。私は，30年前にそれができたときよりも，この作業をさらに簡単に，さらにうまくやれることに気づいている。そして，私の願いはこれから先もなお技術を磨くことに精を出す子どもたちとコミュニケートしつつ，同時にいつの日か音楽を演奏することからくる希望を彼に与え続けることである。

[「児童精神医学の治療相談」Therapeutic Consultations, p. 6]

5　夢のスクリーン

　スクイッグルの相互関係に関するウィニコットの分析は，初回面接の精神分析的設定における対話と並行していると見てとることができるだろう。

スクイッグルそのものについて，次のことを心にとめておくことは興味深いことである。

1. 子どもたちより私の方がスクイッグルに関しては上手であるが，描くことに関しては，子どもたちの方が私より普通は上手である。
2. スクイッグルは，衝動的な動きを含んでいる。
3. スクイッグルは，正気の人が行わない限り，狂気じみている。その理由のために，スクイッグルが恐ろしいものだと思う子どももいる。
4. スクイッグルは制限を認めない場合，制限のないものとなる。それで，それをいたずらがきと思う子どももいる。これは，形式と内容という主題と関係している。紙の大きさと形態は，一つの要素である。
5. 個々のスクイッグルのなかには，私の部分の統合から生じる統合が存在する。これは，カオスを拒否する要素を含んだ典型的な強迫的統合ではないと思う。
6. スクイッグルの結果は，それ自体満足のいくことがよくある。それはちょうど「見いだされた対象物」のようなものである。たとえば，石，あるいは古い木片のようなものであるが，彫刻家はそのようなものを見つけ出し，手を加えずに一種の表現として配置するだろう。このことが怠け者の少年たちや少女たちにうけ，怠けることの意味に光を当てることになる。少しでも手を加えることによって，理想的な対象として始まったものが台無しになってしまうだろう。紙やキャンパスがあまりにも美しいため，台無しにしてはならないと芸術家は感じるかもしれない。もしかすると，それは，**傑作であるかもしれない**。精神分析理論には，そこで夢が見られる夢スクリーンの概念がある。

[「スクイッグル・ゲーム」Squiggle Game, pp. 302-303]

「夢のスクリーン」で，ウィニコットはスクイッグルの無意識的性格に言及している。それは一本の鉛筆が夢を描くのに似ており，また，早期の母子関係の諸側面を複製することである。

時折，ウィニコットは，スクイッグルを親たちに見せていたが，これには治療的意味合いがある。

　　　　親たちの信頼を得，また，彼らの子どもが治療相談という特別な環境でどのようにしているかを知らせるという利点があるという点で，スクイッグルや描画作品もまた実際的な意味がある。このことは，私が子どもの言ったことを伝えることよりも，親たちにとってもっと現実的なことなのである。親たちは，保育室の壁を飾ったり，子どもが学校から家に持ち帰るタイプの描画は知っている。しかし，親たちは一連の描画を見たとき，それが家庭環境のなかで明らかにされてこなかったかも知れないパーソナリティ特性や洞察力をあらわしていることに驚くことがよくある。
　　　　　　　　　　　　［「児童精神医学の治療相談」Therapeutic Consultations, pp. 3-4］

しかしながら，ウィニコットは，次のような警告を付け加えている。

　　　……もちろん，親たちにこうした洞察（それはそれで役に立つであろうが）を与えることが常によいとは限らない。おそらく親たちは，治療者が彼らに寄せた信頼を誤用するだろう。そうして，子どもと治療者との間にある一種の親密さをよりどころとする作業を台無しにしてしまうのである。
　　　　　　　　　　　　［「児童精神医学の治療相談」Therapeutic Consultations, p. 4］

　明らかにウィニコットは，スクイッグル・ゲームが初回の（普通は何回もということはない）治療相談面接の目的に合っていることを知っていたのだった。スクイッグル・ゲームは，ウィニコットの個性そのものであり，彼が遊びを楽しんだ方法であった。他の相談員は，スクイッグルを含むと含まないにかかわらず，自分自身のスタイルを見いだす必要があるだろう。

　　　その原則は，精神療法は，子どもが遊ぶ領域と，大人もしくは治療者が遊ぶ領域の重複部分でなされるということが原則である。スクイッグル・ゲームは，そのような相互作用が促進される方法の一つの例である。
　　　　　　　　　　　　　［「スクイッグル・ゲーム」Squiggle Game, p. 317］

（どのようにウィニコットがスクイッグル・ゲームを用いたかに関する詳細な報告は，『児童精神医学の治療相談』（W11）に見ることができる。）

出 典

1968 「スクイッグル・ゲーム」The Squiggle Game ［W19］
1971 『児童精神医学の治療相談』*Therapeutic Consultations in Child Psychiatry* ［W11］

精神-身体

psyche-soma

1　心と精神-身体
2　生き生きとした無視
3　じらす母親
4　反応のカタログ化
5　心身症
6　肯定的な力

　心と身体との統合は，ウィニコットによって心身の共謀と記述されている。ウィニコットはまた，「精神が身体に住みつくこと」についても言及している。
　精神が身体に住みつくことは，「私有化」――それは，抱える段階に母親が幼児を「取り扱う」結果として生じるもの――の過程の成功した結果を描写している。これは，絶対的依存の時期で，そのとき，（健康な）母親は原初の母性的没頭の状態のなかにいる。
　ウィニコットの仕事において，「精神」という言葉の使用は，「身体的部分，身体的感覚，そして，身体的機能を想像力によって練り上げたもの」として記述され，しばしば，「空想」，「内的現実」，「自己」と同義である。
　母親が抱える段階の間にほどよい養育を供給できなければ，そのとき，赤ん坊は決して自分の身体との一体感を感じないだろうし，それゆえ心-体の分裂が生じるのである。
　心身症は，個人の早期の情緒発達がうまくいっていないことの何らかの兆しである。

1　心と精神-身体

　心身症患者の本性に関するウィニコットの独自の貢献は，彼の1949年の論

文，「心とその精神-身体との関係」に始まった。それは，1946年の論文のなかで，アーネスト・ジョーンズ（Ernest Jones）によって「私は，心が一つの統一体として現実に存在していると思わない」と書かれたコメントに，多少刺激されたものであった。ウィニコットはこのことに賛成しているが，次のことを加えている。それは，彼の臨床実践において，心が一つの別個の実態であるかのように，自分の心がどこかに局在化されていると感じる患者たちがいることに気づいているということである。

　　この引用に触発されて，この広大で難しいテーマについて，私自身が考えるならばどうなるかを，明らかにしてみたくなった。身体図式（body scheme）は，時間的，空間的側面を伴い，自分についての価値ある個人的図式を提供してくれるが，そのなかには心のための明白な場所は存在しないものと私は信じる。といっても臨床の実践においては，われわれは確かに，患者自身によってどこかに局在化された一つの統一体としての心と，出会うのである……。
　　　　　　　　[「心とその精神-身体との関係」Mind and Its Relation, p. 243]

　自分の心は，一つの統一体として自己の感覚の一部ではない，と感じる個人の解離に似た知的機能を記述するのに，ウィニコットは「心」という言葉を使っている。後のウィニコットの仕事において，彼は，この現象を「分裂する知性」として言及している（自己：7参照）。ウィニコットが心身症について書くときに，彼が取り扱っているのはパーソナリティにおけるこの分裂のことである。
　この1949年の論文のなかでウィニコットは，患者の身体面を見ることだけを主張し，心身症が「心と身体の関係の中間」にあることを理解しない医師たちを批判している。

　　それらの身体科の医師たちは，彼らの理論の大海のなかで，まったくその方向を見失ってしまっているのである。奇妙なことには，彼らは身体としての体の，すなわち脳がその絶対不可欠な部分を占めるものとしての体の重要性を，忘れ去っているようである。
　　　　　　　　[「心とその精神-身体との関係」Mind and Its Relation, p. 244]

ウィニコットにとって，健康な発達における精神と身体は，幼児と発達中の子どもに関するかぎり，区別のつかないものである。健康な個人は自分の自己の感覚が自分の体の本質的な部分であることを，当然のことと思うのである。

> ここに一つの体があり，精神と身体は，人の眺める方向によってのみ区別される。人は発達している身体，または発達している精神の，どちらかを見ることができる。私はここで，精神という言葉を，**身体的な部分，感情，機能，つまり，身体的に生き生きしていることを想像力によって練り上げること**，と仮定している。この想像的な練り上げが，脳の健康な機能，その特定の部分の，健康な機能に依存しているのを，私たちは知っている。しかしながら，精神は脳に局在したり，あるいはまったくどこかに局在しているとは，個人には感じられないのである。
>
> 成長している人の精神と身体の側面は，相互のかかわり合いの過程に，徐々に巻き込まれるようになる。この精神と身体の相互のかかわり合いが，個体の発達の早期の段階を形作る。
>
> [「心とその精神-身体との関係」Mind and Its Relation, p. 244]

この「精神と身体の相互のかかわり合い」が，自己の発達する感覚が成長していく中心を形作る。

> 後の段階で，その境界や内側と外側を伴う生きている体が，想像的な自己の中核を形成しているものとして，**その個人には感じられる**。
>
> [「心とその精神-身体との関係」Mind and Its Relation, p. 244]

したがって，早期の母子関係から現れる自己の中核は，身体-心の統合という観念を含んでいる（存在すること：2, 3；自己：3, 5 参照）。

> まずわれわれは，個人の早期発達における健康とは，存在することの**連続性**を必然的に伴っている，ということを念頭に置こう。早期の精神-身体は，存在することの**連続性が妨げられない**限りにおいて，一定の道筋に沿って発達するのである。言葉を換えるならば，早期の精神-身体の健康な発達のためには，

完全な環境へのニードが存在するのである。当初は，このニードは絶対的なものである。

[「心とその精神-身体との関係」Mind and Its Relation, p. 245]

ウィニコットは，母親が自分の幼児と完全に同一化することについて言及している。そして，それはまさに完全な環境を供給することである。これは，母親が思いやり，保護，あらゆる愛情を持って幼児を抱え，取り扱い，養育することを意味する。また，このことが早期の段階で十分うまくいくのなら，それは幼児に存在することの感覚と自分自身の身体のなかに自己が住みつく感覚を与えることになる（抱えること：3；原初の母性的没頭：2参照）。

2 生き生きとした無視

母親が原初の母性的没頭の状態から脱出するときには，自分自身の回復の過程や自分自身を思い出しながら，幼児に合わなくなったり，失敗したりするようになる。この必須の過程は，幼児にとって脱錯覚の最初の印となるのである。幼児の知的理解が発達するのは，錯覚と脱錯覚，絶対的依存と相対的依存の間にある情緒発達のこの時点である。

> よい環境への要求は，初めは絶対的なものであるが，急速に相対的なものとなる。**普通のよい母親はほどよいものである**。もし彼女が**ほどよい**ならば，幼児は心的な活動によって，彼女の足りないところを許容できるようになる。それは単に本能的な衝動に応えるということだけではなく，最も原初的な種類の自我のニードのすべてに応えるということに相当し，そこには拒否的な世話や生き生きとした無視へのニードさえも含まれるものである。幼児の心的な活動は，**ほどよい環境を完全な環境に変える**。つまり，適応の相対的な失敗を，適応の成功へと変換するのである。母親を，ほぼ完全でなくてはならないというニードから解放するのは，子どもの側の理解である……。
>
> それゆえ心は，その起源の一つとして，精神-身体が気まぐれに機能することを有しており，それは環境の側の（積極的な）適応のどのような失敗によってももたらされる脅威，つまり，存在することの連続性への脅威に関わるものなのである。ということは，心の発達は，偶然の出来事を含んだその個人に

とって特別個人的でないような要因に，非常に大きく影響されるということになる。

[「心とその精神-身体との関係」Mind and Its Relation, p. 246]

　思考や理解を司る自分の知的装置を使用する幼児の能力が効果的に機能するためには，早期の環境と錯覚の存在に依存しているのである。母親が失敗したとき（彼女は人間であるから常に失敗する），幼児は母親の矛盾を埋め合わせなければならないし，何度も試みながらそのギャップを埋めるべく，自分の心的能力を使って埋め合わせするのである。このようにして，脱錯覚が幼児の知的発達に積極的に役立つ（依存：5；抑うつ：3；母親：11 参照）。しかしながら，赤ん坊のこの発達段階では，危険が付きまとうのである。

3　じらす母親

　ウィニコットにとって，最もひどい環境は一貫性のない環境である。そのとき，幼児は時にはよかったり，時には悪かったりする母親の一貫性のなさに対して，あまりにも多大に，しかも頻繁に知的な埋め合わせを強いられる。そして，これが知性化の防衛を導くのである。

> 　母親側のある種の失敗，特に一貫性のない振る舞いは，心的に機能することの過剰な活動を引き起こす。一貫性のない養育に反応する心的機能の過剰な成長において，心と精神-身体の間の対立が発達するのが見てとれる。なぜなら，この異常な環境の状態に対する反応のなかで，個人の思考が精神-身体に心を配ることを引き継いで，これを組織化し始めるからである。一方，健康な状態において，これは環境の機能である。健康な状態では，心は環境の機能を犯すことなく，その相対的な失敗を理解し，最終的に活用することを可能にするのである。

[「心とその精神-身体との関係」Mind and Its Relation, p. 246]

　「心」によって環境の機能が「犯されること」を通して，幼児/子どもは自分自身を「養育する」ために自分の知力を用いるのである。後に，ウィニコットの 1960 年の論文，「本当の自己と偽りの自己という観点からみた自我歪曲」

のなかで，彼は偽りの自己として，この知性化活動を見ている（自己：7, 8 参照）。

> ……次のような疑問が生まれるかも知れない。すなわち，じらして満足させない早期の環境に対する防衛のなかで組織される心的に機能することに，ますます大きな負担が加わったらどうなってしまうのかということである。混乱した状態が予想されるが，（極端な場合は）脳組織の不完全さに由来するのではない種類の知的欠陥が生じることを予想するだろう。最早期の段階の幼児の世話において，じらして満足させない程度がやや軽い場合の，より一般的な結果としては，**心的に機能することがそれ自体ものそのもののようになってしまい**，実際的にはよい母親に取って代わって彼女を不要なものにしてしまうのを見いだす。これは臨床的には，実際の母親への依存と迎合を基盤にした偽りの個人的な成長と並行して進行することがある。これは，非常に不快な状況であるが，それはとりわけ個人の精神が身体との間に元来は有していた根源的な関係から「誘惑されて」こうした心へと入り込んでしまうからである。その結果が心-精神（mind-psyche）であり，これは病的なものである。
> 〔「心とその精神-身体との関係」Mind and Its Relation, pp. 246-247〕

ここでウィニコットは，自分の心のなかに自己感覚を置かなければならなくなったために，それに母親-環境の機能を乗っ取られてしまった個人について記述している。この防衛の危険性は，個人のアイデンティティは身体に基礎づけられているのではないので，人に内的な空虚感と不毛感を増大させるということである（自己；6, 7 参照）。

4　反応のカタログ化

心-精神は，スキゾイドの防衛と結びついている分裂排除された知性と同意義である。ウィニコットは，自分の臨床の実践から丹念に拾い集めているのだが，心-精神は，しばしば患者によって身体的には頭に存在すると考えられている。

> 個人の心-精神と身体との間には，もちろん直接の提携関係はありえない。

しかし，**心**-精神はその個人によって局在化され，頭の内側か頭と何か特別な関係がある外側に位置しているので，このことが一つの症状として頭痛を引き起こす大きな原因の一つとなる。

[「心とその精神-身体との関係」Mind and Its Relation, p. 247]

心と体の分裂に関連した困難のあるものは，外傷的な出生によるものだろうとウィニコットは信じていた。そして，ある出生は外傷となるだろうけれども，本来，必ずしも出生がそれ自体外傷となるのでは**ない**と，ウィニコットは信じている。

典型的には出生の際に，侵襲することにより，連続性が過度に障害されやすいので，私が今ここで述べている心的な活動も，出生過程の間に克明に記憶することに関わるものなのである。私はときどき精神分析の作業を行うなかで，十分な統御のもとでありながら出生前の状態にまでいたる退行に出会うことがある。秩序あるやり方で退行した患者は，出生の過程を何度も何度も繰り返す。そして出生過程にある幼児は，存在することの連続性を損なう反応をことごとく記憶しているだけではなく，それらを正しい順番で記憶しているように見えることを確信させる……私が記載しているタイプの心的に機能すること，すなわち記憶化とか，カタログ化，とか呼ばれるかも知れないような働きは，赤ん坊の出生の際はきわめて活発かつ正確なものとなることがある……私の趣旨を明確にしておきたい。それはすなわち，**このタイプの心的に機能することが精神-身体にとっての足手まといとなり**，それはまた，個々の自己を形成している，人間の存在することの連続性にとって足手まといになるということである……このカタログ化のようなタイプの心的に機能することが，理解や予測をこえた環境の適応失敗に伴うものである場合には，異物のように振る舞うことになる。

[「心とその精神-身体との関係」Mind and Its Relation, p. 248]

「カタログ化」という言葉によって，ウィニコットは身体的にせよ情緒的にせよ，われわれに起こったすべてのことを，われわれは記憶しているという彼の確信をもとに，外傷に対する反応の無意識の記憶に言及している。たとえば，出生体験があまりにも不意であると，それは外傷的になるだろう。する

と，それは無意識に蓄えられるだろうが，処理されることはない。これがウィニコットがカタログ化によって意味することである。記憶は身体上のどこかにあるが，一つの体験として統合されてはいないのである。患者は分析を通して，分析のセッションのなかで退行しながら外傷の早期の記憶を再訪問するのである。このやりかたのなかに，初めての体験を統合させ始めるための一つの好機がある。その外傷を処理するために過去に戻りつつ，患者はその外傷を体験し，それを過去にすえることによって前進することができ，そして，人生のスタートを切ることができるのである（退行：5, 6 参照）。

5　心身症

ウィニコットは，心身症の無意識のねらいが，「心から精神を引き戻して身体との原初の親密なかかわりを再建すること」にあると考察している（「心とその精神-身体との関係」p. 254）。心身症のテーマ，そして，患者の無意識的動機づけという点から見た心身症の意味というテーマに関しては，心身症研究協会で発表されたウィニコットの 1964 年に書かれた論文「心身症の肯定的および否定的側面」のなかで探索されている。

この論文は，心療内科医の内的ジレンマを分析し，また，内面で解離している心-体がどのようにしばしば医療従事者たちの異なる専門の間で演じられ，そして具現化されるかを分析している。

> 患者たちの多くは，自分たちの受ける医療を二つに分裂させるのではなく，たくさんの断片への分裂が起こり，われわれは医師としてこうした断片の一つとして機能させられていることに気がつく。私はこの傾向を「責任ある関係者の分散」という言葉で呼んだことがある。

（これはマイケル・バリントの『医者，患者そして病気』 *The Doctor, His Patient and the Illness* についての 1958 年のウィニコットの書籍のなかで初めて言及されたものであった。）

> こうした患者は，一つの家族の苦痛を和らげるために，気がついてみると 20 も 30 もの関係者が巻き込まれていることを示すような，社会福祉ケース

ワーク報告書に引用される実例を提供する。多数の解離を示す患者はまた，次のような医療という職業に元来備わっている分裂をうまく利用する……。

[「心身症の肯定的および否定的側面」Psycho-Somatic Illness and Its Positive and Negative Aspects, p. 104]

心療内科医の役割を記述するために，ウィニコットは心身症の不可能性をメタファーを用いて描写している。

> 4. 心身医学者は，2頭の馬のそれぞれの鞍に片足ずつかけて，手綱を器用に操って，2頭同時に乗れる自分の能力に得意になっている。
>
> [「心身症」Psycho-Somatic Illness, p. 103]

心療内科医にとっては，身体的症状は病気の構成要素ではなく，むしろ，精神内部の解離の兆候を示す。

> 7. 心身症において病気であるのは，身体病理や病的な機能として現れる（大腸炎，喘息，慢性湿疹といった）臨床的状態ではない。本当の病気を構成しているのは，患者の自我組織において分裂ないしは複合的な解離が存続していることである。
>
> [「心身症」Psycho-Somatic Illness, p. 103]

パーソナリティのこれらの分裂は，強固でゆるぎのないものになる傾向があり，したがって治療が非常に困難である。

> 私は，**患者の内部で働いている力がものすごく強大である**，ということを明確にしたいと思う。
>
> [「心身症」Psycho-Somatic Illness, p. 104]

内的な分裂の力は前述したように，患者が多数の医療従事者を動員させるようなとき，環境の提供するもののなかでしばしば反映される。これは，内面に存在している解離が，外面に表れたものとして達成されたにすぎない。この問題は，問題が身体的だけである**かのように**，医療の専門職の異なった部分がバ

ラバラに患者を治療し続ける限り，精神内界の解離は，一層ゆるぎないものになって，外側の共謀に反応するということである。

その一方でウィニコットは，患者がしていることに直面化させても，何の役にも立たないということを明確にしている。このことは，患者の知的防衛を強化し，患者を同じ場所に留めることになるだけだろう。

> 仮に，読者のなかに私の患者がいて，われわれが心身症と呼ぶいろいろとりまぜた病気を患っているとしよう。その患者は，自分が臨床素材として呈示されることに異存はないだろうし，このことは今は問題ではない。問題となるのは，**私が患者の内的な経済において未だに受け入れ可能でない何かについて，受け入れ可能な勘定をつけることができない，**ということである。現在治療中の症例の場合に有用なのは，治療が継続することだけであり，そうすればやがて，彼の病気が私にもたらしたジレンマ，すなわちこの論文の主題となっているジレンマを，患者自身が解消してくれることがありうるのである。一方，精神-身体の状態であることをやめて，知的な共謀関係に逃げ込むことを意味する同意を説得することほど，私の嫌いなことはない。
>
> [「心身症」Psycho-Somatic Illness, p. 106]

言い換えると，心身症の患者は知的な次元で，あまりにも安易に自分自身について何らかの理解をしがちなのである。つまり，このことは，ウィニコットが終生取り組まなければならなかったことである。他にとり得る道は，患者に解離から回復するための時間を与えることしかないのである。

> 私はすでに，本当の乗り越え難い困難，すなわち，身体的な機能不全と精神的な葛藤とを分かつ組織化された防衛としての解離が**実際問題として**存在する，という私の考えを伝え始めているであろうか。時間が十分にあり，環境が整えば，患者は解離から自然に回復するかも知れない。患者にある統合しようとする力が，この防衛をやめるよう作用するだろう。私は，このジレンマを避けて表現すべきだろうか。
>
> 私が，本当の心身症と，情緒的な過程や精神的な葛藤が身体機能に影響を及ぼすというほぼ一般的な臨床的問題とを区別しようとしていることは，明白なことであろう。私は，不正性器出血が，性器統裁における肛門期的な要素と関

連する患者や，ある状況のもとで頻尿になる男性を，心身症患者とは必ずしも呼ばない。人生とは，生きるとは，こういうものであろう。しかし，減量によって椎間板ヘルニアが起こったと主張する患者は心身症とみなされうるのであり，この論文で扱われるに値する。

[「心身症」Psycho-Somatic Illness, p. 106]

6 肯定的な力

ウィニコットは，パーソナリティを統合する力を信じている。そして，適切な環境——ほどよい環境——が与えられるのなら，それは，当初は自己を守るために設置されたのに，今や自己を消耗させてしまっている防衛に勝るものであることを信じている。

精神-身体的な防衛における肯定的な要素

心身症は，肯定的なものの否定である。肯定的なものとは，言葉のいろいろの意味において，統合へと向かう傾向であり，私が人格化と呼んだことも含まれる。肯定的なものとは，精神と身体の統一あるいは魂や精神の経験的な同一性，あるいは身体的機能の全体性を達成しようとする個々人に生来的に備わった傾向である。この傾向に従って，幼児や子どもは，機能する身体へと導かれる。そして，それを基盤にして，また，そこから機能する人格が育つのであるが，それが完成するのは，ありとあらゆる不安に対する防衛を伴ってである……。

統合過程のこの段階は，「私である」段階と呼ばれるものである（Winnicott, 1965）。私はこの言葉を好むが，それは一神教の考え方が発達した過程と，神が「我は偉大なり」と称名したことを思い起こさせるからである。子ども時代の遊びという観点からは，この段階は，「私はお城の王様だ。お前は汚い乞食だ」という遊びを通して（私が今，心で思い描いているよりは後の年齢になるが）実行に移される。精神と身体の解離によって変化するのは，「私」と「私である」の意味である。

[「心身症」Psycho-Somatic Illness, p. 112]

心身症では，自分と自分でないこととの間の発達段階が阻まれる。ほどよくない環境は，心身症の傾向を導くが，このことは以下のことと関係する。

人格の発達において、身体に精神が住みつくことがきちんと確立されていない、弱い自我（これは、ほどよいとは言えない母親の養育によるところが大である）

と/あるいは

「私である」という段階からの、および、「私でないもの」が存在することを個人が否認したことによって起こる敵意ある世界からの、心のなかのものであることには変わりないとしても、心身症の発達の筋道に従った特別な形の分裂への退却が関係する。＊

このように、心身症は、精神と身体との間の結びつきの弱体化を伴った個人の人格のなかの分裂、あるいは拒絶的な世界から受ける全般的な迫害に対する防衛として心のなかで組織化された分裂を意味するのである。しかしながら、一人の病気の人間のなかで、精神と身体との結びつきが完全に失われるわけではない。

そういうことから、ここで、**身体的に巻き込まれることに肯定的な価値があるわけである。**

[「心身症」Psycho-Somatic Illness, p. 113]

そのようなゆるぎのない解離を持った患者の治療は、最大限の我慢強さでもってアプローチせねばならない。ウィニコットは、心身症的な防衛を反社会的防衛と繋げている。なぜならば、底面では防衛は希望であるから。ちょうど反社会的傾向が愛情剥奪を知らせるように、分裂の存在こそが発達上の失敗を知らせるものである。希望はコミュニケーションを聞きとることができることであり、また、統合する力が勝負に勝つ日がくるかもしれないということである。

われわれの仕事が困難なのは、**ユニットへと統合しようとする患者の能力のやや先を歩みながら、見かけ上はそうではないようにしつつ、**病気と患者自身について統一した見解を持たなければならない、という点にある。われわれは、しばしば、非常にしばしば、患者に好きなようにさせて、真の病気を治そうとしないで、自分と対等の立場にいる人たちと代わる代わるに関係を有しな

＊（訳注）　以下原文には（ここで、現実に迫害的な外的現実が、ある形の分裂に個人が撤退することを決定づけることがありうる）が入っている。

がら，症候を操作することで満足しなければならない。真の病気は，自我が脆弱であるがゆえに組織化され，統合のまさにその瞬間に絶滅不安に脅かされることへの防衛として維持された患者の人格の分裂である。

　このように心身症には，反社会的な傾向と同様に，希望につながる側面がある。すなわち，分裂や，さまざまな解離や，医療の提供するものをしつこく分裂しようと試みることや，自分自身の万能的な世話役であることを通して，患者の臨床的状態がそれとは正反対の像を積極的に呈しているとしても，患者には，精神と身体の統合（あるいは人格化）や，依存の可能性があるという点である。

[「心身症」Psycho-Somatic Illness, p. 114]

亡くなる前の年の1971年に，ウィニコットは，身体のなかに自分自身を感じる必須条件として，人生の初期と母親の愛が最も重要であることを強調した。

　存在することの始まりで愛されるということは，受け入れられるということである。もしも母親的存在の態度が「あなたがいい子にしていたら，汚くしなかったら，機嫌よくしてたら，全部飲んじゃったら，そしたら私はあなたのことを愛しますよ」というものだったとしたら，それは子どもの側からすると歪んだことである。こういう是認は，後についてくるものである。始まりにおいて，子どもは正常であるという設計図を持っているが，それは基本的に，彼あるいは彼女自身の身体の形態と機能に関するものである。……存在することの始まりにあっては，子どもはそのままで受け入れられる必要がある。そうやって受け入れられることから恩恵を得るのである。

[「身体における自己の基盤」On the Basis for Self in Body, p. 264]

このような受け入れは，身体的にまた心理的に，まさに（無意識に）患者が分析関係の文脈のなかで見いだしたいと望んでいるものである。そして，それはまた，分析家が分析的な設定と分析的な態度のなかで行われる分析の仕事を通して提供したいと望んでいるものである。

出 典

1949 「心とその精神-身体との関係」Mind and Its Relation to the Psyche-Soma [W6]

1964 「心身症の肯定的および否定的側面」Psycho-Somatic Illness and Its Positive and Negative Aspects [W19]

1970 「身体における自己の基盤」On the Basis for Self in Body [W19]

舌圧子ゲーム

Spatula Game

1 設定状況
2 三つの段階
3 ためらいの時期と空想の役割
4 乳房またはペニスとしての舌圧子
5 環境による許容
6 ためらい，抵抗，そして錯覚

　舌圧子ゲームは，テーブルの端に簡単に手が届くように置いたきらきら光る舌圧子に，5カ月から13カ月の幼児がどう反応するかを観察することから成る。幼児はウィニコットが「設定状況」とよぶものの中にいなければならない。
　その赤ん坊が舌圧子をどうするかという観点から，大半の幼児に連続した三つの段階が観察できるとウィニコットは言う。これらの段階からの逸脱は，何かしら不都合があることを示す。したがって，舌圧子ゲームはウィニコットによって診断の道具として使用されている。

1　設定状況

　ウィニコットは1935年に精神分析家の資格を，そして1936年に児童分析家の資格を得た。分析家の資格を得てからも，彼はパディントン・グリーン小児病院の外来診療を行い続けたが，そこでは何千回ものコンサルテーションが行われた。
　舌圧子ゲームは，ウィニコットの1941年の論文「設定状況における幼児の観察」において最も詳しく描写されている。しかしすでに彼の1936年の論文「食欲と情緒障害」で，舌圧子ゲームは幼児の内界を評価する手段としてウィニコットによって使用されている。
　1930年代には，使用する対象となる人の年齢に応じ，さまざまな大きさの

舌圧子が利用できたことを言っておくことが大事だろう。それらはきらきら光る銀色の金属の物体で，直角に置かれた。

「食欲と情緒障害」のなかの「病院における外来診療」と題された節で，ウィニコットは「朝のお祭り騒ぎの印象を伝えたい」と願いつつパディントン・グリーン小児病院の外来を描写しているが，それはまるで宮廷か，あるいはおそらく教会，または劇場ですらあるかのようだ。

> 赤ん坊が母親の膝の上に座り，彼らと私との間にあるテーブルの角をかこんでどんなことをするか，最初に説明したい。
> 1歳のある子どもは，次のように振る舞う。彼は舌圧子を見るとすぐそれに手を出すが，おそらくは一度か二度関心を引っこめ，それから実際にそれを手に取り，その間ずっと私と母親の態度を探ろうとしてわれわれの顔を見ている。遅かれ早かれ彼はそれを手にとって口に入れる。今や彼はそれが手に入ったことを喜び，同時に足で蹴ったりして活発な身体活動を見せる。取り上げられるのはまだ嫌だ。まもなく彼は舌圧子を床に落とす。初めこれは偶然の出来事のように思われるかも知れないが，これを彼に返すと結局その失敗を繰り返し，ついにはそれを投げ落として，明らかに舌圧子が落ちるように意図するのである。彼はそれを眺めるが，舌圧子が床に当たる音は，彼にとってしばしば新しい喜びの源泉となる。私がその機会を与えれば，何度でも落とそうとするだろう。彼は今度は床の上に降りてそれのあるところに行きたいと考える。
> ［「食欲と情緒障害」Appetite and Emotional Disorder, pp. 45-46］

そして，これが正常と結びついた三つの段階である。(a) 舌圧子を見てそれに手をのばし，それから大人の態度を探りつつ関心を引っこめる。(b) それを手に取り口に入れる。(c) それを落とす。

> 一般に，こういう行動の仕方からの逸脱は正常な情緒発達からの逸脱のしるしであると言ってよく，こうした逸脱をその他の臨床像と関連づけることがしばしば可能である。もちろん年齢の差はある。1歳を過ぎた子どもは，合体過程（舌圧子を口に入れること）を省略しがちであり，遊びのなかで舌圧子を使って何ができるかにますます関心を向ける傾向がある。
> ［「食欲と情緒障害」Appetite and Emotional Disorder, p. 46］

二つの症例をもちいて，ウィニコットは舌圧子の健康な使用と病的な使用の両方を描き出すことに成功している。これらの描写には二つの印象的な要素がある。まずウィニコットは，自分の赤ん坊の行動を予測し**そして**何か不都合があるかどうか知っている母親の能力に全幅の信頼を寄せている。次に，母親たちと幼児たち——ウィニコットの診察を受けるのを待っている——が同じ広い部屋のなかの診察場所から少し離れた位置にいるが，彼らは観客としてどういうわけか設定状況のなかに含み込まれていく。彼らの反応は主人公——舌圧子を持つ赤ん坊——によって決定される。

　　一人の母親が，たいへん健康そうに見える赤ん坊を，初回の診察から3カ月後，私の定期検診を受けるために連れてくる。その赤ん坊フィリップは，現在11カ月で，今日で4回目の訪問である。彼の難しい時期は過ぎ去り，現在は身体的にも情緒的にも大変良い状態である。
　　舌圧子が置かれていないので，彼は容器を手に取るが，彼の母親はこれをやめさせる。重要な点は，彼が過去の来院を憶えていて，すぐさま何かに手をのばすということだ。
　　私は彼のために舌圧子を置くが，彼がこれを取る際に母親はこう言う。「今回は前回よりも騒がしい音をたてますわ」。そして彼女の言う通りになった。母親たちはしばしば私に赤ん坊がこれから何をするか正確に告げてくれ，このことは，ひょっとすると疑う人もあるかも知れないが，外来でつかめる姿は生活に無関係ではないことを示している。もちろん舌圧子は口にもってゆかれ，ほどなく彼はそれを使ってテーブルや容器を叩きだし，何度も叩きながら容器へとやってきた。その間，彼はずっと私を見ており，私も関与していることを見逃すことはできない。要するに彼は私への態度を表現しているのだ。他の母親と子どもたちは，その部屋でその母親の後方数ヤードのところに腰かけており，部屋全体の雰囲気はその赤ん坊の雰囲気によって決定される。向かい側にいるある母親が言う。「彼は村の鍛冶屋ね」。彼はこのような成功に気をよくして自分の遊びに見せびらかしの要素を加える。彼はとてもかわいい仕草で私の口へと舌圧子を差し出して，実際に触れはしないが私がゲームに加わってそれを食べるまねをするのを喜ぶ。私が彼のゲームに加わっていることを示しさえすれば，彼は完全に理解を示すのである。彼はそれを母親にも差し出し，そして気高い物腰で振り向いて向こうの観客にそれを魔術的に与える。それから彼

は容器に戻り，それを叩き続ける。
　しばらくして彼は自分なりのやり方で部屋のあちら側にいる赤ん坊の一人と交流するが，そこにいるおよそ8人の大人や子どもたちから彼を選んだのである。今やだれもが陽気な気分で，診療は大変うまくいっている。
　　　　　　　　［「食欲と情緒障害」Appetite and Emotional Disorder, p. 46］

　明らかに，ウィニコットは自分でも楽しんでおり，それでいながら同時に母子関係という点で，そして幼児の内界の交流という点で，生じていることの重要性にも敏感に気づいている。

　さて母親が彼を降ろすと，床にあった舌圧子を取り，それで遊びながら，さっき騒がしい音で交流したばかりのもう一人の小さな人の方へとじりじりと近づいていく。
　彼が自分の口ばかりでなく私や母親の口にいかに興味を持っているかがわかる，また私が思うに，彼は部屋にいるすべての人に食べさせてやったと感じているのである。これを彼は舌圧子を用いて行ったが，しかし，私がすでに説明したような仕方でこれと合体したと感じていなかったとしたら，彼はこのようなことはできなかっただろう。
　これが「よい，内在化された乳房を所有すること」，あるいは単に「経験に基づいてよい乳房との関係に自信を持つこと」と時に呼ばれている事柄である。
　ここで私が主張したいのは次の点である。物理的な事実として赤ん坊が舌圧子を取り，遊び，それを落とすとき，同時に，身体的に，彼はそれと合体し，それを所有し，それに関する観念を取り除くのである。
　彼が舌圧子（またはそれ以外の何でも）を手に取り落とすまでの間に行うことは，そのとき私と母親とに関係していた彼の内界の一端を示すスライドのようなものであり，そしてこれによって他の時のまた他の人や物事に関係する彼の内界の経験について，たくさんのことが推測できる。
　　　　　　［「食欲と情緒障害」Appetite and Emotional Disorder, pp. 46-47］

　そして1936年のこの論文で，ウィニコットは遊びの概念と個人の内界に関わっている遊びの異なった諸性質を紹介している。

一連の症例を分類するにあたって、一つの尺度を用いることができる。この尺度の正常の端には遊びがあり、それは内的世界の生活を単純に楽しく劇化したものである。異常側の端には、内的世界の否定を含んだ遊びがあるが、こういった遊びはいつでも強迫的で興奮しており、不安に駆り立てられており、楽しいというよりはむしろ感覚を食いものにするものである。
〔「食欲と情緒障害」Appetite and Emotional Disorder, p. 47〕

　次の症例は最初のものとは非常に対照的であるが、しかし、赤ん坊の行動を母親が予測できることやまた何かがおかしいことを彼女が知っていること、それに赤ん坊が外来の雰囲気を決定できることといった、共通した特徴がある。

　次の男の子のディビッドは18カ月で、彼の行動には特別な特徴がある。
　母親が彼を連れてやってきて、テーブルのわきで彼を膝に座らせると、彼は私が彼の手の届くところに置いておいた舌圧子にすぐに手をのばす。母親は彼が何をしようとしているかを知っているが、それはこれが彼の困ったところの一部だからである。彼女は言う。「彼はそれを床に投げるでしょう」。彼は舌圧子を取ると、すばやく床に投げる。彼は手当たり次第にこれを繰り返す。第1段階の臆病な接近、そして第2段階の口に入れることと活発な遊びが、どちらも欠けている。これは、われわれ皆がおなじみの症状であるが、この症例の場合それは程度の点で病的であり、そのために母親が彼を連れてきたことは適切である。彼女が彼を降ろし舌圧子を追いかけさせると、彼はそれを取り上げ、落とし、そして再保証を得ようと不自然に笑いながら、自分の前腕がそけい部に押し当てられるような姿勢を無理にとる。彼はこのようにしながら期待した様子であたりを見回すが、部屋のなかにいる他の親たちは、彼らにとっては自慰に関係する何かを意味するこうした光景から子どもたちの目をそらそうとする。彼は自分がおかしな格好をしていること、哀れな境遇と拒絶されたという感じを否定しようと必死に試みて笑っていることに気づく。この子どもがどのように自分で異常な環境を創造してしまうかに注目してほしい。
〔「食欲と情緒障害」Appetite and Emotional Disorder, p. 47〕

　もちろん、この子が創造した、この「異常な環境」は、ウィニコットに早期の環境が彼の役に立たなかったことを伝えるコミュニケーションである。しか

し1936年のこの時点で，ウィニコットはまだ「一人の赤ん坊というようなものはない」という発見をしていなかった。それは6年後，1942年になされることになる（環境；3, 4参照）。したがって，このときにはウィニコットは幼児の内界の表出に力点を置いており，彼が何年かののちに推敲を始めることになる環境には関心を払っていない。

1941年までに，ウィニコットは自分の初期の観察をかなり拡張し，環境の重要性が前面に出はじめた。そして1950年代までに，設定状況とその構成要素はすべて「抱える環境」と呼ばれるようになった（抱えること：2参照）。

2　三つの段階

1941年には，ウィニコットはパディントン・グリーン小児病院の外来で20年近く働いていた。加えて，彼は精神分析家の資格を得て6年経っていた。舌圧子ゲームの詳細と意味を探究する論文「設定状況における幼児の観察」にもまた，それに引き続く20年間に彼が発展させることになるすべてのもの，すなわち遊ぶこと，創造性，移行現象，対象の使用の萌芽が見られる。

> さて，われわれの目の前には，とても魅力的な対象に引きつけられた赤ん坊がいるが，ここで私の考えでは正常の物事の順序とはどのようなものかを説明しよう。私はこれ，つまり私が正常と呼ぶものだが，そこからの逸脱は何であれ意味を持つと考えている。
>
> **第1段階**　赤ん坊は自分の手を舌圧子の上に置くが，しかしこの瞬間不意にその状況が考慮しなければならないものであることを発見する。彼は身動きが取れない。舌圧子の上に手をとめ身体をこわばらせて，彼は私と母親を大きな目で眺め，機をうかがって待つか，またある場合には，関心を完全に引っこめて顔を母親のブラウスの前部にうずめる。積極的な再保証が与えられないように状況を設定することは通常可能なので，舌圧子に子どもの関心が徐々にかつ自ずと戻るのを観察するのは大変興味深い。
>
> **第2段階**　ためらいの時期（私がそう呼ぶのだが）には，赤ん坊は始終体をじっとさせている（しかし硬くなってはいない）。彼は徐々に自分の感情を発展するがままにまかせられるほど十分大胆になり，事態はまったく急激に

一変する。この第1段階が第2段階に変わる瞬間は歴然としている。というのも舌圧子に対する欲望を抱いている現実を子どもが受け入れるに先立って口のなかに変化が生じるからである。つまり，口のなかにしまりがなくなる一方，舌は厚く柔らかく見え，よだれがおびただしく流れ出る。まもなく彼は口のなかに舌圧子を入れ，それを歯茎で噛んでいるが，あるいは父親がパイプを吸うのをまねしているようにも見える。子どもの態度の変化は印象的な特徴である。期待しじっとしていることの代わりに，今やそこには自信が現れ，そして自由な身体運動もあるが，後者は舌圧子の操作に関係している。

私はしばしば，ためらいの時期に幼児の口に舌圧子を入れようと試みる実験を行ってきた。そのためらいが程度や質において私の言う正常に相当していようがそれとは異なっていようが，乱暴に力ずくで行わないかぎり，この段階において子どもの口に舌圧子を入れることは不可能だということがわかった。抑制がきついような特定の場合には，舌圧子を子どもへと向けることになる私の側のどのような試みも，叫び声，精神的苦痛あるいは急性の腹痛を引き起こした。

[「幼児の観察」Observation of Infants, pp. 53–54]

これは，ウィニコットの1963年の論文「道徳と教育」を思い出させる。この論文のなかでウィニコットは，幼児の生得的な道徳性は本当の自己から生じると仮定している。したがって，道徳的な価値を理解しその真価を認めることができるのは，発達促進的な環境を経験したことがある子どもだけなのである。というのも，子どもはそこで自分の自己感を発達させることを許されるからである。このようなほどよいスタートを切れなかった幼児は，反社会的な傾向を特徴とするようになるかもしれない。こうした傾向の治療は，力ずくで道徳的価値を教えこむことを通じてはなし得ない。言い換えれば対象を子どもに押しつけることはできない。それらが何らかの意味を持つようになるためには，それは子どもによって創造**されなければならない**（思いやり：9；創造性：2；依存：6参照）。

この第2段階は赤ん坊のコントロールの感覚——つまり幼児がこれを正常に発達させることをウィニコットが大変重要と見なしていた——と関連してい

る。この「万能感の領域」は，自分が神であり自分の環境を完全に制御できるという赤ん坊の錯覚である。

> 赤ん坊は今や，その舌圧子は自分の所有物であり，たぶん自分の意のままであると，そして確かに自己表現の目的に利用できるものと，感じているようである。彼はそれでもって机や，机上の手近にある金属製の容器を，できる限りの大きな音をたてて叩く。またそうでなければ，彼はそれを私の口や母親の口にもってゆき，われわれが食べさせてもらった**ふりをする**と大変喜ぶ。彼は私たちが食べさせてもらうまねをして**遊ぶ**ことを確かに望んでおり，そしてもしも万一われわれがそれを口のなかに入れて，そのゲームをゲームとしては台なしにしてしまうような馬鹿なことをすれば怒るのである。
> 　ここで，私は次のように言ってもよいかも知れない，つまり舌圧子が実際に食べ物であったり食べ物の容器であったりしないことに赤ん坊が失望しているというようなことを示す兆候を，私は見たことがないのである。
> 　　　　　　　　　　　　　　　［「幼児の観察」Observation of Infants, p. 54］

そしてここで示されているのは，幼児が自らの想像力を用いて遊ぶことができることであるが，それは内的世界に関する錯覚の肯定的な結果である。第3段階は対象の拒否に関係しており，この意味で舌圧子は移行対象を表していると見ることができる（移行現象：4参照）。

> **第3段階**　第3段階では赤ん坊はまず最初に，舌圧子をまるで誤ってであるかのように落とす。もしそれが戻されると彼は喜び，もう一度それで遊んで，再びそれを落とすが，今度は前ほど誤ってではない。それが再度戻されると，彼はわざとそれを落とし，それを荒々しく払いのけることを心ゆくまで楽しむが，とりわけそれが床に当たってチャリンという音を立てると喜ぶ。
> 　赤ん坊が舌圧子のある床に降りたがり，そこでそれを口に入れて再び遊び始めるか，もしくは彼がそれに飽きて何か手近にある他のものに手をのばしたとき，この第3段階の終わりが訪れる。
> 　　　　　　　　　　　　　　　［「幼児の観察」Observation of Infants, p. 54］

これらは通常5カ月から13カ月の年齢の幼児に生じる舌圧子ゲームの段階

である。ウィニコットは，設定状況——母親の膝の上にいて舌圧子を持つ幼児を観察しつつ一緒にいる——は有益で治療的になりうると述べている。ひきつけをわずらったある赤ん坊ともう一人ぜんそくを患った別の赤ん坊について，彼はかなり詳しく記述している。どちらの場合にもウィニコットは，設定状況を保持するコンサルタントの能力を通じて幼児が内的な困難を，時には初めて処理することができたことを詳しく述べている。どちらの場合にも問題はためらいの瞬間と関係している。

1936年にはウィニコットはためらいの瞬間を「疑いの時期 period of suspicion」と呼んでいたことを述べておくのは有用だろう。「ためらい」は言葉としてはより肯定的な含みを持ち，健康さ，正常さ，そして何より価値の意味を含む。とはいえ疑念もまた健康であり得るけれども。

3 ためらいの時期と空想の役割

ためらいの時期は，正常であっても，不安の兆候がある。赤ん坊は両親の不支持を予期するからためらうのではなく——とはいえそれも何か関係しているだろうが——，主にその状況（設定状況）の実質を理解しようとして，また衝動，感情，記憶等々をそなえた自らのパーソナルな内的世界を理解しようと苦闘してためらうのである。

> ……赤ん坊の振舞いを決定しているのが母親の態度であろうとなかろうと，ためらいが意味しているのは，自分の気ままによって怒った母親，そしておそらくは仕返しをする母親が生じることを幼児が**予期している**ということだと思う。赤ん坊がおびやかされていると感じるためには，たとえ本当にかつ明らかに怒った母親によっておびやかされているのであっても，彼は怒った母親という概念を心のなかに持っていなければならない……。
>
> 母親が本当に怒っていて，そしてもし子どもに診察中彼が舌圧子をつかんだとき母親が怒ることを予期する現実的な理由があれば，われわれは幼児が不安な空想をもっていると考えるが，それは母親がそうした振舞いに大変寛容でそれを期待してさえいるという事実にもかかわらず，子どもがためらうというような通常の場合もまた同様である。不安が向けられる「何か」，すなわち潜在的な悪あるいは厳しさの概念といったものが幼児の心のなかにはあって，何で

あれ幼児の心のなかにあるものは新しい状況へと投影される可能性がある。これまでに禁止の経験がない場合，ためらいは葛藤を意味するか，あるいは他の赤ん坊が自分の実際に厳しい母親についてもつ**記憶**に相当する**空想**が赤ん坊の心のなかに存在することを意味する。その結果どちらの場合にも，彼はまず自分の関心や欲望を抑えねばならず，自ら行った環境へのテストが満足できる結果をもたらす限りにおいてのみ，自分の欲望を再び見いだすことができるようになる。私はそういったテストのための設定を提供しているのである。

[「幼児の観察」Observation of Infants, p. 60]

なぜ厳しい母親を持たない幼児がそれでも不安を抱くのか，ウィニコットは本当には説明していない。ウィニコットによって 1947 年に探究された母親から幼児への無意識的な憎しみの伝達に，ひょっとするとそれは関係しているのだろうか（憎しみ：6 参照）。

4　乳房またはペニスとしての舌圧子

ウィニコットの指摘によれば，舌圧子は乳房あるいはペニス，すなわち母親と父親の象徴のどちらをも表象しうる。なぜなら幼児は 5 カ月か 6 カ月の年齢になる頃には自分と自分でないものの区別ができており，それは人びとが全体対象として認知されていることを意味するからである。しかしながら，見知らぬ人（その人はまた男性でもある）に対面して母親の膝に腰かけている幼児の設定状況というものは，エディプス三角のレプリカである。つまりここで幼児は二人の人間に対する関係を同時に処理しなければならない立場におかれる。

> その赤ん坊が正常である限り，彼の前にある主要な問題の一つは二人の人間を同時に扱うことである。この設定状況で私は，この方向での初めての成功を目撃したように思えることが時折ある。他のときには，同時に二人の人間に関係を持つことができるようになろうとして幼児が家庭で経験する成功と失敗が，幼児の振舞いのなかに反映されているのを見る。時にはこれに関係した困難の時期が始まるのを目撃することも，また自然に回復するのを目撃することもある。

[「幼児の観察」Observation of Infants, p. 66]

ここに設定状況のきわめて重要な性質がある。単に二人の人間に対して関わるというだけでなく，母親と父親に対して関わるという意味である。ウィニコットはエディプスの問題を無視してはいないが，しかし幼児に対する両親の寛容さ，および欲望に関連して発展しつつある彼の自己感にこのことが及ぼす影響に，力点を置くことを選択している。

　　それはあたかも，両親について幼児が感じていることが表現されるのを許容しつつ，幼児がそれについて葛藤している欲望を満足させることを，両親二人が許容しているかのようである。私が居ても，彼の関心に対する私の配慮を彼は必ずしも常には使用できないか，できるとしても，だんだんにできるようになるだけである。
　　あえて舌圧子を欲してそれを取り，自分のものにしても，ごく親しい環境の安定性が実際には変化しないという体験は，幼児にとって治療的な価値を持つような，対象と関わる練習のようなものとして作用する。われわれが考察している年齢において，また子ども時代を通して，こうした体験はたんに一時的な再保証を与えるものではない。幸せな体験と子どもを取り巻く安定したなごやかな雰囲気の蓄積効果が，外的世界の人びとのなかでの彼の信頼感や漠然とした安全感を築き上げることになる。

　　　　　　　　　　　　　[「幼児の観察」Observation of Infants, p. 66]

5　環境による許容

　ウィニコットにとって良い環境とは，幼児が体験の全過程を経験することを可能な限り邪魔することなく許容する環境である。これは，幼児のしていることを見ていることができ，彼が自分のペースでその課題をなしとげるのを許容できる両親に表象される。これが発達促進的な環境であり，それは精神分析的な環境にもまた応用可能である。

　　全体的な体験
　　私が思うに，この仕事のなかに備わる治療的なものは，**体験の全過程が許容されている**という事実のなかにある。このことから，幼児にとっての良い環境をつくりだす事柄のうちの一つに関して，ある結論が導き出せる。直観的に育

児（management）を行っているなかで，母親は自然にさまざまな体験の全経過を許容し，幼児が彼女の視点を理解するのに十分な年齢になるまでこれを保ち続けている。彼女は食べることや眠ること，あるいは排便することといった体験の邪魔をしたくないと思っている。私の観察においては，対象と関わる練習として彼にとって特別価値がある体験を完成させる権利を，私は赤ん坊に人為的に与えているのである。

[「幼児の観察」Observation of Infants, p. 67]

ここでの「対象と関係する練習 Object-lesson」とは，対象を使用する幼児の能力を増大させることを意味している（攻撃性：5参照）。主体によってコントロールされる体験には，始まり，途中，終わりという流れがある。その意味で，精神分析もまた対象と関係する練習である。

> 正規の精神分析にも，これと似た何かがある。分析家は患者にペースを設定させる。いつ来ていつ帰るかを患者に決めさせることに次ぐ次善の策であるが，そうすることで彼は面接の時間と長さを定め，いったん自分で定めた時間は厳守しようとする。精神分析は幼児とのこの仕事と次の点で異なる。すなわち分析家は差し出されたたくさんの素材のなかから自分の進むべき道を手探りして求めており，また患者にいま自分が与えるべきもの，つまり彼が解釈と呼ぶものの姿かたちがどんなものか見つけ出そうと試みているのである。時に分析家は，無数の細かな点の裏を見通し，自分が行っている分析を私がすでに述べた比較的単純な設定状況において考えうるのとどこまで同じように見なすことができるかを検討することに価値を見いだすだろう。一つひとつの解釈は，患者の貪欲さを刺激するきらきら光る対象なのである。

[「幼児の観察」Observation of Infants, p. 67]

したがって，ここでの，そして精神分析一般に対するウィニコットの態度の力点は，解釈はまず分析家によって提示され，続いて患者によって**使用される**ものとしてこそ意義深いのである。

晩年に，ウィニコットが診察室で最も喜んだのは，彼の患者たちが彼ら**自身の**解釈に到達したときであった。

……精神分析的な技法や設定に対する患者の信頼が増すことによって生じてくる転移が自然に展開するのを私がとことん待てるようになり，解釈することによってこの自然な過程をぶちこわしてしまうのを避けられるようになったのは，最近のことにすぎない。私が述べているのは解釈をすることについてであって，解釈そのものについてではないということに注目してほしい。私の個人的な解釈したいという欲求によって，……患者の深い変化をどれほどたくさん阻害したり遅らせたりしてきたことかと考えるとぞっとする。われわれが待てさえすれば患者は創造的にかつ喜々として理解に到達するし，私がかつて自分が賢いという感覚を楽しんでいた以上に今はこの喜びを楽しんでいる。思うに私は，主に患者に私の理解の限界を知らしめるために解釈している。答えを持っているのは患者であり患者のみであるというのが原則だ。

[「対象の使用と同一視を通して関係すること」The Use of an Object and Relating through Identifications, 1968, pp. 86-87]

6 ためらい，抵抗，そして錯覚

分析家の「きらきら光る対象」（光る舌圧子？）に対する患者の「ためらいの時期」というウィニコットの理論は，抵抗というフロイトの概念を変えた。抵抗は，フロイトが考えたように分析に逆らうことではなく，分析的な関係において正常に生じる**不可欠な部分**なのである。待つことができ患者にゆっくりやらせることを許容できる分析家は，自分の幼児に，マイペースで物事をこなし「全体的な体験」をさせるのを許容できる母親のようなものである。

ウィニコットはためらいの必要性を発展させ，1963年の論文「交流することと交流しないこと：ある対立現象に関する研究への発展」において，一人ひとりの個人は交流しない権利を有すると述べるに至った。したがって，フロイトが患者は頭に浮かんだことをすべて述べるべきだ（自由連想）と推奨したのに対して，ウィニコットは1963年にはそれぞれの患者は物事を伏せておく──私的なこととして，そして「交流しないもの incommunicado」として──権利があると提唱するようになった（存在すること：2；コミュニケーション：5, 11参照）。

母親と幼児のあいだの相互性は，幼児が舌圧子/対象を使用する仕方に見て取れる。したがって対象の**使用**は，幼児と母親が「体験をともに生きること」

を通じて生じてくる。

　1945年，つまり「設定状況における幼児の観察」から4年後に，ウィニコットは「原初の情緒発達」を書いた。この論文で彼は，小児科医としての二十年間の仕事と，精神分析家として大人と子どもとをみた十年間の仕事を統合し，精神分析理論の彼独自の展開というかたちで，過去を役立てると同時に未来を予期してもいる。フロイト派やクライン派の用語を変化させる一方で，「私有化 personalization」，「現実化 realization」，「錯覚」そして「脱錯覚」といった言葉の使い方は彼独自の発見を示している。

　6年後の1951年，論文「移行対象と移行現象」において，舌圧子ゲームの観察に始まったウィニコットの発想は，移行現象に関する論文において頂点を極める。

　舌圧子ゲームを発展させたものとして，ウィニコットはスクイッグル・ゲームを年長の子どもたちのために考案した。スクイッグル・ゲームを利用した彼の治療相談の礎石のすべては，1930年代パディントン・グリーン小児病院の外来において据えられたのである。

出　典

1936　「食欲と情緒障害」Appetite and Emotional Disorder［W6］
1941　「設定状況における幼児の観察」Observation of Infants in a Set Situation［W6］
1945　「原初の情緒発達」Primary Emotional Development［W6］
1968　「対象の使用と同一視を通して関係すること」The Use of an Object and Relating through Identifications［W10］

創造性

creativity

1　創造性の場所
2　世界の創造者としての新生児
3　文化的経験とその位置づけ
4　創造的に生きることは，することである
5　創造性と芸術家
6　自己を探すこと
7　男性的要素と女性的要素
8　純粋な女性的要素
9　純粋な男性的要素

　ウィニコットにとって，創造的に生きることの核心部には，幼児の抱く万能感の錯覚があった。つまり，幼児は神であり世界を創造するのである。こうしたことは，幼児がまさに必要とするものを与えることのできる母親（原初的没頭の状態にある）に由来することであり，こうして幼児は提供された対象を自分が創造したと感じるのである。
　一方，（絵を描く・踊るなどの）創造的芸術行為は，創造的に生きることと同じではない。

1　創造性の場所

　創造性についてのウィニコットの理論は，フロイトやクラインのそれとは次のように異なっている。すなわち，ウィニコットは創造性のルーツを，人生の非常に早期に，また母子関係の核心にあると見ている。これに対して，端的に言うと，フロイトにとって成人のもつ創造性は彼の昇華理論に関係したものであるし，メラニー・クラインにとって創造性とは彼女の理論である抑うつポジション（これは生後数週間から数カ月に生じる）の償いの側面と関係したものである。

1950年代にウィニコットは出生前や出生直後に母親が子どもに対して果たす中心的な機能についての思索を深めたが，その思索によれば，創造性は初めてもつ関係の中心に，またその始まりに位置づけられている。1953年に彼はマスード・カーン（Masud Khan）とともに，フェアバーン（W. R. D. Fairbairn）の著作である『人格の精神分析的研究』に対する書評を書いた。この書評には彼の原初の創造性というテーマが現れはじめている。フェアバーンの仕事について，彼はこう書いている。

> 彼の理論では，原初の精神的創造性は一人の人間の所有物ではなく，取り入れと投影の果てしなく続く繰り返しが幼児の心的経験を形作るとされている。この点でフェアバーンの理論は，やはり原初の精神的創造性について一顧だにしていないクラインの理論を支持している。
>
> 厳密なフロイト派の理論では，この問題は現れてこなかったといえる。なぜなら臨床のなかで原初の創造性が考慮の対象になるような地点まで到達しなかったからである。分析家は，対人間の関係性にかかわる現実と幻想のあらゆる範囲にかかわり，またこうした関係性において本能的要素が徐々に成熟していくことにかかわっているが，これはこうした事柄があらゆる人間の経験に及ぶことが，たとえまったく主張されなくてもそうなのである。分析家たちが次のような仮説の必要性を感じ始めたのは，比較的つい最近のことのように思われる。すなわち，必ずしも基本的に本能葛藤と関連していないような領域であり，またわれわれがここで「原初の（心的）創造性」と名づけたような本来的な心的過程をふくむ領域であるような，そんな幼児期の経験や自我発達の領域を考慮に入れた仮説である。
>
> ［「『人格の精神分析的研究』への書評」Review of *Psychoanalytic Studies*, p. 420］

基本的にウィニコットにとって原初の創造性とは健康に向かってゆく生まれついての動因であり，彼の主要テーマのいくつかと分かちがたく結びついたものである。そのテーマとは次のようなものである。

- 幼児が早期の数日または数週間，母親と関係しているという錯覚をもつことの必要性。これが万能感へとつながる（存在すること：3；抱えこ

と：4；原初の母性的没頭：2参照）。
- 母親が幼児の自発的な身振りに適切に応答することで，本当の自己から生じてくる自己の感覚の発達を促す能力（自己：5参照）。
- 原初の攻撃性の果たす役割。また，対象（対象としての母親と環境としての母親の両者）が自分の無慈悲な愛を生き延びてくれることを求める幼児の欲求（攻撃性：2, 3, 8, 9；思いやり：3, 4；母親：3, 4；移行現象：3参照）。

2　世界の創造者としての新生児

1951年の論文「移行対象と移行現象」でウィニコットは，幼児が乳房を創造する創造的活動を行えることを述べている。

　　……幼児の愛する能力から，もしくはニードから（と言ってもよい），乳房は何度も何度も創造されるのである。ある主観的現象がその赤ん坊のなかに発達するが，これを母親の乳房と呼ぶのである。

ここに脚注が添えられている。

　　｛ここに私は母親の育児の技術全体を含めている。最初の対象は乳房であるというとき，その「乳房」という言葉は（私の考えでは），実際の乳房という肉体を意味するのみでなく母親の育児の技術をもまた意味している。｝
　　母親は乳児がまさに創造しようとしているところに，適切な瞬間に実際の乳房を差し出すのである。
　　　　　　　　　　　　　　　　　［「移行対象」Transitional Objects, pp. 238-239］

このように適切な場所に適切な瞬間に対象を差し出すということは，母親が原初の母性的没頭の状態にあるときにのみ可能なことである。原初の母性的没頭とは，母親が幼児に同一化しているために，非常に深い水準でその子の求めているものを何とか見つけだそうとすることである（母親：8参照）。
　ウィニコットがこの論文で焦点を当てているのは，幼児の主観性と，幼児が客観的に世界を知覚しようと格闘することとの関係である。

したがって，人間は生まれたときから客観的に認知されるものと，主観的に思い懐かれるものとの関係という問題に関わっているのである。そうしてこの問題を解決するにあたり，母親に充分に良いスタートを切らせてもらえなかった人間には，健康はありえない。**私の言っている中間領域というのは，原初の創造性と現実検討に基づく客観的認知との間にある幼児に許された領域なのである**。移行現象とは，錯覚の使用の早期段階を表している。しかしこれなくしては，他人からはその人の外側にあるように見えるそういった対象と関係を持とうとしても，それは人間にとって意味をなさなくなる。

[「移行対象」Transitional Objects, p. 239]

17年後の1968年，ウィニコットは，対象を提示するという役割を果たすときに母親が自分の子に伝えているメッセージを別の言葉で言い換えることによって，幼児の抱く万能感の意味とその価値を明らかにした。

乳房を創造したのは赤ん坊ですが，しかしもし母親がその瞬間に乳房をたずさえて現れてくれなかったら，創造することはできなかっただろうと言わねばなりません。ここで赤ん坊に伝えられていることは，こういうことです。「創造的に世界に食いついてらっしゃい，世界を創造なさい。あなたにとって意味をもつのは，あなたが創造したものだけなのだから」。次はこうです。「世界はあなたの思うままよ」。この最初の**万能の経験**を経て，赤ん坊は欲求不満というものを感じられるようになります。そしていつの日にか，万能感から対極の地点に到達しさえするのです。その対極の地点とは，言うなれば，この世界では自分はちっぽけな埃のようなものに過ぎぬという認識を持つことです。しかもその宇宙は，自分というものが両親二人によって思いつかれセックスの楽しみを通じて身ごもられる以前からそこに存在していたのだという認識を持つことであります。人間はまず**神であって**，しかるのちに一個の人間に見合った謙遜を持つに至るのではないでしょうか。

[「幼児と母親および母親と幼児のコミュニケーション，比較と対比」Communication between Infant and Mother, and Mother and Infant, Compared and Contrasted, p. 101]

3　文化的経験とその位置づけ

　1967年ウィニコットは，自分では「文化的経験」と呼んでいたテーマを探究した。ウィニコットが，人生およびまた経歴におけるこの時期に，「文化的経験の位置づけ」ということを追究したことはまことに特徴的なことである。これはそのまま論文の題になっている。「対象の使用」についての理論はこの論文ですでに準備され，1年後の1968年，72歳で論文「対象の使用と同一化を通して関わること」が発表された。

　本質的に，文化的経験は養育するカップルの早期の引きこもった関係性に始まる。環境が促進的でほどよい限りは，幼児は「神である」錯覚をもつだろう。そしてまさにこの経験が**あるからこそ**幼児は，自分は実際は神では**ない**と脱錯覚させられるプロセスを発展し始め，またそれを何とか乗り切るのである。錯覚から脱錯覚へと至る旅路の助けとして，健康な幼児や小さい子どもは移行対象を使用する。移行対象に対する両親の態度も非常に重要である（移行現象：3，4参照）。

　　　　私は次のことを主張してきた。すなわち，幼児が移行対象，つまり最初の私でない所有物を使用しているとき，われわれはそこに，その子が初めて象徴を使用し，また初めて遊びを経験しているところを目撃しているのである。移行現象について私の行った定式化の本質的な部分は，決して次のように赤ん坊に問いただしたりすべきではないという点で合意していることである。その対象は君が創り出したのかとか，それが転がっているのがちょうど都合よく見つかったのか，などと問うことである。言うなれば，移行現象や移行対象の本質的特徴は，それを観察するわれわれの態度の質にあるということである。

　　　　その対象は，赤ん坊と母親（もしくは母親の部分）の結びつきの象徴なのである。この象徴を位置づけることができる。そしてそれは，母親が（赤ん坊の頭のなかで）幼児と溶け合っている状態から，思い懐かれる対象というよりも認識される対象として経験される状態へと移行する，その時間的空間的な場に位置しているのである。対象の使用とは，今や二つに分離した存在つまり赤ん坊と母親の結びつき，それも**彼らが互いに分離している状態が始まったその場**

その時における結びつきを象徴するものである。
[「文化的体験の位置づけ」Location of Cultural Experience, pp. 96-97]

　ここでウィニコットは，幼児が徐々に身につける能力，つまり自分と自分でないものを見分ける能力について述べている。これは，時間的要素を強調して描写されている。

　　以上のことを，時間的要素をそれ相応に重視して定式化してみるのにも意味があるだろう。母親が存在しているという感覚は x 分間持続するものとする。もし母親が x 分間以上離れていると，そのイマーゴは消滅し，これとともに結びつきの象徴を使用する能力も消えてしまう。赤ん坊は非常に苦しむ。けれどもこの苦しみは，母親が $x+y$ 分後に戻ってくればただちに**修復される**。つまり，$x+y$ 分では赤ん坊は変化を起こしはしない。しかし，$x+y+z$ 分後には赤ん坊は**外傷を受け**始めるようになる。$x+y+z$ 分後に母親が戻ってきても，赤ん坊の変化した状態は修復されない。外傷とは，赤ん坊が生の連続性に断絶を経験したことを意味する。そのため，「考えられないほどの不安」の繰り返しを避けるため，また発達初期の自我構造の解体に属する急性錯乱状態が再び生じないようにするために，原始的防衛が組織され始める。
　　大多数の赤ん坊は，この $x+y+z$ 量の剥奪を経験することは決してないと考えるべきだろう。これはつまり，かつて狂気に陥っていた経験からの認識を一生涯持ち続けるということは，大多数の子どもには生じないということである。ここでいう狂気とは，**存在の私的な連続性**のときに存在するもの（それが何であれ）が**崩壊すること**を単に意味している。$x+y+z$ の剥奪から「回復」した後，赤ん坊は，**私的な出発に連続性を**与えてくれるはずだった根源を永久に剥奪された状態で，再出発しなければならないのである。以上のことから，記憶システムと記憶の組織化の存在が示唆される。
[「文化的体験の位置づけ」Location of Cultural Experience, pp. 97-98]

　ウィニコットが強調しているのは，幼児を存在することの連続性の断絶から守るためには，いかに母親がその子に代わって行動しなければならないかという点である（思いやり：5；環境：1, 2参照）。

対照的に、$x+y+z$ 程度の剥奪があっても、自我構造を修復してくれるような母親による限定された甘やかしによって、赤ん坊は絶えず**癒されて**いる。この自我構造の修復によって、赤ん坊は結びつきの象徴を使用できる能力を再び持てるようになる。こうしてその子は分離を再び許容するようになり、そればかりか分離から利益を得るようにさえなるのである。単なる分離でなく結びつきの一様式であるような分離というものについて**私が考察するようになったのは、まさにここからなのである**。

[「文化的体験の位置づけ」Location of Cultural Experience, pp. 97-98]

もし幼児が、$x+y$ 分を超えない範囲で母親から実際に分離されることに徐々に慣らされてきたなら、その子は母親を**思い出す**ことができ、母親を**覚えておく**ことができるようになっているだろう。このことはウィニコットの概念である、幼児の一人でいられる能力というものに関係が深い（一人：2参照）。しかし、これは文化の位置づけとどうつながってくるのだろうか？

ウィニコットの文化理論においては、母親がやって来ては去っていくことを幼児が主観的に経験することが強調されているが、それと同時に、母親のイディオムを自分の持って生まれた性向でもって感じ取ることも重要である。このもって生まれた性向とは、赤ん坊のイディオムのことであるが、これは彼のパーソナリティや気質に独特の、本質的な特徴である*。特定の社会にそれぞれ関連している実際の習慣や言語やらといったものは、この早期の文化から生じてくるのである。

> 「文化」という言葉が定義できるものかどうか確信のないままに私は、文化的経験という言葉を、移行現象という概念と遊びという概念を拡大したものとして使ってきた。けれども強調したいのは本当は「経験」の方である。私は文化という言葉を使うとき、受け継がれた伝統ということを考えている。つまり人間であることという共通のプールにある何かを考えているのだが、個人や集団はそこに寄与するだろうし、**われわれに自分たちが見いだしたものを置いておく場所があるならば**、われわれ皆がそこから引き出してくる。

こうしたことは記録の方法に規定される。早期の文明の多くは間違いなく失

＊（訳注） ここで著者は、Christopher Bollas の創造性の理論の観点から考察を述べている。詳しくは、ボラス著『精神分析という経験』（岩崎学術出版社）参照のこと。

われてしまったが，言い伝え（oral tradition）の産物である神話のなかには，6千年にわたる人間の文化の歴史を湛える文化的プール（cultural pool）があると言えるだろう。神話を通じての歴史は，客観化しようとする歴史家の努力にもかかわらず，現在まで引き続いている。そう努力はすべきだが，客観化など不可能であろう。

[「文化的体験の位置づけ」Location of Cultural Experience, p. 99]

ウィニコットは，ある世代から次の世代への継承について述べているが，そこで継承されるのはその社会の習慣や伝統ばかりでなく，その象徴的意味や情緒的意味も継承されると言っている。もちろん家族も，それぞれの社会の文脈で，その家族自身の神話やストーリーをそれぞれに持っている。それも，各々の幼児の精神においてある役割を果たすのである。

　……どのような文化的分野でも，**伝統の基礎なしに独創的なものはあり得ない**。反対に，文化に寄与することを専門にする者は，意図的な引用は別として人まねをすることはないだろう，剽窃は文化的分野での許し難い罪である。創作力の基礎として伝統を受け入れることと独創性との間の相互関係は，結びつきと分離との相互関係のもう一つの例，それも大変に興味深い一例のように私には思われる。

[「文化的体験の位置づけ」Location of Cultural Experience, p. 99]

ウィニコットは創造性の本質を，**生きていること・活き活きしていること・リアルであると感じること**などの言葉で，繰り返し強調しようとしていた。

　……生とは一体何なのか？　患者を生き続けさせているものは何なのか知らなくても，患者を治すことはできるかもしれない。精神神経症的な疾患がないことは健康といえるだろうが，それは生ではない，このことを率直に認めるのが最も重要である。生きていることと生きていないことの間を始終さまよっている精神病患者は，われわれにこの問題を突きつけてくる。その問題は，実は**精神神経症者のみ**の問題ではなく，**われわれ人類皆**の問題なのである。これと同じ現象，すなわちスキゾイドやボーダーラインの患者たちにとっては死活問題であるような現象が，われわれの文化的経験にも現れるということを私は言

いたいのである。個々人の存在を超えた連続性を人類に与えるのは、これらの文化的経験である。私はこのように考えている。文化的経験は遊びと直接つながっているのではないだろうか、それはゲームというものをまだ聞いたこともない者たちの遊びなのだが。

[「文化的体験の位置づけ」Location of Cultural Experience, p. 100]

文化的経験の位置づけに関するウィニコットの理論の中心は、母親による人生早期の保護や適切に対象を提示されることを主体が無意識的に「思い出す」能力である。この経験が内在化されることにより、創造的に生きるための内的源泉が創られるのである。

4 創造的に生きることは、することである

遊ぶことと、存在することが、早期母子関係に属しているのと同様に、創造的に生きることもそこを起源としている。ウィニコット最晩年の1970年、死の直前に書かれた論文で、彼は創造性と創造的に生きることのテーマをさらに入念に検討している。

> どんな定義にたどり着くにせよ、その定義には次の見解が含まれていなければならない。すなわち、その個人が生きている経験に創造性が含まれているか否かによって、生が生きるに値するものになるかならないかが決まってくるという見解である。
> 創造的であるためには、人は存在し、かつ自分は存在しているという感覚を持たねばならない。それは、意識的に感じるのではなく、自分の活動の基盤としてそういう感覚を持たねばならない。
> このように創造性は、存在することから生じてくる、することである。これは、そこにいる人間が生きている、という意味でもある。衝動は休止しているかもしれないが、「すること」という言葉がふさわしくなったときには、すでにそこには創造性があるのだ。
> ……すなわち創造性とは、幼児の経験に属する特有の何ものかを、一生涯持ち続けることである。その何かとは、世界を創造する力である。

[「創造的に生きること」Living Creatively, pp. 39-40]

そして，かつて世界を創造したという感覚を基盤に，その他意味あるすべてのことは打ち立てられるのである。何より先に錯覚したことがなければ，脱錯覚はあり得ないし，何より先にまず良い授乳を受けたことがなければ，離乳はありえない。同様に，何より先に存在することなくしては，することはありえない。創造的に生きることの基礎は創造的な統覚であるが，これらは，かつて母親と融合していた経験に基づいている。まさにこの「心のなかで母親を覚えておく」経験が，記憶することへと発展してゆき，文化的経験の場となるのである。個人の内的世界では，このように主観的対象との静かな交流がある。これが各々のパーソナリティにおける伝達できない要素であり，かつ人生を意味のあるものにし，生きるに値するものにするために欠くことのできないものである（存在すること：2；コミュニケーション：9参照）。

5　創造性と芸術家

創造的に生きることは，芸術家と関係するところもあるが，まったく無関係なところもある。

> 創造的に生きることと芸術において創造的であることとの違いを，はっきりさせておかねばなるまい。
> 創造的に生きているときには，われわれが何をしても，自分は生きているという感覚や，自分が自分自身であるという感覚は強まる。一本の木（別に絵画である必要はない）を見るにしても，創造的に見ることが可能である。スキゾイド様の抑うつ期をかつて経験したことのある人なら（ほとんどの人はある），創造的であることを反対物を通して理解することができるだろう。次のような言葉を私は何度聞かされたことか。「窓の外にはキングサリの木があり，お日様が顔を出している。これを見ることができる人にとっては，素晴らしい眺めに違いないと知的にはわかるんです。でも今朝の（月曜日）私には，それは何の意味もありません。感じることができないんです。本当に私自身リアルであると感じられないのだと，このことから切実に気づかされるのです」。
> 創造的に生きることと関係はあるものの，手紙を書く人や作家・詩人・芸術家・彫刻家・建築家・音楽家の活発な創造は，また別のものである。芸術的創造に携わっている人は，何か特殊な才能をあてにすることができるのだとわれ

われは考えるだろう。しかし創造的に生きるためには，別に特殊な才能はいらないのである。

[「創造的に生きること」Living Creatively, pp. 43-44]

　この着想は，1971年の論文「遊ぶこと：創造活動と自己の探究」でさらに詳しく論じられた。この論文でウィニコットは次のような仮説を提示している。すなわち，芸術家が持つ創造への衝動は創造的統覚の探究である。そしてそれは文化の位置づけや，母親と融合している赤ん坊の感覚と，堅く結びつき関連をもっているという仮説である。なぜなら，まさにこの感覚からしか，真の自己感覚は育たないからである。

　　自己を探している人が，何か芸術的に価値のあるものを生み出すことがあるかも知れない。一方，成功した芸術家が，世界的に認められていながら，自分が探し求めている自己を結局見つけられないということがあり得る。自己というものは，身体や精神の産物から作られるもののなかに必ずしも見つかるものではない。たとえ，どんなにそういう作品が，美的にも，技術的にもインパクトの面でも価値があってもである。(どんな媒体を用いるにせよ) もしある芸術家が自己を探しているならば，その芸術家は十中八九，創造的に生きるという一般分野では，すでに幾分失敗してきたのだと言えよう。すでに完成された創作作品は，決して根本にある自己感覚の欠如を癒すことはないのである。

[「遊ぶこと：創造活動と自己の探究」Playing: Creative Activity, pp. 54-55]

6　自己を探すこと

　「遊ぶこと：創造活動と自己の探究」で，ウィニコットはフロイトの自由連想の技法に立ち戻り，そこに彼独自の潤色を施している。彼によれば，患者に自己の探究を可能にさせるのは抱える環境とその設定の信頼性である。しかしながらこの探究は自然に，かつ患者自身の時間のなかで，無定形 (formlessness) から生じなくてはならない。

　　われわれが援助しようとしている人たちに必要なのは，特殊な設定での新しい経験なのである。その経験とは，一種の無目的な状態で，未統合のパーソナ

リティがアイドリングしている状態と言ってもよいだろう。これを私は無定形という言葉で呼んできた。

……ここで私は，リラクセーションを可能にするために不可欠の要素について述べたい。これは自由連想の文脈で言えば，こういう意味になる。すなわち，カウチに横になっている患者や，床の上でおもちゃに囲まれている子どもの患者には，つながりのない一連の思いつきなり考えなり衝動なり感覚なりを伝達することが許されていなくてはならないのだが，それらは，神経学的，心理学的につながりを持っていたり，あるいはわれわれには計り知れないある仕方で何らかのつながりを持っているかも知れないが，それ以外には互いにつながりを持たない，そういう一連のものである。いってみれば，分析家が自由連想の素材のさまざまな構成要素間の関連（または複数の関連）を認識しそれを指摘できるだろう状況とは，そこに目的または不安があったり，あるいは防衛の必要に基づく信頼の欠如がある状況なのである。

（それが分析的な設定であれ，精神療法的な設定であれ，ソーシャルワークの設定であれ，はたまた，建築上の設定であれ，その他何であれ）治療的設定の専門的信頼性を受け入れていることと信頼感から，リラクセーションはもたらされる。そこには，互いに関連のない思考の連なりという発想が許される余地がある。そして治療者はその連なりをありのままに受け入れるべきで，そこに有意味な脈絡があると推断したりしない方がよい。

［「遊ぶこと：創造活動と自己の探究」Playing: Creative Activity, pp. 54-55］

そしてウィニコットは，精神分析に異例のテーマを導入する。すなわち無意味（nonsense）の価値である。分析家は分析的セッションの構造範囲内で，無定型や無時間性に身を委ねるべきだと彼は主張する。不確実さに身を任すことを通じて患者は，自分自身の創造性感覚につながる何かを発見しやすくなるであろうというのである。

これら二つの互いに関連しあった状態を対比して描き出すには，こういう患者を想定してみるのがよいだろう。すなわち，作業の後に休むことはできるのに，**創造的な広がりが生じてくるような休息状態を達成できない**患者である。この理論に従えば，まとまりあるテーマを示す自由連想はすでに不安の影響を受けているし，観念のまとまりは一つの防衛的組織である。おそらく，次のよ

うな患者がいるだろう。すなわち，休んでいる個人の精神状態に宿る無意味に気づいてくれる治療者を，時に必要とする患者である。そうしていながら患者にこの無意味を伝達することを求めようともしない，つまり患者に無意味を組織化するように求めない，そういう治療者を必要とする患者である。組織された無意味はすでに防衛なのである。これは組織された混沌が混沌の否定であるのと同じである。このようなコミュニケーションをとることができない治療者は，無意味のなかに構造を見つけようと無駄な努力をすることになる。その結果，患者は無意味を伝達できる望みを失い，無意味の領域から立ち去ってしまう。治療者が，無意味のあるところに意味を見つけようとしたために，患者は今や休息することができなくなってしまった。環境の提供が失敗に終わり，信頼感が損なわれたために，休息の機会は失われてしまった。治療者は知らず知らず専門家としての役割を放棄してしまったのである。才気ある分析家であろうとし過ぎ，また混沌に秩序を見いだそうとし過ぎたばかりに。

[「遊ぶこと：創造活動と自己の探究」Playing : Creative Activity, pp. 55-56]

ウィニコットは自分の論旨を例証するために，ある一人の患者と2回以上のセッションにわたって行われた臨床的作業のひとこまを語っている。その患者はついには質問をするところまで行き着く。ここはウィニコットが，長い沈黙ののちに言葉を差し挟んだ場面である。

彼女はある問いかけをし，私はこう答えた。その問いに答えることで興味深い議論を長い間交わせるかも知れない，けれども私が興味を惹かれるのは**問い**それ自体なのです，と。私は言った。「あなたはその問いかけをしようと思いついたのですね」。

このあと彼女は，自分の言いたいことを表現するために私が求めていたまさにその通りの言葉を口にした。彼女はゆっくりと，感情のこもった言葉でこう言った。「ええ，わかりました。問いかけることからも，人は自分という存在を自明のものとして仮定し得るのかもしれませんね，探し求めることからと同じように」。

彼女はここで決定的な解釈をしたのである。つまり，彼女の創造性としか呼びようのないものから，その問いかけは生じたのだと。そしてこの創造性は，リラクセーションの，すなわち統合とは正反対のものの後に，形になったもの

なのである。

[「遊ぶこと：創造活動と自己の探究」Playing: Creative Activity, pp. 63-64]

このセッションからウィニコットが導き出した結論は，この分析作業にデカルト的な趣をあたえている。我思う，ゆえに我あり，というわけである。自己感覚への気づきは，「取り留めのない無定形」から生まれたのである。この「取り留めのない無定形」は第三の領域であり，この論文で彼はそれを「中間領域」と呼んでいる（自己：11；移行現象：5, 7 参照）。

7　男性的要素と女性的要素

「創造性とその起源」（1971）には，ウィニコットが 1966 年に英国精神分析協会に発表した「男性と女性に見いだされる男性的要素と女性的要素」についての論文がふくまれている。この難解で濃密な論文は，その当時の臨床から触発を受けて書かれたものである。もっともそれはウィニコットの他の理論的論文すべてにあてはまることである。

要約すれば次のようになる。ウィニコットの描写するところによると，彼がある男性患者の話に耳を傾けているうちに，自分は女性の話を聞いているという感じが起こってきた。この逆転移感情を彼は患者に話して聞かせた。

そこでウィニコットは次のような発見をすることになった。この男性患者は，自分はどこをとっても男性だと感じていたにもかかわらず，彼の母親は幼少期彼を女の子と見なしていたのである。これこそが分析の転移関係のなかで反復されたものであり，（母親としての）ウィニコットに女性の話を聞いている感じを持たせた理由であった。しかしこれが男性的要素と女性的要素にどういう関わりを持つのであろうか。

ウィニコットはこの男性患者との間の経験について詳しく述べ，その経験が自分にどんな影響を及ぼしたのか説明している。ここで彼は自分でも書いているように自分自身自由連想している。

　　　何が起こったのかを落ち着いて考えてみて，私は途方に暮れてしまった。ここには新たな理論的概念も，新たな技法の原則もない。実際，この領域は私と患者とが以前にも通り過ぎたことのある領域であった。けれどもここでわれわ

れは何か新たなものを摑もうとしている。私は新たな態度を摑もうとしており，彼は私の解釈を利用する能力において新たなものを摑もうとしている。このことが私のなかでどんなことを意味するにせよ，自分はそれを甘んじて受け入れようと心に誓った。そしてその結果がここで発表している論文のなかにあるというわけである。

解離

初めに気がついたことは，男性（あるいは女性）とその反対の性をもつパーソナリティの側面との完全な解離というものを，自分がそれまでにまるごと受け入れたことがなかったということであった。この男性患者の場合，その解離はほとんど完全であった。

[「創造性とその起源」Creativity and Its Origins, pp. 75-76]

この患者の「分裂排除された女性的要素」は母親の確信（おそらく彼女の願望に由来する）にその起源をたどり得た。彼の母親は自分の子が男の子であるのに，そこに女の子を見ていたのである（彼女の第一子は男の子であった）。このようなことが誰にでも起こっているわけではないが，それでもウィニコットは，フロイトが各人に備わる「両性具有性」として述べた何ものかについて思い返し考え直してみずにはいられなかった。

……私は古い武器に新しい刃をつけたことを知った。相手の患者が男性であれ女性であれ，また男の子であれ女の子であれ，これは私の行っている治療にどんな影響をもたらすであろうか，またもたらし得るであろうかと私はいぶかった。そこで，決して忘れるわけではないが他のタイプの分裂は一時棚上げにして，このタイプの解離について研究してみることに決めた。

[「創造性とその起源」Creativity and Its Origins, p. 76]

この論文の難点は，ウィニコットの患者の一人に見られた解離された性別同一性から臨床素材が取られており，男性と女性の両者にそなわる男性的要素と女性的要素についての思索が，そこから始められている点である。これらの概念には重なる点もあろうが，それにしても性別同一性には人によって違いがあり，男性的要素と女性的要素の存在も人によって異なっている。性別同一性の問題は，ウィニコットのこの論文以降も発展し，今や膨大な領域となってい

る。ウィニコットは男性的要素と女性的要素という概念を，メタ心理学的概念として展開したが，同時に誕生直後の数週間の現実の母子関係にも根拠を持つ概念として展開しようとしたのである。

男性的要素と女性的要素についてウィニコットが述べたことの要点は，自己の感覚は発達上の適切な時期にこれらの要素の融和が生じるかどうかにかかっているということである。

8　純粋な女性的要素

女性的要素は人生の始まりに位置づけられる。その時期には母親と赤ん坊は融合しており，一体であると**感じる**のではなく実際に一体**である**（存在すること：1参照）。自己感覚が生じうるためには，少なくとも一体であること（being-one）が達成された経験がなくてはならない。

> ……存在することという意味合いでこのように関係する基盤なくして，いかなる自己の感覚も生じない。この，「存在する」という感覚は，一体になっているという観念に先行するものである。なぜならそこには同一性の他にはまだ何もないからである。お互いに分離した二人の人間同士ならば一体であると**感じる**ことが可能だが，私が今吟味している状況においては赤ん坊と対象は**実際に**一体なのである。一次的同一化という用語は，おそらく私が今述べているまさにこのことに対して用いられてきた用語であろう。そしてこの最初の経験が，これに続くあらゆる同一化の経験の始まりをなすものとして，いかに決定的に重要なものであるかを私は示そうとしているのである。
>
> ［「創造性とその起源」Creativity and Its Origins, p. 80］

ウィニコットは，女性的要素は母親と融合していた経験に根源を持つものと考えていた。この一次的同一化では，赤ん坊は母親との間に完全に区別を経験していないが，こうした一次的同一化がのちのあらゆる発達の先がけとなり基礎となるのである。

こうしてウィニコットは，女性的要素を環境-個人の組合せの中心に位置づけ，同時に文化と創造性の場の同じ位置に位置づけたのである。

融合しているが統合されてはいない母親と赤ん坊との間に**存在することに**，

ウィニコットは女性的要素の起源を見ていた。この一次的同一化を基盤として、同一化のプロセスが育ってゆき、それが自分と自分でないものとの識別 (differentiation) につながっていくのである。

> 投影同一化も取り入れ同一化も、それらが互いに同一のものであるこの場所から発生してくるのである。
> 人間の赤ん坊の成長においては、自我が組織だったものになり始めるにつれて、あらゆる経験のうち、おそらくは最もシンプルな経験である「存在すること」の経験が、純粋な女性的要素が対象と関係することと私が呼んでいるものによって、確立されるのである。ここに世代の真の連続性を見ることができる。それは男性と女性の女性的要素と、男児と女児の女性的要素を経由して、ある世代から次の世代へと伝えられるのである。思うに以前にもこうしたことは論じられていたが、いつも女性や少女について論じられていたので、問題が混乱していたのである。これは男性にも女性にも備わっている女性的要素の問題なのである。
> 　　　　　　　　　　　[「創造性とその起源」Creativity and Its Origins, p. 80]

9　純粋な男性的要素

赤ん坊が自分と自分でないものを何とか識別しようと格闘する際に、男性的要素は作動し始める。それは分離のプロセスの一部であり、思いやりの段階に関係している。環境としての母親と対象としての母親という二つの母親が、危なっかしくも統合されるのはこの段階である（思いやり：3参照）。

> これに対して、対象関係の男性的要素が対象と関係することは、分離していることを前提とする。利用できるような自我組織ができるとすぐに、赤ん坊は対象に対して、自分でないものとか分離したものとしての属性を許容するようになり、欲求不満に関連した怒りも含めてのイド満足を経験するようになる。
> 　　　　　　　　　　　[「創造性とその起源」Creativity and Its Origins, p. 80]

したがって、純粋な男性的要素とは分離していることと自我の発達を基礎とした識別能力を意味する。

創造的に生きることは，**いる**能力と**する**能力の両方をもたらす，男性的要素と女性的要素との統合に関係しているのだが，これは順番に現れなくてはならない。

> 「存在すること」の後には，「すること」と「されてしまった」が来る。けれどもまず最初は「存在すること」なのである。
> 　　　　　　　　　　　　［「創造性とその起源」Creativity and Its Origins, p. 80］

ウィニコットが言いたかったのは，男性的要素と女性的要素が解離していると，創造的に生きることが妨げられてしまうということである。もっとも，これは性別同一性とは区別されるべきであるが。

パーソナリティのもつ男性的側面と女性的側面（アニマとアニムス）とか，自己との関わりにおける正反対のものの結婚とかいうユングの発想に，ウィニコットの男性的要素と女性的要素についての考えは確かに似ている。また，ユングの超越的機能と，ウィニコットの創造的に生きることに関する理論にも類似点がある。しかし，ウィニコットの理論がユングのものと違うのは，ウィニコットがこれらの概念を母子関係の文脈で使用している点であろう。

出　典

1951　「移行対象と移行現象」Transitional Objects and Transitional Phenomena［W6］
1953　「『人格の精神分析的研究』への書評」Review of *Psychoanalytic Studies of the Personality*［W19］
1967　「文化的体験の位置づけ」The Location of Cultural Experience［W10］
1968　「幼児と母親および母親と幼児のコミュニケーション，比較と対比」Communication between Infant and Mother, and Mother and Infant, Compared and Contrasted［W16］
1970　「創造的に生きること」Living Creatively［W14］
1971　「創造性とその起源」Creativity and Its Origins［W10］
1971　「遊ぶこと：創造活動と自己の探究」Playing: Creative Activity and the Search for the Self［W10］

存在すること（の連続性）

being (continuity of)

1 重心
2 他と連絡を断たれた本当の自己
3 創造的統覚
4 存在することと女性的要素
5 人生とは一体何なのか

　存在することの連続性は，幼児の主観的体験がほどよい母親に融合する結果起こる状態，もしくは感覚として記述されるだろう。ウィニコットはまた，この「存在すること」の感覚を「重心」と記述し，幼児の絶対的依存の状態にある非常に初期の数週間で起こるべきことであり，また，母親が原初の母性的没頭の状態にあるときにのみ起こりうると述べている。

　存在することは，本当の自己と生来の潜在力に属する。存在することは未統合（unintegration）と繋がり，くつろぐ能力や楽しむ能力に先立って起こるものである。「存在する be」という能力は，正に最初の抱える環境体験に由来する。「存在すること being」の経験から，「創造的に生きる」能力や「遊ぶ」能力が発達し，そして，それが統合の側面となり，すること（doing）を導く。

　ウィニコットは，女性的要素とともに「存在すること」の体験を関連させている。彼はまた，存在することの中心には，文化が置かれると述べている。

1 重心

　ウィニコットの用いる「存在すること」および「存在することの連続性」という言葉は，彼の生涯の最後の十年間に発展した。それが新しいアイデアだったということではなく，単に，内的主観性を明確にして位置づけたのであっ

た。赤ん坊の内側にある「存在すること」を記述するこのような方法は，実存主義的な趣きをウィニコットの仕事にもたらしている。もっとも，彼は自分の理論をそのようなものにしたいとは望んでいなかった。早くも1949年には，「普通の献身的な母親」というタイトルの放送で，後に1966年に出版されることになるが，ウィニコットは自分の思想と実存主義との間の区別を述べている。

> すべてがそこから始まります。そしてそれが，**存在すること**といった，とても簡単な言葉に意味を与えているのです。
>
> 私たちは，**実在すること**というフランス語風の言葉を使って実存について話すことができるでしょう。そして，私たちはこれを哲学にして，実存主義とよぶこともできるでしょう。しかし，どういうものか私たちは，**存在すること**という言葉を使って出発し，それから**私である**という表現を用いることが好きなのです。重要なことは，**私である**ということは，初めはまだ区別されていない**もう一人の人間とともに私であること**がない限り，何の意味もないということなのです。この理由から，**私はある**という言葉を使うよりも**存在すること**について話すことのほうがより真実なのです。そして，それが次の段階と関係するのです。存在することがすべての始まりであるということは，いくら強調してもし過ぎではありません。それ無しには，**すること**とか**されること**というのは何の意味もありません。
>
> [「普通の献身的な母親」The Ordinary Devoted Mother, pp. 11-12]

ウィニコットは早期の母子関係における存在を彼が強調することで，実存主義哲学の重要性を退けているように見える。しかしながら，まさにウィニコットのこの「フランス語風」の次元の仕事こそが，精神分析理論を展開し（その結果，技法の分派が生まれるのだが），時には根底から変えたのであり，また，彼が望むと望まないとにかかわらず，彼の情緒発達についての理論が哲学的な研究領域に重要な寄与をした。

1952年，英国精神分析協会誌に発表された，「安全でないことに関連した不安」という短い論文のなかで，ウィニコットの「存在すること」の概念の中核が語られている。存在することは「重心」という考えから生じている。ここでは，ウィニコットの理論とクラインの理論との間に重要な違いがある。クライ

ンが人生の初めから対象関係が始まると述べているが、ウィニコットは、それが早期の数週間から始まると考えた。そこでは母親と幼児が一体化しており、環境-個人の組合せがある。

　それでは、最初の対象関係の前に何があるか。私は、この問題に長年格闘してきた。そもそものはじまりは（およそ十年前、英国精神分析協会で）、自分が思わず次のことを話しているときに、しかも興奮気味に熱烈に言ってしまったときに気づいたのであるが、それは、「**一人の赤ん坊というものはない**」ということである。私はこのような言葉を発したことに驚き、もしあなたが私に赤ん坊を見せるとしたら、赤ん坊の世話をする人も見せるだろうし、少なくとも、誰かの目と耳が注がれている乳母車をきっと見せるだろうということを主張することで、自分の言ったことを裏づけようとしたのである。人はそこに「**養育関係にある母子一体**」を見る。

　今日ではもっと冷静に、私は対象関係以前にあるユニットが次のようなものであるといえるだろう。ユニットというのは個人ではなく、ユニットは環境-個人の組合せである。存在することの重心は、個人から始まるのではない。それは、全体的な組合せのなかにある。ほどよい育児、方法、抱えること、そして、一般的な取り扱いによって、外側の殻は徐々に外されていき、中核が（われわれにとっては、いつでも人間の赤ん坊のように見えてきたのだが）、一つの個となり始める。その始まりは、可能性としては非常に恐ろしいものであろう。なぜならば、私が今まで述べてきた不安、最初の統合に密接に繋がっていく妄想状態、最初の瞬間的な本能に繋がっていく妄想状態があり、また、実際にそうであるように、赤ん坊の対象関係に新しい意味がもたらされるからである。ほどよい養育の技術は、外的な迫害を中和させて、解体の感覚や心身がかけ離れているという感じを防ぐことになる。

　言い換えれば、ほどよい育児の技術が無ければ、新しい人間はどのようなチャンスもないということになる。ほどよい技術があれば、環境-個人の組合せにおいて存在することの重心が、中心に、外側というよりは中核に何とか留まることができるようになる。そのなかから実体というものを発展させる人間は、幼児の体のなかに限定されるようになることができ、境界膜や内部を獲得すると同時に、外的世界を創造し始めることができる。この理論によれば、観察者であるわれわれには環境のなかの一人の幼児を見ることができたとして

も，初めには外的世界はなかったということになる。

[「安全でないことに関連した不安」Anxiety Associated with Insecurity, pp. 99-100]

多くのフロイト派の用語と同様，一次的ナルシシズムは，ナルシシズム理論についての著者の解釈や使用法に従って，強調点や意味するところが変わってくる。ウィニコットは，滅多に一次的ナルシシズムという用語を使わないが，対象関係が存在する以前の母親と幼児の早期の状態に言及するときに用いる。

母親は，原初の母性的没頭の状態にあるとき，自分の幼児に没頭してしまう。それは，母親が幼児の窮地に熱心に同一化するためである。このようなことは，母親が彼女の赤ん坊の身を保護することと同様に，心理的にも保護することを可能にする（原初の母性的没頭：1, 2, 3 参照）。

ウィニコットにとって融合することとは，母親と幼児の双方が一つとして存在することを意味している。もっとも，健康な母親は彼女自身に気づいており，幼児に代わって気づいている（自我：4 参照）。幼児に融合する状態は，彼が自分と自分でないものとの間をまだ区別することができないことを意味している。彼は母親を見，母親の顔が自分の顔であることを信じる。母親と幼児との間にある夢想（reverie）のこの状態は，相互性，錯覚の不可欠性，主観的対象とのコミュニケーションといったウィニコットの理論に繋がっていく（コミュニケーション：9；依存：1；母親：4；自己：3 参照）。

ウィニコットは初期から，「存在すること」の状態を未統合として述べており，1948年に書かれたいくつかの覚え書きや講演会の下原稿のなかに自分の意図を記述している。

　……静寂のこのとき，そこに境界線はない，ただ，多くのバラバラのものがあるだけ。木の間から見える空，母親のまなざしの動きにつれて見える何か欠けたもの，そうしたものが漂っている。何か統合に必要なものが欠けている……。それが，保持することを可能にするために非常に大切なのだ。それがないと，何かが欠けたまま。静かで，穏やかで，安らかな何か，そして，周りに興奮するようなものが何もないときには，人と物が一体になっていると感じる何かが生まれない。

[quoted in Davis & Wallbridge, 1981, p.39]

このように，くつろぎ，身をゆだねることができるのは，全面的信頼の上に立つ環境としての母親の腕にすっかり依存しているからであろう。未統合のままでいて，くつろぐことができるということは，逆説的であるが，統合や成熟の一つのサインである（一人：2参照）。

1960年には，赤ん坊と母親に関するウィニコットの仕事の積み重ねが，彼の論文，「親と幼児の関係に関する理論」に結びついた。この論文のなかで，彼は幼児の存在することの連続性において，ほどよい環境の影響が決定的であることに焦点をあてている。ウィニコットは，細々とした両親による世話について，また，幼児の幸福感を現実化するために彼らの世話がいかに貢献しているかについて，さらに詳しく述べている（抱えること：4；自己：5参照）。

> 「母親から受ける養育」によって，それぞれの幼児は自分のパーソナルな存在を持つことができ，**存在することの連続性**と呼べるものを形成し始める。この存在することの連続性を基礎にして，生得的潜在力が，次第に個々の幼児のなかに育ち始める。母性的養育がほどよくなければ，存在することの連続性を欠くために，幼児は本当に存在することにはならない。その代わり，人格は環境の侵襲に対する反応を基礎に作り上げられるようになるのである。
>
> ［「親と幼児の関係に関する理論」Parent-Infant Relationship, p. 54］

侵襲に対する反応の累積結果の上に作られた人生は，偽りの自己を生きることであり，それは人生ではまったくないのである（自己：7参照）。

しかし，そこには中核的/本当の自己を守るために存在している健康な偽りの自己がある。

2　他と連絡を断たれた本当の自己

ウィニコットは，人生の始まりから中核的自己が存在すると仮定している。この中核的自己は，**保護され，孤立された**ままの状態が許されるときだけ，真正なものとして本当に生き生きとしたやり方で存在することになりえる。孤立する自己についてのこのような考えは，ウィニコットが，論文，「親と幼児の関係に関する理論」のなかで探索し始めたものである。

この時期に考えなければならないもう一つの現象は，人格の中核の隠蔽である。中心的または本当の自己の概念を検討してみよう。中心的自己は，存在することの連続性を体験し，独自のやり方と独自の速度とで，個人の心的現実と個々の身体図式を獲得している生得的潜在力ということができる。この中心的自己の孤立（isolation）の概念を健康の特性として考慮する必要があるように思われる。本当の自己のこの孤立に対するどんな脅威も，この早期の段階で大きな不安を引き起こす。そして，幼児期最早期の防衛は，この孤立を妨げようとする侵襲を避けようとする，母親の役割の（もしくは母親の養育の）失敗と関係して現れてくる。

[「親と幼児の関係に関する理論」Parent-Infant Relationship p. 46]

　本当の自己の孤立した側面というテーマは，ウィニコットによって，1963年に，主要な論文の一つである「ある対立現象に関する研究へ導く交流することと交流しないこと」で詳細に述べられている（コミュニケーション：12参照）。

　　私は**個人の永久的な孤立**という考えの重要性を提起して強調し，個人の中核には自分でないものの世界のいずれともどんな交流もないということを主張したい……。
　　この孤立したものとしての個人というテーマは，幼児や精神病の研究においては重要なことである。しかし，それはまた，青年期の研究においても重要である。思春期の少年少女は多くの観点から描くことができるだろうが，**孤立としての青年期**というのはその一つである。この個々の孤立の保持は，同一性探求の一部分であり，交流することについての中心的な自己を妨害しないように交流することについての個人の技術を確立することの一部分である。これは，青年期の若者たちが一般に精神分析理論に興味をもつのに精神分析療法を敬遠する一つの理由を説明するであろう。彼らは，性的にではなく精神的に，精神分析にレイプされたと感じるのである。実際の場面では，分析家は若者たちのもつこの種の恐怖感を確認しないですむけれども，青年期を扱う分析家は，たっぷりと吟味されることを予測して，間接的な交流の仕方を用いるようにし，そして単純に交流しないという現象を受け入れるだけの心の準備ができて

いる必要があるのである。

> [「交流することと交流しないこと」Communicating and Not Communicating, p. 190]

ウィニコットは，この論文の最初の方で，精神分析に対する社会の恐怖は自己の侵害と結び付けられると仮定している。

> 私たちは，人格の奥深くに貫通している精神分析に対して，またひそかに孤立させておきたいという人の欲求に脅威を与える精神分析に対して，人びとが抱く憎しみを理解できる。問題は，隔絶されることなく，いかに孤立するかということである。
>
> [「交流することと交流しないこと」Communicating and Not Communicating, p. 187]

この逆説的で重要な問題は，自己の侵害と引きこもり状態のテーマに繋がる（一人：3参照）。

交流**しない**という患者のニードを尊重し正しく理解することは，患者に**すべてのことを**語らせることを伝統とする精神分析においては斬新な考えである。

3 創造的統覚

創造的統覚（apperception）とは，ウィニコットが最初から，母親や環境に対する幼児の主観的体験に対して与えた名称である。

> 人生が生き生きとして価値があると個人に感じさせるのは創造的統覚にほかならない。これと対照的な，迎合という一つの外的現実との関わり方がある。これは，世界とその部分とが適合すべきものとしてのみ認識されること，あるいは，適応を要求することである。
>
> [「創造性とその起源」Creativity and Its Origins, 1971, p. 65]

自分の重心から発達し，その結果，殻（母親自身の見られたいという自己愛的な要求）にではなく，中核に留まる（自己の感覚）幼児は創造的に統覚する

ことができる。自己の感覚およびリアルであると感じることについての感覚へ導くのは，ただこれだけである。この感覚は人生に真の意味を与え，そして，人生に生きる価値があると感じさせる。最後の十年間，ウィニコットの頭を最も占めていたのは，このことだった（創造性：6；自己：11 参照）。

ウィニコットにとっては，統覚から知覚へは一連のものだった。赤ん坊が，口に出して言えたなら，言っただろう。

　私がまなざしを向けるとき，私は見られ，そうして私は存在する。
　いまや，私はまなざしを向けることも，見ることもできる。
　今，私は創造的にまなざしを向け，そして，私が統覚するものもまた知覚する。
　実際，私は（疲れていない限り）そこでは見られないものを見ないように気をつける。

[「小児における母親と家族の鏡としての役割」Mirror-Role of
Mother and Family in Child Development, 1971, p. 114]

ここにある「存在すること」についての言葉のなかで，決定的な文章は，「私がまなざしを向けるとき，私は見られ，そうして私は存在する」という部分である。幼児は，生き生きと感じるために母親から見られること（適応の欲求）に依存している。まなざしを向けることと見られることは，原初の同一化の焦点である。存在することの感覚と見られることの感覚から，夢を見たり遊んだりする一つの空間が浮かび上がる（創造性：1；母親：4,9；遊ぶこと：1；移行現象：5 参照）。

ウィニコットの考える一連の流れは，健康的な個人のなかに起きる過程，つまり，無言の交流をし，主観的な対象と関係をもつことに重なる過程に関連する。この種の自己関係性は，リアルであると感じる感覚をもたらし，それを高める（コミュニケーション：4,9 参照）。

4　存在することと女性的要素

ウィニコットの晩年の数年間で書かれた二つの論文が組み合わさった「創造性とその起源」で，彼は，「男性的要素と女性的要素」に触れている。彼は，

「すること doing」を男性的要素に，「存在すること being」を女性的要素に置く。こうして，情緒発達に関する彼の理論は，父親や第三の領域の重要な特質を含めた（移行現象：7参照）。

> 私が「男性的」と呼んでいる要素が，能動的に関係しているという点でも，受動的に関係させられているという点でも，交流しているということを主張したい。……それに対して，私が提案したいことは，純粋な女性的要素が，**赤ん坊が乳房（もしくは母親）になるという意味で，つまり，対象が主体であるという意味で**，乳房（もしくは母親）と関係していることである……。ここでは，この純粋に女性的要素の「乳房」との関係性を，主観的対象という観点から実際に適用することができる。そして，この体験は，客体的主体への道を開くものである。客体的主体とは，つまり，自己についての観念であり，同一性を持っているという感覚から生じるリアルであるという感覚である。
>
> 自己感覚の心理学と同一化の確立の心理学とが，赤ん坊の成長に従っていかに複雑になろうとも，**存在することの感覚においてこのように関係することが基礎になければ，いかなる自己感もあらわれないのである**。この存在することの感覚は，一体で存在する（being-at-one-with）という観念に先行するものである。そこにはまだ，同一化以外には何もなかったからである。二人の分離した人は，一体であると**感じる**ことはできる。しかし，今，私が検討しているこの場では，赤ん坊と対象は同一なのである。一次的同一化という用語は，おそらく，ちょうど私が述べているこのことに対して使用されてきた。そして，私はこの最初の体験が，その後に続くあらゆる体験の開始にとって，いかに不可欠で重要であるかを示したい。
>
> 投影同一化も取り入れ同一化も，互いが同一であるというこの場から起きるものである。
>
> [「創造性とその起源」Creativity and Its Origins, pp. 79-80]

かつて1950年代には，自我関係性と呼ばれていた言葉が，今は「対象と関係すること」と呼ばれている。そして，その中心に**存在すること**がある。

> 人間の赤ん坊の成長において，自我が組織化を始めるのに従って，私が，純粋な女性的要素が対象とかかわることと呼んでいることは，おそらくすべての

体験のなかで最も単純なもの，つまり，**存在すること**という体験を確立する。ここで人は，男性と女性の女性的要素と男児と女児の女性的要素を経由して，存在することが一つの世代から次の世代に伝わるという，世代の真の連続性を見いだすのである……。それは男性と女性の双方にある女性的要素の問題なのである。

[「創造性とその起源」Creativity and Its Origins, p. 80]

ウィニコットは，精神分析がこの側面，彼が女性的要素，すなわち存在することの能力と呼んだものを無視してきたと指摘している。

精神分析家たちは，おそらく対象と関わることという男性的要素，あるいは欲動的側面に注意を払ってきていた。しかし，私がここで注意を引こうとしていること，つまり，存在する能力の基礎になる主体-対象同一性を無視してきてしまったのだ。男性的要素は**行う**のだが，女性的要素は**存在する**のである。ここに，ギリシャ神話のなかで最高の女神と一体となろうとした男たちが出てくるだろう。またここは，時には間違うこともあるのだが，男性が当然あるものと思いこんでいる女性的要素を持っている女性たちに対する男性の根深い羨望を述べる場所である。

[「創造性とその起源」Creativity and Its Origins, p. 81]

この最後の文章は，ウィニコットの「女性 WOMAN」というものについての見解と関連する。女性への羨望，それは，女性が女性的要素を所有するという空想を基盤にしたものであるが，「『女性』というものの恐怖」に結びつけられる。「女性」というものの恐怖，それは，女性と同じく男性にもあるものだが，私たちみんなが一度は絶対的に依存していたという承認したくない事実によるものである（依存：2, 3, 4 参照）。

ウィニコットは，精神分析が女性的要素に注意を払わないことを叱責しているのだが，彼は，自分の男性的要素と女性的要素の区別が，ユングのエロスとロゴスに関する独自な考えと類似していることを認めていない。ユングは双方の要素がいずれの性の一人の個人に共存しうると主張し，エロスは女性的要素に起因し，精神的な関係化の原理を示すのに対し，ロゴスは男性的要素に起因し，力動的なものとみなされ，精神的な分立化の原理を示すと述べている。

ウィニコットにとって，発達促進的な環境を提供することができる，ほどよい母親に触れることなく，女性的要素について議論することは不可能なことである。

> 私はここで最早期の段階についての考察に戻る。この段階で，母親が幼児を巧妙な方法で扱うやり方によってパターンの基礎が築かれる。環境要因のこの非常に特殊な例について，詳しく言及する必要がある。母親は，**ある**はずの乳房を持っているので，赤ん坊と母親は，幼児の未熟な心のなかでいまだ分離されないときにも**存在する**ことができる。母親がこの貢献をすることができない場合には，赤ん坊は存在する能力がないか，あるいは，損なわれた能力しかないまま発達しなければならないということになる。
> 　　　　　　　　　　　　［「創造性とその起源」Creativity and Its Origins, pp. 81-82］

羨望が生得的なものであると考えているクライン派に明確に向けられたメッセージにおいて，ウィニコットはメラニー・クラインとの長年にわたる理論的な相違を強調し，羨望が環境の**失敗**に起因することを強調したいと望んでいる。あるときは，良い母親で，別のときは悪い母親だが，決してほどよい母親ではない，というじらす母親の体験は，すべてのなかで最も悪い母親である（母親：12 参照）。

> 私が述べているこの非常に微妙なことを行える母親は，「純粋に女性的な」自己が乳房を羨望する子どもを生み出したりはしない。というのは，このような子どもにとって，乳房は自己であり，また，自己が乳房であるからである。そして，羨望は，「存在すべき物」としての乳房の不在にじらされる体験に適用した方がいいかも知れない言葉である。
> 　　　　　　　　　　　　［「創造性とその起源」Creativity and Its Origins, p. 81-82］

純粋な女性的要素に関して，対象と関係すること（自我関係性）は，本能や衝動とはまったく無関係である。

> 純化されて混じりけのない女性的要素についての研究は，私たちを「存在すること」へ導く。この存在することが，自己の発見と実在感の唯一の基礎をつ

くる（そして，さらにまた，内側を発達させる能力，容器になる能力，投影と取り入れのメカニズムを使用する能力を持つこと，投影と取り入れに基づいて世界と関わる能力をつくる）。

[「創造性とその起源」Creativity and Its Origins, p. 82]

5　人生とは一体何なのか

存在することが人生において引き続いて起きる体験の中核にあるということを，ウィニコットが十分に強調できているようには思えない。実際，もしその個人が単に**存在する**という機会を持たなかったならば，彼の将来は，人生の情緒的満足感に関しては良い結果を期待できないだろう。この人は空しく感じることになるだろう。

> ……私は，対象関係の文脈のなかでの女性的要素の特徴が同一性であることに気づいた。同一性は子どもに，存在することの基礎を与え，後には，自己感の基礎を与える。しかし，私は子どもに存在することの体験の基礎を与えるのは，ここ，つまり特殊な質を持つ母親の供給に絶対依存することにおいてであるということに気づいたのである。……ここで私は言いたい，「存在することの後に，行うことや行われることがある。しかし，まずは，存在することなのである」。

[「創造性とその起源」Creativity and Its Origins, pp. 84-85]

したがって，**行うこと**の能力は，**存在すること**の能力を基礎にしている。治療の文脈のなかで，自己感覚の探索や発見は，すべて同一性を見いだすことと関係する。

1967年の「文化的体験の位置づけ」という論文のなかで，ウィニコットは一つの疑問，精神分析家よりも哲学者によりなじんできたであろうという疑問を投げかけている。

> 私たちは，**人生それ自体何であるのか**という疑問に取り組まねばならない。精神病の患者は，私たちにこの種の根源的な問題に目を向けさせる……。一人の人間について語るときには，彼の文化的経験の総和も**同時に**語っているので

ある。全体というものが一つのユニットを形作るかどうか。

　私は，私が「文化」という言葉を定義できるかどうか確かではないのに，文化的体験という用語を，移行現象や遊ぶという観念を拡大させたものとして使用してきている。本当のところ，強調点は体験におかれている。文化という言葉を使う場合に私は，受け継がれた伝統のことを考えている。そして，**もし私たちが気づいたものをどこかに置かなければならないとしたら**，私は，そのなかへ個人や人びとの集団が寄与し，そして，そこから私たちがすべてを引き出すような，人類共有のプールのなかにあるものを考えている。

[「文化的体験の位置づけ」Location of Cultural Experience, pp. 98-99]

ウィニコットにとって，文化とは最初期の母親と幼児の融合された体験のまさに中核に属するものである。そこには，偶発性という事実——母親が母親自身を見いだす文脈が**含まれている**（創造性：3参照）。
　しかし，ほどよい母親の体験を持た**ない**幼児は，存在することについての能力を発達させることや，発見することを妨害される。これは，ウィニコットが想像を絶する不安，原初の苦悩，そして，破滅として言及していることを経験している幼児であろう（環境：6参照）。

　母親と幼児の関係という，このような早期の段階における不安は，破滅の脅威と関係するが，ここでこの言葉の意味することを説明する必要があるだろう。
　抱える環境が必須の存在であると特徴づけられるこの段階では，「生得的潜在力」それ自身が，「存在することの連続性」となる。存在することに代わるものは，反応することであり，反応することは，存在することを中断させ，破滅させてしまう。存在することと破滅は二者択一。したがって，抱える環境の主な機能は，幼児が存在することの結果として生じる破滅に反応しなければならないということに対して，侵襲を最小限にすることである。好ましい条件に恵まれれば，幼児は存在することの連続性を確立し，引き続いて侵襲を万能感の領域へと押し込めることを可能にするだろう。

[「親と幼児の関係に関する理論」Parent-Infant Relationship, p. 47]

　ここでまた，一つのスペクトルが暗示されている。一方の端には存在するこ

とがあり，それは健康や統合，存在することの能力，その結果，行うことと関連している。もう一方の端には，原初の苦悩があり，そこでは未熟な反応しかなく，内側と外側の区別ができず，自分と自分でないものの区別ができない。その場合，そこには常に一つのチャンスがあるが，それは，存在することに始まる転移関係のなかで，重心を発見するために必要な退行を精神療法が促進するチャンスである（自己：11 参照）。

出 典

- 1952 「安全でないことに関連した不安」Anxiety Associated with Insecurity ［W6］
- 1960 「親と幼児の関係に関する理論」The Theory of The Parent-Infant Relationship ［W9］
- 1963 「ある対立現象に関する研究へ導く交流することと交流しないこと」Communicating and Not Communicating Leading to a Study of Certain Opposites ［W9］
- 1966 「普通の献身的な母親」The Ordinary Devoted Mother ［W16］
- 1967 「文化的体験の位置付け」The Location of Cultural Experience ［W10］
- 1971 「創造性とその起源」Creativity and Its Origins ［W10］
- 1971 「小児における母親と家族の鏡としての役割」Mirror-Role of Mother and Family in Child Development ［W10］

退行

regression

1 退行の理論
2 分類
3 退行の二つの種類
4 リアルであると感じる感覚あるいは不毛感
5 「私たちは失敗することによって成功する」
6 芸術ではなく適応を
7 保証
8 信頼を与える設定
9 欲求と願望を区別すること
10 退行と引きこもり

　依存への退行は，早期の環境の失敗の時期に生じた，まだ経験されていない外傷を生きなおす一つの方法として，分析的設定のなかで生じることがある。分析的設定は患者に抱える環境を体験する可能性を提供するが，これはおそらく患者には初めてのことであろう。抱えられることにより，患者は元の外傷が体験され，そうして処理される機会が生ずるかも知れないという無意識的な希望をあらわしやすくなるだろう。今度はこうした経験によって依存へと退行するなかで，患者は本当の自己を探求し発見することが可能となる。分析的関係の文脈のなかでのこの探求が，癒しの過程の一部なのである。
　引きこもり，あるいは引きこもった状態は，分析家が患者の抱えられたいというニードを認め，それを満たすことなしには処理され得ない退行の一形態である。
　依存への退行はあらゆる患者群に関連するものだが，これと「退行した」患者とは区別されなければならない。前者は分析の経過中に転移関係の一部としての依存へと退行する患者に関わるものであり，後者はおそらく早期の環境の失敗のために情緒発達が成熟していない患者に関わ

るものである。

1 退行の理論

ウィニコットの退行の理論は，1940年代後半から1950年代初頭にかけて注目されるようになった。1954年に彼は英国精神分析協会において「精神分析的設定内での退行がもつメタサイコロジカルで臨床的な側面」という論文を発表した。それは長大かつ濃密な論文で，退行する，あるいは退行している患者との治療に関する主な側面を網羅した論文であり，精神分析的な解釈を利用することができないが，その代わりにセッションのマネージメントにおいて文字通りの意味で抱えられることを必要としている患者を，精神分析的に治療する際の技法に関する推奨を含んでいる。

単純に言えば，退行とは発達の前の段階に戻ることを意味する。分析の作業においては，患者の依存への退行は通常ごく早期の非言語的体験を再び体験することに関係しているが，こうした体験は精神病的機制としばしば関連している。この再体験は転移関係の文脈のなかで生じるが，分析的設定の抱える環境がいったん築かれ患者が分析家を信頼できるようになるとき生ずるのである。ウィニコットは，患者のなかには健康へまた発達へと向かう内なる力が存在していると信じていた。

> 私にとっては，退行という語は単に進行（progress）の反対を意味している。この進行とは，個人，精神-身体，人格，そして心の，（最終的には）性格形成と社会化へとつながる発展のことである。この進行は，出生前のある日から始まっていることは確かである。進行の背後には，生物学的な動因が存在している……。
> 　健康とはこの精神の発展的進行における持続性を意味し，またその個人の年齢に相応した情緒発達における成熟，つまり言うなれば，この発展的過程に関係する成熟であるというのが，精神分析の教義の一つである。
> 　　　［「精神分析的設定内での退行がもつメタサイコロジカルで臨床的な側面」
> 　　　　Metapsychological and Clinical Aspects of Regression within
> 　　　　　　the Psycho-Analytical Set-Up, pp. 280-281］

この後ウィニコットは，退行について次のような結論に到達する。

> ……**進行の単なる逆転ということはあり得ない**。この進行が逆戻りをするためには，個体のなかに退行を可能にするような組織がなくてはならない。
> [「精神分析的設定内での退行がもつメタサイコロジカルで臨床的な側面」
> Metapsychological and Clinical Aspects, p. 281]

これを言い換えるならば，患者は退行していることの**利用**を可能にするような，元来備わっている能力（内的組織）を持っている必要があるということである。ウィニコットは，この心理学的「組織」の二つの側面を示唆している。

> 偽りの自己の発達をもたらす，環境の側の適応の失敗。
> 退行へと向かう潜在的能力は複雑な自我組織の存在を示唆するが，そこにあらわれている可能性，つまり元の失敗が修正できる可能性を信じること。
> [「精神分析的設定内での退行がもつメタサイコロジカルで臨床的な側面」
> Metapsychological and Clinical Aspects, p. 281]

偽りの自己は中核的自己を守るために成長し，**侵襲**への**反応**の結果としてこれが生じる。

本当の自己と偽りの自己についてのウィニコットの理論は，6年後の1960年にさらに発展することになる。しかしながら，この論文が発表された1954年には，ウィニコットは本当の自己と偽りの自己の理論を発展させている途上にあった（自己：6, 9 参照）。

二番目の文には，ウィニコットの情緒発達の理論の重要な部分が含まれている。彼自身，早期の崩壊を埋め合わす機会を見いだす可能性について無意識的な水準で感知する個人の能力を「信じて」いた。この無意識的な動因は「複雑な自我組織」の存在を示す。

> 精神分析における退行について語るとき，そこには自我組織の存在とカオスの脅威とが含意されている。個人が記憶，発想，潜在的可能性を蓄積する方法については研究されるべき点が多い。退行を正当化してくれ前方へと発達してゆく機会を与えてくれるような望ましい状況，それは環境の失敗のために当初

は不可能であったり困難であった状況であるが，そういう状況が生じるのではないかという期待が存在するかのようである。
　　　　　　　［「精神分析的設定内での退行がもつメタサイコロジカルで臨床的な側面」
　　　　　　　Metapsychological and Clinical Aspects, p. 281］

　1949年「心とその精神-身体との関係」という論文においてウィニコットは，誕生前，誕生中，そして誕生後に生じた身体感覚の詳細な早期記憶を蓄えておくことを「カタログ化」と呼んだ（精神-身体：4参照）。
　記憶は，しかしながら，二つの範疇に分けることができる。
　第一のグループは，経験によって外傷（重大な侵襲）を与えられ**なかった**幼児に見られるような，**考えられる**（thinkable）記憶からなる。ウィニコットにとっては，侵襲は幼児に生じた外的な何かによる衝撃を示すものである──出生はこの意味において，最初の侵襲と見ることができる。侵襲それ自体は，赤ん坊の発達を傷つけるわけではない。実際それは健康な発達に欠かせないものである。外傷的な侵襲が生じるのは，幼児が何らかの理由──環境や素質などの理由──のために生じたことを処理できない場合である。どんな経験であれ赤ん坊にそれに対する備えがない場合には，反応を余儀なくさせられる。したがって，情緒発達において崩壊を生じさせるのは，侵襲への**反応なのである**（環境：5参照）。
　第二のグループは，**考えようがない**（unthinkable）記憶からなっている。それは，処理する備えのないときに幼児にいちどきに生じた著しい侵襲である。カタログ化される必要があるのはこの記憶のグループである（環境：7；精神-身体：4参照）。いずれの記憶のタイプも，もちろん無意識的，前意識的，認知的記憶の混合物である。
　ウィニコットは退行の理論において，考えようがない記憶というのは「凍結されている」のだと主張した。しかし重要なことであるが，彼はこの凍結と並行して，新しい環境が提供されれば必要な解凍が行える機会があるに違いないという希望もまた存在していると信じていた。彼は初めて体験される体験について語るとき，こうしたことを意味しているのである。
　凍結は「自我-組織」の存在を示している。というのは，それは環境による自己に向けられたと感じられる攻撃に対して幼児が防衛を構築することができることを示しているからである。このように防衛は，ほどよくない環境への正

常な反応とみなすことができる。

　　　失敗状況を凍結することによって個人が特定の環境による失敗から自己を防衛できるというのは正常かつ健康なことだという考えが，人間の発達についての理論には含まれるべきである。このことには，いつか失敗状況が解凍され再体験できるような新しい経験，それは個人が退行した状態において適切な適応をなしてくれるような環境下でのことであるが，そういう新しい経験の機会が訪れるだろうという無意識的想定（意識された希望ともなりうる）が伴う。癒しの過程の一部，つまり実際に健康な人においてもきちんと研究されうる正常な現象としての退行の理論が，ここに提示される。
　　　　　　　［「精神分析的設定内での退行がもつメタサイコロジカルで臨床的な側面」
　　　　　　　　　　　　Metapsychological and Clinical Aspects, p. 281］

　ウィニコットは，「失敗状況の凍結」とフロイトの「固着点」との間の関係を見ていた。その違いについては明確にされているというより触れられているだけであるが，それは絶対的依存と相対的依存の間の段階で生じる「失敗状況の凍結」よりも固着点が位置するのは情緒発達においてより後の段階だという点である。
　各個人の内部にある発達促進環境を探し求める無意識的な力についての考えは，現代精神分析のなかでさらに推敲され発展されている――特筆すべきものに，クリストファー・ボラス（Bollas, 1989 a）の仕事における「運命力動 destiny drive」がある。
　ウィニコットが退行に関する思考に焦点を当てるようになったのは，分析の経過中に出生体験の外傷まで戻る必要のある患者との治療を行っているときであった。この患者の治療および完全な退行を許容することを通じて，精神分析的実践における退行の意味とそれに必要となる精神分析的技法の適応についての彼独自の貢献が生まれた。
　その患者は40代の女性であったが，すでに長期の分析を受けていながら「病気の核は変わらないままに」ウィニコットのもとへやってきた。

　　　この患者は非常に激しく退行しなければならず，さもないと闘うことを諦めてしまうことがまもなく明らかになった。そこで私は退行しようとする傾向に

従い，それが患者をどこに導こうとかまわぬようにした。最終的に退行は患者のニードの限界に達し，それ以来活動していた偽りの自己の代わりに本当の自己を伴う自然な前進がなされるようになった……。
　この患者のこれまでの分析において，患者がヒステリー的なやり方で寝椅子から転落してみせるということが何度かあった。これらのエピソードについては，通常の路線に沿って，つまりその種のヒステリー的な現象として解釈されていた。この新しい分析のより深い退行のもとで，これらの転落の意味に光が投げかけられた。私のもとでの2年間の分析過程で，患者は明らかに出生以前の早期の段階にまで繰り返し退行した。出生の過程が追体験されなくてはならなかったが，それまでヒステリー性の寝椅子からの転落であったものの基底にこの患者の出生の過程を追体験したいという無意識的ニードが存在していることを，ついに私は見て取ることができた。
　　　　　　　　　［「心とその精神-身体との関係」Mind and Its Relation, p. 249］

　ウィニコットは，退行する患者との治療が分析家に多大な負担を与えることを強調することを忘れてはいない。

　この症例の治療とマネージメントには，人間として，精神分析家として，小児科医として私が持っているすべてが要求された。苦痛に満ち，避けて通れるなら喜んでそうしただろうこの治療経過のなかで，私自身が個人的な成長を果たさねばならなかった。とくに，問題が生じればいつでも自分自身の技法を点検するということを学ばなければならなかった。そして何十回も生じた抵抗の期間においては，いつでもその原因が分析家のさらなる自己分析を必要とする逆転移現象にあることが明らかになった。
　　　　　［「精神分析的設定内での退行がもつメタサイコロジカルで臨床的な側面」
　　　　　　　　　　　　　　　Metapsychological and Clinical Aspects, p. 280］

　分析の設定で退行する患者との治療にあらかじめ必要とされる主要なものの一つは，行われている治療の本質を分析家が知っていることである。

　われわれは何かをできるようになることにより，患者と協力しあって**過程**に従うことが可能になるが，この過程とはおのおのの患者がそれ独自のペースを

持ちそれ独自の経過に従うような過程である。つまり，この過程の重要な特徴はすべて患者に由来するのであり，われわれ分析家に由来するのではない。

[「精神分析的設定内での退行がもつメタサイコロジカルで臨床的な側面」
Metapsychological and Clinical Aspects, p. 278]

ウィニコットは退行した患者に触れることを推奨したけれども，抱えることの概念は彼の全業績を通じて大半が比喩的なものであったということは強調されねばならない。分析家は，触れることなしに文字通り抱えることを提供することができるのである（コミュニケーション：3；憎しみ：4；抱えること：3参照）。

2 分類

患者の過程に分析家が従うことと患者のニードに適応することは，もちろん幼児のニードに適応するほどよい母親の能力と並行している。しかしながら分析家は自らの限界に気づいている必要があるし，診断と分類に対して非常に注意深くなければならない。

> また次のことも心に留めておこう。すなわち注意深く症例を選択するという理にかなった方法を用いることにより，われわれの技術的資質を越えるに違いないような人間性の側面に出会わずにすむだろうし，またわれわれは通常，実際にそうしているのである。
> 症例を選択することは分類を前提とする。私の当面の目的のために，その症例において分析家に必要となる技術的資質に従ってそれらをグループ分けしてみる。
>
> [「精神分析的設定内での退行がもつメタサイコロジカルで臨床的な側面」
> Metapsychological and Clinical Aspects, p. 278]

ウィニコットは依存の段階という文脈に沿って三つの患者群を同定した。

第一のグループは，成熟に達していて，それゆえ自分と自分でないものとを区別することができる人たちである。これらの患者への技法は「今世紀初めにフロイトにより発展した通りの精神分析に属している」（「精神分析的設定内で

の退行のメタサイコロジカルで臨床的な側面」p. 279)。これらの患者は「自立に向かって」の段階に達しているだろうし，一般的には精神神経症的と分類される。

　第二のグループは，相対的依存の段階と関連した発達段階に達するかそれを獲得した人たちである。こうした事例の場合必要とされる技法は第一のグループの人たちへの技法とほぼ同じであるが，分析家が**生き残る**ことがより強調される。この生き残ることという主題は，最終的には1968年の「対象の使用」というウィニコットの理論に結実していく（攻撃性：10参照）。

　第三のグループは，絶対的依存の時期である人生の最早期において環境が適応に失敗した結果に苦しんでいる人からなる。これらの患者は一般的に退行していると分類され，普通は境界例，スキゾイド，統合失調症などと呼ばれる。

　　第三のグループのなかには，独立した存在としての人格が確立される以前ないしそこに至るまでの情緒発達の初期段階を，つまり時空間が統一された状態が達成される以前を，分析が扱わなくてはならないようなすべての患者たちが含まれる。個人としての構造はまだしっかりと築かれていない。この3番目のグループに関してはマネージメントにより重点がおかれ，こうした患者では時に通常の分析作業を長期にわたって中断しマネージメントのみを行わざるを得ない。
　　　　［「精神分析的設定内での退行がもつメタサイコロジカルで臨床的な側面」
　　　　　　　　　　　　　　Metapsychological and Clinical Aspects, p. 279］

　ここでウィニコットは「マネージメント」という言葉で，ほどよい環境においては当然とみなされる抱えることのすべての構成要素のことを言っている。

　分類と評価の問題は今日と同様，当時も複雑であった。ウィニコットは次のように指摘している。この論文で描かれた患者は当初第一グループの人であるように見えたが，自分の分析的診断は「ごく早期の偽りの自己の発達を勘案した」ものだった。それゆえ彼の出した結論は「治療を効果的なものとするには本当の自己を探求するための退行が必要である」というものだった（「精神分析的設定内での退行がもつメタサイコロジカルで臨床的な側面」p. 280)。

3 退行の二つの種類

ウィニコットは，二つの種類の退行を仮定した。

> 後の段階で困難が生じたとき個人が戻っていけるような**良い前性器期の状況**がもっとふつうに存在することを想定する必要性に，分析家たちは気づくようになった。これは健康な現象である。したがって本能の発達に照らすと2種類の退行の概念が浮上する。一つは早期の失敗状況に戻ることであり，もう一つは早期の成功した状況に戻ることである。
> ……環境の失敗状況が問題となるような症例でわれわれが目にするのはその個人によって組織化された**個人的な防衛**の証しであり，これは分析を必要とする。より正常な，早期の成功した状況を有している症例でわれわれがよりはっきりと目にするのは**依存の記憶**であり，それゆえわれわれは個人的な防衛の組織よりはむしろ**環境の状況**に出会うのである。その個人的な組織がさほど目立たないのはそれがまだ流動性をもち，より防衛的でないからである。
> 〔「精神分析的設定内での退行がもつメタサイコロジカルで臨床的な側面」
> Metapsychological and Clinical Aspects, pp. 282-283〕

後者の種類の退行はほどよい環境により抱えられていた患者に生じるものであるが，一方前者は，患者が早期の環境の失敗を再び体験する際の設定の安全さを通じて生じる。いずれのタイプの退行も，環境の早期の侵害のところにまで患者を連れ戻す。

> ここで述べなくてはならないのは，私が以前からしばしば立ててきたものの常に受け入れられているとは決して言えないような仮説に依拠しているということである。それはつまり，理論上の発達の始まりに遡るにつれ，ますます個人的な失敗は少なくなり，ついには環境の適応の失敗だけとなるという仮説である。
> したがって，われわれが問題にしているのは単に個人の本能的体験におけるよい時点や悪い時点への退行のみでなく，個人の歴史における自我欲求〔ニード〕やイド欲求〔ニード〕への環境側の適応がよい時点や悪い時点への退行な

のである。
>[「精神分析的設定内での退行がもつメタサイコロジカルで臨床的な側面」
>Metapsychological and Clinical Aspects, p. 283]

自分の論点が受け入れられてきたかどうかをはっきりさせるために、ウィニコットは何度も、環境の提供が幼児の自己の体験にいかに影響を与えるかについて強調している。これは、メラニー・クラインとの間で進行中だった論争と関連している。ウィニコットは彼女が子どもの発達において環境の果たす役割について十分な注意を払っていないと感じていた。

ウィニコットは偽りの自己の防衛を、高度に組織化された――これによってウィニコットは高度に防衛的で硬いということを意味している――自我の要素として見ている。

> 私は退行の概念を、高度に組織化された自我防衛機制、つまり偽りの自己の存在を含んでいるような防衛機制の範囲内で考えているということがおわかりになると思う。上に述べた患者では偽りの自己は徐々に「世話役の自己」になっていたが、世話役の自己は何年か経ってやっと分析家にゆだねられるようになり、自己が自我に従えるようになった。
>[「精神分析的設定内での退行がもつメタサイコロジカルで臨床的な側面」
>Metapsychological and Clinical Aspects, p. 281]

当該の患者は1949年のウィニコットの論文「出生記憶、出生外傷と不安」で初めて記述され、また1954年の「精神分析的設定内での退行のメタサイコロジカルで臨床的な側面」で、そしてもう一度、短くであるが1960年「本当の自己と偽りの自己という観点での自我の歪曲」において記述されている。患者の言葉を用いることで、ウィニコットは偽りの自己の防衛を、失敗している環境への反応のなかで生じてしまった人格における分裂として理解するようになった。

もし環境が赤ん坊を落ち込ませるなら、赤ん坊は自分自身を世話せねばならなくなる。これが時期尚早の自我の発達を引き起こし、それによって偽りの、世話役の自己が構築されることにつながるのである（自己：6参照）。

4　リアルであると感じる感覚あるいは不毛感

　本当の自己と偽りの自己のウィニコットの理論は 1950 年代に発展していたと見ることができる。そして明らかに，患者たちの治療や彼らの依存への退行に関わる仕事を通じて，彼は 1960 年の「本当の自己と偽りの自己という点での自我歪曲」のなかでの彼の定式化に近づくことができたのである。
　ウィニコットにとって，特に彼の人生と業績における最後の十年のあいだは，人生を生きる価値のあるものにするのはリアルであると感じる感覚であった。「高度に組織化された偽りの自己システム」は中核的自己を守ることに成功するが，それはリアルであると感じる感覚を犠牲にする（自我：3 参照）。

> 　偽りの自己の発達は，本当の自己の核を保護するために工夫された**最も有効な防衛組織**の一つであるが，その存在が結果として不毛感を生じる。繰り返し述べたいことであるが，個体の活動の中心が偽りの自己にあるうちは不毛感が存在し，そして活動の中心が偽りの自我から真の自己へ移行する瞬間に人生は生きる価値のあるものだという感覚への変化が生じるのが臨床的にも観察される。それが自己の核が全体的自我に完全に従うようになる前であってすらである。
> 　このことから生の基本的な原理を定式化することができる。つまり，本当の自己から生じる生は，その本性にかかわらず，たとえそれがどれほど攻撃的なものであろうとリアルに（後には良いものと）感じられる。環境の侵襲に対しての反応として個体のなかで生じる生は，たとえどれほど官能的に満足を得られようとも，リアルであると感じられず，不毛なものと（後には悪いものと）感じられる。
>
> 　　　　　［「精神分析的設定内での退行がもつメタサイコロジカルで臨床的な側面」
> 　　　　　　　　　　　Metapsychological and Clinical Aspects, p. 292］

　偽りの自己のシステムを発展させた患者との治療に関するウィニコットの原則は，分析的設定における依存への退行が患者が早期の環境の失敗へと戻って何が本物であるかを感じとる感覚の発見に役立ちうるというものである。本当の自己の探索がリアルであると感じる感覚につながる。

リアルであると感じる感覚の核心部には患者のニードに対する環境のほどよい適応がある。したがって，過去へ戻ってもっと早くに提供されるべきであったのに得られなかったもの——すなわち抱え包んでくれる発達促進環境——を発見することを通じて，患者は償われ癒される。

退行に元来備わっている「癒しの機制」は可能性としてであり，これは「元の適応の失敗を修正する際に患者が利用できる，新たな信頼できる環境の適応」のなかでだけ現実化しうる。この環境はほどよい養育とまったく同等のものであり，「友情，詩の楽しみ，一般的な文化的楽しみによって」提供されうるものである。

「退行からの回復」によって，患者は「対人関係における抑うつポジションとエディプス・コンプレックスを扱うための普通の分析」に入ることになる（「精神分析的設定内での退行がもつメタサイコロジカルで臨床的な側面」，p. 294）。

5 「私たちは失敗することによって成功する」

この新しい環境にとって，分析家の失敗は重要な要素である。それは転移，すなわち早期の失敗状況の再演（re-enactment）のなかで生じなくてはならない。よって分析家の失敗は，上演（enactment）であり，適切なタイミングで生じる必要がある。しかしながら，患者にとっての癒しの効果を持たせるためには，**分析的枠組みがいったん確立した後に**おいてのみ生じるべきである。

> われわれの患者の一部にとって，回復に十分なものとは何だろうか。最後には，患者は分析家の失敗を利用するが，たいていそれはとても些細なもので，たぶん患者により巧みに誘導されて生じるものだろう……そして私たちは，限定された文脈では誤解されていることに耐えなくてはならない。次のような要素が影響を及ぼす。今や患者は分析家を失敗，元は環境の要素から生じた失敗のゆえに憎むが，その失敗は幼児の万能的コントロール外のものだったものが，それは**今**は転移のなかで演じられる。
>
> それゆえ，最後には私たちは失敗する——患者のやり方に失敗する——ことによって成功するのである。これは修正体験による治癒という単純な理論とはかなりかけ離れている。このようにすると，もし分析家によって充足されれ

ば，退行は自我の役に立つものとなり得，その依存のなかで患者が悪い外的要素を自分の万能的コントロールの領域内へと，また投影と取り入れの機制によって対処できる領域内へと持ち込むことができるような，新しい依存へと変わることができる。

[「育児，保育，精神分析的設定のなかで見られる依存」Dependence in Infant-Care, in Child Care and in the Psycho-Analytic Setting, p. 258]

ここで重要な点は，患者の退行するニードを分析家が認識することができるかどうかということと，そしてほどよい母親が原初の母性的没頭のなかで幼児のニードに適応するように，分析家が要求に適応してそれを満たしうる用意があるかどうかという問題である。転移のなかで失敗することを通じて成功することが必要な分析家というのは，徐々に脱適応する必要がある母親と似ている（依存：5参照）。

6 芸術ではなく適応を

退行に関連した問題にウィニコットが取り組んでいた当時，しばしば分析不可能と見なされていたような患者に対する精神分析の価値については，概ね反対意見が精神分析界を支配していた。現在でもなお分析可能性の問題は臨床家の間で議論されているが，ウィニコットの時代以降，退行した患者に対する多くの新しい仕事がなされてきている。

ウィニコットは批判にさらされる場合もあったが，それに対して彼は意見することを望んでいた。

次のような考えが時に述べられることがあります。もちろん誰だって退行したいものだとか，退行とは楽しいことだとか，私たちは患者が退行しないようにとどめなくてはならないとか，ウィニコットは患者を退行させるのが好きかあるいは患者の退行を誘っている，と。

[「精神分析的設定内での退行がもつメタサイコロジカルで臨床的な側面」Metapsychological and Clinical Aspects, p. 290]

彼はまた，依存へと退行することが患者にとってはどれほど苦しいことかと

いうことと，退行を経験しつつある人と治療の作業を行うことは決して楽しいこと**などではない**ということを明らかにしたいと願っていた。

　　分析家が患者に退行してほしいと**望むべき**理由などない。あるとしたらそれはひどく病的な理由である。もし分析家が患者の退行を好むなら，結局はそれが退行した状況のマネージメントを阻害するに違いない。それに臨床的退行を含む精神分析というのは，特別な適応的環境の提供がなされなくてもすむような精神分析に比べて一貫してずっと困難なものである。言い換えると，かりに発達のごく早期から最初の数カ月にかけて母親がほどよい状況を提供することができていた患者だけを分析の対象とすることができるのなら，それは楽しいことだろう。しかしこうした精神分析の時代は確実に終わりに近づいている。
　　　　［「精神分析的設定内での退行がもつメタサイコロジカルで臨床的な側面」
　　　　　　　　　　　Metapsychological and Clinical Aspects, pp. 290-291］

ウィニコットは分析家たちに彼らの実践について問題を提起し，同時に (a) 患者の精神的健康に対する環境の責任について認識すること，そして (b) 分析的環境が依存へと退行している患者のニードを満たすように適応することを申し立てている。

　　しかし疑問が生ずる，（たとえわずかであっても）退行が出現したとき分析家はどうするのか？
　　あるものはぶっきらぼうに言うだろう。「さあ，ちゃんと座って。気を取り直して，しっかりやるんだ。さあ，話して！」
　　しかしこれは精神分析ではない。
　　自分の仕事を二つの部分に分ける人もいるだろう，不幸にも常に完全にこれを認識しているわけではないにせよ。
　　　a．厳密に分析的である（言葉での自由連想，言葉での解釈，保証はしない）
　　　　あるいは，
　　　b．直感的にふるまう。
　　ここに，**芸術**としての精神分析の発想が生じる。
　　分析不能だ，さじを投げた。精神病院が引き継いでもらおう，と言う人もあろう。

芸術としての精神分析という発想は、患者の退行に応じた環境の適応についての研究に徐々に道を譲らなければならない。しかし環境による適応の科学的研究がまだ発展していない間は、分析家は仕事において芸術家であり続けなくてはならないだろう。分析家はすぐれた芸術家となりうるかも知れないが、しかし（すでに何度も問うたように）ほかの誰かの詩や絵でありたいと望むような患者がいるだろうか？

　　　　［「精神分析的設定内での退行がもつメタサイコロジカルで臨床的な側面」
　　　　　　　　　　　　Metapsychological and Clinical Aspects, p. 291］

7　保証

精神分析における保証は、過去においても現在においても眉をひそめられている。それは精神分析的技法としてみなされない、なぜなら分析家は患者の無意識的コミュニケーションを解釈すべきだからである。ウィニコットは保証の意味を探求するにあたって、再度批判を述べている。

　　最後に、保証の概念と対照しながら退行の概念を検討してみたい。このことが必要とされるのは、患者の退行にあわせるべき適応的技法が、（誤解されてと私は確信しているが）しばしば保証として分類されてしまう事実のためである……。
　　しかしながらより注意深くみれば、これでは言葉が単純にすぎると思える。単に、保証か保証なしかという問題ではない。
　　実際、問題全体が検討される必要がある。保証とはなんだろうか？　自分がきちんと分析されているとわかること、透徹した正確な解釈を与えることができ、成熟した人物の管理下にあって信頼できる設定にいること、自分の個人的な過程が尊重されているとわかること、これ以上に保証的なことがあるだろうか？　古典的な分析状況に保証が存在することを否定するのはばかげている。
　　精神分析の設定全体が一つの大いなる保証である、特に分析家の信頼に足る客観性と行動、そしてその瞬間の情熱を無駄に食いものにするのでなく、建設的に使用する転移解釈がそうだ。

　　　　［「精神分析的設定内での退行がもつメタサイコロジカルで臨床的な側面」
　　　　　　　　　　　　Metapsychological and Clinical Aspects, p. 292］

この論文でもまた，患者の欲求を認識し，それを願望や満足という概念とは区別することの重要性についてのウィニコットの個人的情熱が表現されている。彼は同僚の分析家との態度面での違いについて，強力に弁護している。

> 分析家が保証することの**不可能性**について何が言えようか？ もし分析家に自殺傾向があったなら？ **分析家が持っている人間の本性への信頼と発達過程に対する信頼**，もし仕事が完全にやりとげられるのならば，こうした信頼が患者によってすぐに感じとられる。
>
> 保証という観点から依存への退行を，そしてそれに伴う環境の適応を説明することからは何の価値も得られない。それはちょうど有害な保証を逆転移という観点から考えることに大変現実的な点が含まれているのと同様である。
> 　　　〔「精神分析的設定内での退行がもつメタサイコロジカルで臨床的な側面」
> 　　　　　　　Metapsychological and Clinical Aspects, pp. 292-293〕

この文脈でウィニコットは，「逆転移」という言葉で退行した患者から与えられる緊張に対して生じる分析家の病的反応のことを意味している（憎しみ：2 参照）。

8　信頼を与える設定

フロイトの考案した設定においては早期のほどよい環境が「現れる」ために，フロイトがこれを当然のものととらえていたことをウィニコットは認識していた。このまさに精神神経症に対して考案された設定は，精神病や退行した患者にも同様に大変よく役に立つものである。というのも，それが抱える環境を再現するからである。

> 精神病は，個人の情緒発達の早期段階における環境の失敗と関係している。その不毛感と非現実感は，本当の自己を守るために発達した偽りの自己の発達のものである。
>
> 分析の設定は，早期と最早期の母親の養育技術を再現する。それがもつ信頼感ゆえに退行が誘発される。
>
> 患者の退行は，早期の依存あるいは二重依存への組織化された回帰である。

患者と設定とは，一次的ナルシシズムにおける当初の成功状況のなかへと溶け込んでいく。

本当の自己を守る偽りの自己などの防衛を組織することなく環境の失敗状況に対処できる，そうした本当の自己を伴った一次的ナルシシズムからの進歩が新たに始まる。

このかぎりで，精神病は患者の退行と組み合わされた特殊な環境の提供によってのみ回復させることができる。

全体的な自我に服した本当の自己を伴う新しい地点からの進歩は，今や個人の成長の複雑な過程という観点から研究することができる。

［「精神分析的設定内での退行がもつメタサイコロジカルで臨床的な側面」
Metapsychological and Clinical Aspects, pp. 286-287］

ウィニコットは「一次的ナルシシズム」という言葉を，絶対的依存――あるいは1950年代に彼が述べた「二重」依存――の時期における母親と幼児の融合とを述べるために用いている。融合とは，幼児が自分の受けている世話に気づいていないことを指した言葉である（依存：4；母親：10参照）。

一度，患者が治療を始めた際には，「一連の出来事」が出現する。

1. 信頼を与える設定の提供。
2. 患者の依存への退行。当然生じるはずの危険の感覚も伴う。
3. 新しい自己の感覚を感じる患者，そして，これまで隠されていたが全体自我に身を任せつつある自己。それまでは停止していた個人の過程の，新たなる進歩。
4. 環境の失敗状況の解凍。
5. 新しい自我の強さの立場から，早期の環境の失敗に関連する怒りが，現時点で感じられて表現される。
6. 自立へと順序だって進んでいくなかでの，退行から依存への回帰。
7. 真の生気と活力を伴って理解することができるようになる，本能的欲求と願望。

これらすべてが何度も何度も繰り返される。

［「精神分析的設定内での退行がもつメタサイコロジカルで臨床的な側面」
Metapsychological and Clinical Aspects, p. 287］

本質的には，ウィニコットは精神病を「本当の自己を守るために設計された防衛的組織」ととらえていた。それは最早期の環境の失敗（乳児の欲求に適応することができない母親）によって引き起こされたものである（環境：3参照）。

9年後の1963年，ウィニコットは精神病の病因論についての疑問に取り組む。

　……私は精神病を主としてひどい外傷的経験——部分的には早期幼児期の剝奪の経験——のせいであるとしているのだろうか。私がこうした印象を与えてきたことはよくわかっているし，またこの十年間で私は自分の意見を違った風に述べるようになってきた。しかしここでいくつか訂正する必要がある。私は精神病の病因論，特に統合失調症の病因論についてはっきりこう述べてきた……幼児を世話する過程全般のなかに失敗があるに違いない。ある論文では，私はこのように述べた。「精神病は，環境欠損の病である」。ゼッツェル（Zetzel）は「重度の外傷的経験」という言葉を用いているが，これらの言葉は悪い出来事の，つまり観察者の観点からは悪いと見える出来事の発生を意味している。私のいう欠損とは，基本的提供の失敗のことである……。肝心なことは，これらの失敗が予想できないものであることだ。こうした失敗は幼児による投影という視点からは説明できない，というのも幼児はまだそれを可能にする自我組織化の段階に到達していないからであり，こうした失敗は最後にはあり続けることが中断されている個人に**絶滅**をもたらす。
　　　　　　　　　　　[「幼児ケアのなかの依存」Dependence in Infant-Care, p. 256]

9　欲求と願望を区別すること

ウィニコットの退行の理論のこの部分は，患者の象徴化能力を評価することと関係している。精神病水準で機能している患者には「分かちあわれた現実 shared reality」を認識することがより難しい。

　カウチと枕が患者用に置かれてある。それらは思考や夢にあらわれ，そして分析家の体，乳房，腕，手，等々をあらゆる仕方で表すことになるだろう。患者が退行しているかぎり（一瞬か一時間かずっと長い間にわたってか），カウ

チは分析家**そのもの**であり，枕は乳房**そのもの**であり，分析家は過去のある時点での母親**そのもの**である。極端な場合には，カウチが分析家を表すということすらもはや正しくない。

患者の**願望**について，（たとえば）静かにしていたいという願望について語ることは適当だろう。退行した患者にとっては願望という言葉は不正確である。かわりに**必要〔ニード〕**という言葉を使おう。もし退行した患者が静けさ**を必要とする**のであれば，それなしには何事もなされ得ない。もしそのニードが満たされないと，その結果，怒りがもたらされるのではなく，自己の成長過程を停止させた環境の失敗状況を単に再生産するだけに終わってしまう。個人の「願望する」能力はずっと障害されており，不毛感のもともとの原因が再び現れるのをわれわれは目撃する。

退行した患者は，夢と記憶の状況を再び生きることに近いところにいる。夢を行動化することは何が急を要することかを患者が発見することであり，行動化されたことについて話し合われるのはその行動の後であって，それに先立つことはありえない。

[「精神分析的設定内での退行がもつメタサイコロジカルで臨床的な側面」
Metapsychological and Clinical Aspects, p. 288]

ウィニコットは，分析的設定においてまだ象徴化することができず実演することを通じてしか交流できない患者のことについて述べている。

「観察自我」という言葉は，分析の時間に退行した状態に入りこんだりまたそこから出てきたりすることができる患者の能力に対して用いられたウィニコットの言葉である。観察自我がまださほど発達していない患者の場合，実演しようとするニードこそが，再び生きられる必要があることを再び生きるためのたった一つの道筋である。

この理論における重要な要素は，観察自我の仮説である。目下の臨床像では大変似ている二人の患者も，観察自我の組織化の程度に関しては大変異なっている場合がある。両極端の一方の場合では，観察自我は分析家とほとんど同一化することが可能であり，分析の時間の終わりには退行から回復することができる。両極端のもう一方の場合，観察自我はほとんど存在せず，患者は分析時間内に退行から回復できずに介護されねばならない。

この種の仕事では行動化は許容されねばならない。そして分析時間内の行動化では，分析家は役を演ずる必要があることに気づくだろう，とはいっても象徴的な形でだが。分析家と患者の双方にとって，こうした行動化の瞬間に生じてくる啓示ほど驚きに満ちたものはない。しかし，分析での実際の行動化はほんの始まりにしか過ぎず，それに引き続いて新しく得られた理解の断片を言葉へとつねに置き換えていかなくてはならない。

[「精神分析的設定内での退行がもつメタサイコロジカルで臨床的な側面」
Metapsychological and Clinical Aspects, p. 289]

　退行した患者は，象徴化の能力や，自分を自分でないものから区別する能力を介して格闘しているけれども，分析的設定内での行動化は**実に**象徴的である。それは患者が過去の外傷を何ほどか分析家に伝えることができる唯一の方法である。ウィニコットは，セッションでどのような行動化が生じたとしても，分析が進んだ段階では分析可能になると強調していた。彼は，以下のような区別へと向かわせる発達の順序を念頭に置いている。

1. 行動化のなかで，何が起こったのかについて語る。
2. 分析家から必要としていたことについて語る。このことから推測されるのは，
3. もとの環境の失敗状況で何がうまくいかなかったのか。
   これによりいくらか安堵が得られるが，しかし続いて
4. もとの環境の失敗状況に属する怒り。この怒りはおそらく初めて感じられているものであり，そうして分析家はまさにここで自分の成功の点からよりも自分の失敗の点から使用されることによって，これに参加しなければならない。このことは理解されていないと大変まごつかされる。分析家がごく注意深く適応を目指してゆくことにより進歩が達成されるが，この瞬間にもとの失敗あるいは外傷の再生産であるゆえに重要なものとして選び出されるのは，失敗なのである。順調な場合ではこれに続きついに，
5. 患者に新しく生ずる自己感や真の成長を意味する進歩の感覚。この後者こそが患者に同一化することを通じて分析家が得る報酬であるに違いない。常にというわけではないが，さらに進んだ段階が訪れることがあり，そこでは分析家が払ってきた努力を患者は理解し，本当の意味で，ありが

とうと言うことができる。
>[「精神分析的設定内での退行がもつメタサイコロジカルで臨床的な側面」
>Metapsychological and Clinical Aspects, pp. 289-290]

10 退行と引きこもり

『人間の本性』（W18）の第 8 章で，ウィニコットは引きこもりについて述べている。

>引きこもりは，（子どもでも大人でも）その当事者が外的な関係を犠牲にして，自己の退行した部分を抱えてこれをはぐくんでいる状態だと理解することが有益である。
>[『人間の本性』 Human Nature, p. 141]

それは，患者が内部に自己の幼児の部分を抱え持っているかのようである。

>もし，丁寧な観察とマネージメントを行う条件の整った精神療法における引きこもりの瞬間に，治療者が素早く介入して赤ん坊を抱えれば，その人は治療者に対してはぐくむことをゆだねて幼児になってしまう。
>[『人間の本性』 Human Nature, p. 141]

患者が分析家に「赤ん坊を抱える」ことを許したのであれば，そこで依存への退行が生じたのである。もし環境（分析的設定）が十分に信頼できるものであるなら，患者はしばらくの間，依存への退行を十分に利用することができる。

>退行は癒しの性質を持つ。というのも早期の体験は退行のなかで修正を受けることができ，また依存を経験しこれを認識することには真の安らぎが伴うからである。退行からの回復は独立を取り戻せるかどうかにかかっており，そしてもしこれが治療者によって十分に管理されるなら，その結果その人はエピソード前に比べてより良い状態になる。
>[『人間の本性』 Human Nature, p. 141]

しかし引きこもりには癒しの性質はなく，患者に恩恵をもたらしはしない。それは単に患者が過去において自己を抱えねばならなかったことを示すだけであり，その意味でそれはセッション内での助けを求める叫びである。

1954年に書かれた論文「引きこもりと退行」でウィニコットは，分析家が引きこもりの状態を認識しそれに続いて患者のなかの赤ん坊を**抱える**方法を見いだすことがいかに必要か，臨床例を用いて描き出している。もしこれが分析家にできれば，患者は依存へと退行することができ，こうして早期の失敗状況が修正される。

> ……もしわれわれが分析中の退行ということについて知っていれば，すぐさまそれに応じることができ，それほど病的でない患者の場合にはそれを通じて短期間，ほとんどつかの間であろうが，必要な退行を生じさせることができる。**引きこもった状態で患者は自己を抱えている**と言えるし，そしてもし引きこもり状態が出現してすぐに**分析家が患者を抱えることができるなら**，さもなくば引きこもり状態であったろうものが退行へと変わる。**退行**の利点は，患者の過去の歴史における，つまりいわば患者の幼児期の養育における，欲求への不適切な適応が修正される機会をもたらしてくれるということである。それとは対照的に，引きこもり状態には益するところはなく，引きこもり状態から回復したときでもその人に変化をもたらさない。
> 　　　　　　　　　　［「引きこもりと退行」Withdrawal and Regression, p. 261］

ウィニコットは，分析家に不適切なところがない限り，本来患者の依存への退行には危険は存在しないと明言している。

> 精神分析の際，患者が退行することにはある程度危険がある，と一般には考えられている。危険は退行のなかにはなく，分析家が退行とそれに伴う依存に応じる用意がないことに危険がある。退行のマネージメントに自信を与えてくれるような経験が分析家にあったなら，分析家が退行を受け入れてそれに完全に応じることが素早ければ素早いほど，患者が退行的な性質を伴った病気へと入りこむ必要性もより少なくなると言えるだろう。
> 　　　　　　　　　　［「引きこもりと退行」Withdrawal and Regression, p. 261］

出 典

1949 「心と精神-身体との関係」Mind and Its Relation to the Psyche-Soma ［W6］

1954 「精神分析的設定内での退行がもつメタサイコロジカルで臨床的な側面」Metapsychological and Clinical Aspects of Regression within the Psycho-Analytical Set-Up ［W6］

1954 「引きこもりと退行」Withdrawal and Regression ［W6］

1963 「幼児のケア，子どものケア，精神分析的設定における依存」Dependence in Infant-Care, in Child Care and in the Psychoanalytic Setting ［W9］

1988 『人間の本性』*Human Nature* ［W18］

憎しみ

hate

1 「逆転移における憎しみ」
2 分析家の憎しみ
3 分析家の癒しの夢
4 必要な環境
5 愛される前に憎まれたいという患者のニード
6 なぜ母親はわが子を憎むのか

　憎しみに関するウィニコットの理論においては，新しく生まれた幼児に対する母親の憎しみと，退行した要求がましい精神病的な患者に対する分析家の憎しみとが比較される。
　愛することとならんで，憎むことができる能力は，両価性に到達したことを意味している。ウィニコットにとってはこれが発達の達成であり，相対的依存の時期と思いやりの段階に幼児が到達したということである。

1 「逆転移における憎しみ」

　ウィニコットの仕事で「憎しみ」という言葉は，1947年に英国精神分析協会で発表し，彼の最も有名な論文の一つとなった「逆転移における憎しみ」と深い関連がある。この論文が書かれた1940年代では，精神科の患者の治療，特に深く障害された患者に対する薬物治療の可能性という点においては，今日の治療とはずいぶんと違ったものだったということは留意されてよいことだろう。それにもかかわらず，ウィニコットの仕事全体を通じて，憎しみの主題とこの論文で説明された憎しみについてのすべては，変わることはなかった。
　この論文では，精神病患者との治療のなかで分析家がさらされる情緒的緊張に焦点があたっている。その全編を通じての含意は，精神病/境界例の患者は，新生児が要求するような情緒的な入力を要求しているということである。

ウィニコットは，憎しみは幼児のなかに本来存在していて，死の本能の表れであるというクラインの理論を決して受け入れなかった。彼にとっては，憎む能力——愛とは異なったものとしての憎しみに気づくこと——は，幼児が情緒発達のある段階に到達したということを示している。自分の感情を区別することができるようになった幼児にとっての戦いとは，適切に使うために憎しみを「ためておく」ことであった。

1949年以前では，概念としての「逆転移」は，精神分析理論のなかでは分析家の問題と見なされること以上には深化させられていなかった。ポーラ・ハイマン（Paula Heimann）の画期的な「逆転移について」と簡潔に題された論文は1950年に最初に発表され，10年後に改訂された。ウィニコットの精神分析の技法に関する仕事は，その全体が現在では分析家の逆転移（患者の転移に対する情緒的反応）と見なされることに関連しているが，ウィニコットは用語としては滅多にそれを用いておらず，この論文では分析家の異常さや，さらなる分析を必要としている分析家のサインとしてそれに言及している。この点では，ウィニコットの「逆転移」の用語法は，1947年当時の大半の分析家と同じものであった。

患者を精神病と神経症という二つのカテゴリーに分けて，精神病の患者との治療は神経症患者との治療よりも，いっそう「いらいらさせられる」ものだとウィニコットは指摘しているが，それゆえ精神分析的関係での精神病患者の治療について彼が述べていることは，一般精神科医にとっても価値のあるものだと思われる。

　　一般精神科医を援助するために，精神分析家は病的な個人の情緒発達の原初の段階について研究するだけであってはならず，精神科医が仕事を行うなかで背負っている情緒的な重荷の性質についても研究しなくてはならない。分析家としてのわれわれが逆転移と呼ぶものが，精神科医にも理解される必要がある。どんなに精神科医が自分の患者たちを愛しているとしても，患者たちを憎んだり恐れたりすることは避けられないし，このことがわかっていればいるほど，憎しみや恐れが患者への働きかけを左右する動機になってしまう可能性を減らすのである。

　　　［「逆転移における憎しみ」Hate in the Countertransference, pp. 194-195］

このテーマは，精神医学的設定のなかで機能するチーム治療に適用されるのは当然のことである。ウィニコットは，精神病患者は他者のなかに抗えないほどの，そしてケアする人が行動化してしまいがちになる強い感情を巻き起こすことができるということを警告している。彼は精神病患者からの投影の強烈さに言及し，逆転移の三つの要素を説明している。

1. 逆転移感情における異常，そして分析家のなかで抑圧されている，セットになってしまっている関係や同一性。これに対するコメントは，その分析家はもっと分析を受ける必要があり……。
2. 分析家のパーソナルな体験と発達から生じた，同一性や傾向。これは彼が分析的な仕事をするうえで好ましい状況をもたらし，他のどんな分析家の仕事とも質的な違いをもたらす。

以上は，明らかに分析家の個人的なイディオムに関連している。

3. これらの二つから，私は真に客観的な逆転移を区別する。あるいは，そうすることが困難であるなら，客観的な観察に基づく患者の実際の人格と行動に反応して生じる分析家の愛と憎しみのことである。
[「逆転移における憎しみ」Hate in the Countertransference, p. 195]

分析家にとって重要なのは，個人的な内的感情が，患者が巻き起こしている（投影している）ものか，分析家の患者に対する転移（とみなすことができるもの）かどうかを見極めることである，とウィニコットは指摘している。もちろん，いずれも分析家に**属する**感情である。

私が提案するのは，もしある分析家が精神病者や反社会的な人たちを分析することになっているのなら，分析家は患者に対する**客観的な**反応を整理し学ぶことができるほどに，自分の逆転移を徹底的に意識することができなければならない，ということである。それらの反応には憎しみが含まれるであろう。
[「逆転移における憎しみ」Hate in the Countertransference, p. 195]

分析家がさらなる気づきを得られるようにとウィニコットが注意を促したの

は，いかなるタイプの患者も自分自身を見るようにしか分析家を見ることができないだろうということだった。それゆえ強迫的な患者は「分析家を何も生み出さない強迫的なやり方で仕事をする人として考えがちであろう」し，「深く罪悪感を体験できず，あるいは思いやりや責任の感覚を持つことができない」軽躁的な患者は，「分析家の仕事を，自分自身の（分析家の）罪の感情に基づいて償いをしようとする分析家の試みだと見なすことができない」し，神経症患者は分析家を「患者に対してアンビバレントである」とみなし，「分析家が愛と憎しみの分裂を見せることを予期しがちであり，その場合，自分が好運にも愛されているときは，他のだれかが分析家の憎しみを受けている」。そして精神病患者は，分析家が自分とは違った感じ方をしていると心に描くことができないので，「同時発生的な愛と憎しみ」の状態にいるのである（「逆転移における憎しみ」，p. 195）。

「同時発生的な愛と憎しみ」によってウィニコットが意味したのは，精神病患者は愛と憎しみの違いを述べることができないので，「分析家が愛を見せるとしたら同時に，確かに患者を殺すに違いない」と恐れていることであった（「逆転移における憎しみ」，p. 195）。

精神病患者の「同時発生的な愛と憎しみ」が「意味しているのは，最初の対象発見の本能的衝動が生じた際に環境の失敗があったこと」である（「逆転移のなかの憎しみ」，p. 196）。環境は発達促進的ではなかったし，幼児のなかの原初的な愛の衝動は満たされることがなかった。この種の失敗の結果，幼児は精神病的防衛を利用することになるのである（環境：3参照）。

2　分析家の憎しみ

精神病者との治療を行っている分析家は，患者から全力で向けられる投影を受けることに備えておかなくてはならない。これらの投影は分析家によって抱えられ，「蓄えておかれる」必要があるだろうし，そのようにできるために分析家は分析を受けねばならないし，内部に存在している憎しみを分析できるようにしておかなければならない。

　　分析家が自分におわされる生々しい感情を担うことになっているのなら，それに対して前もって注意をし，準備しておくことが最善の道である。というの

も，分析家はそういう状態に置かれることを耐えなくてはならないからである。とりわけ，実際に自分のなかにある憎しみを否認してはならない。現在の設定で**正当化されている**憎しみは，整理され蓄えられて，いつかは行うことになる解釈に使えるようにしておかれなくてはならない。

[「逆転移における憎しみ」Hate in the Countertransference, p. 196]

　ウィニコットは，分析家にとっての教育分析の重要性を強調しており，多くの分析家が「自分の分析家が導くことのできる地点を越える」方法として，精神病患者（彼は「研究ケース」と述べているが）との治療を選択するのが良いだろうと述べている（「逆転移における憎しみ」, p. 196）。これを言い換えれば，ちょうど赤ん坊や子どもによって親が動かされるのと同様に，患者によって情緒的に動かされることに分析家の心が十分に開かれているべきだということである。
　神経症者との治療においては，分析家のなかの憎しみはより抑圧され「潜伏した」状態に留めることが可能であろう。ウィニコットは退行の程度が軽い患者の場合ほど，憎しみがより保持されることになる理由を列挙した。

　　分析は私の選んだ仕事で，私自身の罪悪感に最も良く対処できると感じられる方法であり，建設的に自分を表現できる方法である。
　　私はお金を得ている。あるいは，精神分析的な仕事によって社会的地位を得るための訓練の最中である。
　　私は物事を発見しつつある。
　　私は，患者との同一化によって直接的な報酬を得ており，患者は進歩しつつあり，そして私はいずれ，治療の終了後にさらに大きな報酬を見いだすことができる。
　　その上，一分析家として私には憎しみを表す方法がある。憎しみは「時間」に終わりが存在することで表現される。
　　これは何の面倒もないときでさえも，そして患者が終わることを喜ぶ場合でも本当なのだと私は思う。多くの分析において，これらのことは当然のこととされているので，触れられることはほとんどなく，分析の仕事は患者の表す無意識的な転移を言語的に解釈することによって行われる。分析家は，患者の子ども時代に，患者にとって役に立つ人物だっただれかの役割を引き継ぐ。分析

家は，患者が幼児だったときに他の人がいやがる仕事をしていた人びとの成功を利用するのである。

　これらの事柄は普通の精神分析の仕事に関する記述の一部であり，神経症的な性質の症状を示す患者に主として関係している。

[「逆転移における憎しみ」Hate in the Countertransference, pp. 196-197]

しかしながら，精神病患者が分析家に与える緊張は，またまったく異なった特質を持っている。

3　分析家の癒しの夢

患者との治療によって喚起されたウィニコットの夢は，その夢によって彼自身のパーソナルな情緒発達の新たな段階に導かれたということから，癒しの体験だとみなされた。1947年の論文で述べられている夢から彼が学んだこととは，彼の患者が

　……たとえ想像上であっても，私が彼女の身体とまったく何の関係も持たないことを要求していた。彼女には自分のものとして認識される身体がなく，仮に彼女が存在するとしても，自分自身が単に心だけだと感じられたであろう。……彼女が私に要求していたのは，彼女の心に話しかける心だけを持つべきだということだった。

[「逆転移における憎しみ」Hate in the Countertransference, p. 198]

ウィニコットの夢は，次のことを示すのに有用である。(a) 患者による分析家の使用――それは分析家の身体のなかで，患者が感じたのと同様なことを，そして，患者が自らを統合できなかったことを（無意識的に）体験させるものである。(b) 逆転移の諸要素――すなわち，患者が引き起こした侵襲に対して分析家が**反応した**セッションの後での，分析家の無意識の反応。

　ウィニコットの夢のなかで心から身体が解離したことで（神経症的な）去勢不安と，破滅と永遠に落ち続けることに関連する精神病的不安の間の違いを，彼は理解できた。

> 夢を見る前のある晩，困難の頂点で私はじりじりして，彼女が私に要求していることは，重箱の隅をつつくようなことにすぎないと言ってしまったのである。これは悲惨な結果をもたらし，分析が私の失敗から回復するのに何週もかかってしまった。しかし本質的なことは，夢のなかで身体の右側がなくなるということで表されていた自分の不安を私が理解するべきということだった。……この私の身体の右側は，この特別な患者に関連する側であったのであり，それゆえ，たとえ想像上であっても，私たちの身体的な関係を完全に否認しようとする彼女のニードに影響されていた。この否認は，私のなかに精神病的な性質の不安を引き起こしたが，それは普通の去勢不安よりもとても耐え難いものであった……。
> 〔「逆転移における憎しみ」Hate in the Countertransference, p. 198〕

ウィニコットが患者に言ってしまったことが何らかの重要性を持っているかどうかということは，見過ごせない点である。実際に自分自身が裂かれていることを彼が認識するために，髪の毛を裂くように要求する必要が**あった**のである。ウィニコットは夢を見ることがいかに重要であったかということと，夢によってどんなことが可能になるのかを説明している。

> たとえ他にどのような解釈がこの夢に関してなされるにせよ，私がその夢を見て，覚えていることの成果としては，一つは，私が再びこの分析にとりかかることができたということ，そしてもう一つは，何の身体も持たない患者との接触に際して起こりうる反応性不安，それに起因したいらだちがもたらした傷つきを癒すことさえできたということがあった。
> 〔「逆転移における憎しみ」Hate in the Countertransference, p. 198〕

この患者との関係における自らの罪悪感を，ウィニコットは明らかにしている。これは1963年の論文「幼児のケア，子どものケア，精神分析的設定における依存」を思い起こさせるが，そこで彼は分析の必須要素としての分析家の失敗について探求し，ある新しい患者との治療関係のなかで治療開始後あまりにも早く生じた失敗の一つをはっきりと示している（依存：5；攻撃性：7参照）。しかしながら1947年の時点では，ウィニコットはまだ，分析家が耐えなければならない巨大な重荷について患者は知るべきではないのだと確信していた。

> 分析家は，おそらく長い期間にわたって，彼自身のしていることに対する理解を患者に何ら期待することなく，重圧に耐える覚悟がなければならない。そうするために分析家は，自らの恐怖と憎しみにおそらくは気づかなければならないだろう。
>
> [「逆転移における憎しみ」Hate in the Countertransference, p. 198]

そして唐突にではあるが，この論文の末尾に述べられることをほのめかしつつ，ウィニコットはこうした苦境におかれた分析家のことを述べる。

> 分析家は，まだ生まれていない子や生まれたばかりの子をもつ母親の立場にある。
>
> [「逆転移における憎しみ」Hate in the Countertransference, p. 198]

4 必要な環境

ほどよい始まりを体験していない患者にとって，分析家は「患者の人生のなかで初めて，あの環境の本質的要素を提供する人にならねばならない」(「逆転移における憎しみ」, p. 198)。これが意味するのは，ほとんどの患者にとっては当然のものだとみなされる設定が，分析家によってよりいっそう文字通り考えられなくてはならないし，そうすることで，分析家は今まで提供されたことのない何かを提供できなければならないということである。ウィニコットは彼の主張を次のように示した。

> 私が同僚に，部屋を暗くして分析を行っているかどうか尋ねたところ，彼は言った。「そんなことはないよ！ われわれの仕事は普通の環境を提供することなんだし，暗闇は普通のことじゃないよ」。彼は私の質問に驚いていたのである。彼は，神経症者の分析を念頭に置いていた。しかし精神病者の分析では，この普通の環境の提供と維持，そのこと自体がとても重要になるはずで，同様に提供されるに違いない言語的な解釈よりも場合によっては実際重要になることさえある。
>
> [「逆転移における憎しみ」Hate in the Countertransference, p. 199]

実際ウィニコットはこのことをより重視するようになり，1960年代の彼の論文では，患者が自分自身の解釈にたどりつくまで待つ必要があるということを次第に強調するようになった。

> 神経症者にとっては，寝椅子や暖かさや心地よさは，母親の愛情を**象徴するもの**になりうるが，精神病者にとっては，これらのものが，分析家の身体的な愛情表現**そのものである**というのが真実に近いだろう。寝椅子は分析家の膝や子宮**そのものになり**，暖かさは分析家の身体の生きた暖かさ**そのものになる**。
> ［「逆転移における憎しみ」Hate in the Countertransference, p. 199］

それゆえ，ウィニコットの理論においては，身体的接触を用いずとも分析的設定が文字通りの抱えることを提供するのである（コミュニケーション：3；退行：1参照）。

5　愛される前に憎まれたいという患者のニード

患者に提供される必要がある，環境の大きく重要な部分は，分析家の情緒的な利用可能性，とりわけ憎しみである。

> 私がここで補足しておきたいのは，特定の分析の特定の段階では，患者は分析家の憎しみを実際に見いだそうとするが，そこで必要とされるのは客観的に存在する憎しみだということである。もし患者が客観的な，あるいは正当化される憎しみを見いだそうとするなら，患者はそれにたどりつくことができなければならないし，そうでなければ客観的な愛情にたどりつけるとは感じられないだろう。
> ［「逆転移における憎しみ」Hate in the Countertransference, p. 199］

そして戦時中疎開した子どもたちを治療したウィニコットの個人的経験と，長年にわたる家族の相談活動とから彼が理解したのは，剥奪された子どもが引き起こす憎しみを，新しい環境が持ちこたえることが大変重要だということだが，剥奪された子どもは本当は無意識的な希望を示しているのである（反社会的傾向：5参照）。

> おそらくここで，崩壊家庭の子どもか，親のいない子どもの症例を呈示するのが適当だろう。そうした子どもは，無意識的には親を探すことに時間を費やしている。そうした子どもの一人を家庭に引き取り愛するだけでは不適当である。そこで生じるのは，しばらくすると養子になった子どもが希望を持ち，次いで自分が見いだした環境を徹底的にテストし始め，保護者に客観的に憎む能力があるかどうかについての証拠を探し始めることである。彼は，憎まれていることに到達したあとで，初めて愛されていることを信じられると思われる。
> [「逆転移における憎しみ」Hate in the Countertransference, p. 199]

ウィニコットはこの部分を，第二次世界大戦中に剝奪された子どもの世話をした個人的経験を用いて描いている。

論文のこの部分で理論的に肝要な点は，母親はまず最初に赤ん坊を憎むということである。

> 憎しみとその起源という問題のすべての複雑さから，私はある一つの点を救い出したい。なぜなら私は，精神病者の分析家にとってはその点が大切だと信じているからである。赤ん坊が母親を憎む前に，または，母親が赤ん坊を憎んでいることを赤ん坊自身が知ることになる前に，母親は赤ん坊を憎むのだということを私は主張する。
> [「逆転移における憎しみ」Hate in the Countertransference, p. 200]

ウィニコットの主張によれば，最初に母親が赤ん坊を憎むのだが，それは赤ん坊がまだ憎むことができないからである。母親へ向ける赤ん坊の要求は無慈悲なものであり，この無慈悲さが母親に憎しみを喚起するのである。ここに含意されている理論は，精神病者もまた自らの憎しみにまだ気づいてはおらず，分析家への無慈悲な要求を持って分析に訪れるのだということである。発達論的にはこの現象は抱える時期に生じるものであり，赤ん坊が絶対的に依存している時期である。これは融合のときであり，幼児が全体対象と関わることができず，それゆえに自分でないものとして他人を知覚することができない。

> おそらく統合は興奮とか激怒のピークのときに，最も早くに起こるのかも知れないが，統合がどんなに早く達成されようとも，それより前の段階，すなわ

ち傷つけるようなどんなことを幼児がやったとしても憎しみのなかで行われるのではないという，理論的にはより早期の段階が存在するのである。この段階を記述するのに，私は「無慈悲な愛」という言葉を使ってきた。……幼児が全体的人格であると感じることができるようになるにつれて，憎しみという言葉は彼らのある一群の感情を記述するものとして意味を発展させるのである。

[「逆転移における憎しみ」Hate in the Countertransference, p. 201]

6　なぜ母親はわが子を憎むのか

最初に精神病患者を憎むことを分析家が必要とすることについて，より多くの証拠を提示するために，ウィニコットは母親が最初から子どもを憎む18の理由を列挙した。

母親ははじめから自分の幼児を憎むものである。ある環境下では，母親が自分の男の赤ん坊に対して抱くのは愛だけであると，フロイトは考えたのだと私は思う。しかしこれは本当だろうか。われわれは母親の愛情について知っているし，それが現実的であることも，力があることも認めている。たとえ男の赤ん坊であっても，母親が自分の赤ん坊を憎むいくつかの理由をあげてみよう。

赤ん坊は母親自身の（心に）思い懐かれたものではない。
赤ん坊は，子ども時代のごっこ遊びの赤ん坊，たとえば，父親の子ども，兄弟の子ども，などではない。
赤ん坊は，魔術的には生み出されない。
赤ん坊は，妊娠と出産において母親の身体を危険にさらす。
赤ん坊は母親の個人生活を妨害し，何かに没頭することに挑戦してくる。
多かれ少なかれ，母親は自分自身の母親が赤ん坊を望んでいると感じるので赤ん坊は彼女の母親を懐柔するために産み落とされる。
赤ん坊は，ミルクを吸うことによってさえも母親の乳首を傷つけるが，最初のうちは噛むという活動が行われる。
赤ん坊は無慈悲で，母親を屑，無給の使用人，奴隷のように扱う。
母親は少なくとも初めは，赤ん坊が自分で疑問に感じるまでは，赤ん坊やその排泄物など，一切のものを愛さなければならない。

赤ん坊は母親を傷つけようとし，周期的に彼女を嚙むが，そうしたこともすべて愛のなかである。
　　　赤ん坊は母親への幻滅を示す。
　　　赤ん坊の興奮した愛情は欲得ずくのものなので，望むものを手に入れると，オレンジの皮のように母親を捨てる。
　　　赤ん坊は最初は優位に立ち，突発的な事柄から守られなければならないし，人生は赤ん坊の発達の速度によって展開しなければならないが，これらのすべては母親の持続的で細やかな修練を必要とする。たとえば，母親は赤ん坊を抱いているときに不安になってはならない，等々。
　　　最初は，赤ん坊は母親がすることや，彼女が赤ん坊のために犠牲にしていることを少しも知らない。特に，赤ん坊は母親の憎しみを受け入れることはできない。
　　　赤ん坊は疑い深く，母親が差し出すおいしい食べ物を拒絶する。そして，母親が自信をなくすようにし向ける。しかし，叔母さんとならたくさん食べる。
　　　赤ん坊とのひどい朝が終わり，母親が外出すると，赤ん坊は見知らぬ人に向かってほほえみ，その人は「何てかわいい子だこと」と言う。
　　　もし母親が最初のときに赤ん坊を失望させるなら，赤ん坊が永久に自分に報復するだろうということを彼女は知っている。
　　　赤ん坊は母親を興奮させるが，母親を不満足な状態におく。母親は赤ん坊を食べてはならないし，赤ん坊との性的なかけひきをしてはならないからである。
　　　　　　［「逆転移における憎しみ」Hate in the Countertransference, p. 201］

　このリストは，分析家と関係している精神病者にも適用することができるだろう。

　　　精神病者の分析では，そして，そのたとえ正常な人の分析でも，分析の決定的段階においては，分析家は新生児の母親に匹敵する立場にいる自分を発見するに違いない，と私は思う。深く退行したとき，患者は分析家と同一化することができないし，胎児や新生児が母親と同調しうる以上には，分析家の視点を認識することができない。
　　　　　　［「逆転移における憎しみ」Hate in the Countertransference, p. 202］

この論文が書かれて9年後「原初の母性的没頭」という論文でウィニコットは，子どもを生む直前から数週のあいだの母親は新生児との融合状態にあると述べた。憎しみの理論は，ウィニコットによっては原初の母親的没頭と繋がりを持って語られなかったが，分析家が退行した患者を耐えられるようでなければならないという点では，同様の主題が提示されている。それは無慈悲な愛を耐えることであり，この無慈悲さが憎しみを起こさせるのである（原初の母性的没頭：4；退行：12参照）。これらの主題は，絶対的依存，「女性」恐怖，抑うつとも関係している（退行：1, 3；抑うつ参照）。

出 典

1947 「逆転移における憎しみ」Hate in the Countertransference [W6]

母親

mother

1　小児科と精神分析
2　「自然な」そして「健康な」母親
3　ほどよい母親
4　ほどよい錯覚
5　生物学と母親の身体
6　母親になろうとしている女性と父親になろうとしている男性
7　性交にまつわる空想
8　ほどよい母親のもつ無数の機能
9　母親の信頼できる喜び
10　母親の鏡役割
11　脱錯覚の過程がもつ価値
12　ほどよくない母親

　母親は，ウィニコットの情緒発達理論のなかではきわめて重要である。彼女は赤ん坊にとっては，生物学的にも心理学的にも最初の環境である。母親が自分の幼児との関係においてどう振る舞いどう感じるかは，幼児の健康に――とくに妊娠の時期や出産直後――彼の生涯を通じて影響を与える。
　環境としての母親という概念には，父親，兄弟，拡大家族，社会，そして世界一般が含まれると同時に，女性としての母親――すなわち，赤ん坊を生む前の母親がそうであったところの女性，そして彼女が自分自身の権利において発達してゆく際にそうなってゆき続けるところの女性――が含まれている。
　よい母親的養育の詳細についての認識を，ウィニコットは治療設定のパラダイムとして利用している。面接室における分析家の技法は，象徴的によいマザリングの技法を反映している。

1　小児科と精神分析

　ウィニコットは気がついてみると異例の——精神分析のトレーニング中の小児科医という——位置に立っていたのだが，このことは彼が分析家としての職業を通じて母子関係というものを常に目の当たりにしていたことを意味している。第二次世界大戦後には小児科医としての仕事はもはや続けていなかったものの，パディントン・グリーン病院での仕事は続け，そこで彼が言うところの「治療的コンサルテーション」を行った。ウィニコットはこれらのコンサルテーションの詳細を集めたものを出版したが，その際彼は『小児精神医学における治療相談』（W11）という本のなかで，「精神分析の児童精神医学への応用」ということに関心を寄せている（舌圧子ゲーム；スクイッグル・ゲーム参照）。

　1957年，ウィニコットの初めての放送講演集——『子どもと家族』（W4）という表題で出版され，「子ども，家族，そして外の世界」（W7）と表題を広げて1964年に再出版された——のあとがきのなかで，ウィニコットは次のようにはっきりと述べている。自分は特に母親に対して話をしたいという「止むに止まれぬ衝動」を抱いたが，その主たる理由は母親の社会への貢献ということはちょうど今認識されるようになったためである。このことは，彼が父親の役割を無視したということを意味してはいなかった。

> 　……普通のよい母親を発見し，それを尊重しようとする衝動が私の仕事においていかに大きな役割を果たしてきたかを，今では私はもう十分にわかっている。父親も同様に重要であることもわかっているし，実際，母親の養育への関心には父親への関心が含まれ，彼らは子どもの養育において決定的な役割を果たしている。しかし私にとっては，話をする必要を強く感じてきたのは母親に対してなのである。
>
> 　人間社会には何かが欠けているように私には思われる。子どもたちは成長し順番に父親や母親になっていくが，しかし，母親が出発点においてまさにどんなことをしてくれたのかということを，彼らが成長して知ったり認めたりするということは概してないだろう。なぜなら，母親が果たす役割というものが気づかれだしたのはつい最近のことであるからだ。
>
> 　　　　［「母親の社会への貢献」The Mother's Contribution to Society, p. 124］

ウィニコットはこう信じていた。もし社会が育児のきわめて重要な性質の真価を認めることができたら，社会にある恐怖はより少なくなり，結果として，一般には認められていない依存に対する恐怖から主に生じているような，そうした葛藤や破壊の必要もより少なくなるであろう，と（依存：2, 3参照）。

> 献身的な母親のこの貢献が明確には認められていないのは，それが計り知れないものだからではないだろうか？　もしこの貢献が受け入れられたとしたら，正気であるすべての男女，この世界にあって人間であるという感覚を持っており世界がその人にとって何らかの意味を持っているようなすべての男女，幸福なすべての人が，女性に対して計り知れないほど大きい恩を負っているということになる。（男であれ女であれ）幼児の頃には，人は依存というものについて何も知らなかったのであり，そこにあるのは絶対的依存だったのである。
>
> 再度強調したい。このような認識がなされるようになればその結果は，感謝ではなくまた賞賛ですらないだろう。われわれ自身のなかの恐怖がより少なくなるという結果になるだろう。この依存はすべての個人の発達初期における生育史上の事実であるが，もしもわれわれの社会がこの依存を完全に認めることを先延ばしにするなら，進行と退行の両方に対する障害，恐怖に基づく障害が，残るに違いない。もし母親の役割が真に認識されないなら，依存に対する漠然とした恐怖が残るに違いない。この恐怖は，時に「女性」というものへの恐怖という形をとったり，あるいは女性に対する恐怖という形をとったりし，また別のときにはそれほど簡単には認知しにくい形をとるだろうが，そこには常に支配に対する恐怖が含まれているだろう。
>
> ［「母親の社会への貢献」The Mother's Contribution to Society, p. 124］

ウィニコットは「『女性』というものへの恐怖」を絶対的依存の時期と結びつけている（依存：3, 4参照）。

2　「自然な」そして「健康な」母親

「自然な」母親と彼女が「自然に」行う事柄にウィニコットは力点を置いている。ウィニコットが「自然な」という言葉によって言及しているのは，まず

初めに自分の新生児に同一化すること（原初の母性的没頭）ができ，次に彼が成長して自分自身になることを許容できるような母親である。

　……真の強さというものは，個人が**自然な**ラインに沿った発達過程を経験することから生じる。……私の見方では，個人の精神的健康は，そもそもの初めから発達促進環境と私が呼んできたものを提供する母親によってそこに整えられてある。いわばその環境のなかで，幼児の自然な成長過程と環境との相互作用が，その個人が親から受け継いだパターンに従って発展していくことができる。母親は（知らず知らず）個人の精神的健康の基礎を築いているのである。
　　　　　　　　　　　［「コミュニケーションとしての母乳栄養」Breast-Feeding
　　　　　　　　　　　　　　　　　　as Communication, pp. 24-25］

　ウィニコットによる「自然な」という言葉の強調には，実際には「正常な」が含まれている。たとえば悪い母親にとって自然であろうことは，正常ではないだろうし，当然健康でもあるまい。ウィニコットのいう「自然な線」には，発達促進環境内で生じる健康な成熟過程を許容することが含まれている。だから「自然な」母親は，すなわち「健康な」母親である。ウィニコットのいう「健康」とはどういうことなのだろうか？
　ウィニコットは「健康な個人という概念」（1967）という論文のなかで，自分の健康についての考えを解説している。それは事実上，情緒発達に関する彼の理論全体――早期の母子関係，精神と身体の協調関係，本当の自己と偽りの自己，文化，「リアルであると感じる」ことの価値，そして「精神形態学 psychomorphology」というウィニコットがこの論文で使用するために発明した新語――を網羅している。精神形態学が意味するのは，まず第一に情緒発達の点から，幼児が体質としてもつ潜在力は環境と同じくらい外的なものであるということである。体質と環境というこれら二つの要素が合わさって個人の健康または病理に寄与するのである。端的に言えば，

　　発達の観点から見ると……健康とは，その個人の年齢にふさわしい成熟に応じた成熟である。
　　　　　　　　　　　　［「健康な個人という概念」Concept of Healthy Individual, p. 22］

ウィニコットはほどよい母親的養育の構成要素を脱構築したが，そこには個人における健康をもたらす側面すべてが含まれている。したがって，自然で健康な母親とは自分自身がよい母親的養育を受けた女性だということになる。

3 ほどよい母親

ウィニコットによる「ほどよい」という言葉の使用は，母親が自分の新生児のニードに対して適応することに関係している。1950年代の初めからずっと，彼はこの言葉を自分自身の用語法とクライン派の用語法を区別するために用いている。1952年に（精神分析家でありクライン派のメンバーである）ロジャー・マネー゠カイル（Roger Money-Kyrle）に宛てて書かれた手紙のなかで，ウィニコットは自分が言うほどよいとはどういうことなのかを明らかにしている。

> 母親について，つまり赤ん坊とともにある実在の人たちについて，あたかも彼女らが完全であるかのように，また彼女らがクライン派の慣用句の一部である「よい母親 the good mother」に相当しているかのように私が話していたと，しばしば思われています。実際は，私はいつも「ほどよい母親」あるいは「ほどよくない母親」について話しているのです。というのもわれわれが話しているのは実在の女性であるという事実に立てば，彼女ができる最善のことはほどよくあることであり，「ほどほど enough」という言葉の範囲は幼児が理解したり不満を耐えることなどによって失敗に対処する能力が伸びるに従い，徐々に拡がるのだということがわれわれにはわかっているからです。「よい母親」「悪い母親」というクライン派の慣用句は内的対象についてのものであり，現実の女性とは何の関わりもありません。**始まりにあたって**このほどよい母親が「よい乳房」だという錯覚が幼児に生じうるよう，初めは感受性豊かに**ほどほどに**よくあること，現実の女性が幼児にできることはたかだかそのくらいです。
>
> [[「ロジャー・マネー゠カイルへの手紙」Letter to Roger Money-Kyrle, p. 38]

情緒発達に関するウィニコットの理論の文脈では，万能の経験を子どもに提供するのは子どものニードに対する母親の適応であり，この万能の経験が健康な発達のために必要な錯覚を創り出すのである。

4　ほどよい錯覚

1960年，ウィニコットは彼の論文「本当の，および偽りの自己という観点からみた，自我歪曲」のなかで，自らの「ほどよい」と「錯覚と万能感」という用語のつながりについて詳述している。

> ……一方の端には，**ほどよい母親**があり，もう一方の端には，**ほどよくない母親**がある。さて次のような疑問が呈されるだろう。「ほどよい」という用語は何を意味しているのだろうか？
>
> ほどよい母親は幼児の万能感を満たしてやるし，またある程度はその意味を理解している。彼女はこれを繰り返し行う。本当の自己が息吹き始めるが，これは幼児の万能的な表現を母親が実現してやることによって幼児の弱々しい自我に力が与えられた結果そうなるのである。
>
> ほどよくない母親は，幼児の万能感を実現してやることができず，そのため幼児の身振りに応じることに何度も失敗する。かわりに彼女は，幼児が迎合してはじめて意味を与えられるような彼女自身の身振りでもって代用してしまう。こうした幼児の側の迎合が偽りの自己のはじまりであって，これは母親が自分の幼児のニードを感じ取れなかったことによっているのである。
>
> 幼児の自発的な身振りや感覚性幻覚に母親がくりかえし首尾よく応じてやった結果としてでないかぎり，本当の自己は生きた現実とならない。これは私の理論の基本をなす部分である。
>
> ［「本当の，および偽りの自己という観点からみた，自我歪曲」
> Ego Distortion, p. 145］

この点では，それゆえ，ほどよい母親とは「普通の献身的な母親」，つまり健康で「原初の母性的没頭」の状態にある母親と同じである。

5　生物学と母親の身体

結果として，生物学的な母親が母性的養育の仕事を実行するのに最適の人物であろうというのが，健康な母親——彼女は妊娠期間とその直後，自然に原初

の母性的没頭の状態に入るのであるが——に関するウィニコットの主張に対する単純な結論である。しかしながらウィニコットは，この見方にかたくなであるわけではない。

> 赤ん坊の世話に最も適切な人物はその赤ん坊の母親であると，なぜわれわれは考えるのか，今や述べることができる。つまり病気にもならずに原初の母性的没頭というこの特殊な状態に到達できるのは，まさに彼女であるからだ。しかし養母であれ，あるいは「原初の母性的没頭」という意味合いでの病気になれるような女性であればどんな人でも，その赤ん坊と同一化する能力をいくらかでも持っているわけだから，十分に適応できる立場に立ちうるのかも知れない。
>
> [「原初の母性的没頭」Primary Maternal Preoccupation, p. 304]

生物学的な母親による自分の子どもとの同一化が，「原初の母性的没頭という意味合いで……病気になること」の中心である。この状態によって母親は自分の子どものニードに適応することが可能になるが，それには最適の条件が整った場合には母乳による養育能力が含まれる。しかしウィニコットは母乳による養育を原初の母性的没頭の必須要素と見ているわけではない。

「原初の母性的没頭という正常な病気」に到達することができない女性であっても，子どもに配慮しようと懸命に頑張るという意味でよい母親になる可能性があることにもウィニコットは気づいていた。しかし，子どもに対して初めの損失を補うよう強いられることになるため，子育てにおける彼らの任務は後々厄介なものになっていくであろう。

> 他の点ではどこをとってもよい母親であり，また豊かで実りある生活を送ることができるが，しかしごく初期の幼児のニーズに対して繊細にかつ敏感に適応することを可能にするこの「正常な病気」にはなり得ない女性，こうした女性は確かに多い。あるいは，ある子どもに対してはこうした病気になりうるが，別の子の場合にはなれないということもある。こうした女性たちは，正常かつ一時的にであっても，ほかの関心事をまったく脇に置いてまで自分の幼児に没頭するということができない。こうした人たちのなかには，「正常への逃避」がある者もいることが推察されるかも知れない……。

実際に，子どもをつくったものの最早期に好機を逃してしまったこうした女性たちは，結果として逃したものを埋め合わせるという課題に直面させられる。彼女たちは長期間にわたって成長しつつあるわが子のニーズにつぶさに適応しなければならないが，それでも当初の歪みを首尾よく修復できるかどうかはわからないのである。

[「原初の母性的没頭」Primary Maternal Preoccupation, pp. 302-303]

精神病的で，初めのうちは子どもの世話をすることができたが，のちに子どもが分離を必要とするときに子どものサインを読むことができないかも知れない女性もいる。

もう一方の極端の例に，いかなるときでも没頭してしまいがちな母親があるが，この場合赤ん坊は彼女の**病的な**没頭の対象となる。こうした母親は幼児のために自らを役立たせる特別な能力を持っているのかも知れないが，さて結局はどうなるのだろうか？　母親が自らの関心を取り戻すことは正常な過程の一部であるし，実際に母親は，幼児が母親にそれを許容しうるそのペースでそうしているのである。病的な没頭をする母親は，赤ん坊にあまりにも長期間同一化し続けるだけではなく，幼児への没頭からそれより以前に没頭していたものへと突然に乗り換えることもある。

幼児への没頭から母親が正常に回復することにより，一種の離乳がもたらされる。しかし最初に述べたたぐいの病気の母親は幼児を離乳させることができない，というのも幼児は母親をそもそも得てはいなかったのであるから，離乳ということ自体が意味をなさないのである。もう一方のタイプの病気の母親は，離乳させることがまったくできないか，もしくは突然にかつ幼児がだんだんに持つようになる離乳へのニードを顧慮することなしに，離乳させてしまう傾向にある。

[「母親と赤ん坊の最初の関係」The Relationship of a Mother to Her Baby at the Biginning, pp. 15-16]

しかしながら，次のことを指摘しておくことが重要である。ウィニコットは母性本能というものそれ自体の存在を信じてはいなかったし，また生物学が過度に強調されることで母子間の情緒状態の価値が損なわれると感じていた。

……**母性本能**といった面から考えると，われわれは理論の泥沼にはまりこみ，人間と動物を混同した状況に迷い込んでしまう。ほとんどの動物は実際にこの早期の母性的養育をきわめて上手にやっているが，進化の早期の段階では反射や単純な本能的反応で十分だったのである。しかし人間の母親と赤ん坊とはなんらかの人間的性質をそなえており，このことが尊重されるべきである。人間にもまた反射や原始的な本能があるが，しかし動物と共通するものの文脈から人間というものを満足に描ききることはできない。

[「母親と赤ん坊の最初の関係」The Relationship of a Mother to Her Baby, p. 16]

　次のこともまた明らかである。すなわち，子どもの養育において母親の役割がもつ決定的な性質にどんな力点を置いたにしても，ウィニコットは彼女がそのためにどれほどの犠牲を払うかということについて非現実的でも感傷的でもなかった。

　　問題になるのは次の点です。母親は，欠くことのできない要素――つまり母親は近づきやすいという感じ――を子どもから奪ってしまうことなしに，同時に首尾よく自分を守り自分の秘密を守ることができるでしょうか？　はじめ子どもは所有されていましたが，所有から自立へ向かうまでに，近づきやすさの中間の点がなければなりません。

[「イライラするのはどんなことですか？」What Irks? p. 74]

　「所有」という言葉で，ウィニコットはきわめて身体的かつ情緒的な乗っ取りであるところの原初の母性的没頭を意味している。

　　観察者には，母親が子どもにとっての自由な家であったのはほんの限られた期間にすぎないことが容易に思い出せます。彼女はかつて自分自身の秘密をもっていましたが，それを再び取り戻すでしょう。そうして彼女はしばしのあいだ自分自身の子どもの際限ない要求に果てしなく悩まされていた自分を幸運だったと思うようになることでしょう。

　　今まさにその渦中にある母親にとっては，そこには過去も未来もありません。彼女にとっては現在の経験だけがあり，未踏の地も，北極も南極もなく，

恐れを知らぬ探検家が発見し暖めた地のほかは何もないのです。登山家が頂上まで到達して征服したエベレストしかありません。彼女という海は海底まで調べ尽くされ，かりに彼女に月の裏側のような神秘が残されているとしても，それすら到達され写真に撮られ，神秘から科学的に証明された事実へと格下げされてしまいます。彼女に神聖さなどありません。

　いったいだれが母親になどなるでしょう？

[「イライラするのはどんなことですか？」What Irks? p. 74]

6　母親になろうとしている女性と父親になろうとしている男性

家庭を築くことという文脈で「個人の始まり」というものに言及する際にウィニコットが論じている，五つの関連した領域に注目することは有益である。

- 母親と父親になる可能性をもっている，女性と男性の記憶
- 性交にまつわる空想
- 赤ん坊に対する両親のニード
- 受胎（心に抱くこと）
- 母親が出産に身をゆだねることを可能にする，母親の真の出生記憶

フロイトの無意識についての理論に同調していたウィニコットは，一人ひとりの個人のなかに貯蔵された記憶があると信じていた。それらの実に多くが無意識のものなので，認知的な方法ではこうした記憶のすべてに近づくことはできない。しかし新たに親になる人たちには，彼らの初めての赤ん坊に対する計画に関連して夢見ることのなかや情緒生活のなかで，こうした記憶が現れる。

　　赤ん坊のニードへのこの方向づけは，多くのことにかかっています。その一つは，母親と父親が自分たち自身赤ん坊だった記憶や，信頼感という点から世話され，予測不能の事柄から守られ，個人的な成長というきわめて個人的なことを何とかやってゆくための機会を与えられていたという隠れた記憶を，まさに実際持っているということです。

[「信頼を築くこと」The Building up of Trust, 1969, p. 133]

一人ひとりの人間の記憶や気持ちは過去と関係しており、そして両親の相互関係の点でまた他の社会的集団に関連して現在から創り出されるものに寄与する。これらはすべて過去から生じてくる漠然とした雰囲気の一部であり、新しい家庭の生成されつつある文化に寄与する。1969年、母親に対する講演でウィニコットはこう述べている。

> あなたが提供する環境とは、第一にあなた自身であり、あなたの人となりであり、あなたの性質であり、あなたが自分を自分自身だとわかる助けになるようなきわだった特徴です。そこにはもちろんあなたが身の回りに集めているあらゆるものやあなたの香りやあなたの雰囲気が含まれますし、また赤ん坊の父親であることがのちに明らかになる男性や、もしほかにも子どもがあるならその子どもたち、そして祖父母やおじ・おばもまた含まれます。言いかえるなら、私が描写しているのは赤ん坊がだんだんに発見していく家庭であり、そしてその家庭をほかのどの家庭ともどこか違うものたらしめている諸特徴にほかなりません。
> 　　　　　　　　　　　[「信頼を築くこと」The Building up of Trust, p. 125]

12年前、家庭生活の統合的要因と破壊的要因について述べた1957年の論文では、ウィニコットはすでに家庭文化について考慮に入れていた。

> 家庭の存在と家庭の雰囲気の維持は、両親が生活している社会的環境のなかでのお互いの関係に起因するものです。両親が自分たちの築きつつある家庭に何を「与え」られるかということは、彼らをとりまくより広範な圏、すなわち彼らのすぐ手近にある社会的環境に対して彼らが総じてどんな関係をとるかに大いにかかっています。その社会集団の内部のあり方がその外にある別の社会集団との関係にかかっているような、そうした一つひとつの集団からなる圏を、さらにその外へ外へと広げて考えることができます。もちろんそれらの圏は互いに重なり合っています。多くの家庭が発展をつづけていますが、しかし根こそぎ移動させられたり移しかえられたりすることには耐えられないでしょう。
> 　　　　　　　　　　　[「家庭生活の統合的要因と破壊的要因」Integrative and Disruptive Factors in Family Life, p. 41]

両親の相互関係の性質が，雰囲気の生成にとっての主要な要素である。

7　性交にまつわる空想

家庭を創るにあたっては男性と女性の間の性的な牽引力が重要であること，そして「性的満足は個人の情緒的成長のたまものである。つまり個人的にも社会的にも望ましい関係にそうした満足が伴っている場合それは精神的健康の頂点を表している」ことをウィニコットは指摘している。しかし，関係における性的満足は，望ましいものの常に可能とは限らないと，ウィニコットはすぐさま付け加えている。

> ……性のもつ力はきわめて重要であるものの，家庭という問題を考えるにあたっては，完全な満足それ自体は目標ではありません。多くの家庭がそう強力な肉体的満足を基盤にして築かれているのでもないにもかかわらず存在し，かつ良い家庭であるとみなされることは，述べるに値するでしょう。
> 　　　　［「家庭生活の統合的要因と破壊的要因」Integrative and Disruptive Factors, pp. 41-42］

しかしこのことを抜きにしても，性的行為のなかにふくまれる攻撃欲動の問題や，自分たちのもつ他人を傷つけたりあるいは他人から傷つけられたりする空想に二人がどうやって対処するかという問題が存在している。男性たちも女性たちもともにこうした恐怖を抱いており，ウィニコットによればそれは大部分無意識である。けれども特に妊娠と出産の頃には，こうした空想は不安の高まりという形で顕れる。（この論文が書かれて10年後，「対象の使用」という理論を構想するにあたってウィニコットが関心を寄せていたのは，この種の不安についてであった）（攻撃性：7, 8, 9, 10 参照）。

> 性の空想全体は意識されたものであれ無意識のものであれ，ほとんど限りなく多様で，決定的な意義を持っています。愛情衝動が身体的に表現されたとき一緒に出現してくる（多くは無意識的な）破壊的要素，そうした破壊的要素から生じてくる思いやりや罪悪感を理解しておくことは特に大切です。こうした思いやりや罪悪感が，一人ひとりの親や両親また家族を必要とする気持ちに大

いに寄与しているということは容易に理解できます。母親の分娩の際に父親に生じる非常に生々しい不安は，単に身体的な現実に属する不安を反映したものというだけではなく，性交の空想に属する不安を何よりも鮮明に反映したものです。

[「家庭生活の統合的要因と破壊的要因」 Integrative and Disruptive Factors, p. 42]

ウィニコットの指摘によれば，両親の不安は赤ん坊によって和らぐ可能性がある。なぜなら，損傷が生じ得たかも知れないという両親の不安が，その赤ん坊が生きているということによって軽減されるために，赤ん坊が生きて健康に生まれたときの喜びが増大するからである。

成長しつつある家庭はほかのどんなものよりも，**危害を加えられるとか**，体を破壊されるとか，怪物があらわれるとかいった**恐ろしい考えを和らげてくれます**。……赤ん坊が両親の暮らしにもたらしてくれる喜びの大部分は，その赤ん坊が全体的で人間的な存在であり，しかも生きていることを意味する何ものかを保持し——つまり，単に生きながらえさせられているというのとは違って生きていること——呼吸し運動し成長することに向かう生来の性向を持っているという事実にたしかに基づいています。子どもは当座の間，良いものと悪いもののあらゆる**空想を事実として**扱いますが，両親はその存在を信じるようになるにつれて，それぞれの子どもが生来もつ活力に大きな安堵感を与えられます。その安堵とは，彼らのもつ罪悪感や無価値感から生じてくる考えから解放されることによる安堵です。

[「家庭生活の統合的要因と破壊的要因」 Integrative and Disruptive Factors, p. 42]

しかしウィニコットの信じるところでは，家庭の発展に対する子どもの貢献は，性交に関連した不安の軽減を超えるものである。

家庭の統合は，**個々の子ども**のもつ統合にむかう性向から生じてくる，このことはいくら強調しても足りません。個人の統合は，起こって当然といったことではないからです。個人の統合は，情緒発達の問題です……。

個々の子どもは，健康な情緒的成長と満足な人格の発達によって，家庭とその家庭のもつ雰囲気を向上させます。両親は家庭を築く努力をしているわけですが，個々の子どもが持つ統合に向かう性向全体によって助けられます。それは単に幼児や子どもが愛らしいからといった問題ではありません。それ以上のものがあるのです，というのも子どもとはいつもかわいらしいわけではないからです。幼児や幼い子どもや年長の子どもは，**ある程度信頼を期待したり，応じてもらうことを期待することによって**われわれを喜ばせ，われわれはそれに応えるわけですが，それは一部にはわれわれが彼らと同一化する能力を持っているためだと考えられます。子どもと同一化するこの能力も，同じ年齢の頃にわれわれが自らの人格発達においてほどよい成長をなしえたかにかかっています。このように，われわれ自身の能力は子どもたちから期待されるものによって強化され，引き出され，発達するのです。明白な方法とともに非常に巧妙な方法を無数に用いて，幼児や子どもは自分の周囲に家族を創り出してゆきますが，それはおそらく何かを求めることによってなされるのでしょう。その何かを私たちは与えるのですが，それは，私たちが期待やその充足について何がしかを知っているためです。子どもたちが家族ごっこをして遊ぶとき創造するものを私たちは目にし，そうして彼らの創造性の象徴を現実のものにしてやりたいと感じます。

〔「家庭生活の統合的要因と破壊的要因」Integrative and Disruptive Factors, pp. 46-47〕

1966年，『タイムズ紙』(*The Times*)に掲載された生命の始まりと妊娠中絶法に関する論争についてのフィッシャー博士(Dr. Fisher)——当時のカンタベリー大主教——からの手紙にこたえて，ウィニコットは「個人の始まり」という短い論文を書いた。ウィニコットは「思い懐くこと conceiving of」と「懐妊 conception」とを区別している。思い懐くことは子どもの創造的な遊びに関係し，幼い女児に潜在する母親となる力をあらわしている。

もし彼女がすでにほどよいスタートを切っているなら，彼女は遊びのなかに赤ん坊を「思い懐く」だろう——「それは夢や多くの活動の一部である」 ("Beginning of the Individual", pp. 51-52)。**あらゆる**女児が赤ん坊を持つ空想を抱いて成長するのかどうかという問題に関しては，ウィニコットは問いを提起しもしなければ答えもしなかった。

実際に女性が妊娠するとき，彼女はすでに母性に向けて幾分か準備を始めている。妊娠が続いてゆくにつれて，こうした準備はだんだん空想でない現実的なものになってゆく。もっとも，想像上の赤ん坊という点では空想的性質は常にあるのだが。

> 妊婦の心のなかで徐々に幼児との同一化が強くなってゆくことを，われわれは知っています。幼児は，母親のなかで「内的対象」，すなわち内面に位置を占めるあらゆる迫害的な要素にもかかわらず同じその場所で想像されそこで保たれている対象の観念と結びつきます。赤ん坊は母親の無意識的空想のなかでほかの意味も持っていますが，しかし際だった特徴は母親の側が喜んで自分自身から興味関心をひきあげ赤ん坊へと向け変え，またそうする能力をもつことでしょう。私は母親の態度のこの側面を，「原初の母性的没頭」と呼んできました。
> 〔「母親と赤ん坊の最初の関係」Relationship of Mother to Her Baby, p. 15〕

想像上の赤ん坊は現実の赤ん坊になっていくのだが，彼女の関心が自分自身からこの想像上の赤ん坊へ向け換えられるにつれて，母親が自分の幼児と情緒的にだんだん融合していくと同時に，彼女自身の真の出生記憶が呼び覚まされる。最高に皮肉なのは，母親と赤ん坊が分娩という行為を通じてついに分離したときに，彼らは一つ——環境-個人の組合せ——になるということである。健康な母親は，自分が赤ん坊であったころ産み落とされることに身を任せなければならなかったのと同じように，産み落とすことに身を任せなければならない。したがって出産の各段階の間じゅう，彼女の幼児的無意識的記憶は再び呼び覚まされている。

> 真の出生記憶に典型的な特徴のなかには，何か外的なものに支配されており，そのせいで無力であるという感じがある。……赤ん坊が経験することと母親がいわゆるお産の床について経験することとの間には，非常に明白な関係がある。分娩の際，健康な場合には，乳児が同時に経験している経験にほとんど正確に匹敵するような過程に母親が諦めて身を任せることができなければならないような状態が到来する。
> 〔「出生記憶，出生外傷，そして不安」"Birth Memories, Birth Trauma and Anxiety", p. 184〕

この最後の段落は1949年に書かれたが，1957年にウィニコットは次のような脚注を付け加えた。

> 私は現在ではこの母親の側の特別な過敏状態を「原初の母性的没頭」と呼んでいる。

8　ほどよい母親のもつ無数の機能

ウィニコットは母親のもつ自然な機能を三つの領域に分類している。それは，抱えること，あやすこと，対象を提示することである。この三つの領域はどれも初期の何週間か，すなわち幼児が絶対的依存である期間の重要な部分である。抱えることとあやすことは幼児が自分の身体のなかで生きることに寄与するが，これをウィニコットは「私有化」および「精神と身体の協調関係」と表現した（抱えること：3；原初の母性的没頭：1, 2参照）。

ウィニコットは母親と幼児が融合している期間のことを，1950年代には「自我で関わっていること」と呼び，1960年代には「対象と関係すること」と呼んでいる。これらの用語は同義であって依存の事実，すなわち赤ん坊が母親の自我支持，保護，そして防御に依存している事実について言及している（依存：2参照）。

母親は赤ん坊がまだ気づくことのできない事柄に気づいている。こうした気づきがあるお陰で，赤ん坊が泣くときには理由があって泣いているのだと彼女にはわかるのである。これは人生が始まったばかりである赤ん坊にはわからないことだ——赤ん坊はただ単に気がついたら泣いているのである。だから母親は乳房（あるいは哺乳瓶に入ったミルクbottle）をさしだし，赤ん坊はそれを吸って安心し，もはや泣く必要がなくなる。

> かつて授乳されたことのない赤ん坊を想像してみてほしい。空腹があらわれ，こうして赤ん坊はいつでも何かを思い懐く準備ができた状態になるし，必要に迫られて，赤ん坊は満足の源をいつでも創造できる準備のできた状態になるが，そこに何が期待できるかということを赤ん坊に知らしめてくれるような過去の経験は何もない。もしもこの瞬間母親が自分の乳房を，赤ん坊が何かを期待する準備のできているその場所に差し出しているならば，そうしてもしも

幼児が口や手でまたおそらくは嗅覚であたりを探ってみるのに十分な時間が与えられるのならば、その赤ん坊はまさにそこに発見されるべきものを「創造する」だろう。赤ん坊はついに、この現実の乳房はまさにニード、貪欲、そして原始的な愛の初めての衝動から創造されたものだという錯覚を持つに至る。光景、においそして味がどこかに刻印され、そうしてしばらくすると赤ん坊は母親が差し出すべきまさにその乳房に似た何かを創造しているかも知れない。赤ん坊は離乳までに、母親という一人の女性から、何千回も外的現実へのこの独特な導きを与えられるだろう。欲したものが創り出されそこに見つかったという感じが、何千回も存在したのである。このことから、欲しいものや必要とするものを世界は含むことができるという信念が育ち、結果的に赤ん坊は内的現実と外的現実のあいだ、また生来の原初の創造性と万人に共有されている世界一般とのあいだには生きた関係があるという希望を持つようになる。
　　　　　　　［「人としての赤ん坊についてさらに深く考える」Further Thoughts on Babies as Persons, p. 90］

　自分が必要としていたものはまさにこれであるという感じを幼児がもつのは、母親が乳房を適切なときに差し出すためなのである。もし生まれたばかりの幼児が喋れたとしたら、彼はこう言うであろう。「僕は何かを必要としているのだけれど、それが何かわからない、だって生まれたばっかりなんだもの」。これに応えて、空腹の泣き声を聞きつけた母親はこうひとり呟くだろう。「泣き声が聞こえたわ。この泣き声、私が生まれたばかりのときの気持ちを思い出すわ――どうやったら欲求を和らげてあげられるかしら。こうやってみよう」。母親と幼児の間のこのコミュニケーション、すなわち母親が幼児の必要とするものを供給するという結果となるコミュニケーションは、自分の前にあらわれたものは自分が「創造した」のだという感じを幼児にもたせるように働く。したがって、幼児は自分が神――万能であるかのように感じる。ウィニコットの信じるところによると、この感じは人生の早期段階において決定的なものである。なぜなら幼児はこの感じに助けられて、自分が必要とするものを見つけられるのは現実世界のなかでなのだと信頼することを学ぶからである。逆説的なのは、世界に対する信頼感が、自分は世界を創造した神であるという錯覚を通じてあらわれる点である。

幼児のニードに対して母親が適応し，それがほどよい場合には，そこに幼児自身の創造する能力に対応した外的現実があるのだという**錯覚**が幼児に与えられる。言い換えれば，母親が提供するものと子どもが思い懐くだろうものとの間には重なりあいがある。観察者には，母親が実際に差し出しているものを子どもが知覚しているように見えるが，しかしこれが事実のすべてではない。幼児は乳房を，まさにそのときそこに創造されうるかぎりにおいてのみ，知覚するのである。母親と幼児とは，何ら交換しあうものはない。心理学的には，幼児は自分の一部としての乳房から取るし，母親は幼児に自分の一部としての乳を与えるのである。

[「移行対象と移行現象」Transitional Objects and Transitional Phenomena, p. 239]

ウィニコットは，万能の経験を通じて幼児のなかに生じる錯覚の必要性に，大きな価値をおいている。この錯覚なくしては，信頼する能力はありえない（創造性：2；移行現象：3, 4 参照）。

自分の乳房――または幼児が必要としているかも知れない他の何であれ――を母親が与える仕方を，ウィニコットは「対象を提示すること」と称する（依存：6 参照）。

1949 年，ウィニコットは BBC のある放送において，施設で授乳されている幼児と自分自身の母親に授乳されている幼児とを比較した。

不安のない母親が同様の状況をどんなに繊細にうまくやってのけるかを目にすると，私はいつも仰天してしまう。すべてが首尾よくいっていれば，赤ん坊を心地よい状態にし，かつ授乳が起こりうる**設定**を整えている彼女がそこにいる。その設定は人間関係の一部である。もし母親が母乳で授乳しておれば，どんなちっちゃな赤ん坊であっても，彼女が乳房をあらわにしているときに皮膚の感触やその暖かみが感じ取れるように――さらには赤ん坊から乳房までの距離がわかるようにするために，彼女がいかに赤ん坊の両手を自由にさせているかが見て取れる。というのも赤ん坊は，対象を位置づけるための世界をほんのわずかしか，つまり口や手や目で到達できる程度しか持たないからである。母親は赤ん坊の頬を乳房に触れるままに任せる。初め赤ん坊たちは，乳房が母親の一部分であることを知らない。乳房に顔が触れたとしても，彼らは初めのう

ちそのいい気持ちが乳房に来るのか顔に来るのか知らない。実際赤ん坊たちはあたかも頬が乳房であるかのように頬で遊び頬をひっかく，そして母親らが赤ん坊の欲する接触のすべてに備えているのにはじゅうぶんな理由があるのである。こうした点での赤ん坊の感覚が非常に鋭敏であることに疑問の余地はなく，もしそれが鋭敏であるのならそれは重要であるに違いない。

[「クローズアップ—母親の授乳」Close-up of
Mother Feeding Baby, p. 46]

ここには自分と自分でないものの区別がまだ付いていない幼児がいる。彼はウィニコットのいうところの「未統合の状態」にある。これは相互性という点での，母親と幼児の融合の錯覚である。これが母親と幼児とが個別にいて一緒にいることについてウィニコットが**存在すること**とか**女性的要素**という言葉で意味していることの，いきいきとした描写である（創造性：2, 3, 8；コミュニケーション：2参照）。

赤ん坊にはまず何よりも，私が説明しているようなこういったむしろ**静かな**経験が必要であり，愛情をもって，すなわち生き生きとでありながら騒がしさや不安や緊張のない仕方で抱かれていると感じる必要がある。これが設定である。遅かれ早かれ，母親の乳首と赤ん坊の口との間にある種の接触が生じるだろう。正確には何が生じるかということは問題ではない。母親はその状況のなかにおりその一部であり，その関係の親密さを特別好んでいる。赤ん坊がどのように振る舞うべきかということについて，彼女は先入観を持たない。

[「クローズアップ—母親の授乳」Close-up of
Mother Feeding Baby, p. 46]

それから興奮，背を向けること，それに「イマジネーションを高めること」がくる。

乳首と赤ん坊の口のこの接触が，赤ん坊に着想を与える！――「たぶん口の外側に求めて行く価値のある何かがあるんだろう」。唾液が流れ始める。実際，あまりに多量の唾液が流れるために赤ん坊がそれを楽しく飲み下すことになり，当座ミルクはほとんど必要ない。まさに母親が与えるべきものを赤ん坊が

イマジネーションのなかでつくり上げる，彼女は徐々に可能にする。そして赤ん坊は乳首をくわえはじめ，歯茎でその根本をたどって嚙むようになり，またおそらくは吸うことを始める。

　そして休みが来る。歯茎は乳首を放し，赤ん坊は活動の場に背を向ける。乳房についての着想は消えていく。

　この最後の部分がどんなに重要かおわかりになるだろうか？　赤ん坊が着想を持ち，乳首を伴った乳房がやってき，そして接触が生じた。そして赤ん坊は着想に興味を失い背を向け，乳首も消えた。これが，われわれが今描写している赤ん坊の経験と忙しい施設のなかに置かれた赤ん坊の経験との間の，最も重要な差異の一つである。母親は赤ん坊が背を向けることにどう対処するのだろうか？　この赤ん坊は，吸う運動が再開されるよう口のなかに何ものかを押し戻されるようなことはない。母親は赤ん坊が感じていることを理解している，なぜなら彼女は生きておりイマジネーションを持っているからである。彼女は待つ。数分かまたはそれ以下のうちに，赤ん坊はもう一度，彼女がいつも喜んで乳房を差し出している場所に戻ってくる。そして新たな接触が，ちょうどよい瞬間にもたれる。こうした状況は何度も繰り返され，赤ん坊はミルクを含んでいる物からミルクを飲むのではなく，それをどう扱ってよいか知っている人物にしばらくの間貸し与えられた個人的所有物からミルクを飲む。

　母親がこのように繊細に適応することができるという事実は，彼女が人間であることと，赤ん坊がこの事実を認識するのに長くはかからないことを示している。

[「クローズアップ―母親の授乳」Close-up of Mother Feeding Baby, p. 47]

　こうした経験が繰り返されるにつれて，幼児はついには「万能感の極致」に到達する。これは，母親が幼児にまず第一に自分が神であるかのように感じる機会を与える能力を持っているときのみ達成されるが，健康な場合，幼児に何が現実の世界かということと自分は神ではないことがわかるようになるには，このことが先だつ必要がある。

　　……この無言のコミュニケーションから，ちょうど赤ん坊が探し求めようとしているものを母親がいかに現実のものにするかに話を進めましょう。このよ

うにして母親は赤ん坊に，ちょうど赤ん坊がしようとしていることが実は何なのかを教えるのです。赤ん坊は（もちろん無言で）言います，「……したい」と。するとちょうどそのときに母親がやってきて赤ん坊の向きを変えたり，あるいは授乳の道具を持ってきたりして，赤ん坊はその文を「向きを変えてほしい，乳房が，乳首が，ミルクがほしい，等々」と完成させることができるようになります。赤ん坊が乳房を創造したと言わねばなりませんが，ちょうどそのときに母親が乳房を伴ってやって来なかったらそうはできなかったでしょう。赤ん坊に対するコミュニケーションは「創造的に世界に向かいなさい，世界を創造しなさい。あなたにとって意味を持つのはあなたが創造したものだけなのです」ということで，次に来るのは「世界はあなたの支配下にあります」ということです。この最初の**万能の経験**から，赤ん坊は欲求不満を経験しはじめることができるようになり，ある日万能の対極にすら到達できるようになるのです。万能の対極とはつまり，宇宙のなかのほんの塵一つにしかすぎないという感覚を持つことであり，しかもこの宇宙とは自分がかつて思い懐かれ，そして互いに楽しみ合う二人の親によって子としてもうけられる以前からそこに存在していた宇宙なのです。ひとが人間の個人にふさわしい謙遜に到達するのは，**神であった状態を経由してのことではないでしょうか？**」

[「幼児と母親および母親と幼児のコミュニケーション，比較と対比」Communication between Infant and Mother, and Mother and Infant, Compared and Contrasted, pp. 100-101]

9　母親の信頼できる喜び

母親が対象を提示することは，彼女の一貫性と信頼性にかかっている。彼の最も重要な早期の論文の一つ「原初の情緒発達」(1945) で，ウィニコットは彼の有名な逆説の一つを創り出している。それはすなわち「単調さを基礎にしてのみ母親は有益に豊かさを加えることができる」というものである。抱える環境を創り出すのはこの信頼感の繰り返しなのである。しかしながら，ここでいう「単調さ」は退屈さを意味するのではない。母親が自分の幼児に喜びを感じることは，彼女の抱える能力にとって決定的な側面である。

　　　　……楽しんで下さい！　重要だと思われることを楽しんで下さい。あなたが

世界の新しい一員を作っている間，他の人たちに世界の面倒を見させることを，楽しんで下さい。とじこもって（be turned-in）ほとんど自分自身に対して恋に落ちることを楽しんで下さい，赤ん坊は本当にほとんどあなたの一部です。夫があなたと赤ん坊の幸せに対して責任を感じている仕方を楽しんで下さい。自分自身について新しい発見をするのを楽しんで下さい。自分がよいと感じたまさにそのことをする権利をかつてなかったほど持っていることを楽しんで下さい。あなたが喜んで与えようとしているミルクを泣いたり叫んだりして受け付けないとき，赤ん坊に悩まされることを楽しんで下さい。男性には説明を始めることさえできないようなあらゆる女性らしい気持ちを楽しんで下さい。特に，だんだんにあらわれてくる赤ん坊はひとりの人だというサイン，そしてあなたが赤ん坊にはひとりの人として認識されているというサインをあなたは楽しむでしょう。

　こういったことすべてを自分自身のために楽しんで下さい，しかし幼児の骨の折れる世話からあなたが得ることのできるその喜びは，赤ん坊の視点から見ると偶然にも決定的に重要なものなのです。赤ん坊は正しい授乳を正しい時間にしてもらうよりも，自分自身の赤ん坊に授乳することが大好きな誰かに授乳してほしがります。赤ん坊は，衣服の柔らかさや風呂の温度がちょうどよい温度であることなど，あらゆることを当然のことと思っています。当然のこととできないのは，自分自身の赤ん坊に着せたり入浴させたりすることに伴う母親の喜びです。もしあなたがそこにあってすべてのことを楽しんでいれば，赤ん坊にとっては太陽が顔を出すようなものでしょう。母親の喜びがそこになくてはなりません，でなければ手順全体が死んだ，空しく，機械的なものになるでしょう。

〔「生きている人としての赤ん坊」The Baby as a Going Concern, pp. 26-27〕

　母親が楽しむことは，幼児とは別に自分自身の社会的交流のなかで人生を楽しむ能力とも関連している。そして徐々に，彼女の原初の母性的没頭が消えてゆくにつれ，ある程度は以前のようにやってゆくことになる。これは幼児にとっても非常に重要であるが，それは母親からの分離が対処できないほど長くない限りにおいてのことである。この対処は幼児ごとに違うだろうが，母親からの分離は，幼児が自分のパーソナルなニードをだんだん**自覚してくること**を

通じて生じてくる（思いやり：8；依存：6,7参照）。

　この段階の相対的依存で報われる点は，幼児が何らかの方法で**依存に気づく**ようになる点である。彼が（もしくは彼女が）母親の生存を信じられる一定の期間の限界を超えて母親がその場からしばらくいなくなると不安があらわれるが，これは幼児の知る初めての信号なのである。これ以前では，もし母親がいなくなってしまうと，幼児は侵襲を取り除くという母親の特別な能力からまったく恩恵を受けられず，自我構造の絶対不可欠な発達は十分に確立されないだろう。

　幼児がどうかして母親の必要を感じる時期を超えると，次の段階は，母親が必要なことを幼児が**自分の心のなかでわかるようになる**段階である。

　実際の（健康な）母親へのニードは徐々に激しくなり本当に凄いものとなるので，母親たちは子どもを置き去りにすることを実に本当にいやがり，心痛を引き起こしたり特別なニードをもつこの時期の間に憎しみや脱錯覚を実際に起こしてしまうくらいなら，むしろ多大の犠牲を払おうとする。この時期は（おおよそ）6カ月から2歳まで続くといえよう。

[「個人の発達のなかで依存から自立へ」From Dependence towards Independence in the Development of the Individual, p. 88]

　抱える環境として最も望ましいのは，一人の人物——生物学的母親が望ましい——がおよそ2歳くらいまで幼児に対して責任をもつ環境であると，ウィニコットは強調している。このときまでに子どもは，喪失に対処できるようになり，また世話をしてくれる別の環境にも対処できるようになる。しかしながら，子どもは何が現実で何が現実（リアル）でないかわかろうと奮闘している。母親の役割は，世界に「少しずつ」触れさせてやることによってこの奮闘を和らげてやりながらも，遊びのなかで克服される激しい感情を常に尊重していることである（遊ぶこと：3参照）。

　　小さい子どもにとって，また赤ん坊にとってはなおのこと，人生は非常に強烈な体験の連続です。遊びのじゃまをすると何が起こるかはご存じのことでしょう。実際皆さんは，できれば子どもが遊びにきりをつけられて遊びを中断されたことを我慢してくれるようにと考えて注意を与えたがります。皆さんの

坊やにおじさんが与えてくれたおもちゃは現実の世界の一片なのですが，しかもそれが適切な仕方でぴったりの時期にふさわしい人から与えられれば，それはその子にとって意味のあることなのです。私たちはそれを理解し認めることができなくてはなりません。

[「この世の中のことを少しずつ差し示すこと」
The World in Small Doses, p. 70]

共有された外的現実とパーソナルな内的現実との違いも，幼い子どもは理解している。大人が認めるべきものとは，現実的なものと創造されたものを共有することに関する遊びである。

　われわれが子どもと共有している世界は，その子ども独自の想像上の世界でもあり，そのために子どもはこれを強烈に体験することができるのです。その理由は，われわれがその年頃の子どもの相手をする際に，外的世界を正確に知覚することにこだわっていないからです。子どもの足は四六時中地に着いている必要はありません。小さな女の子が飛びたいと言ったとしてもわれわれは「飛べやしないよ」と言い放ったりはしません。その代わりに私たちは，鳥のように飛んで巣に戻ったと感じさせるために，彼女を抱き上げ頭上を旋回するように高い高いをしてやってから戸棚の上においてやるでしょう。

　ほんのしばらくで，子どもは魔法のように飛ぶことはできないと気づきます。おそらく夢のなかでなら空中を魔法のようにただようこともある程度は続き，あるいは少なくともかなりの歩幅で歩くといった夢を見るでしょう。一跨ぎで7リーグ（約100 km）も歩けるという魔法の長靴や魔法の絨毯などといったおとぎ話はこうしたテーマに大人が寄与したものということになります。10歳くらいで子どもは幅跳びや高跳びを練習するようになり，人より長くそして高く飛ぼうとするでしょう。これは3歳の頃に自然に生じてくる飛ぶという観念に関連した，ひじょうに鮮烈な感覚の名残（夢を別として）なのです。

　大切なのは小さい子どもに現実を押しつけないことです。たとえ5,6歳の子どもにであっても現実を押しつけるべきではないと思います。なぜならすべてが順調に行っていれば，その年頃には子どもは，大人が現実世界と呼ぶものに対して科学的興味をいだくようになっているものだからです。現実世界を受け

入れることが私的な空想の世界や内的世界のリアリティを失うことになってしまわぬ限り、この現実世界は多くのものを与えてくれます。
　小さな子どもにとっては内的世界が内側にあると同時に外側にもあるというのは理にかなったことであって、だからわれわれは子どもとゲームをして遊んだりその他の方法で子どもの空想上の体験に参加したりする際に、その子どもの想像の世界に入ってゆけるのです。
[「この世の中のことを少しずつ差し示すこと」
The World in Small Doses, pp. 70-71]

　空想遊びのなかで子どもと交流する大人の能力についてウィニコットが言及していることは上の文から明らかだが、時がくれば何が現実で何が現実でないかについて大人がはっきりした態度をとることも同じくらい大切である。

　ここに3歳の子どもがいるとしましょう。彼は機嫌良く、一日中一人で遊んだり他の子と遊んだりし、食卓にきちんと腰掛けて大人の人たちと同じようにちゃんと食事をすることができます。昼間には、現実のこととわれわれが呼ぶものと子どもの空想とわれわれが呼ぶものとの区別がたいへんよくできるようになってきました。夜はどうでしょうか？　彼は眠っており、夢も見ているに違いありません。ときどき目を覚まして金切り声をあげます。母親はベッドから飛び起きて部屋に入ってき明かりをつけ、子どもを抱き上げようとします。彼は喜ぶでしょうか？　それどころか反対にこう叫びます、「あっちへ行け、この魔女め！　ママ来て」と。彼の夢の世界は、われわれが実際の世界と呼ぶところのものにまで広がってしまっており、20分ばかりの間、母親は何もできずに待っています、というのも彼女はその子にとっては魔女なのですから。突然、あたかも母親が今しがた現れたかのように、彼は母親の首に抱きつきしがみつきます。そしてホウキの柄の話をしようとしますが、眠りに落ちてしまいます。そこで母親はこの子をベッドに戻して自分の寝室へと帰ってゆきます。
[「この世の中のことを少しずつ差し示すこと」
The World in Small Doses, p. 71]

　母親は待つことができ、目の覚めている生活と夢の生活の間に子どもがいることを、直観的に理解することができる。

何が現実のもので何がそうでないかをあなたがたがはっきりと分かっていることが，子どもにとってはあらゆる面で助けになります。なぜなら世界は想像とは異なり，また想像は現実とまったく同じというわけではないことを，子どもはゆっくりとしか理解できないからです。おのおのにとってお互いが必要なのです。あなたの赤ちゃんが初めて好むようになるものをご存じでしょう——小さな毛布や柔らかいおもちゃなどですね——幼児にとってはこれはほとんど自己の一部であり，かりにこれを取り上げられたり洗濯されたりすると大変なことになります。

赤ん坊がいろいろなものを投げ出すことができるようになったとき（もちろんそれを拾って返してもらうことを期待しているのですが），あなたが去ってはまた戻ることを幼児が許容できる時期が訪れつつあることがわかるのです。

[「この世の中のことを少しずつ差し示すこと」
The World in Small Doses, p. 73]

10　母親の鏡役割

1967年，ウィニコットは「小児発達における母親と家族の鏡としての役割」という論文で，母親の機能に関する自らの考えを詳細に論じた。彼の主要な論点は，創造的に眺め世界を見るためには，個人は何よりもまず自分が見られた経験を内在化していなければならない，というものである。こうした経験は母親-幼児関係の早期の数週において自然に起こり，そして「鏡の先がけになるのは母親の顔」である。

ウィニコットが書いていることのなかには，幼児が母親にまなざしを向けるとき彼が自分自身を見ていることについては，何も目新しいことはない。この論文の**まさに新しいところ**とは，自分の自己感を確立するために母親の顔をのぞき込む際，幼児は母親の顔の反応を当てにしているというところである。

赤ん坊は母親の顔にまなざしを向けているとき，一体何を見ているのだろうか。赤ん坊が見ているのは，通常自分自身なのだと思う。別のいい方をすれば，母親が赤ん坊にまなざしを向けているとき，**母親の様子は，母親がそこに見ているものに関係している**。以上は当然のことと安易に思われがちだ。私はこのこと，つまり赤ん坊の世話をしている母親たちが自然にやってのけている

ことが当然のことでないかも知れないことを問題にしているのである。自分の不機嫌を，もっと悪い場合には自分の硬直した防衛をてらし返す母親をもつ赤ん坊のケースを率直に述べることで，私は主張をはっきりさせることができると思う。そのようなケースでは赤ん坊は何を見ているのであろうか*。まず第1に赤ん坊自身の創造的能力が衰え始める，そうしてどうにか自分自身を環境からいくらかでも取り戻す方法を探し求める。……そのとき母親の顔は鏡ではない。こうして，知覚（perception）が統覚（apperception）にとって代わるのである。世界との重要なやり取りの始まり，すなわち自己の豊かになることと，視覚にとらえられる事物の世界の意味の発見が交互に起こる二方向の過程の始まりとなるはずだったものに，知覚がとって代わるのである。

〔「小児発達における母親と家族の鏡としての役割」
Mirror-Role of Mother, pp. 112-113〕

「統覚」，つまり幼児による母親との融合の主観的体験に対してウィニコットが与えた用語であるが，これはこのように主観的対象に関わることを含んでいる（存在すること：3参照）。したがって統覚とは，母親から見られることを通じて自分自身を見ることを意味している。「知覚」は統覚からきており，対象全体を見る能力について言っているが，これは自分と自分でないものを識別する能力である。もしも母親が幼児の顔に応えることができないせいで知覚が時期尚早に生じざるを得なければ，幼児は迂回路を見つけるが，しかしそのかわり彼の自己感は大いに犠牲になってしまう。母親の側のこうしたたぐいの失敗は，幼児に時期尚早な自我の発達をもたらす。

　ある赤ん坊たちは，こうしたたぐいの母親の相対的な失敗にじらされて，母親の機嫌を予測しようと試みてちょうどわれわれが天気を学ぶのと同じように変化する母親の表情を学んでゆく。赤ん坊はすぐに予報を会得してしまうだろう。「今現在はお母さんの機嫌を気にせずに自然に振る舞っても安全だ，しか

＊(訳注)　ウィニコットの原文には，「……何を見ているのであろうか。」「まず第1に赤ん坊自身の……」の間に四つの文〔もちろん，母親が反応できないような機会が1回だけでは，何もいえない。しかし，多くの赤ん坊は，彼らが与えるものを取り戻せないという体験を長い間しなければならないのである。その場合彼らはまなざしを向けるが，自分自身を見ていないのである。そこにはいくつかの帰結がある。〕があるが，本書の著者による英文には省略記号なしでこの部分が略されている。

しすぐにもお母さんは顔をこわばらせたり不機嫌になってきたりするだろう，そうしたら僕は自分のパーソナルなニードを引っ込めなくてはならない，そうしないと僕の中心的自己は屈辱をこうむるかも知れない」。……もし母親の顔が無反応ならば，鏡はまなざしを向ける（look at）ものとなり，のぞき込む（look into）ものではなくなってしまう。

[「小児発達における母親と家族の鏡としての役割」
Mirror-Role of Mother, p. 113]

ウィニコットは統覚から知覚に至る道筋には順序があると考えていた。

　私がまなざしを向けるとき（look），私は見られている，そこで私は存在する。
　いまや私はまなざしを向けることも，見る（see）こともできる。
　私は今創造的まなざしを向け，私が統覚するものを知覚してもいる。
　実際私はそこで見られないはずのものを見ないように気をつけている（疲れていなければだが）。

[「小児発達における母親と家族の鏡としての役割」
Mirror-Role of Mother, p. 114]

「いまやまなざしを向けることも，見ることもできる」幼児は幸いにも，同様に「まなざしを向けることも，見ることもでき」，自分の赤ん坊を知ってゆく過程に取りかかれる母親をもっている。幼児の自発的な身振り（活動中である本当の自己とウィニコットが定義しているもの）は，もし肯定的に応答されれば，幼児を鼓舞して自らの自己感を発展させる（自己：9 参照）。ウィニコットはこの交流を分析的文脈のなかに置き換えている。

　　赤ん坊や子どもが母親の顔に，のちには鏡のなかに自己を見ることに目をやれば，分析や精神療法を考察する道が開かれる。精神療法は，才気走った頭のよい解釈を与えることではない。おおよそそれは長期にわたって患者がもたらすものを患者へと返していく作業である。それはそこに見られるはずのものを映しかえす顔の，複雑な派生物である。私は自分の仕事をこのように考えたい。そしてもし私がこの仕事を十分うまくやれば，患者は自分自身の自己を発

見して，存在しかつリアルであると感じることができるようになるだろうと考えたい。リアルに感じることは存在すること以上のものである。それは自分自身として存在する手段を見つけることであり，自分自身として対象に関わる手段を見つけることであり，またリラックスするために引きこもる場所としての自己をもつ手段を見つけることである。

[「小児発達における母親と家族の鏡としての役割」
Mirror-Role of Mother, p. 117]

ウィニコットはこのミラリングの仕事は言うは易く行うは難しであることを強調しているが，「見られること」がきわめて重要なことなのである。

しかし私は，患者がもたらすものを映しかえすというこの仕事をたやすいものと考えているかのような印象を与えたくはない。これはたやすいことではなく，情緒的に大変疲れるものだ。しかしやりがいもある。患者は治癒しないときでさえ，自分をありのままに見てくれたといってわれわれに感謝し，これがわれわれにある種深い満足を与えてくれるのである。

[「小児発達における母親と家族の鏡としての役割」
Mirror-Role of Mother, pp. 117-118]

11 脱錯覚の過程がもつ価値

母親が自らの自己感を回復しはじめ，原初の母性的没頭の状態から立ちなおるとき，彼女は「脱適応 de-adapt」し「失敗する」（依存：5 参照）。健康な発達が起こるためには幼児の脱錯覚が起こらなくてはいけないが，これはすべてそのための肝心かなめの部分である。

ウィニコットの仕事には一貫して，早期の母子関係の重要性が錯覚という観点から強調されている。そのために，彼が脱錯覚の過程においた価値はときに見失われてしまう。しかしながら彼は実にしばしば，脱錯覚されたいとか失望感を味わいたいという幼児の大変切実なニードに言及している（抑うつ：3 参照）。

自分は神であり世界の創造者であるという錯覚の経験を十分に持ったときのみ，幼児は脱錯覚の過程をくぐりぬけることができる。彼はこの錯覚からいわ

ば目覚め始めたときに脱錯覚され，実際は自分はそうではないのだと認識する。もし錯覚があまりにはやく終わってしまうと——つまり，幼児がこの事実を認める準備ができていないうちにということだが——彼は外傷を受ける恐れがある。

1939年という早い時期に，「早期の脱錯覚」と題された短い文章で，ウィニコットは自分の患者で赤ん坊の頃あまりに尚早に脱錯覚されてしまった症例を提示した。早期の脱錯覚は外傷的なのである。

しかしながら，健康な母親の機能の一部には徐々に「外傷を与える」ことが含まれる。

> このように，外傷というものには正常な側面がある。母親は常に適応の枠内で「外傷を与えること」を行っているのだ。このようにして幼児は絶対的依存から相対的依存へと移行してゆく。しかしその結果は外傷的なものにはならない，なぜなら母親は，新しい精神的メカニズムを採用する赤ん坊の能力を時々刻々感知することができるからである。幼児が自分でないものに気づくことは，母性的養育のこうした領域で母親が働きをなしているという事実にかかっている。ともに行動する両親により，ひいてはユニットとしての家族が機能することにより，こうした子どもの脱錯覚の過程が進んでいく。
> [「家庭内における個人の発達との関係からみた外傷概念」
> The Concept of Trauma in Relation to the Development
> of the Individual within the Family, p. 146]

これをウィニコットの言葉で別の言い方にすればこうなる。母親は失敗しては自分の失敗を修正しているが，このことが赤ん坊および成長中の子どもに，彼女が信頼できるということの意味を逆説的に教えるのである。

> 赤ん坊は，信頼の**失敗**がもたらす効果からコミュニケーションについて知ることしかできません。機械的な完全さと人間の愛が異なるのはここです。人間というものは失敗を重ねます。そうして通常の世話を行うなかで母親は自分の失敗をしょっちゅう修復しています。疑いなく，最終的にはこのような相対的な失敗がすぐさま修正されることが積み重なってコミュニケーションとなり，そのおかげで赤ん坊は成功というものを知るようになります。このようにして

適応が成功すると安心感が与えられ，愛されてきたという感じが与えられます。分析家としてわれわれはこのことをよく知っています。というのもわれわれはしょっちゅう失敗し，怒りを予期しまた実際怒りを買っているからです。われわれは生き残ればそれに慣れます。数限りない失敗が一種の世話によって修復されることにより，それが愛のコミュニケーションとなり，気遣っている人間がそこにいるという事実を伝えることになります。失敗が修復されずに必要時間を超えて秒，分，時間単位でおかれるなら，われわれはこれを**剝奪**と呼びます。剝奪された子どもとは，失敗が修復されることを知った後で，修復されない失敗を経験する子どもです。もう一度失敗が修復されるような状況を引き起こすということがその子の人生で繰り返されるライフワークになるのは，こういうときなのです。

[「幼児と母親および母親と幼児のコミュニケーション，比較と対比」
Communication between Infant and Mother, p. 98]

修復された失敗というのは，もちろんウィニコットの言うところの「まったくの失敗」とは違う。まったくの失敗とは原初の苦悩，それと想像を絶する不安につながるものである。

12 ほどよくない母親

幼児が健康な発達のために必要とする環境を与えることができない母親は，（人為的に）三つのタイプに分けられる。
・精神病的な母親
・原初の母性的没頭に身を任せることのできない母親
・じらす母親

精神病的な母親は，最初のうちはうまく小さい幼児の要求に応じることができるかも知れないが，幼児が彼女の凝視を離れて成長する必要のあるときに，彼から分離することができない（環境：3 参照）。

原初の母性的没頭の状態に自然に入ることのできない母親は——たぶんそれは彼女があまりにも抑うつ的であるか何か他のことに没頭しているせいだろうが——後になって自分の子どもの治療者に，つまりかつての喪失を埋め合わせようとしていると思われる治療者に，ならねばならないかも知れない。

じらす母親は，ウィニコットによると，幼児の精神的健康に最悪の影響を与える。なぜなら，環境のもつ気まぐれな性質が，自己感のまさに中核を侵すからである（コミュニケーション：10；精神-身体：3参照）。

ほどよい母親-家族-幼児パラダイムが前向きに利用されることを可能にするために，ウィニコットはほどよい母親の技法を何度も分析的設定に置き換えている。過去にまったくといってよいほど，ほどよい経験が持てなかった患者のために

> 分析家は，患者の人生においてある特定の環境上の本質的要素を提供する最初の人物とならねばならない。こうした患者の治療では，分析技法におけるあらゆる種類の事柄がきわめて重要になる……
> 　　　　　［「逆転移のなかの憎しみ」Hate in the Countertransference, p. 198］

のである（憎しみ：4参照）。

出 典

1939　「早期の脱錯覚」Early Disillusion［W19］
1947　「逆転移のなかの憎しみ」Hate in the Countertransference［W6］
1949　「出生記憶，出生外傷，そして不安」Birth Memories, Birth Trauma and Anxiety［W6］
1949　「生きている人としての赤ん坊」The Baby as a Going Concern［W7］
1949　「クローズアップ―母親の授乳」Close-up of Mother Feeding Baby［W7］
1947　「人としての赤ん坊についてさらに深く考える」 Further Thoughts on Babies as Persons［W7］
1949　「この世の中のことを少しずつ差し示すこと」The World in Small Doses［W7］
1952　「ロジャー・マネー゠カイルへの手紙」Letter to Roger Money-Kyrle［W17］
1953　「移行対象と移行現象」Transitional Objects and Transitional Phenomena［W6］
1956　「原初の母性的没頭」Primary Maternal Preoccupation［W6］
1957　「家庭生活の統合的要因と破壊的要因」Integrative and Disruptive Fac-

tors in Family Life ［W8］
1957 「母親の社会への貢献」The Mother's Contribution to Society ［W14］
1960 「本当の，および偽りの自己という観点からみた，自我歪曲」Ego Distortion in Terms of True and False Self ［W9］
1960 「母親と赤ん坊の最初の関係」The Relationship of Mother to Her Baby at the Beginning ［W8］
1960 「イライラするのはどんなことですか？」What Irks？［W20］
1963 「個人の発達のなかで依存から自立へ」From Dependence towards Independence in the Development of the Individual ［W6］
1965 「家庭内における個人の発達との関係からみた外傷概念」The Concept of Trauma in Relation to the Development of the Individual within the Family ［W19］
1966 「個人の始まり」The Biginning of the Individual ［W16］
1967 「健康な個人という概念」The Concept of a Healthy Individual ［W14］
1968 「コミュニケーションとしての母乳栄養」 Breast-Feeding as Communication ［W16］
1968 「幼児と母親および母親と幼児のコミュニケーション，比較と対比」Communication between Infant and Mother, and Mother and Infant, Compared and Contrasted ［W16］
1969 「信頼を築くこと」The Building up of Trust ［W20］
1971 「小児発達における母親と家族の鏡としての役割」Mirror-Role of Mother and Family in Child Development ［W10］

反社会的傾向

antisocial tendency

1 疎開体験
2 非行と正常な反社会的行動
3 盗みの欲求
4 破壊性と対象希求という二つの傾向
5 希望に満ちた瞬間
6 反社会的傾向と精神分析

　反社会的傾向は愛情剥奪と不可分なつながりを持った術語である。反社会的行為（盗み，夜尿など）は相対的依存の時期に不適切な環境があったことを示している。

　ウィニコットの主張によると，反社会的傾向が示しているのは，最終的には失われることになった絶対的依存の段階で幼児がほどよい環境を経験していたということである。それゆえ反社会的行動は一つの希望のサインであり，喪失する以前の時期のよい経験を個人が再発見する可能性を示している。

　反社会的傾向とは一つの診断ではなく，大人にも子どもにも適用されるものである。

　ウィニコットは反社会的傾向と非行を区別しているが，一方でその両方は同じ原因――愛情剥奪――から派生すると考えていた。

1　疎開体験

　反社会的傾向が希望のサインであるというウィニコットの発見は，第二次世界大戦中の彼の取り組みから展開した。当時ウィニコットは，ロンドン郊外にある疎開一時受け入れ地域で政府の疎開事業計画の精神科顧問医師をするようになっていた。彼はこのときの衝撃的な体験をもとに，戦時中そして戦後において数多くの講演やラジオ講演を行うようになり，それらを通じて家庭生活に

おける分離や愛情剥奪と関連するテーマを探求している。これらの講演のいくつかは，終戦後しばらくして執筆された他の論文とともに没後出版され，『愛情剥奪と非行』（W13）と題された論文集に載っている。

　この時期にウィニコットと出会って仕事をともにしていたクレア・ウィニコットは，この論文集の序文において，ウィニコットが愛情剥奪を体験した子どもや青年と関わるなかで彼の探求がいかに進んだかについて触れている。

　　ウィニコットが置かれていた状況は戦時中であったため異常なものであったが，このときの経験から得られた知識は幅広く通用するものであった。というのも愛情剥奪を経験し非行に走る子どもたちは，どのような環境であっても予想可能な形で表面化してくるような基本的問題を抱えていたためである。さらに，ウィニコットが担当した子どもたちは，彼らが通常の家庭で暮らすことができなかったという理由から，特別な対策を必要とした。言い換えれば，子どもたちは家庭においてすでに困難な状況にあったのである……。

　　疎開の体験は，ウィニコットに深い影響を与えた。というのもウィニコットは，家庭生活が大きく崩れることによって生じた混乱と濃縮された形で向き合わざるをえず，分離と喪失，破壊と死といった事柄の影響を経験せざるを得なかったからである。後になって奇異な行動や非行という形で現れた個々の反応は，ウィニコットと他の地域のスタッフ状況によって世話をされ，包み込まれ，そして徐々に理解されなければならなかった。ウィニコットが関わった子どもたちは行き詰まった状態にあった。実際，彼らにはほかに行くところもなく，そうしたなかで彼らを援助する試みの中心は，いかに抱えるかということになったのである……。

　　愛情剥奪を経験した子どもたちとの関わりによって，ウィニコットの思考と実践に包括的で斬新な視点が与えられ，情緒の成長と発達に関するウィニコットの基礎概念に影響が及んだことは明らかである。反社会的傾向の背後に存在する欲動についての，ウィニコットの最早期の理論は具体化することとなり，表現されるようになったのである。

　　　　　　　　［クレア・ウィニコット Clare Winnicott, 1984, pp. 1-3］

　クレア・ウィニコットは，共同研究がどのように記録され，そして1948年の児童法成立に貢献した貴重な情報がどのように生かされたかについて記載し

ている。

　序文の締めくくりに彼女は有益なことを述べている。それは，一つの概念としての反社会的傾向が，単に戦時中の疎開に関連するにとどまらず，社会や情緒発達の重要な段階においてしっかりと抱えられる環境を体験できなかったすべての人と関連しているという点である。

　　　これらの論文は歴史的な興味を引くものだが，決して歴史にとどまるものではない。むしろこれらの論文は，社会における反社会的要素と，失われてしまったものを元に戻し再生へ導くような健康的で健全な原動力との，今日的な出会いに属するものである。この出会いの複雑さをどんなに過大に評価しても し過ぎることはあり得ない。養育を提供する方と受ける方の相互作用の問題点は，常にこの分野での治療や仕事において焦点となっており，責任ある管理者からの支持を受けた専門家による継続的な注意と援助を必要としているのである。常のことであるが，今日の臨床上の問題は，ほどよい思いやりとほどよい強さをたたえた環境をいかに維持するかということと，援助者と養育や抱えられることを強く希望している人にもかかわらず，愛情剥奪を経験し非行に走っている人とをともにいかに抱えるかという点にある。ただ，援助を見いだしたときには逆に，援助を破壊することに全力を尽くしてしまうような。

　　　　　　　　　　　　　　　[クレア・ウィニコット Clare Winnicott, 1984, p. 5]

2　非行と正常な反社会的行動

　戦争が終わった翌年の 1946 年に，ウィニコットは裁判官向けの講演をしている。「非行少年のいくつかの心理的特徴」と題されたこの論文は，非行少年の行動の原因を発達早期の情緒的愛情剥奪に帰する内容である。ウィニコットはフロイト学派の無意識を説明することによって，反社会的行動が無意識のコミュニケーションであることを聴衆に伝えようと望んでいた。

　非行における愛情剥奪の観点を探求する以前に，ウィニコットは，よい家庭にあっても見られるような情緒発達の面からみた反社会的行動の正常な側面について説明している。

　　　正常な子どもとは一体どのようなものであろうか？　食べ物を食べ，成長

し，かわいらしく微笑むだけであろうか？　そうではない。もしある正常な子どもが両親を信頼しているならば，その子はまったく遠慮せず振る舞うだろう。成長するにつれ，その子は周りを混乱させることや，破壊すること，こわがらせること，疲れさせること，汚すこと，うまくごまかすこと，専有すること，といった自分の力を試しに使うのである。人を法廷（あるいは保護施設）に導くようなすべてのことに対処する正常なことが，子どもと家庭との関係において，幼児期や児童期早期にみられる。もし，家庭を混乱させる能力を持った子どもに対して家庭が生き抜くことができれば，子どもは落ち着いて座って遊ぶことになるだろう。しかし試されることは必至であり，さらに両親の準備や家庭（家ではなく家庭である）に疑わしさがあるとすると，よりいっそう試されることになる。子どもが初めに要求するのは枠組みの存在が感じられることである。枠組みの存在は，子どもが自由でいられることを感じ，遊ぶことができ，絵を書くことができ，無責任な子どもとしていられるのかどうかということに通じるのである。

[「非行少年のいくつかの心理的特徴」Some Psychological Aspects, p. 115]

ウィニコットは，子どもになぜこのようなことが必要なのかについて説明し，さらに健全で愛情のある環境がもつ本質的な性質について言及している。幼児の一次的攻撃性に対する親の反応はこの理論の本質的な部分である（攻撃性：3, 4, 6 参照）。

なぜかくあるべきだろうか。情緒発達の早期の段階は潜在的な葛藤と混乱にみちている，という事実がある。外的現実との関連はまだ十分根づいていない。人格もまだまだ統合されていない。原始的な愛情は破壊的目標を有し，幼い子どもは本能に耐え，それを処理することをまだ身につけていない。しかし子どもは本能を取り扱うことができるようになり，さらにもし環境が安定し，それが個人に適した状態であればより対処できるようになる。過剰に自分自身の思考やイメージを恐れすぎることがないならば，情緒発達を進めていくうえで，はじめの段階で，子どもは愛情と強さの輪のなかで（必然的に耐えることも伴う）生きることを絶対的に必要とする。

[「非行少年のいくつかの心理的特徴」Some Psychological Aspects, p. 115]

これはほどよいスタートを切ることができた，つまり発達促進的な環境を享受できた子どもの姿である。幼児の攻撃性に対して両親が寛容であることは，幼児の成長していく能力にとって重要である。親の寛容さによって，個人は自由に動ける感覚を持つようになる。境界が与えられない子どもは自由を感じることはなく，反対に不安を感じるだろう。

> さて，子どもが自分自身の人間性の一部として枠組みが存在していると感じる以前に，家庭が子どもの期待に十分応えられないならば一体何が生じるだろうか。一般的な発想は，子どもは自分が自由であるということを見いだし，楽しむ方向へ進んでいく，というものだろう。しかしこれは真実からほど遠い。子どもは自分の生活の枠が壊れていることを発見し，自由であると感じないのである。彼は不安になり，もしその子が希望を抱いているならば，どこか家庭の外に枠を探すようになる。家庭で安全感を感じられなかった子どもは，家庭の外に四つの壁を探そうとする。彼はまだ希望を持っているので，祖父母，叔父や叔母，家族の友人，学校に目を向ける。つまり外からの安定を求めるわけだが，それがない場合は狂気へと進むかも知れない。
>
> 反社会的な子どもはほんのちょっと外れたものを探しているだけであり，情緒的成長の早期の，しかも非常に本質的な段階を順調に通過するために必要な安定を提供するものとして，家庭や学校の代わりに社会の方を向いているのである。
>
> 　　　　[「非行少年のいくつかの心理的特徴」Some Psychological Aspects, pp. 115-116]

もしも反社会的行動という無意識的コミュニケーションが環境に理解されないとしたら，子どもの反社会的振る舞いはそこから非行に進展して行く危険性を孕んでいる。ウィニコットは非行と反社会的傾向とを区別している。非行の場合は，治療の時期をすでに逸している可能性がある。

> 少年少女が，コミュニケーションの失敗のために頑なになってしまっており，反社会的な行動がSOSを含んでいるものとして認識されず，二次的な利得が重要となり，反社会的行動がさまになってくると，SOS（そうはいっても，そこに在るのだが）を見いだすのはさらに非常に困難となり，反社会的な

少年らが持っている希望の徴候も認識しにくくなる。
[「希望のサインとしての非行」Delinquency as a Sign of Hope, p. 90]

　たぶん，犯罪者になるであろう個人は，もともとの愛情剝奪の感覚との連絡をなくしてしまっており，反社会的な生き方をすることにより精神的な痛みを感じないでいる。しかしウィニコットが指摘しているように，もし犯罪行為の根元が認められるならば，ただ防衛を強くしてしまうだけの処罰とは反対に，適切な治療とリハビリテーションが順調に進む可能性がある。
　要点は，処罰と力は人を迎合と偽りの自己で生きることにしか導かない，ということである。1963年の論文「道徳と教育」においてウィニコットは，彼の主張を述べている。

　　この連続講演会の冒頭講演の際にニブレット（Niblett）教授は，キイト（Keate）校長が子どもに向かって「お前が今日の午後5時までに聖霊を信じないならば，お前が信じるようになるまで叩きます」と述べたことについて触れた。ニブレット教授はこの話に触れることで，価値観や信仰を力ずくで教えることが無用であるという考えを述べたのである。私もこの重要なテーマを取り上げようと思うが，それとともに他の方法を検討するつもりである。私の主な主張は，他にもっとよい方法が存在しているにもかかわらず，そのよい方法が信仰を教えるというはるかに微妙なことのなかには見いだされないということである。そのよい方法とは，個々の子どもの内的過程の働きが発展するように，幼児と子どもが信頼したり「信じ」たり，物事の当否といった考えが可能となるような環境を彼らに提供することと関連している。
[「道徳と教育」Morals and Education, pp. 93-94]

　同じ1963年の論文——もともとはロンドン大学教育研究所から出版された論文——のなかで，ウィニコットはいたずらについて簡単に触れ，いたずら（wickedness）が反社会的傾向の現れであると述べている。

　　いたずらは反社会的傾向によって形成された臨床像に含まれる……。端的に言って反社会的傾向は，愛情剝奪を経験した子どもが希望を内に秘めていることを表している。そういった子どもはそれ以外の点では希望を失い，不幸な状

態にあり，無邪気である。子どもが反社会的傾向を示す意味は，子どものなかにいくばくかの希望が発展してきたということであり，間隙をこえる道が見いだされるかも知れないという希望である。この間隙とは，環境からの供給の連続性が破綻することであり，相対的依存段階で経験されるものである。環境からの提供の中断はあらゆるケースで経験されてきたことだが，なかには子どもの頃に成熟過程が滞り，臨床的にみて痛々しい混乱状態を呈する場合もある……。その間隙に橋渡しがなされると，いたずらが生じる。こういった見方はあまりにも単純化しすぎかも知れないが，それでも間に合うだろう。強迫的ないたずらは，治療が施されたり，道徳教育で止められるものではない。子どもが生まれつき知っているのは，いたずらっぽい振るまいのなかに込められているものが**希望**であって，**絶望**というものが迎合と偽りの社会性の獲得と関連していることである。反社会的であったり，いたずらをするような人にとっては，道徳教育者はいらいらさせるだけであろう。

[「道徳と教育」Morals and Education, pp. 103-104]

抱える環境と関連している父親の機能は，すべての赤ん坊と子どもが持つ反社会的要素を扱っていくうえで重要な要素の一つである。「非行少年のいくつかの心理的特徴」という論文は，1946年と早い時代に書かれているのだが，父親の権威と関連した破壊に耐えうる環境という論点は，後の1960年代──特に1968年（「対象の使用と同一化を通じて関係すること」）──において，対象が生き残ることと，精神的な健康のために主体は対象が生き残ることを必要とすること，として見いだされるのである（攻撃性：10参照）。

　　子どもが砂糖を盗んだときは自分自身のよい母親を探し求めているのであり，子どもはよい母親から甘いもの（sweetness）を受け取る権利を有している。実際この甘いものは，子どものものである。というのも，子ども自身が愛する能力と，原初の創造性から母親と母親の甘さを生み出したためである……。子どもはまた父親をも探し求めているのだが，その父親は原初的な愛の実践として子どもが母親に向ける攻撃から母親を守ると言いうるだろう。子どもが家の外で盗みを働いたとき，なおも母親を捜し求めているのであるが，一方で欲求不満の感覚はより大きくなっていて，同時に父親の権威を見いだそうとする欲求も増大している。その父親の権威は，衝動行動の実際の影響や，興

奮状態の際に生じる観念の行動化を制限するようなものである。本格的な非行では，私たちが観察者として安住することは困難となる。というのも，観察者が直面するのは，厳しい父親を性急に求める子どもの要求であり，そういった父親は母親が見つけられたときに母親を守る存在である。子どもが連想する厳しい父親は，愛情をも持っているだろうが，しかし，まず厳しくて強くあらねばならないのである。厳しく強い父親像がはっきりと見えるときのみ，子どもは自らの原初的愛情衝動や，罪悪感，そして破壊を修復しようとする願望を回復することができる問題に巻き込まれることがないと，非行少年は次第に愛情のなかにより抑制されるようになり，その結果，子どもはより抑うつ的で脱人格化されることとなり，ついには暴力以外の現実感覚をほとんど感じられなくなるのである。

[「非行少年のいくつかの心理的特徴」Some Psychological Aspects, pp. 116-117]

この点からすると，常習的な犯罪者の場合は，現実を感じる唯一のやりかたとして暴力的な生き方を必要としているのかも知れない。反社会的行為は，本質的にはそういう行為を行っている個人にとって希望のサインである。失われた境界（父親の権威）がふたたび発見されることに希望がある。個人は，処罰という方法によるのではなく，安心感を保証する方法を通じて**だめ**と言う環境を探し求めている。対象の使用というウィニコットの主張においては，対象は子どもの真の自己感を発展させるために生き残らなければならないのである。

　　非行は，いくらか希望が残っていることを示している。子どもが反社会的に振る舞う場合は，子どもの病気は必ずしも必要ではない。反社会的行動は，強くて，愛情があって，信頼できる人びとにコントロールしてもらうためのSOSに過ぎないこともある。ほとんどの非行少年には病的なところもあるが，病気という言葉は，非行の多くの場合で，子どもが安心感を十分その発達早期に得られず，彼らの確信に安心感が組み込まれなかったという事実が理解されることではじめて適切なものとなる。強力な管理下におかれている間，反社会的な子どもは問題がないようにみえるかも知れない。しかし自由が与えられると，反社会的な子どもはすぐに狂気を恐れ始めるだろう。すると彼は，自分が外からコントロールされることを再確立するために，ふたたび社会を攻撃（自

分がしていることを自覚することなく)するのである。
[「非行少年のいくつかの心理的特徴」Some Psychological Aspects, pp. 116-117]

　環境が非行少年たちを裏切ってきたというウィニコットの主張は，治療においても思慮が必要であるということを意味している。すべての子どもはほどよい環境を有する権利を持っている，というのがウィニコットの信念である。それゆえ，それまで権利を享受してこなかった子どもや青年は，治療を通じて，あるいは必要であればマネージメントを通じて，それまで得られなかったものが補われる必要があるのである。

　　放置するのではなく(そういう場合には，彼らは非行少年として少年審判に送られてしまうだろう)，彼らのために取りうる方法は二つある。個人精神療法を行うか，パーソナルなケアと愛情を伴った強固で安定した環境を提供し，少しずつ自由度を増やしていくことである。実のところ，後者がなくして前者(個人精神療法)だけではあまりうまくいかないようである。一方，その人に即した家庭の代わりとなるものが提供されれば，精神療法は必要ではなくなるようである。精神療法が現実には手に入らないことからすると，これは幸運なことである……。
　　個人精神療法は，子どもの情緒発達が果たされることが可能となるように方向づけられる。このことは多くのことを意味している。外的なことであろうと内的なことであろうと現実のものを現実として感じる適切な能力を確立することや，個人の人格の統合を確立することが含まれる。
[「非行少年のいくつかの心理的特徴」Some Psychological Aspects, p. 118]

　ウィニコットの仕事全体にわたって，環境の質は情緒的な面でも身体的な面でもつねに重要であった。発達途上の子どもが，なかでも発達初期にある子どもが内的な可能性のパターンを形成することに寄与するのは環境にほかならない。反社会的傾向を示している子どもや青年は，環境の容器としての境界を見失っており，そのため境界を見いだすことを無意識にかき立てられているのである。

反社会的傾向は，そのなかに含まれる環境が重要であることを強調する要素によって特徴づけられる。無意識の欲動を通じて，患者は誰かにマネージメントさせようと強要する。患者のこの無意識の欲動に巻き込まれていくことは治療者の仕事であり，治療が行う作業は，マネージメントすること，耐えること，理解することに分けられる。

[「反社会的傾向」The Antisocial Tendency, 1956, p. 309]

　ウィニコットの初期の著作からはっきりと読みとれるのは，彼が精神の健康のための基盤として，常に環境の連続性と安定性が重要であると強調していることである（環境：1参照）。第二次世界大戦後に書かれた論文では，入所治療を必要とする子どもに対し，家族がなかった場合でも，家庭が子どもたちを見捨てていた場合でも，いずれの理由であってもマネージメントの連続性を強く薦めている。

　平和な時代には，子どもは二つにおおまかに分類される。家庭が存在しない，あるいは両親が子どもの発達に欠かせない安定した背景を形成できない場合と，家庭は存在しているにもかかわらず，精神的な病を抱えた親のもとに子どもがいる場合である。平和なとき，こうした子どもたちが私たちのクリニックに訪れる。そして，生活の場を確保することが困難であった子どもたちが必要としていたものを，まさに必要としていることが見られる。子どもにとって，家庭環境が欠けていたのである。言うならば，こういった子どもたちが必要としているものは**環境の安定性**，**個々にあったマネージメント**，そしてマメージメントの**連続性**である。私たちが引き受けるのは，日常的で標準的な身体的ケアである。

[「戦時下と平和時における子どもたちの宿舎」Children's Hostels in War and Peace, 1948, p. 74]

　最終的にウィニコットが強調するのは，マネージメントの連続性と環境の安定性の達成はスタッフの能力にかかっている点である。ここでいう能力とは，苦痛を抱えた子どもがつくりだす情緒的負担に耐えることに他ならない。

　パーソナルなマネージメントを保証するために，施設の人員配置は十分でな

ければならない。そして管理人たちは子どもを適切にケアする際に生じる情緒的負担に耐えうる必要がある。特に家庭でそういった負担に耐えてもらえなかった子どものケアの場合はなおさらである。こういった理由から，管理人は，精神科医や精神科ソーシャルワーカーの持続的な支持が必要となる。子どもは（自己意識なく）もともとの家庭から得られなかった枠組みを提供することを施設に期待するか，そうでないときにはより幅広い意味で社会に期待するのである。不十分な人員配置は個々に適したマネージメントを不可能にするだけでなく，職員の健康障害や崩壊を招き，そのことによってさらに，ケアの本質であるパーソナルな関係の連続性をも阻害する。

[「戦時と平時における子どもの宿泊施設」Children's Hostels in War and Peace, p. 74]

環境によってもたらされ，個人の心身の健康に寄与する心理的貢献を強調する点は，ウィニコットの仕事全体の特徴である。このため個人における「存在すること」の感覚は，抱える機能を持った促進的環境に依拠している――そして抱える能力は，ケアを行う人自身が抱えられたという無意識的記憶から生まれているのである（抱えること；環境；原初の母性的没頭；参照）。

3 盗みの欲求

1956年6月20日，ウィニコットは論文「反社会的傾向」を英国精神分析協会で発表した。これは，相対的依存段階における愛情剝奪のテーマを明確に主張したものであり，治療への勧告も含まれていた。

この論文は冒頭から，誰の目にも家庭に恵まれているように見えても愛情剝奪の経験のために盗みの欲求を持っている個人にみられる反社会的傾向はもとより，激しい行動化を示す個人にみられる反社会的傾向がどのように認識されうるかを説明することからはじめられている。最初の症例提示は，ウィニコットが担当していた青年だが，精神療法では十分に抱えられなかったため最終的には少年院にゆくことになったケースだった。2番目の症例は，ウィニコットが昼食時間を利用し，盗みをする時期にある息子を持った母親に，彼女でもできる解釈を提案するという方法で援助したケースだった。このケースでは，問題の子どもだけでなく，ウィニコットの友人でもあった母親に対しても働きか

けることになった。

> このケースを考察してみるなかで忘れてならないことは，私がこの母親を青年期のころ非常によく知っていたことであり，幾分かは彼女自身も反社会的傾向をくぐり抜けたことを私が知っていたことである。彼女は大家族のなかで長女であり，よい家庭に恵まれていたが，父親によって非常に厳格なしつけがなされ，特に彼女が幼い子どものころにはそれが顕著であった。私が行ったことは，以上の背景からして二重の治療の効果があった。この若い女性に，自分の子どもにできる援助を通じて，自分の抱えている課題を洞察することができたのである。子どもの援助のために両親を助けることができる場合は，実際，両親への援助にもなるのである。
>
> [「反社会的傾向」The Antisocial Tendency, p. 308]

ウィニコットが指摘しているのは，反社会的傾向を示す初期の段階に子どもと両親の双方に援助することは，この治療的介入が，失ったと感じていることを見いだそうとする希望の無意識的コミュニケーションに注意を払ってなされるとしたら，わかりやすいものだということである。

愛情剝奪を経験し，反社会的に振る舞っている子どもは，実際のところ悪ぶって振る舞えない子どもに比べ，より希望に満ちている。反社会的に振る舞えない子どもの場合，希望は失われてしまったものであり，彼らは挫折してしまっているのである。

> 反社会的傾向はその内に希望を含んでいる。希望の欠如は，愛情剝奪を経験した子どもの，と言ってもいつでも反社会的ではないが，基本的な特徴である。希望の時期に，子どもは反社会的傾向をはっきりと示す。これは社会にとっては厄介ではあり，もしあなたの自転車が盗まれたのであればあなたにとっても厄介なことである。しかし個人的に巻き込まれなければ，繰り返される盗難の基底に希望が存在することを見て取ることができる。おそらく，非行少年の治療を他の治療者に譲ろうとする傾向の理由の一つは，われわれが盗まれることを好まないからではないだろうか？
>
> [「反社会的傾向」The Antisocial Tendency, p. 309]

反社会的行動は，大部分の人に憎しみや怒りを喚起させるものである。それゆえウィニコットは反社会的傾向を深いニードの表出として理解することの重要性を強調する。そして，大人に求められるのはその意義を評価できることである。

> 　反社会的な行動は希望の現れである，とする理解は，反社会的傾向を示す子どもの治療に極めて重要である。誤った管理や不寛容さにより，何度も何度も希望の瞬間が浪費されたり，衰えさせられるのが見られるものである。これを別の形で言うと，反社会的傾向の治療は精神分析療法ではなく，管理や希望の瞬間に立ち会い，調和させていくことにある。
> 　　　　　　　　　　　　　［「反社会的傾向」The Antisocial Tendency, p. 309］

　ウィニコットは，反社会的行動によって人びとの憎しみがいかに激しくかき立てられるかについて十分認識している。この点において，精神病患者の管理上の問題と，挑戦的な振る舞いをする子どもや青年の管理とは重なる（憎しみ：2参照）。
　ウィニコットは欠如と愛情剥奪とを区別している。欠如は子どもがよい経験をまったく持っていないことであり，一方の愛情剥奪は個人がどこかで何かよいことの感覚，すなわち愛されてきたという無意識の記憶を持っていることを指している。

> 　反社会的傾向が認められるときには，真の愛情剥奪（単なる欠如ではなく）が存在していたのである。つまり，あるときまでは子どもの体験で肯定的であった良きものが失われ，子どもからその良きものが撤去されてきたわけである。撤去は，子どもが経験の記憶を生きたものとして維持できる期間をこえ，より長期にわたった。愛情剥奪についての包括的な主張には，愛情剥奪が起こったのが早い時期なのか遅い時期なのか，瞬間的な外傷か持続的な外傷状態であるか，正常に近いか明らかに病的であるか，といったどちらもが含まれている。
> 　　　　　　　　　　　　　［「反社会的傾向」The Antisocial Tendency, p. 309］

　環境の失敗に関して幼児や子どもの身に起きたことは，愛情剥奪感の程度に

影響するであろう。現象という点のみでなく，病因という点においてもこのように反社会的傾向というスペクトルが存在している。

4 破壊性と対象希求という二つの傾向

スペクトルにそって見ると，そこには二つの傾向が存在している。そして二つの傾向にはそれぞれの目的がある。

> 反社会的傾向には通常二つの傾向が見られる。ただし，どちらか一方により偏ることはときどきある。一方の傾向は典型的には盗むことに現れ，もう一方の傾向は破壊性に現れる。盗むという傾向によって，子どもはどこかで何かを探し求めている。そしてたとえ探すことに失敗しても希望がある場合は別のところでまた探すのである。一方，破壊性の傾向によって，衝動的行為から生じる緊張に持ちこたえられるような環境の安定性を子どもは求めている。これは，失われてしまった環境からの提供を，つまり人間的な態度を求めているのである。人間的な態度は個人が動いたり，行動したり，興奮する自由を与えるが，これは信頼できるものだからである。
> ほぼ正常な個人と（個人の発達の点から）反社会的傾向の早期の起源を調査してみることによって，いかなるときもこれらの二つの傾向，つまり対象希求と破壊を留意しておきたいと思う。
> 　　　　　　　　　　　　　[「反社会的傾向」The Antisocial Tendency, p. 310]

この破壊性が，幼児にとっての最初の環境である母親の体と腕を，無意識のうちに求めることと関連するのである。

> 子どもが環境全体からの反応を引き出すのは，とりわけ，この二つの傾向のうち2番目（破壊性）の方の理由による。それはあたかも拡大し続ける枠組みを求めているかのようであり，母親の腕や母親の体がなす輪（circle）がはじまりの例だったのである。母親の体，母親の腕，両親との関係，家庭，いとこや近い親戚たち，学校，警察も含んだ地域社会，法律の元にある国家といった，一連のものを認めることができるだろう。
> 　　　　　　　　　　　　　[「反社会的傾向」The Antisocial Tendency, p. 310]

これはウィニコットのいう，幼児の人生早期における環境としての母親を連想させる。すなわち，幼児が未統合の段階で静かなときの母親である（存在すること：1参照）。それに対し幼児が興奮しているときの母親——対象としての母親——は，最初は分離した存在として，環境としての母親とは異なったものとして幼児に経験される。この二つの母親が幼児の心のなかで融合することは，思いやる能力の発達段階において重要である（思いやり：3参照）。愛情剝奪を経験した子どもは，現実の環境面での愛情剝奪を受けたのみでなく，二つの母親がまとまってゆく機会をも剝奪されたのであり，このため思いやるという重要な発達段階に到達できないのである（抑うつ：4参照）。それゆえに，対象を盗むということは，両方の対象，つまり対象としての母親と環境としての母親両方を探す行動として見いだされるわけである。

　　盗むことは反社会的傾向の中心にあって，ウソをつくということとも関連している。
　　ある対象を盗む子どもは盗まれた対象を探し求めているのではなく，自分が持つ権利がある母親を求めているのである。こうした権利は，（子どもの視点からであるが）母親は子ども自身によって作られたという事実から生じている。母親は子どもの原初の創造性に遭遇し，子どもが見いだせるような対象になったのである。
　　　　　　　　　　［「反社会的傾向」The Antisocial Tendency, p. 311］

　この最後の文は，母親の対象提示機能について触れている。ほどよい母親は幼児の万能感を，つまり子どもが自分は神であり，この世界の創造者であるという感覚を促進する環境を提供する（創造性：2；依存：5；母親：12参照）。
　反社会的傾向を示す子どもや青年は，「攻撃的運動能力の起源」（諸本能）とリビドー的な起源（対象希求）を融合させるのに欠かせない環境と万能感を失ってしまったのである（攻撃性：6参照）。

　　もともとの愛情剝奪が発生するのと同じころに，攻撃性（運動能力）の起源とリビドー的な起源の融合がある程度みられる場合，子どもは自分の情緒発達状態の個々の特性に基づいて，盗んだり，傷つけたり，散らかしたりすることをないまぜにして母親に不満をぶつける。一方，融合が乏しい場合には，子ど

もの持つ対象希求性と攻撃性がお互いより分離された状態にあり，子どもにはかなりの程度の解離が存在している。これらから次のように仮定することができるだろう。つまり，反社会的な子どもの注目すべき厄介さは本質的特徴であると同時に，良い意味では，リビドー的起源と運動能力的起源の融合不全を修復しうる潜在性を示す，好ましい特徴でもある。

[「反社会的傾向」The Antisocial Tendency, p. 311]

反社会的傾向は情緒発達の正常な構成要素なのだが，人生早期においては，通常は気づかれないままのことが多い。そのいやがらせの効果は，母親の気を引き，感情を引き出そうとする幼児のコミュニケーションの存在を暗示しているのである。

> 通常行われている幼児のケアにおいて，母親は絶えず幼児のいやがらせに対応している。たとえば，赤ん坊は授乳中によく母親の膝の上でおもらしをする。もっと後の時期になると，こういったことは睡眠中や覚醒しているときの一時的な退行として現れたり，夜尿になるのである。幼児のいやがらせの効果の過大な表現はいずれも，ある程度の愛情剥奪と反社会的傾向の存在を示している可能性がある。
>
> 反社会的傾向の表現には盗むことやウソをつくこと，失禁と散らかすことが一般的に含まれている。それぞれの徴候は特定の意味と価値を含んでいるが，反社会的傾向について論じる私の試みにおいては，その目的にかなった共通の要素はそれぞれの徴候のいやがらせの効果なのである。子どもはこうしたいやがらせの効果を活用するが，これは偶然ではない。その動機の多くは無意識的であるが，しかし必ずしもすべてが無意識的でない。

[「反社会的傾向」The Antisocial Tendency, p. 311]

反社会的傾向の起源は，母-幼児の関係という文脈において人生最早期の段階から生じてくるが，「愛情剥奪の最初の徴候はありふれたもので，そのため自然とやり過ごされる」のである。貪欲さは，「ある程度の愛情剥奪と，この愛情剥奪に対する治療を環境から求めようとする衝動」の初期徴候の一つである。この考えは，環境は幼児の感じる愛情剥奪感に対して責任があるということを暗に含むのだが，その結果，子どもは環境から代償を受けようとする方向

に駆り立てられる。

　情緒発達の観点からすると，幼児が運動能力の本能的起源とリビドー的起源を結びつける，あるいはそれらを融合する必要性を感じているときには，母親は幼児から自我支持的であることを求められる。というのも，この段階では，幼児の自我は脆弱であり，統合の課題を達成することはできないからである。もし母親がこの重要な時期に自我を支持できないと，幼児は失望し愛情剥奪を経験する。これが「根源的愛情剥奪のとき」である。

　　　一つ重要なことを指摘しておきたい。反社会的傾向の基礎には失われてしまった早期の良い経験がある。確かに，**災難の原因が環境上の問題にあったということを，幼児が認められるようになっていたことは本質的な特徴である**。抑うつや統合不全の原因が内部ではなく外部にあるという正しい認識は，それが人格のゆがみの原因であると同時に，新たな環境を得ることで治療を求めるといった行動のきっかけにもなる。この種の認識を可能にしている自我の成熟度は，精神病ではなく反社会的傾向という発達状態を決定する。非常に多くの反社会的な強迫行動が存在しており，しかもそれらは発達早期の段階で両親によってうまく扱われるようになる。
　　　　　　　　　　　［「反社会的傾向」The Antisocial Tendency, p. 313］

　ウィニコットによると，精神病の病因は絶対的依存の段階の期間中最早期に環境上の問題が生じることにある。この時期の問題は，母親が幼児に同一化することができず，そのため幼児の発達に求められる原初の母性的没頭の状態になれないことにある。しかし，反社会的傾向の起源は絶対的依存の段階の**あとに**あり，問題の根元は相対的依存の段階で生じてくるのである。相対的段階で，幼児が自分の依存性に気づき始めるが，この時期に幼児が見捨てられると愛情剥奪を経験することになる。しかし，事態が変化して子どもがもらい損なった抱えられることを再びとり戻す機会に気づいた場合やそのときには，その子は希望を持つようになる。そしてこの希望こそが反社会的行動の動機づけとなる（依存：1, 2；攻撃性：7 参照）。

5　希望に満ちた瞬間

ウィニコットは，希望に満ちた瞬間の幼児や子どもに起きていることに関するリストを提供している。

> 希望に満ちた瞬間の子どもは
> ・信頼できるものを含んだ新しい状況を知覚する
> ・対象希求といえるような欲動を経験する
> ・無慈悲さが今にも特徴となりそうな，あるいはなっている，という事実を認識する
> ・身近な環境をかき混ぜるのだが，その目的は危険に注意を払うようつとめ，そして厄介さにたえるよう組織することである。
>
> 　この状況が維持されると，環境は試され，いくつかの能力に関しては再点検をしなければならない。再点検されるのは，攻撃に耐える能力，破壊を防ぐあるいは破壊を修復する能力，厄介なことに耐える能力，反社会性に潜む肯定的な側面を認識する能力，探し求められそして見いだされる対象を提供し維持する能力，などである。
> 　順調なケースでは……良好な環境のおかげで，子どもはやがて人を見いだし愛することができるようになる。彼らは象徴的な価値を失ってしまった代理対象に要求することを通じて探し続けるのはやめるのである。
> 　次の段階においては，子どもは関係のなかで希望だけではなく失望も経験できることが必要である。何よりも子どもにとって，このことは生活の現実的な可能性である。施設の管理者や職員が子どもを支え遂げたとき，彼らは分析的な作業と匹敵する治療を行ったといえる。
>
> ［「反社会的傾向」The Antisocial Tendency, p. 314］

「反社会的傾向」を書き上げた 11 年後の 1957 年にウィニコットは「希望のサインとしての非行」と題された論文を少年院副所長協議会で発表した。ウィニコットの理論展開を説明しているこの論文で強調されている点は，失われた対象の探索そのものについてではなく，**探索する能力**，手を伸ばす能力についてであった。この能力のなかには，見いだされるものがあるという深い確信も

含まれている。発達の点からすると，この能力は自己感を探索することと関連している（自己：11 参照）。

> ……反社会的傾向という一つの事柄について，二つの観点から論じていることを理解しておく必要がある。私はここで，二つの観点のうちの一方は幼い子どもと母親との関係に，もう一方は後の発達である子どもと父親との関係に関連させてみたい。一つ目の観点は，母親が子どものニードにうまく応じることで，子どもが創造的に対象を見いだすことを可能にするという事実と関係している。母親は世界を創造的に使用することの手ほどきをする。この創造的使用がうまくいかないときは，子どもは対象との接触を失い，あらゆるものを創造的に見いだすことができなくなってしまう。希望の瞬間には，子どもは手を伸ばし対象を盗んでしまう。これは強迫的行動であって，子ども自身なぜそのように振る舞うのかわからないでいる。子どもは，理由もわからず強迫的に行動してしまうために，しばしば自分が狂っていると感じる。当然ウールワース〔店の名前；訳注〕から盗まれた万年筆が子どもを満足させることはない。それは探し求めていた対象ではなかったのである。どんな場合でも**子どもが求めているのは**，ある対象そのものではなく，**発見する能力なのである**。
> 　　　　　　［「希望のサインとしての非行」Delinquency as a Sign, pp. 92-93］

ウィニコットは，若い人に対して行われている警察の捜査や処罰は，本当のコミュニケーションに耳を傾けられることがないという理由から，問題を悪化させるだけであろうと警告していた。管理と治療という社会からの二重の対応についてウィニコットは賛成している。若い違反者には一対一の治療（精神療法）だけでなく，ちょうどよく安全で構造化された設定（マネージメント）が必要である。反社会的行動は，愛情剥奪が生じる**前**の状態に戻りたいという青年や子どもの無意識的な要請であるため，治療は社会復帰の過程の重要な一部分である。反社会的行動はよいものを潜在的にもとに戻すという意義を持っているのである。

> 問題は，この希望とは一体何かということである。子どもは何をしたいと望んでいるのだろうか。これは難しい問いである。子どもは，気づいてはないが，自分に耳を傾けて，愛情剥奪の期間，あるいは愛情剥奪が避けられない現

実となってしまった期間にさかのぼって聞き入ってくれるような人間を望んでいる。希望とは，少年少女たちが，精神療法家として行動する人との関係のなかで，愛情剥奪への反応に続いて生じた強い苦悩を再体験できることである。子どもが治療者の提供する援助を利用できた瞬間には，子どもの宿命を左右した強い苦悩の瞬間や時期にまでさかのぼることとなり，それに続いて剥奪以前の記憶が思い出される。このようにして，子どもは対象を見いだすという，失ってしまった能力や，同じく失ってしまった枠組みがもたらす安全性をとりもどしたのである。また子どもは，外的現実との創造的な関係を取り戻し，攻撃的な衝動がたとえ含まれていても自発的な行動が安全であった時期に戻っていったのである。今回このように盗むことなく攻撃的になることなくこの時期に戻ることができたのだが，それはこれまでは耐えられなかったことに，つまり愛情剥奪によって引き起こされた苦悩に子どもが到達した結果，自動的に生じたものだったためである。ここでいう苦悩とは，急性の混乱状態，人格の解体，永遠に落ちていくこと，身体との連絡の喪失，完全な失見当識やこの種のさまざまな他の状態をさす。だれかが一度子どもをこの領域に導き，子どもがこの領域のことや以前起きたことを思い出せていたら，反社会的な子どもがこのような援助を求めて生きなければならなかった理由が，より理解されやすくなる。だれかが子どもと一緒に過去にさかのぼり，愛情剥奪の直接的結果を再体験することで子どもたちが思い出せるようになるまでは，彼らは自分たちの人生に取り組むことができないのである。

[「希望のサインとしての非行」Delinquency as a Sign, pp. 92-93]

言い方をかえると，愛情剥奪の瞬間は転移関係のなかで生じるべきである。希望の瞬間に出会い，それに合わせられる治療者の能力によって，抱える環境の提供が可能となり，その結果，患者の統合能力が引き出されるのである。

6 反社会的傾向と精神分析

反社会的傾向の概念は情緒発達に関する精神分析理論に新しい地平を開いた。それまでフロイトは犯罪の原因をエディプス・コンプレックスと関連した無意識的な罪悪感に求めていた。犯罪者は耐えがたい無意識的な罪悪感を和らげるために犯罪を犯す。つまり罪悪感は現実の犯罪に結びつけられるのであ

る。現実の犯罪（反社会的行為）は，そのため空想上の内的犯罪——親殺しや近親相姦——から気を逸らすことや，その上演（enactment）だったのである。犯罪を再演することとそれに引き続く処罰によって罪意識の軽減が生じるのである。

これまで明らかにされたように，ウィニコットは，外的な環境が犯罪に関わる人に重大な役割を果たしていることを強調し，さらにその病因が早期の母子関係に根ざしているとしている。ウィニコットにとって，愛情剥奪は相対的依存の段階にある幼児に必要な自我支持が欠けた結果生じるのである。反社会的な振る舞いは

> ……環境が重要であることを否応なしにせまっている。無意識の欲動を通じ，患者はだれかに面倒をみさせることを強制するのである。
> ［「反社会的傾向」The Antisocial Tendency, p. 309］

マスード・カーン（Masud Khan）は『小児医学から精神分析へ』（W6）の序文で，フロイトは「すべての症状はそのうちに願望充足を含んでいる」としているのに対して，「ウィニコットは，症状が示していることをさらに広げ，あらゆる反社会的な振る舞いがいかに根本的に満たされていない欲求を表明しているか，ということを示している」と指摘している。

カーンにとって，反社会的傾向の概念に関するウィニコットの貢献の重要性は，精神分析を受ける患者にとっても価値があるという点である。カーンは，当初抵抗や陰性治療反応として患者のなかに見いだされたことを，愛情剥奪についての患者からのコミュニケーションとしてより肯定的に理解することができることを認識したのである。

仮に分析家が，患者の体験した愛情剥奪を理解し，「希望の瞬間に出会い，それにあわせる」ことができるなら，患者は以前に失ってしまったよい経験をいずれ再発見する機会が持てるかも知れない。

患者が，激しい反社会的傾向を分析治療関係のなかで示す場合，象徴化の面で困難を抱えているために，苦痛を再演せざるをえないのである。もし分析家が反社会的行為を希望のサインと読みとるならば，患者のコミュニケーションは最終的には受け止められ，再演が患者の象徴化能力を導き，移行空間を利用するかも知れない（移行現象；参照）。

出　典

1946　「非行少年のいくつかの心理的特徴」Some Psychological Aspects of Juvenile Delinquency ［W13］

1948　「戦時下と平和時における子どもたちの宿舎」Children's Hostels in War and Peace ［W13］

1956　「反社会的傾向」The Antisocial Tendency ［W6］

1963　「道徳と教育」Morals and Education ［W9］

1967　「希望のサインとしての非行」Delinquency as a Sign of Hope ［W14］

一人（でいられる能力）

alone（the capacity to be）

1　自我関係性
2　私は一人でいる
3　引きこもりと孤独感

　一人でいられる能力は，他のもう一人がいるときに一人でいるという逆説に基づいている。また，それは健康さや情緒的な成熟度が最高潮に達したことを意味する。
　他者がいるときに一人でいるという経験は早期母子関係に根ざしているが，これをウィニコットは，「自我関係性 ego-relatedness」と名づけている（後期の論文では「対象と関係すること object-relating」としている）。これは母親が原初の母性的没頭の状態にある時期，また幼児が絶対的依存の段階にある時期と関係している。
　一人でいられる能力は，引きこもりの状態と混同されてはならない。
　他方，孤独感は，重要な他者/母親（the important m/other）のいるところで一人でいた経験が欠けていることを示唆している。

1　自我関係性

　「一人でいられる能力」は1957年に英国精神分析協会に提出され，その後，1958年に『国際精神分析学雑誌』上で初めて出版物となった。ウィニコットのテーマの多くがこの論文の主題に寄与しているが，一人でいられる能力についてのテーマが検討されているのはこの論文のなかだけである。
　一人でいられる能力は，一つの逆説に基づいている。

　　　一人でいられる能力の確立につながる経験はたくさんある。しかし，基本的で，それが充分でないと一人でいられる能力は出現しない，一つの経験がある。**それは，母親のいるところで，幼児や小さな子どもがそうするように，**

一人でいるという経験である。このように，一人でいられる能力の基礎にあるのは，逆説である。それは，だれかほかの人がいるところで一人でいた経験である。

[「一人でいられる能力」The Capacity to Be Alone, p. 30]

赤ん坊のなかに一人でいられる能力が育つかどうかは，特に初めの2年間に，彼がどのようにして抱えられたかにかかっている（抱えること：4参照）。

1956年，つまり上の論文が著された1年前に，ウィニコットは「自我関係性」という術語を二つの論文上で発表している。その二つとは，「原初の母性的没頭」と「反社会的傾向」である。「自我関係性」とは，母親と赤ん坊が融合している期間のことをさす。この融合の期間には，赤ん坊が母親を見るとき，彼は自分自身を見ている。また，母親が自分の幼児を見るとき，自分自身の幼かった日々を（無意識に）思い出すが，これによって母親は子どもの欲求に同一化することができる。だから母親は，あたかも自分自身を見ているかのようである。これが，原初の母性的没頭という状態にある母親である。こうやって最初の瞬間を，何日かを，何週間かを過ごすことは，個体の健康な情緒発達へと向かう出発点として必須である（存在すること：4,5；原初の母性的没頭；参照）。

上記の1957年の論文で，ウィニコットは自我関係性の性質を，フロイト派の確立された理論である原光景の理論と，クライン派の良い内的対象の理論の文脈で論じた。

フロイトの原光景では，一人でいられる能力は，幼児/よちよち歩きの子どもが，両親の性交の事実に耐えられることを意味する。またクラインの良い内的対象の文脈では，一人でいるとは良い内的対象が内在化され，幼児の内的世界に確立されたことを意味している。

ウィニコットは，一人でいられる能力という自分の発想を，フロイト派の理論とクライン派の理論双方のなかに位置づけることによって，この両理論のもつ異なった力点（エディプスと内的対象関係）を利用し，読者の理解を得ようとした。同時に彼はひそかに「言い古された精神分析の言い回し」を使わずにすまし，自分独自の言葉や自分独自の力点に道を開こうとしている。すなわち，最早期の母子関係の現象である。

2　私は一人でいる

「私は一人でいる I am alone」というフレーズを研究するなかで，ウィニコットは，三つの互いに異なった情緒発達の段階を示しているが，そのなかでウィニコットは，常に環境の大切さを力説している。

> 初めに「私 I」という言葉があるが，これはかなり情緒が成長したことを示す。個人は一つの単位として確立されている。統合は現実のものになった。外的世界は退けられ，今や内的世界が可能になった……。
>
> 次に，「私はいる I am」という言葉が来るが，これも個体の成長の一つの段階を表す。この言葉によって，個人は形を持つのみでなく，人生をも持つ。「私はいる」ことの始まりにおいては，個人は（いわば）手が加えておらず，無防備で，もろくて，被害妄想的になる可能性を秘めている。保護的環境がそこにあるからこそ，個体は「私はいる」の段階に到達することができる。保護的環境とは実際には母親である。母親は，自分自身の幼児に没頭し，自分自身の幼児と同一化することを通じて幼児の自我の要求に合わせている。この「私はいる」段階では，幼児が母親の存在に気づいていると仮定する必要はない。
>
> 次は「私は一人でいる」という言葉だ。これまで私が示してきた理論によると，このさらに進んだ段階には，幼児の方で母親の継続的な存在をわかるようになるということが含まれている。けれども私は，意識的な心で気づくようになると言っているのでは必ずしもない。「私は一人でいる」は，「私はいる」からの成長の結果であり，これは幼児が継続的に存在してくれた頼りになる母親の存在に気づくことによっている。この母親が頼りになる存在であったからこそ幼児が限られた時間であっても一人でいることができるようになったのであり，また一人でいることを楽しめるようになったのである。
>
> ［「一人でいられる能力」The Capacity to Be Alone, p. 33］

「私」の段階とは，環境-個人の組合せ（融合の期間 the time of merger）から自己が立ち現れ，幼児が自分と自分でないものを区別できるようになったことを表している（存在すること：3参照）。「私はいる」の段階は3〜6カ月で起こり，クラインの抑うつポジションやウィニコットの思いやりの段階（思い

やり：6参照）に発達的に到達することと関係している。であるから,「私は一人でいる」という段階は6カ月以降の幼児に生じてくるであろう。しかし,この能力が確立されるためには,母親が確かに存在することは継続されなければならない。

ウィニコットは自我関係性のきわめて重要な側面を強調している。

> 私がこの関係を非常に重視していることがわかるだろう,というのも私はそこから友情がつくられると考えているからである。それが転移の生じてくる母体であるとわかってくるだろう……。
>
> イド衝動はそれが自我の活動に含まれているときにのみ意味を持つということには,一般的に同意が得られると思う。イド衝動は弱い自我をばらばらにしてしまうこともあれば,強い自我をさらに強く鍛え上げることもある。イド関係は,それが自我関係性の枠組みのなかで生じている場合には自我を鍛えるということができるだろう。もしこのことが受け入れられれば,一人でいられる能力の重要性もそれにひき続いて理解されるだろう。幼児が自分自身の個人的な生活を発見できるのは（つまり,だれかがいるところで）一人でいるときだけである。これにかわる病的なものは,外界からの刺激に対する反応に基づいて築き上げられた偽りの生活である。私が言うような意味で一人でいるときに,そしてそういうときにのみ幼児は,大人がくつろぐのとおなじ状態になることができる。幼児は統合を失い,のたうち,方向づけをもたない状態となり,しばらくの間は外的な侵襲に対して反応する者でも興味や動きの方向性を持った活動的な人間でもない存在になりうる。そうしているうちに,イド-経験のための準備が整う。時間の経過に従い,そこに感覚や衝動がもたらされる。こうした設定のなかで,感覚や衝動は実感のあるものになり,真に個人的な経験となるだろう……。
>
> こうした状況のもとでのみ,幼児は実感のある経験を持つことができる。こうした経験をたくさんすることによって,空しさでなく実感のそなわった生活の基盤が築かれる。一人でいられる能力を得た個人は,恒常的に個人的な衝動を再発見することができるし,またその個人的な衝動は無駄にされない,なぜなら一人でいる状態とは（逆説的ではあるが）他の誰かがそこにいることを常に含意した何かであるからである。
>
> [「一人でいられる能力」The Capacity to Be Alone, pp. 33-34]

イド-経験という言葉で，ウィニコットは（たとえば空腹感のような）生理学的な刺激を意味した。幼児に同一化する能力のゆえに，母親はこの生理学的な刺激に応えることができる。子どものニードを満たす環境からの応答の特徴は，イド-経験を変形（transform）し，それによって自己感覚が強化することにある。何度となく母親が幼児のニードを満たすことを繰り返すと，その積み重ねの結果，彼は**実感を持つ**能力や，**創造的に生きる**能力をあたえられる（コミュニケーション：2；創造性：4；自我：2；抱えること：2；自己：5参照）。

ウィニコットは，なぜ自分が早期母子関係を「自我関係性」と呼ぼうとし，呼びたかったかをはっきり言っていない。そして実際論文の「要約」で，この言葉はたぶん一時的に使用されるだけだろうとすら言っている。そして本当に後期の著作ではこの言葉を遣わないようになり，この言葉は「対象と関係すること」という言葉で置き換えられた。「対象の使用」のさきがけとなった言葉である（攻撃性：10参照）。

3　引きこもりと孤独感

一人でいられる能力は，引きこもりの状態と間違って理解されてはならない。他人との関係から引きこもらざるを得ない個人は，ウィニコットの理論では，最初から荒っぽい侵襲をこうむってしまったので，中核的自己を侵害から守るために引きこもらざるを得なかったのである（コミュニケーション：12参照）。引きこもりは，主観的対象に関わることにより構成され，このことは実感を持てるようになるのに役立つ。ウィニコットは，引きこもりが健康な側面を持つことを指摘している。しかしながら引きこもりは，いくら実感を持てる感覚があったとしても，自閉状態と同じように，自己感覚を豊かにし発展させる助けにはならない絶縁でもある。だからとても長い時間一人で過ごす個人は，一人でいられる能力をすでに達成しているように見えるけれども，ウィニコットの論旨に関連づけて言えば，引きこもりの状態は**一人でいられないこと**を示しているのかも知れないのである（コミュニケーション：9, 11；環境：5；退行：10参照）。

同じように，強烈な孤独感を経験する個人も，幼児と自分を同一化しているがゆえに頼れる存在としてあるべき母親との「自我関係性」の経験を欠いたために，侵襲を経験したことになる。

ご理解いただけるであろうが，私が論じているのは実際に一人であることではない。独房に監禁されていて，それでも一人でいることができないということがありうる。こうした人がいかに苦しむかは想像を超える。
　　　　　　　　　　　[「一人でいられる能力」The Capacity to Be Alone, p. 30]

ウィニコットはまた，もう一人だれかがいるところで一人でいる能力を，精神療法の過程での必要な発達の成果とみていた。

　　われわれの行うほとんどすべての精神分析的治療において，一人でいられる能力が患者にとって重要となるときがやってくる。臨床的にはそれは沈黙がちな時期や，沈黙がちなセッションとしてあらわれることがあるが，この沈黙は抵抗のしるしなどではなく，患者の側の到達であることが明らかになる。おそらく患者が初めて一人でいられるようになるのはこのときであろう。
　　　　　　　　　　　[「一人でいられる能力」The Capacity to Be Alone, p. 29]

したがって，患者と分析家がセッションのなかに**いる**ことは，一つの達成なのである。統合を失うこと，自由に連想すること，身を任すこと，のたうつことは，一人でいられる能力が達成される途上にあることのしるしである（存在すること：2；自己：11 参照）。

　　　　　　　　　　　　　出　典
1958　「一人でいられる能力」The Capacity to Be Alone ［W9］

抑うつ

depression

1　抑うつとその価値
2　健康な抑うつ
3　錯覚と脱錯覚との関連からみた離乳
4　抑うつ気分
5　待つこと，治療しないこと

　抑うつに関するウィニコットの見解は，幅広いスペクトラムを含んでおり，一方の極には情緒発達の達成を示す一つのサインや情緒発達の健康な部分としての抑うつがあり，そして，もう一方の極には，情緒発達の阻害と結びついた病的障害や感情障害がある。
　各々の個人が気分としての抑うつをどのように乗り越えるかは，母親と幼児の間で何が起こるかによって決まる。特に離乳の期間が重要であり，そのとき，幼児は自分と自分でないものとを区別する旅に旅立ちを始めるからである。

1　抑うつとその価値

　ウィニコットの生涯の仕事を通じて，「抑うつ」という言葉は，多くの文脈のなかで，強調点を変化させながら用いられている。本来，彼は，「抑うつ」という言葉を，心の気分あるいは状態を示すものとして明示している。しかし，彼はまったく疑いもなく「抑うつ」の用語を矛盾する方向で使っているように見える。たとえば，彼の1954年の論文，「正常な情緒発達における抑うつポジション」のなかで，彼は「抑うつ的」という言葉は，健康な発達に正常な発達の一部**ではない**「気分の病気」を含むことを意味することになるため，「抑うつポジション」という用語は誤解を招く恐れがあると非常に明確に述べている（思いやり：2参照）。しかし，1958年には，「親のうつ病によって家族が受ける影響」という論文のなかで，ウィニコットは抑うつが，「価値のある」

(「価値のある」という用語を使用することで，彼は抑うつの価値をほのめかしている）人びとに起きる正常な何か**である**ということをほのめかしている。

1963年までは，「抑うつの真価」という論文のなかで，ウィニコットは責任ある社会の成員である人びとをつくりだす健康の一つのサインとして，抑うつをほとんど讃えるものと見なしているようである。この論文では，抑うつ気分の純正と不純物の区別をしている。

明らかな矛盾が起こるのは，各人に異なって作用する一つの気分にウィニコットが言及しているためである。「ユニットの状態」に到達している個人は，価値があり癒しである抑うつを体験することができるが，一方，「ユニットの状態」に達していない個人は，抑うつの痛みを感じないように防衛を使うか，行き詰まるようになるかのどちらかである。

ウィニコットは，クラインの用語，「抑うつポジション」が病気を意味するのと同時に，情緒的健康の一つの側面を記述しているために，その用語に対して批判的であった。しかし，彼自身情緒的健康と病理の両方に言及するために，同じように意味を多く付与された精神医学用語の「抑うつ」を使った。

ウィニコットの仕事のなかで，異なる抑うつを質的に区別しようとする試みでは，人為的ではあるが，三つの主な領域に分けて説明することが役に立つだろう。

1. **成熟過程の正常な一部として発達する一つの能力としての抑うつ**。この「正常」な部類の抑うつは，一つの達成であり，離乳，喪失感，罪悪感/思いやりを持つ能力，脱錯覚の徹底操作がうまく乗り越えられたことを意味する。それは，個人を対象と関わることから対象を使用することへと導くことであり，対象が生き残ることが前提となる（攻撃性：9, 10参照）。この最初の部類の抑うつに対する治療はまったく必要ない。その気分を他者も受容せねばならない。ただ一つの処方は待つことである。
2. **貢献する機会のなかった結果として現れる感情障害としての抑うつ**（思いやり：7参照）。この種の抑うつは，早期の環境の失敗によって発達が阻害された結果起こる。対象は生き残らず，主体が対象を使用できなかったことを暗示している。
3. **抑うつの痛みを避けるためにおこる防衛**，具体的には，躁的防衛，軽躁状態，精神病など。

2 健康な抑うつ

ウィニコットは抑うつを感じる能力を一つの健康なサインとして見ている。この種の「抑うつ」は喪失感と罪責感に結びついた悲哀により近いものである。喪失と罪責に気づくということは，個人が責任をとることへ導いたり，何かに貢献したいという動機を起こさせる。これはその個人が「ユニットの状態」と，思いやりの能力に達したという一つのサインである（思いやり：5, 6参照）。1958年にウィニコットは次のような一つの尺度を与えている。

> ……その尺度の一方の極にメランコリーがあり，他の極には抑うつがあり，後者は，統合された人に普通に見られるものです。キーツが世界を，「考える以外は，悲しみと見通しのない失望に満ちたところ」と描写したとき，彼は，自分は価値がないとか，心が病の状態だと言おうとしたのではありませんでした。ここには，物事を深く感じ，責任をとることでリスクを負った人のことが描かれているのです。そのため，一方の極には，世界のあらゆる悪，特に本人にはまったく何の係わり合いもない悪に対して責任を取ろうとするメランコリー者がいて，他方の極には，世の中の出来事に真に責任のある人びとがいます。後者は，自らの憎しみ，下品さ，残酷さを認めて，愛し建設する能力と共存できることを容認できる人たちです。そしてときどき，彼ら自身のすさまじさに気づいては落ち込みもしているわけです。
> もし，抑うつをこのように見るなら，抑うつになった人びとこそ，世の中で真に価値のある人であることがわかるでしょう……。
> [「親のうつ病に影響をうける家庭」The Family Affected by Depressive Illness, pp. 51-52]

ウィニコットが「抑うつになる人びと」と記述しているとき，精神破綻や入院について述べているのではなく，むしろ「悲しいと感じている人びと」を意味しているのである。このような悲しみは，自分自身のすさまじさを認識する能力の結果であって，通常，責任を取ることに繋がる。

この責任感は，ウィニコットが「抑うつの真価」というタイトルで，1963年に精神科ソーシャルワーカー協会で行った講演で，ついでに述べられてい

る。彼は分析家やPSWのように抑うつ的な患者の治療を行う人びとは，あるレベルで自分自身の抑うつを治していることを指摘している。彼が言うには，このことは抑うつの建設的で価値のある側面の一例であった。

また，この同じ論文において，ウィニコットは抑うつをユニットの状態と自我の力とに結び付けている（自我：3参照）。

> 自我の強さの発達や確立は，健康を示す重要で基本的な特徴です。「自我の強さ」という用語は，自然に子どもが成長するにつれて，ますます意味を持つようになります。最初のうちは自我は，適応のよい母親すなわち，しばらくの間は自分の幼児と密接な同一化ができていた母親によって与えられた自我サポートがある場合にのみ力をもちます。
>
> このようにして子どもが一つのユニットになり，私であると感じられるようになり，内面を持ち，彼あるいは彼女の本能の嵐を乗り越えられるようになって，個人の内的心的現実のなかに起こる緊張やストレスをコンテインすることができる段階に達します。**子どもは抑うつ状態になることが可能になったのです。**これは，情緒発達の一つの達成です。
>
> ［「抑うつの真価」Value of Depression, p. 73］

このことは，誤解を招く恐れがある。なぜならウィニコットは，子どもが病的な抑うつになることを意味していないからである。むしろ，子どもは健康な罪責感と結びついて，悲しみや思いやりを感じることができる（思いやり：3参照）。上述の文に引き続いて，ウィニコットは彼の意味する抑うつを明確にしている。

> さらにまた，抑うつについての私たちの見解は，自我の強さに関する概念や，自己確立の概念や個人の同一性の発見の概念と密接に結びついています。そして，私たちが抑うつは価値があるという見解について議論できるのは，この理由からです。
>
> ［「抑うつの真価」Value of Depression, p. 73］

3 錯覚と脱錯覚との関連からみた離乳

したがって，悲しみを感じる能力は脱錯覚に伴う幼児期の離乳段階の一側面といえる。

> まさに離乳の背後にあるものは，脱錯覚というより大きな主題である。離乳は，授乳がうまくいったことを意味し，そして，脱錯覚は錯覚の機会がうまく提供されたことを意味している。
> [「精神病と子どもの世話」Psychoses and Child Care, p. 221]

錯覚/脱錯覚の主題は，快感原則から現実原則へ幼児が移行することに関するフロイトの仕事と関連している。ウィニコットは分析家としての仕事と同時に，母子関係の観察によって，体験の中間領域として記述したものをさらに探求することになった（移行現象：3 参照）。

上述したように，うまくいった授乳とそれに続く離乳は，幼児の母親が彼の要求に応じることができた絶対的依存の段階で万能感を体験してきた幼児を描写している（母親：8；原初の母性的没頭：3 参照）。この原初の万能体験がないと，「外的現実との関係を体験する能力を発達させたり，あるいは現実についての概念を形成することさえも」幼児にとってできなくなるとウィニコットは信じている（「移行対象と移行現象」p. 238）。

ウィニコットの仕事において，価値のある健康な抑うつは，幼児が母親との融合から，母親を別個の自分でないものと気づくその移行を徹底操作するとき，幼児が経験する過程の一部である。この抑うつ，あるいはもっと適切な表現では悲哀であるが，それは融合のときの終わりの喪失感についての心理的な徹底操作，喪の作業のパターンである。このことは，すべて，赤ん坊が，実際，宇宙の中心ではないことに気づくときの脱錯覚の過程の本質的な部分である（依存：5,6；母親：8 参照）。

4 抑うつ気分

ウィニコットは抑うつ気分を記述するときに，霞や霧のメタファーを使う。

……町を被う霧は，抑うつ気分を表しています。すべては減速され，死の状態に向かって運ばれていきます。この相対的な死の状態はすべてを支配し，そして，人間個人の場合には，本能を曇らせたり，外界の対象とかかわる能力を曇らせます。次第にあちこちで霧は薄くなり，晴れていきます。抑うつ気分は，軽減し，再び人生が始まります……。

　ここでの考察は，不安や不安の内容についてではなく，自我構造や個体の内的経済についてなされています。抑うつがやってきて，持続し，薄れるということは，自我構造が危機の段階の間も持続していることを示しています。これは，統合の勝利です。

[「抑うつの真価」Value of Depression, pp. 75-76]

　ウィニコットは抑うつ気分を「愛することに伴う破壊性および破壊的な考えを新たに体験すること」と関係づけている。「その新しい体験は，内的な再評価を必要とするものなのですが，私たちが抑うつとみているものはこの再評価そのものなのです」（「抑うつの真価」p. 76）。

　この破壊性は現実の事実（自分でないもの）に気づくために対象を求める生得的な「原初の攻撃性」から派生する。**空想のなかで繰り返される破壊性**は，対象の外在性を創造し，その結果が自分と自分でないものとの間を区別する能力である（攻撃性：7, 8 参照）。

　この「破壊性」は，とりわけ，ウィニコットが「ドルドラム」（「青年期：ドルドラムを通しての苦闘」"Adolescence: Struggling through the Doldrums"）と記述している青年期に関係している。

　それゆえ抑うつ気分は，ウィニコットの言う原初の創造性に含まれる没頭と関連している。すなわち，創造的に生きることにおける創造性および/または創造的な芸術家の没頭である（創造性：4, 5, 6 参照）。

　1963年の論文「抑うつの真価」のなかで，ウィニコットは抑うつのスペクトラムの病的な極として抑うつ気分の**不純物**について言及している。彼は七つのカテゴリーを描いている。まず，ウィニコットはすべての「**自我の組織化の失敗**」を含めている。それは，「より原始的なタイプの疾病や統合失調症に向かう患者の傾向」を指し示す（「抑うつの真価」p. 77）。このカテゴリーは，確かに「一つのユニットとしての状態」に達していない人びとやほどよく抱えられる環境を体験してこなかった人びとのことに言及している。

別のカテゴリーでは，抑うつ気分が達成できるような「純粋さ」を徹底操作することを避けるために個人が使うさまざまな防衛が言及されている（「抑うつの価値」pp. 78-79）。

このような防衛の一つは，ウィニコットの1948年の論文「母親の抑うつに対して組織された防衛という観点から見た償い」によって探求されている。そこでは，彼は，いかに母親の抑うつが子どもを取り乱させ，その後，その子どもが個人的な抑うつと母親の抑うつを区別できなくなるかということを述べている。

> 多くのこれらの症例を続けて十年間以上，いや二十年間と観察してきて，子どもの抑うつは母親の抑うつを反映していることがあると，私にはわかるようになっている。子どもは自分自身の抑うつからの逃避として，母親の抑うつを利用する。これは母親に関して，偽りの修復と償いを提供する。そして，この修復は子ども本来の罪の感覚に関係していないからこそ，子どもの個人的な修復の能力の発達が妨げられる……。
>
> 極端な事例の場合，このような子どもたちは決して完成しない課題を持つことになるようだ。まず，彼らの課題は母親の気分の扱いである。もしすぐにこの課題に成功すれば，子どもたちは自分自身の人生を始める環境を創造することに成功する。
>
> ［「母親の抑うつに対して組織された防衛という観点から見た償い」
> Reparation in Respect of Mother's, pp. 92-93］

ウィニコットは，母親または父親の抑うつが患者のパーソナルな抑うつを感じることを避けるためにあまりにも簡単に利用され得ること，そのため分析のなかで患者は自分の抑うつと両親の抑うつを区別する点に到達することを指摘している。

5　待つこと，治療しないこと

ウィニコットは抑うつ的な人たちを「励ます」傾向に対して警告している。

> 私たちは，私たちの気分をつつかれたり，揺さぶられたりしたくはありませ

んが，それを許容し，少しばかりの助けを与え，そして待ってくれる真の友人は欲しいのです。

[「親のうつ病に影響をうける家庭」The Family Affected by Depressive Illness, p. 52]

医学生の頃，私は抑うつそれ自体が回復の芽を持っていると教わりました。これは精神病理学の一つの輝かしい点であり，それが抑うつを（健康な発達の兆候である能力としての）罪悪感や喪の過程と結びつけます。喪もやがてその仕事を終えるのです。回復のために本来備わった傾向は，抑うつを個人の幼児期や児童期の成熟過程に結びつけ，（発達促進的な環境における）個人の成熟へ導く過程にも結びつけます。つまり，健康につながるものなのです。

[「抑うつの真価」Value of Depression, p. 72]

抑うつを感じている健康な個人は，死別したときと同じように，喪失の問題の何かを解決したり，徹底操作しているのである。

　……抑うつとは癒しの機制である。つまり，それは戦場を霧のようなもので被い，速度を落としてうまく解決するのを見越しておき，あらゆる可能な防衛が遊びのなかに持ち込まれるための時間を与え，また徹底操作のための時間を与え，その結果として自発的な回復が可能とする。臨床的には，（この種の）抑うつは持ち直す傾向があり……。

[「正常な情緒発達における抑うつポジション」Depressive Position, p. 275]

そして，抑うつ的な青年たちのために，ウィニコットは次のような主張をしている。

　……もし青年がこの発達段階を自然な経過で通過しようとするなら，青年期ドルドラムと呼ぶことができる現象が待っているはずです。社会はそれを不変の特質として包み込み，それに耐え，それに積極的に反応しなければならない，いや実際それに出会わなければなりません。しかし，**それを治療しようとしてはいけません**。

[「青年期」Adolescence, pp. 85-86]

抑うつは健康な要素を含んでいるので,「抑うつを治すように駆り立てるのではなく,抑うつを受け入れること」を助けるのが一番いい方法なのである(「親のうつ病に影響を受ける家庭」p. 60)。

1960年代までに,ウィニコットは精神分析の仕事において,ますます待つことの価値を強調している。分析家が待つということは,分析において最もコンテインし,抱えることのできる側面であるが,このことは患者が困難を徹底操作し,自分のペースで,行くべき場所に到達するという信念を意味している。

出 典

1948 「母親の抑うつに対して組織された防衛という観点から見た償い」Reparation in Respect of Mother's Organized Defence Against Depression［W6］

1951 「移行対象と移行現象」Transitional Objects and Transitional Phenomena［W6］

1952 「精神病と子どもの世話」 Psychoses and Child Care［W6］

1958 「親（一方あるいは両親）のうつ病に影響をうける家庭」The Family Affected by Depressive Illness in One and Both Parents［W8］

1961 「青年期：ドルドラムを通しての苦闘」Adolescence: Struggling through the Doldrums［W8］

1963 「抑うつの真価」 Value of Depression［W14］

出典：
ウィニコット以外の著者の文献

Axline, V. M. (1947). *Play Therapy: The Inner Dynamics of Childhood*. Boston, MA: Houghton Mifflin.
Bettelheim, B. (1983). *Freud and Man's Soul*. London: Chatto & Windus.
Bollas, C. (1989a). *Forces of Destiny*. London: Free Association Books.
Bollas, C. (1989b). The Psychoanalyst's Celebration of the Analysand. In: *Forces of Destiny*. London: Free Association Books.
Casement, P. (1982). Some Pressures on the Analyst for Physical Contact during the Reliving of an Early Trauma. In: G. Kohon (Ed.), *The British School of Psychoanalysis: The Independent Tradition*. London: Free Association Books, 1986.
Davis, M., & Wallbridge, D. (1981). *Boundary and Space: An Introduction to the Work of D.W. Winnicott*. New York: Brunner-Mazel. [Revised edition London: Karnac Books, 1991.]
Fairbairn, W. R. D. (1952). *Psycho-Analytic Studies of the Personality*. London: Tavistock.
Freud, S. (1915c). Instincts and Their Vicissitudes. *S.E. 18*.
Freud, S. (1916d). Crime Due to Sense of Guilt. Some Character Types Met with in Psycho-Analytic Work (Chapter 3). Criminals from a Sense of Guilt. *S.E.14*.
Freud, S. (1920g). Beyond the Pleasure Principle. *S.E. 14*.

Goldman, D. (1993). *In Search of the Real*. New York: Jason Aronson.

Heimann, P. (1950). On Countertransference. In: *About Children and Children-no-longer: Collected Papers 1942–1980*. London: Tavistock, 1989.

Kahr, B. (1996). *D. W. Winnicott: A Biographical Portrait*. London: Karnac Books.

Khan, M. M. R. (1975). Introduction. In: D. W. Winnicott, *Through Paediatrics to Psycho-Analysis*. London: Hogarth Press & the Institute of Psycho-Analysis. [Reprinted London: Karnac Books, 1992].

King, P., & Steiner, R. (1992). *The Freud–Klein Controversies 1941–45*. London: Routledge.

Klein, M. (1957). Envy and Gratitude. In: *The Writings of Melanie Klein, Vol. 3*. London: Hogarth Press, 1975. [Reprinted London: Karnac Books, 1993.]

Lacan, J. (1960). The Subversion of the Subject and the Dialectic of Desire in the Freudian Unconscious. In: *Écrits: A Selection* (pp. 292–325). London: Tavistock.

Milner, M. (1950). *On Not Being Able to Paint*. London: Heinemann.

Niblett, W. R. (Ed.) (1963). *Moral Education in a Changing Society*. London: Faber.

Pedder, J. R. (1976). Attachment and New Beginning: Some Links between the Work of Michael Balint and John Bowlby. International Review of Psycho-Analysis, 3: 491–497. Also in: G. Kohon (Ed.), *The British School of Psychoanalysis: The Independent Tradition*. London: Free Association Books, 1986.

Pedder, J. (1992). Psychoanalytic Views of Aggression: Some Theoretical Problems. *British Journal of Medical Psychology*, 65, 95–106.

Phillips, A. (1988). *Winnicott*. Cambridge, MA: Harvard University Press.

Sechehaye, M. A. (1951). *Symbolic Realisation*. New York: International Universities Press.

Stern, D. (1985). *The Interpersonal World of the Infant*. New York: Basic Books.

Winnicott, Clare (1984). Introduction. In: D. W. Winnicott, *Deprivation and Delinquency* (ed. C. Winnicott, R. Shepherd, & M. Davis). London: Tavistock; New York: Methuen.

ウィニコット著作目録

ハリー・カルナック（Harry Karnac）作成

単行本リスト

- W1 *Clinical Notes on Disorders of Childhood.* London: Heinemann, 1931.
- W2 *Getting to Know Your Baby.* London: Heinemann, 1945.
- W3 *The Ordinary Devoted Mother and Her Baby.* Privately published, 1949.
- W4 *The Child and the Family.* London: Tavistock, 1957.
- W5 *The Child and the Outside World.* London: Tavistock, 1957.
- W6 *Collected Papers: Through Paediatrics to Psycho-Analysis.* London: Tavistock, 1958. New York: Basic Books, 1958. [Reprinted as *Through Paediatrics to Psycho-Analysis.* London: Hogarth Press & the Institute of Psycho-Analysis, 1975; reprinted London: Karnac Books, 1992].
- W7 *The Child, the Family and the Outside World.* London: Penguin, 1964. Reading, MA: Addison-Wesley, 1987.
- W8 *The Family and Individual Development.* London: Tavistock, 1965.
- W9 *The Maturational Processes and the Facilitating Environment: Studies in the Theory of Emotional Development.* London: Hogarth Press & The Institute of Psycho-Analysis, 1965. New York: International Universities Press, 1965. [Reprinted London: Karnac Books, 1990.]
- W10 *Playing and Reality.* London: Tavistock, 1971. New York: Methuen, 1982.

W11 *Therapeutic Consultations in Child Psychiatry.* London: Hogarth Press & The Institute of Psycho-Analysis, 1971. New York: Basic Books, 1971.

W12 *The Piggle: An Account of the Psychoanalytic Treatment of a Little Girl* (ed. Ishak Ramzy). London: Hogarth Press & The Institute of Psycho-Analysis, 1977. New York: International Universities Press, 1977.

W13 *Deprivation and Delinquency* (ed. C. Winnicott, R. Shepherd, & M. Davis). London: Tavistock, 1984. New York: Methuen, 1984.

W14 *Home Is Where We Start From* (ed. C. Winnicott, R. Shepherd, & M. Davis). London: Penguin, 1986. New York: W. W. Norton, 1986.

W15 *Holding and Interpretation: Fragment of an Analysis.* London: Hogarth Press & The Institute of Psycho-Analysis, 1986. New York: Grove Press, 1986. [Reprinted London: Karnac Books, 1989.]

W16 *Babies & Their Mothers* (ed. C. Winnicott, R. Shepherd, & M. Davis). London: Free Association Books, 1987. Reading, MA: Addison-Wesley, 1987.

W17 *The Spontaneous Gesture* (selected letters, ed. F. R. Rodman). Cambridge, MA: Harvard University Press, 1987.

W18 *Human Nature.* London: Free Association Books, 1988. New York: Schocken Books, 1988.

W19 *Psycho-Analytic Explorations* (ed. C. Winnicott, R. Shepherd, & M. Davis). London: Karnac Books, 1989. Cambridge, MA: Harvard University Press, 1989.

W20 *Talking to Parents* (ed. C. Winnicott, C. Bollas, M. Davis, & R. Shepherd). Reading, MA: Addison-Wesley, 1993.

W21 *Thinking about Children* (ed. R. Shepherd, J. Johns, & H. Taylor Robinson). London: Karnac Books, 1996. Reading, MA: Addison-Wesley, 1996.

アルファベット順リスト

Absence of a Sense of Guilt (The)	1966	W13:106–112
Absence and Presence of a Sense of Guilt Illustrated in Two Patients [probably 1966]	n.d.	
Absent by Max B. Clyne [review]	1966	***
New Society 29/9 and *Brit. Med. J.* 8/7/67		
Active Heart Disease	1931	W1:69–75
Adolescence: Struggling through the Doldrums	1961	W8:79–87
New Era in Home & School [1962]		
Also in an altered form entitled "Struggling through the Doldrums", *New Society* [1963]		
Adolescents and Morality by E. M. & M. Eppel [review]	1966	W21:48–50
New Society 15/9		
Adolescent Development and Their Implications for Higher Education (Contemporary Concepts of) [part of Symposium: British Student Health Association, 1968]	1971	W10:138–150
Adolescent Immaturity	1971	W14:150–166
Published earlier as "Contemporary Concepts of Adolescent Development and Their Implications for Higher Education"		W10:138–150
Adolescent Process and the Need for Personal Confrontation	1969	***
Pediatrics 44:5 part 1		
Adopted Children in Adolescence	1971	***
In *Social Work in Adoption* ed. Robert Tod		
Adopted Children in Adolescence	1966	
In *Medical Aspects of Child Adoption*		W21:136–148
Originally published in *Report to Standing Conference of Societies Registered for Adoption* [1955]		
Adoption (On) [B.B.C. radio broadcast]	1955	W4:127–130
Adoption Policy & Practice by Iris Goodacre [review]	1966	***
New Society 24/11		
Advising Parents	1957	W8:114–120
Aetiology of Infantile Schizophrenia in Terms of Adaptive Failure (The) [paper prepared for a study day on Psychosis in Infancy, Paris]	1967	W21:218–223
Aggression	1939	W5:167–175
Aggression, Guilt and Reparation	1960	W13:136–144
Aggression, Guilt and Reparation	1960	W14:80–89
Aggression and Its Roots	1984	W13:84–99
See W5: pp. 167–175 ["Aggression" ca. 1939]		
See also W7: pp. 232–239 ["Roots of Aggression" 1964]		
Aggression in Relation to Emotional Development	1950	W6:204–210

***は，その項目が単行本 W1〜W21 には含まれていないことを示す。

Aitken, Mrs. P.: Letter to [Jan. 13th]	1967	W17:163–164
Aims of Psycho-Analytical Treatment (The)	1962	W9:166–170
American Correspondent (An): Letter to [Jan. 14th]	1969	W17:183–185
Antisocial Tendency (The)	1956	W6:306–315
Antisocial Tendency (The)	1956	W13:120–131
Anti-Social Tendency Illustrated by a Case (The)	1962	
A Criança Portuguesa Vol. 21		
Also appears as Case VII in:		W11:110–126
Anxiety	1931	W1:122–128
Anxiety Associated with Insecurity	1952	W6:97–100
Appetite and Emotional Disorder [read before the Medical Section, British Psychological Society]	1936	W6:33–51
Art versus Illness by A. Hill [review]	1949	W19:555–557
Brit. J. Med. Psychol. 22		
Arthritis Associated with Emotional Disturbance	1931	W1:81–86
Association for Child Psychology and Psychiatry Observed as a Group Phenomenon (The) [President's address, A.C.P.P.]	1967	W21:235–254
Asthma: Attitude & Milieu by Aaron Lask [review]	1966	***
New Society 17/11		
Autism [paper prepared for the Society for Autistic Children]	1966	W21:197–217
Babies as Persons (Further Thoughts on)	1947	W5:134–140
New Era in Home & School 28/10:199 under title "Babies are Persons"		
Babies as Persons (Further Thoughts on)	1964	W7:85–92
Baby as a Going Concern (The) [B.B.C. radio broadcast]	1949	W3:7–11
Baby as a Going Concern (The)	1949	W4:13–17
Baby as a Going Concern (The)	1964	W7:25–29
Baby as a Person (The) [B.B.C. radio broadcast]	1949	W3:22–26
Baby as a Person (The)	1949	W4:33–37
Baby as a Person (The)	1964	W7:75–79
Balint, Enid: Letter to [March 22nd]	1956	W17:97–98
Balint, Michael: Letter to [Feb. 5th]	1960	W17:127–129
Basis for Self in Body (On the)	1970	W19:261–283
Nouvelle Revue de Psychanalyse [1971]		
International Journal of Child Psychotherapy [1972]		
Bearing of Emotional Development on Feeding Problems (The) [Symposium on Environmental Health in Infancy at the Royal Society of Medicine]	1967	W21:39–41
Becoming Deprived as a Fact: A Psychotherapeutic Consultation	1966	
J. Child Psychother. 1		
Appears as Case XVII in:		W11:315–331
Beginning of the Individual (The)	1966	W16:51–58
Beginnings of a Formulation of an Appreciation and Criticism of Klein's Envy Statement (The)	1962	W19:447–457
Behaviour Therapy [letter]	1969	W19:558–560
Child Care News [June 1969]		
Berlin Walls	1969	W14:221–227
Beveridge, Lord: Letter to [Oct. 15th]	1946	W17:8
Bick, Esther: Letter to [June 11th]	1953	W17:50–52
Bion, Wilfred R.: Letter to [Oct. 7th]	1955	W17:89–93

アルファベット順リスト 373

Bion, Wilfred R.: Letter to [Nov. 17th]	1960	W17:131
Bion, Wilfred R.: Letter to [Nov. 16th]	1961	W17:133
Bion, Wilfred R.: Letter to [Oct. 5th]	1967	W17:169–170
Birth Memories, Birth Trauma, and Anxiety [rewritten, in part, 1954]	1949	W6:174–193
Bonnard, Augusta: Letter to [April 3rd]	1952	W17:28–29
Bonnard, Augusta: Letter to [Oct. 1st]	1957	W17:116–117
Bonnard, Augusta: Letter to [Nov. 7th]	1957	W17:117
Bowlby, John: Letter to [May 11th]	1954	W17:65–66
Breast Feeding [revised in 1954]	1945	W5:141–148
Breast Feeding	1964	W7:50–57
Breast-feeding as Communication	1968	W16:23–33
Maternal & Child Care [1969]		
British Medical Journal: Letter to [Dec. 22nd]	1945	W17:6–7
British Medical Journal: Letter to [Jan. 6th]	1949	W17:13–14
Building up of Trust (The)	1969	W20:121–134
Cambridge Education Survey (The) ed. S. Isaacs (Review of)	1941	W13:22–24
New Era in Home & School 22		
Capacity to Be Alone (The)	1958	W9:29–36
IJP 39:416		
Cardiac Neurosis in Children (On) [paper given at A. G. M. of Association of European Paediatric Cardiologists]	1966	W21:179–188
Case Involving Envy (A Note on a)	1963	W19:76–78
Case Managed at Home (A)	1955	W6:118–126
Case Conference 2/7		
Casework with Mentally Ill Children	1959	W8:121–131
Casuso, Gabriel: Letter to [July 4th]	1956	W17:98–100
Chamberlain, Mrs. Neville: Letter to [Nov. 10th]	1938	W17:4
Changing Patterns—The Young Person, the Family and Society	1969	***
Proc. Brit. Student Health Assoc. 20th Conf. [July 1968]		
Chaplin, D.: Letter to [Oct. 18th]	1954	W17:80–82
Character Types: The Foolhardy and the Cautious [comments on paper by Michael Balint]	1954	W19:433–437
Child Analysis in the Latency Period	1958	W9:115–123
A Criança Portuguesa 17:219		
Child and Sex (The)	1947	W5:153–166
Child and Sex (The)	1964	W7:147–160
Child Department Consultations	1942	W6:70–84
IJP 23:139		
Child in the Family Group (The)	1966	W14:128–141
Child Psychiatry by Leo Kanner, 1937 [review]	1938	W21:191–193
IJP 19		
Child Psychiatry: The Body as Affected by Psychological Factors	1931	W21:176–178
Child Psychiatry Case Illustrating Delayed Reaction to Loss (A)	1965	W19:341–368
In *Drives, Affects, Behavior* Vol. 2 ed. M. Schur		
Child Psychiatry Interview (A)	1962	
St. Mary's Hospital Gazette [Jan./Feb.]		
Appears as Case VI in:		W11:105–109
Child Psychiatry, Social Work and Alternative Care [talk given		

to the A.C.P.P.]	1970	W21:277–281
Child Therapy: A Case of Anti-Social Behaviour	1965	
In *Perspectives on Child Psychiatry* ed. J. Howells		
Appears also as Case XV in:		W11:270–295
Childhood and Society by E. H. Erikson, 1965 (Review of)	1965	W19:493–494
New Society [Sept.]		
Childhood Schizophrenia by William Goldfarb, 1961 [review]	1963	W21:193–194
Brit. J. Psychiatric Social Work 7		
Children and Their Mothers	1940	W13:14–21
New Era in Home & School 21		
Children in Distress by Alec Clegg & Barbara Megson [review]	1968	***
New Society 7/11		
Children in the War	1940	W5:69–74
New Era in Home & School 21/9:229		
Children in the War	1940	W13:25–30
Children Learning	1968	W14:142–149
In *The Family & God*, Christian Teamwork Inst. of Education		
Children's Hostels in War and Peace	1948	W5:117–121
Brit. J. Med. Psychol. 21/3:175		
Children's Hostels in War and Peace	1948	W13:73–77
Child's Needs and the Rôle of the Mother in the Early Stages		
(The)	1953	W5:13–23
[An excerpt] published in series *Problems in Education*		
Classification: Is There a Psycho-Analytic Contribution to		
Psychiatric Classification? [postscript dated 1964]	1959	W9:124–139
Clinical Approach to Family Problems (A): The Family [lecture		
at London School of Economics]	1959	W21:54–56
Clinical Example of Symptomatology Following the Birth of a		
Sibling (A)	1931ca	W21:97–101
Clinical Illustration of "The Use of an Object"	1968	W19:235–238
Clinical Regression Compared with That of Defence		
Organisation (The Concept of)	1967	W19:193–199
In *Psychotherapy in the Designed Therapeutic Milieu* ed.		
Eldred & Vanderpol [1968]		
Clinical Study of the Effect of a Failure of the Average		
Expectable Environment on a Child's Mental		
Functioning (A)	1965	
IJP 46:81		
Appears also as Case IV in:		W11:64–88
Clinical Varieties of Transference	1955	W6:295–299
IJP 37 [1956]:386		
Close-Up of Mother Feeding Baby [B.B.C. radio broadcast]	1949	W3:27–31
Close-Up of Mother Feeding Baby	1949	W4:38–42
Close-Up of Mother Feeding Baby	1964	W7:45–49
Colleague (A): Letter to [Sept. 4th]	1967	W17:165
Collection of children's books reviewed under the title "Small		
Things for Small People" (A)	1967	***
New Society 7/12		
Collinson, J. D.: Letter to [March 10th]	1969	W17:186–188
Comments on My Paper "The Use of an Object"	1968	W19:238–240
Communicating and Not Communicating Leading to a Study		
of Certain Opposites	1963	W9:179–192

Communication between Infant and Mother, and Mother and Infant, Compared and Contrasted	1968	W16:89–103
In *What Is Psychoanalysis?* [Inst. PsA. Winter Lectures]		
Concept of the False Self (The)	1964	W14:65–70
Confidant (A): Letter to [April 15th]	1966	W17:155
Conran, M. B.: Letter to [May 8th]	1969	W17:188–191
Contribution of Direct Child Observation to Psycho-Analysis (On the)	1957	W9:109–114
First published [in French] *Revue française de Psychanalyse* 22:205		
Contribution of Psycho-Analysis to Midwifery (The)	1957	W8:106–113
Nursing Times [May 1957]		
Contribution of Psycho-Analysis to Midwifery (The)	1957	W16:69–81
Contribution to a Discussion on Enuresis	1936	W21:151–156
Proceedings of the Royal Society of Medicine 29		
Convulsions, Fits	1931	W1:157–171
Correlation of a Childhood and Adult Neurosis	1966	***
IJP 47:143		
Correspondence with a Magistrate	1944	W13:163–167
New Era in Home & School [Jan. 1944]		
Counter-Transference	1960	W9:158–165
Brit. J. Med. Psychol. 33/17		
Creativity and Its Origins	1971	W10:65–85
Cure	1970	W14:112–120
Dahlberg, Charles Clay: Letter to [Oct. 24th]	1967	W17:171–172
Deductions Drawn from a Psychotherapeutic Interview with an Adolescent	1964	W19:325–340
Delinquency as a Sign of Hope	1967	W14:90–100
Prison Service Journal 7/27 [1968]		
Delinquency Research	1943	***
New Era in Home and School 24:65–67		
Delinquent and Habitual Offender (The) [probably early 1940s]	n.d.	W21:51–53
Dependence in Child Care	1970	W16:83–88
Your Child 2		
Dependence in Infant-Care, in Child-Care and in the Psycho-Analytic Setting	1963	W9:249–259
IJP 44:339		
Depressive Position in Normal Emotional Development (The)	1954	W6:262–277
Brit. J. Med. Psychol. 28 [1955]		
Deprived Child and How He Can Be Compensated for Loss of Family Life (The)	1950	W8:132–145
Deprived Child and How He Can Be Compensated for Loss of Family Life (The)	1950	W13:172–188
Deprived Mother (The) [B.B.C. radio broadcast]	1939	W5:75–82
New Era in Home & School 221/3 [1940]:64		
Deprived Mother (The)	1939	W13:31–38
Development of a Child's Sense of Right and Wrong (The) [B.B.C. radio broadcast, June 1962]	1962	W20:105–110
Development of the Capacity for Concern (The)	1963	W9:73–82
Bulletin of the Menninger Clinic 2:167		
Development of the Capacity for Concern (The)	1963	W13:100–105

Dibs: In Search of Self by Virginia Axline [review] *New Society* 28/4	1966	***
Discussion of War Aims	1940	W14:210–220
Discussions on Ian Alger's paper "The Clinical Handling of the Analyst's Responses" *Psychoan. Forum* 1:3	1966	***
Disease of the Nervous System	1931	W1:129–142
Dissociation Revealed in a Therapeutic Consultation In *Crime, Law and Corrections* ed. R. Slovenko [1966]	1965	W13:256–282
Also published as Case XIII in:		W11:220–238
Disturbed Children ed. Robert J. N. Tod (Foreword to) Longmans' Papers on Residential Work Vol. 2	1968	***
Do Progressive Schools Give Too Much Freedom to the Child? In *Who Are the Progressives Now?* ed. M. Ash [1969]	1965	W13:209–219
Doctor (The), His Patient and the Illness by M. Balint, 1957 (Review of) *IJP* 39	1958	W19:438–442
Dowling, R. S. W.: Letter to [Dec. 8th]	1967	W17:174–175
Dreaming, Fantasying, and Living: A Case-History Describing a Primary Dissociation	1971	W10:26–37
D.W.W. on D.W.W.	1967	W19:569–582
D.W.W.'s Dream Related to Reviewing Jung	1963	W19:228–230
Early Disillusion	1939	W19:21–23
Educational Diagnosis *National Froebel Foundation Bulletin* 41:3	1946	W5:29–34
Educational Diagnosis	1964	W7:205–210
Effect of Loss on the Young (The) [talk written for the Cruse Club]	1968	W21:46–47
Effect of Psychosis on Family Life (The)	1960	W8:61–68
Effect of Psychotic Parents on the Emotional Development of the Child (The) *Brit. J. Psychiatric Social Work* 6/1 [1961]	1959	W8:69–78
Ego Distortion in Terms of True and False Self	1960	W9:140–152
Ego Integration in Child Development	1962	W9:56–63
End of the Digestive Process (The) [B.B.C. radio broadcast]	1949	W3:17–21
End of the Digestive Process (The)	1949	W4:28–32
End of the Digestive Process (The)	1964	W7:40–44
Environmental Health in Infancy Portions published in *Maternal & Child Care*	1967	W16:59–68
Environmental Needs; The Early Stages; Total Dependence and Essential Independence [talk given at The Institute of Education, Univ. of London]	1948	W21:29–36
Envy and Gratitude by M. Klein, 1957 (Review of) *Case Conference* [Jan.]	1959	W19:443–446
Envy and Jealousy (Contribution to a Symposium on)	1969	W19:462–464
Ernest Jones: Obituary & Funeral Address *IJP* 39	1958	W19:393–407
Evacuated Child (The) [B.B.C. radio broadcast]	1945	W5:83–87
Evacuated Child (The)	1945	W13:39–43
Evacuation of Small Children [letter: with J. Bowlby & E. Miller] *Brit. Med. J.*	1939	W13:13–14

Excitement in the Aetiology of Coronary Thrombosis	1957	W19:34–38
Ezriel, H.: Letter to [June 20th]	1952	W17:31–32
Failure of Expectable Environment on Child's Mental Functioning	1965	
IJP 46:81.		
Appears also as Case IV in:		W11:64–88
Family Affected by Depressive Illness in One or Both Parents (The)	1958	W8:50–60
Family and Emotional Maturity (The)	1960	W8:88–94
Fate of the Transitional Object (The)	1959	W19:53–58
Fear of Breakdown	1963	W19:87–95
IRP 1 [1974]:103–107		
Federn, Paul: Letter to [Jan. 3rd]	1949	W17:12
Feeling Guilty: Discussion with Claire Rayner [B.B.C. radio broadcast, March 1960]	1961	W20:95–103
Fidgetiness	1931	W1:87–97
Fidgetiness	1931	W6:22–30
First Experiments in Independence [B.B.C. radio broadcast]	1955	W4:131–136
First Experiments in Independence	1964	W7:167–172
First Interview with Child May Start Resumption of Maturation	1969	***
Frontiers of Clinical Psychiatry 6		
First Year of Life (The): Modern Views on the Emotional Development	1958	W8:3–14
Medical Press [March]		
Fitzgerald, Otho W. S.: Letter to [March 3rd]	1950	W17:19–20
Five-Year Old (The)	1962	W8:34–39
For Stepparents [two B.B.C. radio broadcasts, June]	1955	W20:7–13
Fordham, Michael: Letter to [June 11th]	1954	W17:74–75
Fordham, Michael: Letter to [Sept. 26th]	1955	W17:87–88
Fordham, Michael: Letter to [June 24th]	1965	W17:148–150
Fordham, Michael: Letter to [July 15th]	1965	W17:150–151
Foundation of Mental Health (The)	1951	W13:168–171
Brit. Med. J. [June]		
Frank, Klara: Letter to [May 20th]	1954	W17:67–68
Freedom	1969	W14:228–238
[in French] *Nouvelle Revue de Psychanalyse* 30 [1984]		
Freud, Anna: Letter to [July 6th]	1948	W17:10–12
Freud, Anna: Letter to [March 18th]	1954	W17:58
Freud, Anna, and Klein, Melanie: Letter to [June 3rd]	1954	W17:71–74
Freud, Anna: Letter to [Nov. 18th]	1955	W17:93–94
Freud, Anna: Letter to [Jan. 20th]	1969	W17:185
Friedlander, Kate: Letter to [Jan. 8th]	1940	W17:5–6
From Dependence towards Independence in the Development of the Individual	1963	W9:83–92
General Implications of Leucotomy (Notes on the) [Discussion at London School of Economics, Nov.]	1951	W19:548–552
Getting to Know Your Baby [B.B.C. radio broadcast]	1945	W2:1–5
New Era in Home & School 26/1:1		
Getting to Know Your Baby	1945	W4:7–12
Getting to Know Your Baby	1964	W7:19–24
Glover, Edward: Letter to [Oct. 23rd]	1951	W17:24–25

Gough, Donald: Letter to [March 6th]	1968	W17:176
Grief and Mourning in Infancy by J. Bowlby (Discussion on) *PSC* 15 [1960]	1953	W19:426–432
Group Influences and the Maladjusted Child: The School Aspect	1955	W8:146–154
Group Influences and the Maladjusted Child: The School Aspect	1955	W13:189–199
Growing Pains	1931	W1:76–80
Growth and Development in Immaturity	1950	W8:21–29
Guntrip, Harry: Letter to [July 20th]	1954	W17:75–76
Guntrip, Harry: Letter to [Aug. 13th]	1954	W17:77–79
Hallucination and Dehallucination	1957	W19:39–42
Hate in the Countertransference *IJP* 30 [1949]:69	1947	W6:194–203
Hazlehurst, R. S.: Letter to [Sept. 1st]	1949	W17:17
Haemoptysis: Case for Diagnosis *Proceedings of the Royal Society of Medicine* 24:855–856	1931	***
Health Education through Broadcasting *Mother and Child* 28	1957	W20:1–6
Healthy Individual (The Concept of a) In *Towards Community Health* ed. J. D. Sutherland [1971]	1967	W14:22–38
Heart (The), with Special Reference to Rheumatic Carditis	1931	W1:42–57
Henderson, Sir David K.: Letter to [May 10th]	1954	W17:63–65
Henderson, Sir David K.: Letter to [May 20th]	1954	W17:68–71
History-Taking	1931	W1:7–21
Hobgoblins and Good Habits *Parents* 22:9	1967	***
Hodge, S. H.: Letter to [Sept. 1st]	1949	W17:17–19
Hoffer, Willi: Letter to [April 4th]	1952	W17:29–30
Holding and Interpretation: Fragment of an Analysis An earlier version published in *Tactics and Techniques in Psychoanalytic Therapy* ed. P. L. Giovacchini [1972]	1986	W15:1–202
Home Again [B.B.C. radio broadcast]	1945	W5:93–97
Home Again	1945	W13:49–53
Hospital Care Supplementing Intensive Psychotherapy in Adolescence	1963	W9:242–248
How a Baby Begins to Feel Sorry and to Make Amends *Parents* 22:7	1967	***
How to Survive Parenthood by Edna J. LeShan [review] *New Society* 26/10	1967	***
Human Aggression by Anthony Storr [review] *New Statesman* 5/7	1968	***
Human Nature	1988	W18:1–189
Human Relations *Physiotherapy* 55	1969	***
Ideas and Definitions [probably early 1950s]	n.d.	W19:43–44
Importance of the Setting in Meeting Regression in Psycho-Analysis (The)	1964	W19:96–102
Impulse to Steal (The)	1949	W5:176–180
Indications for Child Analysis & Other Papers by A. Freud (Review of) *New Society* [Aug. 1969]	1969	W19:511–512

Individuation	1970	W19:284–288
Infant Feeding [B.B.C. radio broadcast]	1945	W2:12–16
New Era in Home & School 26/1:9		
Infant Feeding	1945	W4:18–22
Infant Feeding	1964	W7:30–34
Infant Feeding and Emotional Development	1968	***
Maternal & Child Care 4		
Infantile Autism by B. Rimland [review]	1966	W21:195–196
Brit. Med. J. 10/9		
Influencing and Being Influenced (On)	1941	W5:24–28
New Era in Home & School 22/6:118		
Influencing and Being Influenced (On)	1964	W7:199–204
Innate Morality of the Baby (The) [B.B.C. radio broadcast]	1949	W3:38–42
Innate Morality of the Baby (The)	1949	W4:59–63
Innate Morality of the Baby (The)	1964	W7:93–97
Instincts and Normal Difficulties [B.B.C. radio broadcast]	1950	W4:74–78
Instincts and Normal Difficulties	1964	W7:98–102
Integrative and Disruptive Factors in Family Life	1957	W8:40–49
Canadian Medical Association Journal [1961]		
Interpretation in Psycho-Analysis	1968	W19:207–212
Interrelating Apart from Instinctual Drive and in Terms of Cross-Identifications	1971	W10:119–137
James, Martin: Letter to [April 17th]	1957	W17:115–116
Jaques, Elliot: Letter to [Oct. 13th]	1959	W17:125–126
Jealousy [four B.B.C. radio broadcasts, Feb./March]	1960	W20:41–64
Jones, Ernest: Letter to [July 22nd]	1952	W17:33
Joseph, Betty: Letter to [April 13th]	1954	W17:59–60
Juvenile Delinquency (Aspects of)	1964	W7:227–231
Khan, Masud: Letter to [March 7th]	1961	W17:114–115
Khan, Masud: Letter to [June 26th]	1961	W17:132
Kinderbeobachtung (Eine) [A Child Observation]	1967	***
Psyche 21		
Kinds of Psychological Effect of Shock Therapy [written for Symposium on Shock Therapy, *q. v.*]	1944	W19:529–533
Klein, Melanie: Letter to [Nov. 17th]	1952	W17:33–38
Klein, Melanie: Letter to [March 7th]	1957	W17:114–115
Kleinian Contribution (A Personal View of the)	1962	W9:171–178
Knopf, Mrs. B. J.: Letter to [Nov. 26th]	1964	W17:147
Knowing and Learning [B.B.C. radio broadcast]	1950	W4:69–73
Knowing and Learning	1950	W16:15–21
Knowing and Not-Knowing: A Clinical Example	n.d.	W19:24–25
Kulka, Anna M.: Letter to [Jan. 15th]	1957	W17:110–112
Lacan, Jacques: Letter to [Feb. 11th]	1960	W17:129–130
Laing, R. D.: Letter to [July 18th]	1958	W17:119
Lantos, Barbara: Letter to [Nov. 8th]	1956	W17:107–110
Letters of Sigmund Freud 1873–1939, 1961 (Review of)	1962	W19:474–477
Brit. J. Psychology 53		
Leucotomy	1949	W19:543–547
Brit. Medical Students' Journal 3		
Limentani, Adam: Letter to [Sept. 27th]	1968	W17:178–180
Link between Paediatrics and Child Psychology (A): Clinical Observations [Catherine Chisholm Memorial Lecture,		

Manchester]	1968	W21:255–276
Living Creatively	1970	W14:39–54
Location of Cultural Experience (The)	1971	W10:95–103
IJP 48 [1967]:368		
"Location of Cultural Experience (The)" (Addendum to)	1967	W19:200–202
IJP 48:368		
Lowry, Oliver H.: Letter to [July 5th]	1956	W17:100–103
Luria, A. R.: Letter to [July 7th]	1960	W17:130
Main, Thomas: Letter to [Feb. 25th]	1957	W17:112–114
Man Looks at Motherhood (A) [B.B.C. radio broadcast]	1949	W4:3–6
Man Looks at Motherhood (A)	1964	W7:15–18
Manic Defence (The)	1935	W6:129–144
Masturbation	1931	W1:183–190
Maternal Care and Mental Health by John Bowlby, 1951		
(Review of)	1953	W19:423–426
Brit. J. Med. Psychol. 26		
McKeith, Ronald: Letter to [Jan. 31st]	1963	W17:138–139
Meaning of Mother Love (The)	1967	***
Parents 22:6		
Meltzer, Donald: Letter to [May 21st]	1959	W17:124–125
Meltzer, Donald: Letter to [Oct. 25th]	1966	W17:157–161
Memories, Dreams, Reflections by C. G. Jung, 1963 (Review of)	1964	W19:482–492
IJP 45		
Mental Defect	1931	W1:152–156
Mental Hygiene of the Pre-school Child [talk given to the		
Nursery School Association]	1936	W21:59–76
Mentally Ill in Your Caseload (The)	1963	W9:217–229
In *New Thinking for Changing Needs,* Association of Social		
Workers		
Metapsychological and Clinical Aspects of Regression within		
the Psycho-Analytical Set-Up	1954	W6:278–294
IJP 36:16		
Micturition Disturbances	1931	W1:172–182
Mind and Its Relation to the Psyche–Soma	1949	W6:243–254
Brit. J. Med. Psychol. 27 [1954]		
Mirror-rôle of Mother and Family in Child Development	1971	W10:111–118
In *The Predicament of the Family* ed. P. Lomas [1967]		
Money-Kyrle, Roger: Letter to [Nov. 27th]	1952	W17:38–43
Money-Kyrle, Roger: Letter to [Sept. 23rd]	1954	W17:79–80
Money-Kyrle, Roger: Letter to [Feb. 10th]	1955	W17:84–85
Money-Kyrle, Roger: Letter to [March 17th]	1955	W17:85
Moral Paradox of Peace and War (The) by J. C. Flugel [review]	1941	***
New Era in Home and School 22:183		
Morals and Education	1963	W9:93–105
In *Moral Education in a Changing Society* ed. W. R. Niblett,		
under the title "The Young Child at Home and at		
School"		
Mother–Foetus Relationship (A Note on the) [probably mid-		
1960s]	n.d.	W19:161–162
Mother–Infant Experience of Mutuality (The)	1969	W19:251–260
Mother's Contribution to Society (The) [published as		
Postscript]	1957	W4:141–144

Mother's Contribution to Society (The)	1957	W14:123–127
Mother's Madness Appearing in the Clinical Material as an Ego-Alien Factor	1969	W19:375–382
In *Tactics & Techniques in Psychoanalytic Therapy* ed. P. Giovacchini [1972]		
Mother, Teacher, and the Child's Needs	1964	W7:189–198
In *Parenthood: Its Psychology & Psychopathology* ed. Anthony & Benedek [1970]		
Nagera, Humberto: Letter to [Feb. 15th]	1965	W17:147–148
Needs of the Under-Fives in a Changing Society	1954	W5:3–13
Nursery Journal 44/396:15		
Needs of the Under-Fives	1964	W7:179–188
New Light on Children's Thinking	1965	W19:152–157
Nelson, Gillian: Letter to [Oct. 6th]	1967	W17:170–171
Neonate and His Mother (The)	1964	***
Acta Paediatrica Latina Vol. 17		
Newborn and His Mother (The)	1964	W16:35–49
Acta Pediatrica Latina Vol. 17 under title "The Neonate & His Mother"		
New Society: Letter to [March 23rd]	1964	W17:140–142
Niffle (The)	n.d.	W21:104–109
Non-Human Environment in Normal Development and in Schizophrenia (The) by H. F. Searles, 1960 (Review of)	1963	W19:478–481
IJP 44		
Non-Pharmacological Treatment of Psychosis in Childhood (The)	1968	***
Concilium Paedopsychiatricum [Proc. 3rd Eur. Cong. Pedopsychiat.]		
Normality and Anxiety (A Note on)	1931	W1:98–121
Normality and Anxiety (A Note on)	1931	W6:3–21
Nose and Throat (The)	1931	W1:38–41
Note of Contribution to Symposium on Child Analysis and Paediatrics	1968	***
IJP 49:279		
Notes Made on a Train, Part 2	1965	W19:231–233
Notes on a Little Boy	1938	W21:102–103
New Era in Home & School 19		
Notes on the Time Factor in Treatment [preparation for lecture to West Sussex County Council Children's Dept.]	1961	W21:231–234
Nothing at the Centre	1959	W19:49–52
Now They Are Five [B.B.C. radio broadcast, June]	1962	W20:111–120
Originally published under title "The Five-Year Old" in W8 [*q. v.*]		
Observation of Infants in a Set Situation (The)	1941	W6:52–69
IJP 22:229		
Observer (The): Letter to [Oct. 12th]	1964	W17:142–144
Observer (The): Letter to [Nov. 5th]	1964	W17:146
Obsessional Neurosis and "Frankie" (Comment on)	1965	W19:158–160
Ocular Psychoneuroses of Childhood	1944	W6:85–90
Transactions of the Ophthalmological Society 64		
On Not Being Able to Paint by Marion Milner (Critical Notice of) [originally written under the name of Joanna Field,		

	1950]	1951	W19:390–392
On the Concept of the Superego [paper by J. Sandler, *PSC* 15] (Comments on)		1960	W19:465–473
On Transference *IJP* 37:386		1956	***
Only Child (The) [B.B.C. radio broadcast]		1945	W4:107–111
Only Child (The)		1964	W7:131–136
Ordinary Devoted Mother (The)		1966	W16:3–14
Ordinary Devoted Mother and Her Baby (The) [Intro.] [B.B.C. radio broadcast]		1949	W3:3–6
Out of the Mouths of Adolescents [review of E. M. & M. Eppel: *Adolescents and Morality*] *New Society* [Sept.]		1966	W21:48–49
Paediatrics and Childhood Neurosis		1956	W6:316–321
Paediatrics and Psychiatry *Brit. J. Med. Psychol.* 21		1948	W6:157–173
Papular Urticaria and the Dynamics of Skin Sensation *Brit. J. Children's Diseases* 31:5–16		1934	W21:157–169
Parent–Infant Relationship (The Theory of the) *IJP* 41:585		1960	W9:37–55
Parent–Infant Relationship (Further Remarks on the Theory of the) *IJP* 43 [1962]:238		1961	W19:73–75
Parfitt, D. N.: Letter to [Dec. 22nd]		1966	W17:162–163
Patient (A): Letter to [Dec. 13th]		1966	W17:162
Payne, Sylvia: Letter to [Oct. 7th]		1953	W17:52–53
Payne, Sylvia: Letter to [May 26th]		1966	W17:157
Peller, Lili E.: Letter to [April 15th]		1966	W17:156–157
Persecution That Wasn't (The) [review of *A Home from a Home* by S. Stewart] *New Society* [May]		1967	W13:200–201
Perversions and Pregenital Fantasy		1963	W19:79–80
Physical and Emotional Disturbances in an Adolescent Girl		1968	W19:369–374
Physical Examination		1931	W1:22–31
Physical Therapy of Mental Disorder *Brit. Med. J.* [May 1947]		1947	W19:534–541
Physiotherapy and Human Relations *Physiotherapy* [June 1969] In *A Survey of Child Psychiatry* ed. R. G. Gordon [pp. 28–44]		1969	W19:561–568
Piggle (The): An Account of the Psychoanalytic Treatment of a Little Girl		1977	W12:1–201
Pill and the Moon (The)		1969	W14:195–209
Pitfalls in Adoption *Medical Press* 232/6031		1954	W5:45–51
Pitfalls in Adoption		1954	W21:128–135
Place of the Monarchy (The)		1970	W14:260–268
Place Where We Live (The)		1971	W10:104–110
Play in the Analytic Situation		1954	W19:28–29
Play Therapy by V. Axline, 1947 (A Commentary on) [transcript from tape recording: unfinished & unedited by D.W.W.; probably mid-1960s]		n.d.	W19:495–498
Play (Notes on)		n.d.	W19:59–63

Playing and Culture	1968	W19:203–206
Playing: A Theoretical Statement	1971	W10:38–52
Playing: Creative Activity and the Search for the Self	1971	W10:53–64
Point in Technique (A)	n.d.	W19:26–27
Playing: Its Theoretical Status in the Clinical Situation *IJP* 49:591	1968	***
Prefrontal Leucotomy [letter] *The Lancet* [April]	1943	W19:542–543
Prefrontal Leucotomy [letter] *Brit. Med. J.* [Jan. 1956]	1956	W19:553–554
Pre-Systolic Murmur, Possibly Not Due to Mitral Stenosis *Proceedings of the Royal Society of Medicine* 24:1354	1931	***
Price of Disregarding Psychoanalytic Research (The) *The Price of Mental Health: Report of N. A. M. H. Annual Conference*	1965	W14:172–182
Primary Introduction to External Reality: The Early Stages [talk given at the London School of Economics]	1948	W21:21–28
Primary Maternal Preoccupation	1956	W6:300–305
Primitive Emotional Development *IJP* 26:137	1945	W6:145–156
Private Practice	1955	W19:291–298
Problem of Homeless Children (The) [with Clare Britton] *New Era in Home and School* 25:155–161	1944	***
Providing for the Child in Health and in Crisis	1962	W9:64–72
Psychiatric Disorder in Terms of Infantile Maturational Processes	1963	W9:230–241
Psychoanalysis and Science: Friends or Relations?	1961	W14:13–18
Psycho-Analysis and the Sense of Guilt In *Psycho-Analysis & Contemporary Thought* ed. J. D. Sutherland	1958	W9:15–28
Psycho-Analytic Contribution to the Theory of Shock Therapy (Introduction to a Symposium on the)	1944	W19:525–528
Psychoanalytic Studies of the Personality by W. R. D. Fairbairn, 1952 (Review of) [written with M. Masud R. Khan] *IJP* 34	1953	W19:413–422
Psychoanalytic Study of the Child Vol. 20 ed. A. Freud et al. [review] *New Society* 19/5 & *Brit. Med. J.* 17/12	1966	***
Psychoanalytic Study of the Child Vol. 22 [review] *New Society* 16/5	1968	***
Psychogenesis of a Beating Fantasy	1958	W19:45–48
Psychology of Childhood and Adolescence by C. I. Sandstrom [review] *National Marriage Guidance Council Journal* 11:3	1968	***
Psychology of Juvenile Rheumatism (The) In *A Survey of Child Psychiatry* ed. R. G. Gordon: pp. 28–44	1939	***
Psychology of Madness (The): A Contribution from Psycho-Analysis	1965	W19:119–129
Psychology of Separation (The)	1958	W13:132–135
Psycho-Neurosis in Childhood	1961	W19:64–72
Psychoses and Child Care *Brit. J. Med. Psychol.* 26 [1953]	1952	W6:219–228

Psycho-Somatic Disorder (Additional Note on)	1969	W19:115–118
Psycho-Somatic Illness in Its Positive and Negative Aspects *IJP* 47 [1966]:510	1964	W19:103–114
Psychotherapeutic Consultation in Child Psychiatry (A) In *The World Biennial of Psychiatry & Psychotherapy* ed. S. Arieti	1970	
Also appears as Case XII in:		W11:194–215
Psychotherapy of Character Disorders	1963	W9:203–216
Psychotherapy of Character Disorders	1963	W13:241–255
Punishment in Prisons and Borstals (Comments on the Report of the Committee on)	1961	W13:202–208
Raison, Timothy: Letter to [April 9th]	1963	W17:139–140
Rapaport, David: Letter to [Oct. 9th]	1953	W17:53–54
Regression as Therapy *Brit. J. Med. Psychol.* 36:1. Appears as Case XIV in:	1963	W11:240–269
Relationship of a Mother to Her Baby at the Beginning (The) [rewritten 1964]	1960	W8:15–20
Reparation in Respect of Mother's Organized Defence against Depression [revised August 1954]	1948	W6:91–96
Residential Care as Therapy	1970	W13:220–228
Residential Management as Treatment for Difficult Children [with Claire Britton] *Human Relations* 1/1:87	1947	W5:98–116
Residential Management as Treatment for Difficult Children [with Claire Britton]	1947	W13:54–72
Return of the Evacuated Child (The) [B.B.C. radio broadcast]	1945	W5:88–92
Return of the Evacuated Child (The)	1945	W13:44–48
Rheumatic Clinic (The)	1931	W1:64–68
Rheumatic Fever	1931	W1:58–63
Ries, Hannah: Letter to [Nov. 27th]	1953	W17:54–55
Riviere, Joan: Letter to [Feb. 3rd]	1956	W17:94–97
Riviere, Joan: Letter to [June 13th]	1958	W17:118–119
Rodman, F. Robert: Letter to [Jan. 10th]	1969	W17:180–182
Rodrigue, Emilio: Letter to [March 17th]	1955	W17:86–87
Roots of Aggression	1964	W7:232–239
Roots of Aggression	1968	W19:458–461
Rosenfeld, Herbert: Letter to [Jan. 22nd]	1953	W17:43–46
Rosenfeld, Herbert: Letter to [Oct. 16th]	1958	W17:120
Rosenfeld, Herbert: Letter to [March 17th]	1966	W17:153–154
Rycroft, Charles E.: Letter to [April 21st]	1955	W17:87
Sargant, William W.: Letter to [June 24th]	1969	W17:192–194
Saying "No" [three B.B.C. radio broadcasts, Jan./Feb.]	1960	W20:21–39
Schizophrénie Infantile en Termes d'Echec d'Adaptation (La) *Recherches* (Special Issue: Enfance alienée) II	1968	***
Scott, P. D.: Letter to [May 11th]	1950	W17:22–23
Scott, W. Clifford M.: Letter to [March 19th]	1953	W17:48–50
Scott, W. Clifford M.: Letter to [Jan. 27th]	1954	W17:56–57
Scott, W. Clifford M.: Letter to [Feb. 26th]	1954	W17:57–58
Scott, W. Clifford M.: Letter to [April 13th]	1954	W17:60–63
Security [B.B.C. radio broadcasts, April]	1960	W20:87–93
Also published under title "Security (On)"	1960	W8:30–33
Segal, Hanna: Letter to [Feb. 21st]	1952	W17:25–27

Segal, Hanna: Letter to [Jan. 22nd]	1953	W17:47
Segal, Hanna: Letter to [Oct. 6th]	1955	W17:89
Sex Education in Schools	1949	W5:40–44
Medical Press 222/5761		
Also in *The Case against Pornography* ed. David Holbrook [1972]		
Sex Education in Schools	1964	W7:216–220
Shared Fate by H. David Kirk [review]	1965	***
New Society [Sept. 9]		
Sharpe, Ella: Letter to [Nov. 13th]	1946	W17:10
Shock Therapy [letter]	1944	W19:523–525
Brit. Med. J. [Dec.]		
Shock Treatment of Mental Disorder [letter]	1943	W19:522–523
Brit. Med. J. [Dec.]		
Short Communication on Enuresis	1930	W21:170–175
St. Bartholomew's Hospital Journal 37		
Shyness and Nervous Disorders in Children	1938	W5:35–39
New Era in Home & School 19/7:189		
Shyness and Nervous Disorders in Children	1964	W7:211–215
Sleep Refusal in Children	1968	W21:42–45
Medical News Magazine (Paediatrics) [July]		
Smirnoff, Victor: Letter to [Nov. 19th]	1958	W17:120–124
Some Psychological Aspects of Juvenile Delinquency	1946	W5:181–187
New Era in Home & School 27/10:295 & *Delinquency Research* 24/5		
Some Psychological Aspects of Juvenile Delinquency	1946	W13:113–119
Some Thoughts on the Meaning of the Word "Democracy"	1950	W8:155–169
Human Relations 3/2		
Some Thoughts on the Meaning of the Word "Democracy"	1950	W14:239–259
Speech Disorders	1931	W1:191–200
Spence, Marjorie: Letter to [Nov. 23rd]	1967	W17:172–173
Spence, Marjorie: Letter to [Nov. 27th]	1967	W17:173–174
Split-Off Male and Female Elements to Be Found in Men and Women (The)	1966	W19:169–183
Clinical Material [1959–1963]		W19:183–188
Answers to Comments [1968–1969]		W19:189–192
Split-off Male and Female Elements (On the) [Editors' Note]	1989	W19:168
Spock, Benjamin: Letter to [April 9th]	1962	W17:133–138
Squiggle Game (The) [an amalgamation of two papers: one unpublished, written in 1964, the other published 1968]	1968	W19:299–317
Voices: The Art & Science of Psychotherapy 4/1		
Also appears as Case III in:		W11:42–63
Stealing and Telling Lies	1949	W4:117–120
Stealing and Telling Lies	1964	W7:161–166
Stierlin, Helm: Letter to [July 31st]	1969	W17:195–196
Stone, L. Joseph: Letter to [June 18th]	1968	W17:177–178
Stone, Marjorie: Letter to [Feb. 14th]	1949	W17:14–15
Storr, Charles Anthony: Letter to [Sept. 30th]	1965	W17:151
Strachey, James: Letter to [May 1st]	1951	W17:24
Strachey (James): Obituary	1969	W19:506–510
IJP 50 [1969]		
String: A Technique of Communication	1960	W9:153–157

Journal of Child Psychology & Psychiatry 4:85
Struggling through the Doldrums　　　　　　　　　　　　1963　　W13:145–155
　New Society [April]
Study of Three Pairs of Identical Twins (A) by D. Burlingham
　　(Review of)　　　　　　　　　　　　　　　　　　　　　1953　　W19:408–412
　New Era in Home & School [March]
Successful Step-parent (The) by Helen Thomson [review]　　1967　　***
　New Society 13/4
Sum, I Am　　　　　　　　　　　　　　　　　　　　　　1968　　W14:55–64
　Mathematics Teaching [March 1984]
Support for Normal Parents [B.B.C. radio broadcast; published
　　as "Postscript"]　　　　　　　　　　　　　　　　　　1945　　W2:25–27
　New Era in Home & School 26/1:16
Support for Normal Parents　　　　　　　　　　　　　　1945　　W4:137–140
Support for Normal Parents　　　　　　　　　　　　　　1964　　W7:173–176
Susan Isaacs by D. E. M. Gardner (Foreword to)　　　　　 1969　　W19:387–389
Susan Isaacs: Obituary　　　　　　　　　　　　　　　　1948　　W19:385–387
　Nature [Dec.]
Symptom Tolerance in Paediatrics: A Case History　　　　1953　　W6:101–117
　Proceedings of the Royal Society of Medicine 46/8
Szasz, Thomas: Letter to [Nov. 19th]　　　　　　　　　　1959　　W17:126–127
Teacher, the Parent, and the Doctor (The) [read before the
　　Ideals in Education Conference]　　　　　　　　　　1936　　W21:77–93
Temperature and the Importance of Charts (A Note on)　　1931　　W1:32–37
Their Standards and Yours [B.B.C. radio broadcast]　　　　1945　　W2:21–24
　New Era in Home & School 26/1:13
Their Standards and Yours　　　　　　　　　　　　　　1945　　W4:87–91
Their Standards and Yours　　　　　　　　　　　　　　1964　　W7:119–123
Theme of the Mother's Unconscious as Discovered in Psycho-
　　Analytic Practice (Development of the)　　　　　　　1969　　W19:247–250
Theoretical Statement of the Field of Child Psychiatry　　　1958　　W8:97–105
　Modern Trends in Paediatrics [Second Series]
Therapy in Child Care: Collected Papers by B. Docker-Drysdale
　　(Foreword to)　　　　　　　　　　　　　　　　　　1968　　***
　Longmans' Papers on Residential Work Vol. 3
Thinking and Symbol-Formation [probably 1968]　　　　　n.d.　　W19:213–216
Thinking and the Unconscious　　　　　　　　　　　　　1945　　W14:169–171
　The Liberal Magazine [March]
This Feminism　　　　　　　　　　　　　　　　　　　　1964　　W14:183–194
Thorner, Hans: Letter to [March 17th]　　　　　　　　　　1966　　W17:154
Times (The): Letter to [Nov. 6th]　　　　　　　　　　　　1946　　W17:9
Times (The): Letter to [Aug. 10th]　　　　　　　　　　　 1949　　W17:15–16
Times (The): Letter to [probably May]　　　　　　　　　 1950　　W17:21
Times (The): Letter to [July 21st]　　　　　　　　　　　 1954　　W17:76–77
Times (The): Letter to [Nov. 1st]　　　　　　　　　　　　1954　　W17:82–83
Times (The): Letter to [March 3rd]　　　　　　　　　　　1966　　W17:152–153
Tizard, J. P. M.: Letter to [Oct. 23rd]　　　　　　　　　　 1956　　W17:103–107
Tod, Robert: Letter to [Nov. 6th]　　　　　　　　　　　　1969　　W17:196–197
Torrie, Margaret: Letter to [Sept. 4th]　　　　　　　　　 1967　　W17:166–167
Torrie, Margaret: Letter to [Sept. 5th]　　　　　　　　　 1967　　W17:167–169
Towards an Objective Study of Human Nature　　　　　　1945　　W5:125–133
　New Era in Home & School 26/8:179 under title "Talking

about Psychology"
New Era in Home & School 33/3 [1952]:55 under title "What Is Psycho-Analysis?"

Towards an Objective Study of Human Nature	1945	W21:3–12
Training for Child Psychiatry: The Paediatric Department of Psychology	1961	W21:227–230

In St. Mary's Hospital Gazette [Sept.] under title "The Paediatric Department of Psychology"

Training for Child Psychiatry	1963	W9:193–202

Journal of Child Psychology & Psychiatry 4:85

Transitional Objects and Transitional Phenomena	1951	W6:229–242

IJP 34 [1953]:89

Transitional Objects and Transitional Phenomena	1953	W10:1–25
Trauma in Relation to the Development of the Individual within the Family (The Concept of)	1965	W19:130–148
Treatment of Mental Disease by Induction of Fits	1943	W19:516–521
Tribute on the Occasion of W. Hoffer's 70th Birthday (A)	1967	W19:499–505

Psyche [in German]

Twins [B.B.C. radio broadcast]	1945	W4:112–116
Twins	1964	W7:137–142
Two Adopted Children	1953	W5:52–65

Case Conference [Dec.]

Two Adopted Children	1953	W21:113–127
Two Notes on the Use of Silence	1963	W19:81–86
Use of an Object and Relating through Identifications (The)	1968	W19:218–227
Use of an Object and Relating through Identifications (The)	1971	W10:86–94

Based on IJP 50 [1969]:711

"Use of an Object (The)" (On) [Editors' Note]	1989	W19:217–218
Use of an Object in the Context of Moses and Monotheism (The)	1969	W19:240–246
Use of the Word "Use" (The)	1968	W19:233–235
Value of Depression (The)	1963	W14:71–79

Brit. J. Psychiatric Social Work 7/3 [1964]:123–127

Value of the Therapeutic Consultation (The)	1965	W19:318–324

In Foundations of Child Psychiatry ed. E. Miller

Varicella Encephalitis and Vaccinia Encephalitis [with Nancy Gibbs]	1926	***

Brit. J. Children's Diseases 23:107–127

Varieties of Clinical Confusion (Fragments Concerning)	1956	W19:30–33
Varieties of Psychotherapy	1961	W13:232–240
Varieties of Psychotherapy	1961	W14:101–111
Verbindung zwischen Kinderheilkunde und Kinderpsychologie, klinische Betrachtungen (Eine) [translation of: "A Link between Paediatrics and Child Psychology"]	1969	***

Dynam. Psychiat. 2

Verso una teoria sulla psicoterapia: il suo rapporto col gioco [translation of "Towards a Theory of Psychotherapy: The Link with Playing". Lecture given to PsA. Soc., Rome]	1969	***

Psyche 6:1

Very Early Roots of Aggression	1955	W6:210–218
Visiting Children in Hospital [B.B.C. radio broadcast]	1951	W4:121–126
Visiting Children in Hospital	1964	W7:221–226

Vulnerable Children by Lindy Burton [review]	1968	***
New Society 25/4		
Walking	1931	W1:143–151
Weaning [B.B.C. radio broadcast]	1949	W3:43–47
Weaning	1949	W4:64–68
Weaning	1964	W7:80–84
What about Father? [B.B.C. radio broadcast]	1945	W2:16–21
New Era in Home & School 26/1:11		
What about Father?	1945	W4:81–86
What about Father?	1964	W7:113–118
What Do We Mean by a Normal Child?	1946	W4:100–106
New Era in Home & School 27/3:61		
What Do We Mean by a Normal Child?	1964	W7:124–130
What Do We Know about Babies as Clothes Suckers? [B.B.C. radio broadcast, Jan. 31]	1956	W20:15–20
What Irks? [three B.B.C. radio broadcasts, March]	1960	W20:65–86
Where the Food Goes [B.B.C. radio broadcast]	1949	W3:12–16
Where the Food Goes	1949	W4:23–27
Where the Food Goes	1964	W7:35–39
Why Children Play	1942	W5:149–152
New Era in Home & School 23/1:12		
Why Children Play	1964	W7:143–146
Why Do Babies Cry? [B.B.C. radio broadcast]	1945	W2:5–12
New Era in Home & School 26/1:3–11		
Why Do Babies Cry?	1945	W4:43–52
Why Do Babies Cry?	1964	W7:58–68
Widow's Child (The) by Margaret Torrie (Foreword to)	1964	***
Wilkinson, Agnes: Letter to [June 9th]	1969	W17:192
Winnicott, Violet: Letter to [Nov. 15th]	1919	W17:1–4
Wisdom, John O.: Letter to [Oct. 26th]	1964	W17:144–146
Withdrawal and Regression	1954	W6:255–261
Revue Française de Psychanalyse XIX/1–2 [1955]		
Psyche Heft X [1956–1957]		
Withdrawal and Regression (Notes on)	1965	W19:149–151
World in Small Doses (The) [B.B.C. radio broadcast]	1949	W3:32–37
World in Small Doses (The)	1949	W4:53–58
World in Small Doses (The)	1964	W7:69–74
Yes, But How Do We Know It's True? [talk given at the London School of Economics]	1950	W21:13–18
Young Children and Other People	1949	W4:92–99
Young Children 1/3:36		
Young Children and Other People	1964	W7:103–110
Your Child Is a Person by Chess, Thomas, Birch [review]	1966	***
Medical News [Oct.]		
Youth Will Not Sleep	1964	W13:156–158
New Society [May 1964]		

年代順リスト

1919	Winnicott, Violet: Letter to [Nov. 15th]	W17:1–4
1926	Varicella Encephalitis and Vaccinia Encephalitis [with Nancy Gibbs]	***
	Brit. J. Children's Diseases 23:107–127	
1931	Active Heart Disease	W1:69–75
1931	A Note on Normality and Anxiety	W1:98–121
1931	A Note on Normality and Anxiety	W6:3–21
1931	A Note on Temperature and the Importance of Charts	W1:32–37
1931	Anxiety	W1:122–128
1931	Arthritis Associated with Emotional Disturbance	W1:81–86
1931	Child Psychiatry: The Body as Affected by Psychological Factors	W21:176–178
1931	Convulsions, Fits	W1:157–171
1931	Disease of the Nervous System	W1:129–142
1931	Fidgetiness	W1:87–97
1931	Fidgetiness	W6:22–30
1931	Growing Pains	W1:76–80
1931	History-Taking	W1:7–21
1931	Masturbation	W1:183–190
1931	Mental Defect	W1:152–156
1931	Micturition Disturbances	W1:172–182
1931	Physical Examination	W1:22–31
1931	Rheumatic Fever	W1:58–63
1930	Short Communication on Enuresis	W21:170–175
	St. Bartholomew's Hospital Journal 37	
1931	Speech Disorders	W1:191–200
1931	The Heart, with Special Reference to Rheumatic Carditis	W1:42–57
1931	The Nose and Throat	W1:38–41
1931	The Rheumatic Clinic	W1:64–68
1931	Walking	W1:143–151
1931	Haemoptysis: Case for Diagnosis	***
	Proceedings of the Royal Society of Medicine 24:855–856	
1931	Pre-Systolic Murmur, Possibly Not Due to Mitral Stenosis	***
	Proceedings of the Royal Society of Medicine 24:1354	
1931 [ca]	A Clinical Example of Symptomatology Following the Birth of a Sibling	W21:97–101
1934	Papular Urticaria and the Dynamics of Skin Sensation	W21:157–169
	Brit. J. Children's Diseases 31:5–16	
1935	The Manic Defence	W6:129–144
1936	Mental Hygiene of the Pre-school Child [talk given to the Nursery School Association]	W21:59–76

***は，その項目が単行本 W 1〜W 21 には含まれていないことを示す．

1936	Contribution to a Discussion on Enuresis *Proceedings of the Royal Society of Medicine* 29	W21:151–156
1936	Appetite and Emotional Disorder [read before the Medical Section, British Psychological Society]	W6:33–51
1936	The Teacher, the Parent, and the Doctor [read before the Ideals in Education Conference]	W21:77–93
1938	Shyness and Nervous Disorders in Children *New Era in Home & School* 19/7:189	W5:35–39
1938	Chamberlain, Mrs. Neville: Letter to [Nov. 10th]	W17:4
1938	*Child Psychiatry* by Leo Kanner, 1937 [review] *IJP* 19	W21:191–193
1938	Notes on a Little Boy *New Era in Home & School* 19	W21:102–103
1939	Early Disillusion	W19:21–23
1939	Evacuation of Small Children [letter: with J. Bowlby & E. Miller] *Brit. Med. J.*	W13:13–14
1939	The Deprived Mother [B.B.C. radio broadcast] *New Era in Home & School* 221/3 [1940]:64	W5:75–82
1939	The Deprived Mother	W13:31–38
1939	Aggression	W5:167–175
1939	The Psychology of Juvenile Rheumatism In *A Survey of Child Psychiatry* ed. R. G. Gordon [pp. 28–44]	***
1940	Friedlander, Kate: Letter to [Jan. 8th]	W17:5–6
1940	Children and Their Mothers *New Era in Home & School* 21	W13:14–21
1940	Children in the War *New Era in Home & School* 21/9:229	W5:69–74
1940	Children in the War	W13:25–30
1940	Discussion of War Aims	W14:210–220
1941	On Influencing and Being Influenced *New Era in Home & School* 22/6:118	W5:24–28
1941	Review of *The Cambridge Education Survey*, ed. S. Isaacs *New Era in Home & School* 22	W13:22–24
1941	The Observation of Infants in a Set Situation *IJP* 22:229	W6:52–69
1941	*The Moral Paradox of Peace and War*, by J. C. Flugel [review] *New Era in Home and School* 22:183	***
1942	Child Department Consultations *IJP* 23:139	W6:70–84
1942	Why Children Play *New Era in Home & School* 23/1:12	W5:149–152
1943	Prefrontal Leucotomy [letter] *The Lancet* [April 1943]	W19:542–543
1943	Shock Treatment of Mental Disorder [letter] *Brit. Med. J.* [Dec.]	W19:522–523
1943	Treatment of Mental Disease by Induction of Fits	W19:516–521
1943	Delinquency Research *New Era in Home and School* 24:65–67	***
1944	Correspondence with a Magistrate *New Era in Home & School* [Jan. 1944]	W13:163–167
1944	Introduction to a Symposium on the Psycho-Analytic	

	Contribution to the Theory of Shock Therapy	W19:525–528
1944	Kinds of Psychological Effect of Shock Therapy [written for Symposium on Shock Therapy, *q. v.*]	W19:529–533
1944	Shock Therapy [letter] *Brit. Med. J.* [Dec.]	W19:523–525
1944	Ocular Psychoneuroses of Childhood *Transactions of the Ophthalmological Society* 64	W6:85–90
1944	The Problem of Homeless Children [with Clare Britton] *New Era in Home and School* 25:155–161	***
1945	*British Medical Journal*: Letter to [Dec. 22nd]	W17:6–7
1945	Breast Feeding [revised in 1954]	W5:141–148
1945	Getting to Know Your Baby [B.B.C. radio broadcast] *New Era in Home & School* 26/1:1	W2:1–5
1945	Getting to Know Your Baby	W4:7–12
1945	Home Again [B.B.C. radio broadcast]	W5:93–97
1945	Home Again	W13:49–53
1945	Infant Feeding [B.B.C. radio broadcast] *New Era in Home & School* 26/1:9	W2:12–16
1945	Infant Feeding	W4:18–22
1945	Primitive Emotional Development *IJP* 26:137	W6:145–156
1945	The Evacuated Child [B.B.C. radio broadcast]	W5:83–87
1945	The Evacuated Child	W13:39–43
1945	The Only Child [B.B.C. radio broadcast]	W4:107–111
1945	The Return of the Evacuated Child [B.B.C. radio broadcast]	W5:88–92
1945	The Return of the Evacuated Child	W13:44–48
1945	Support for Normal Parents [B.B.C. radio broadcast; published as "Postscript"] *New Era in Home & School* 26/1:16	W2:25–27
1945	Support for Normal Parents	W4:137–140
1945	Their Standards and Yours [B.B.C. radio broadcast] *New Era in Home & School* 26/1:13	W2:21–24
1945	Their Standards and Yours	W4:87–91
1945	Thinking and the Unconscious *The Liberal Magazine* [March]	W14:169–171
1945	Towards an Objective Study of Human Nature *New Era in Home & School* 26/8:179 under title "Talking about Psychology" *New Era in Home & School* 33/3 [1952]:55 under title "What Is Psycho-Analysis?"	W5:125–133
1945	Towards an Objective Study of Human Nature	W21:3–12
1945	Twins [B.B.C. radio broadcast]	W4:112–116
1945	What about Father? [B.B.C. radio broadcast] *New Era in Home & School* 26/1:11	W2:16–21
1945	What about Father?	W4:81–86
1945	Why Do Babies Cry? [B.B.C. radio broadcast] *New Era in Home & School* 26/1:3–11	W2:5–12
1945	Why Do Babies Cry?	W4:43–52
1946	Beveridge, Lord: Letter to [Oct. 15th]	W17:8
1946	*The Times*: Letter to [Nov. 6th]	W17:9
1946	Sharpe, Ella: Letter to [Nov. 13th]	W17:10
1946	Educational Diagnosis	W5:29–34

	National Froebel Foundation Bulletin 41:3	
1946	Some Psychological Aspects of Juvenile Delinquency	W5:181–187
	New Era in Home & School 27/10:295 & *Delinquency Research* 24/5	
1946	Some Psychological Aspects of Juvenile Delinquency	W13:113–119
1946	What Do We Mean by a Normal Child?	W4:100–106
	New Era in Home & School 27/3:61	
1947	Further Thoughts on Babies as Persons	W5:134–140
	New Era in Home & School 28/10:199 under title "Babies are Persons"	
1947	Hate in the Countertransference	W6:194–203
	IJP 30 [1949]:69	
1947	Physical Therapy of Mental Disorder	W19:534–541
	Brit. Med. J. [May 1947]	
1947	Residential Management as Treatment for Difficult Children [with Claire Britton]	W5:98–116
	Human Relations 1/1:87	
1947	Residential Management as Treatment for Difficult Children	W13:54–72
1947	The Child and Sex	W5:153–166
1948	Freud, Anna: Letter to [July 6th]	W17:10–12
1948	Children's Hostels in War and Peace	W5:117–121
	Brit. J. Med. Psychol. 21/3:175	
1948	Children's Hostels in War and Peace	W13:73–77
1948	Paediatrics and Psychiatry	W6:157–173
	Brit. J. Med. Psychol. 21	
1948	Reparation in Respect of Mother's Organized Defence against Depression [revised Aug. 1954]	W6:91–96
1948	Susan Isaacs: Obituary	W19:385–387
	Nature [Dec.]	
1948	Primary Introduction to External Reality: The Early Stages [talk given at the London School of Economics]	W21:21–28
1948	Environmental Needs; The Early Stages; Total Dependence and Essential Independence [talk given at The Institute of Education, Univ. of London]	W21:29–36
1949	Federn, Paul: Letter to [Jan. 3rd]	W17:12
1949	*British Medical Journal*: Letter to [Jan. 6th]	W17:13–14
1949	Stone, Marjorie: Letter to [Feb. 14th]	W17:14–15
1949	*The Times*: Letter to [Aug. 10th]	W17:15–16
1949	Hazlehurst, R. S.: Letter to [Sept. 1st]	W17:17
1949	Hodge, S. H.: Letter to [Sept. 1st]	W17:17–19
1949	A Man Looks at Motherhood [B.B.C. radio broadcast]	W4:3–6
1949	Birth Memories, Birth Trauma, and Anxiety [rewritten, in part, 1954]	W6:174–193
1949	Close-Up of Mother Feeding Baby [B.B.C. radio broadcast]	W3:27–31
1949	Close-Up of Mother Feeding Baby	W4:38–42
1949	Leucotomy	W19:543–547
	Brit. Medical Students' Journal 3	
1949	Mind and Its Relation to the Psyche-Soma	W6:243–254
	Brit. J. Med. Psychol. 27 [1954]	
1949	*Art versus Illness* by A. Hill [review]	W19:555–557
	Brit. J. Med. Psychol. 22	
1949	Sex Education in Schools	W5:40–44

Medical Press 222/5761
Also in *The Case against Pornography* ed. D. Holbrook [1972]

1949	Stealing and Telling Lies	W4:117–120
1949	The Baby as a Going Concern [B.B.C. radio broadcast]	W3:7–11
1949	The Baby as a Going Concern	W4:13–17
1949	The Baby as a Person [B.B.C. radio broadcast]	W3:22–26
1949	The Baby as a Person	W4:33–37
1949	The End of the Digestive Process [B.B.C. radio broadcast]	W3:17–21
1949	The End of the Digestive Process	W4:28–32
1949	The Impulse to Steal	W5:176–180
1949	The Innate Morality of the Baby [B.B.C. radio broadcast]	W3:38–42
1949	The Innate Morality of the Baby	W4:59–63
1949	The Ordinary Devoted Mother and Her Baby [Intro.] [B.B.C. radio broadcast]	W3:3–6
1949	The World in Small Doses [B.B.C. radio broadcast]	W3:32–37
1949	The World in Small Doses	W4:53–58
1949	Weaning [B.B.C. radio broadcast]	W3:43–47
1949	Weaning	W4:64–68
1949	Where the Food Goes [B.B.C. radio broadcast]	W3:12–16
1949	Where the Food Goes	W4:23–27
1949	Young Children and Other People *Young Children* 1/3:36	W4:92–99
1950	Fitzgerald, Otho W. S.: Letter to [March 3rd]	W17:19–20
1950	*The Times*: Letter to [probably May]	W17:21
1950	Scott, P. D.: Letter to [May 11th]	W17:22–23
1950	Aggression in Relation to Emotional Development	W6:204–210
1950	Growth and Development in Immaturity	W8:21–29
1950	Instincts and Normal Difficulties [B.B.C. radio broadcast]	W4:74–78
1950	Knowing and Learning [B.B.C. radio broadcast]	W4:69–73
1950	Knowing and Learning	W16:15–21
1950	Some Thoughts on the Meaning of the Word "Democracy" *Human Relations* 3/2	W8:155–169
1950	Some Thoughts on the Meaning of the Word "Democracy"	W14:239–259
1950	The Deprived Child and How He Can Be Compensated for Loss of Family Life	W8:132–145
1950	The Deprived Child and How He Can Be Compensated for Loss of Family Life	W13:172–188
1950	Yes, But How Do We Know It's True? [talk given at the London School of Economics]	W21:13–18
1951	Strachey, James: Letter to [May 1st]	W17:24
1951	Glover, Edward: Letter to [Oct. 23rd]	W17:24–25
1951	Critical Notice of *On Not Being Able to Paint* by Marion Milner [originally written under the name of Joanna Field, 1950]	W19:390–392
1951	Notes on the General Implications of Leucotomy [Discussion at London School of Economics, Nov.]	W19:548–552
1951	The Foundation of Mental Health *Brit. Med. J.* [June]	W13:168–171
1951	Transitional Objects and Transitional Phenomena *IJP* 34 [1953]:89	W6:229–242
1951	Visiting Children in Hospital [B.B.C. radio broadcast]	W4:121–126
1952	Segal, Hanna: Letter to [Feb. 21st]	W17:25–27
1952	Bonnard, Augusta: Letter to [April 3rd]	W17:28–29

1952	Hoffer, Willi: Letter to [April 4th]	W17:29–30
1952	Ezriel, H.: Letter to [June 20th]	W17:31–32
1952	Jones, Ernest: Letter to [July 22nd]	W17:33
1952	Klein, Melanie: Letter to [Nov. 17th]	W17:33–38
1952	Money-Kyrle, Roger: Letter to [Nov. 27th]	W17:38–43
1952	Anxiety Associated with Insecurity	W6:97–100
1952	Psychoses and Child Care *Brit. J. Med. Psychol.* 26 [1953]	W6:219–228
1953	Rosenfeld, Herbert: Letter to [Jan. 22nd]	W17:43–46
1953	Segal, Hanna: Letter to [Jan. 22nd]	W17:47
1953	Scott, W. Clifford M.: Letter to [March 19th]	W17:48–50
1953	Bick, Esther: Letter to [June 11th]	W17:50–52
1953	Payne, Sylvia: Letter to [Oct. 7th]	W17:52–53
1953	Rapaport, David: Letter to [Oct. 9th]	W17:53–54
1953	Ries, Hannah: Letter to [Nov. 27th]	W17:54–55
1953	Discussion on *Grief and Mourning in Infancy* by J. Bowlby *PSC* 15 [1960]	W19:426–432
1953	Review of *A Study of Three Pairs of Identical Twins* by D. Burlingham *New Era in Home & School* [March]	W19:408–412
1953	Review of *Maternal Care and Mental Health* by John Bowlby, 1951 *Brit. J. Med. Psychol.* 26	W19:423–426
1953	Review of *Psychoanalytic Studies of the Personality* by W. R. D. Fairbairn, 1952 [written with M. Masud R. Khan] *IJP* 34	W19:413–422
1953	Symptom Tolerance in Paediatrics: A Case History *Proceedings of the Royal Society of Medicine* 46/8	W6:101–117
1953	The Child's Needs and the Rôle of the Mother in the Early Stages [An excerpt] published in series *Problems in Education*	W5:13–23
1953	Transitional Objects and Transitional Phenomena *IJP* 34:89	W10:1–25
1953	Two Adopted Children *Case Conference* [Dec.]	W5:52–65
1953	Two Adopted Children	W21:113–127
1954	Scott, W. Clifford M.: Letter to [Jan. 27th]	W17:56–57
1954	Scott, W. Clifford M.: Letter to [Feb. 26th]	W17:57–58
1954	Freud, Anna: Letter to [March 18th]	W17:58
1954	Joseph, Betty: Letter to [April 13th]	W17:59–60
1954	Scott, W. Clifford M.: Letter to [April 13th]	W17:60–63
1954	Henderson, Sir David K.: Letter to [May 10th]	W17:63–65
1954	Bowlby, John: Letter to [May 11th]	W17:65–66
1954	Frank, Klara: Letter to [May 20th]	W17:67–68
1954	Henderson, Sir David K.: Letter to [May 20th]	W17:68–71
1954	Freud, Anna, and Klein, Melanie: Letter to [June 3rd]	W17:71–74
1954	Fordham, Michael: Letter to [June 11th]	W17:74–75
1954	Guntrip, Harry: Letter to [July 20th]	W17:75–76
1954	*The Times*: Letter to [July 21st]	W17:76–77
1954	Guntrip, Harry: Letter to [Aug. 13th]	W17:77–79
1954	Money-Kyrle, Roger: Letter to [Sept. 23rd]	W17:79–80
1954	Chaplin, D.: Letter to [Oct. 18th]	W17:80–82

1954	*The Times*: Letter to [Nov. 1st]	W17:82–83
1954	Character Types: The Foolhardy and the Cautious [comments on paper by Michael Balint]	W19:433–437
1954	Metapsychological and Clinical Aspects of Regression within the Psycho-Analytical Set-Up *IJP* 36:16	W6:278–294
1954	Needs of the Under-Fives in a Changing Society *Nursery Journal* 44/396:15	W5:3–13
1954	Pitfalls in Adoption *Medical Press* 232/6031	W5:45–51
1954	Pitfalls in Adoption	W21:128–135
1954	Play in the Analytic Situation	W19:28–29
1954	The Depressive Position in Normal Emotional Development *Brit. J. Med. Psychol.* 28 [1955]	W6:262–277
1954	Withdrawal and Regression *Revue Française de Psychanalyse* XIX/1–2 [1955] *Psyche* Heft X [1956–1957]	W6:255–261
1955	Money-Kyrle, Roger: Letter to [Feb. 10th]	W17:84–85
1955	Money-Kyrle, Roger: Letter to [March 17th]	W17:85
1955	Rodrigue, Emilio: Letter to [March 17th]	W17:86–87
1955	Rycroft, Charles E.: Letter to [April 21st]	W17:87
1955	Fordham, Michael: Letter to [Sept. 26th]	W17:87–88
1955	Segal, Hanna: Letter to [Oct. 6th]	W17:89
1955	Bion, Wilfred R.: Letter to [Oct. 7th]	W17:89–93
1955	Freud, Anna: Letter to [Nov. 18th]	W17:93–94
1955	A Case Managed at Home *Case Conference* 2/7	W6:118–126
1955	Clinical Varieties of Transference *IJP* 37 [1956]:386	W6:295–299
1955	First Experiments in Independence [B.B.C. radio broadcast]	W4:131–136
1955	Group Influences and the Maladjusted Child: The School Aspect	W8:146–154
1955	Group Influences and the Maladjusted Child: The School Aspect	W13:189–199
1955	On Adoption [B.B.C. radio broadcast]	W4:127–130
1955	Private Practice	W19:291–298
1955	Very Early Roots of Aggression	W6:210–218
1955	For Stepparents [two B.B.C. radio broadcasts, June]	W20:7–13
1955	Adopted Children in Adolescence *Report to Standing Conference of Societies Registered for Adoption*	W21:136–148
1956	Riviere, Joan: Letter to [Feb. 3rd]	W17:94–97
1956	Balint, Enid: Letter to [March 22nd]	W17:97–98
1956	Casuso, Gabriel: Letter to [July 4th]	W17:98–100
1956	Lowry, Oliver H.: Letter to [July 5th]	W17:100–103
1956	Tizard, J. P. M.: Letter to [Oct. 23rd]	W17:103–107
1956	Lantos, Barbara: Letter to [Nov. 8th]	W17:107–110
1956	Fragments Concerning Varieties of Clinical Confusion	W19:30–33
1956	Paediatrics and Childhood Neurosis	W6:316–321
1956	Prefrontal Leucotomy [letter] *Brit. Med. J.* [Jan.]	W19:553–554
1956	Primary Maternal Preoccupation	W6:300–305

1956	The Antisocial Tendency	W13:120–131
1956	The Antisocial Tendency	W6:306–315
1956	What Do We Know about Babies as Clothes Suckers? [B.B.C. radio broadcast, Jan. 31st]	W20:15–20
1956	On Transference *IJP* 37:386	***
1957	Kulka, Anna M.: Letter to [Jan. 15th]	W17:110–112
1957	Main, Thomas: Letter to [Feb. 25th]	W17:112–114
1957	Klein, Melanie: Letter to [March 7th]	W17:114–115
1957	James, Martin: Letter to [April 17th]	W17:115–116
1957	Bonnard, Augusta: Letter to [Oct. 1st]	W17:116–117
1957	Bonnard, Augusta: Letter to [Nov. 7th]	W17:117
1957	Advising Parents	W8:114–120
1957	Excitement in the Aetiology of Coronary Thrombosis	W19:34–38
1957	Hallucination and Dehallucination	W19:39–42
1957	Integrative and Disruptive Factors in Family Life *Canadian Medical Association Journal* [1961]	W8:40–49
1957	On the Contribution of Direct Child Observation to Psycho-Analysis First published in *Revue française de Psychanalyse* 22:205 [in French]	W9:109–114
1957	The Contribution of Psycho-Analysis to Midwifery *Nursing Times* [May 1957]	W8:106–113
1957	The Contribution of Psycho-Analysis to Midwifery	W16:69–81
1957	The Mother's Contribution to Society [published as *Postscript*]	W4:141–144
1957	The Mother's Contribution to Society	W14:123–127
1957	Health Education through Broadcasting *Mother and Child* 28	W20:1–6
1958	Riviere, Joan: Letter to [June 13th]	W17:118–119
1958	Laing, R. D.: Letter to [July 18th]	W17:119
1958	Rosenfeld, Herbert: Letter to [Oct. 16th]	W17:120
1958	Smirnoff, Victor: Letter to [Nov. 19th]	W17:120–124
1958	Child Analysis in the Latency Period *A Criança Portuguesa* 17:219	W9:115–123
1958	Ernest Jones: Obituary & Funeral Address *IJP* 39	W19:393–407
1958	Psychogenesis of a Beating Fantasy	W19:45–48
1958	Psycho-Analysis and the Sense of Guilt In *Psycho-Analysis & Contemporary Thought* ed. J. D. Sutherland	W9:15–28
1958	Review of *The Doctor, His Patient and the Illness* by M. Balint, 1957 *IJP* 39	W19:438–442
1958	The Capacity to Be Alone *IJP* 39:416	W9:29–36
1958	The Family Affected by Depressive Illness in One or Both Parents	W8:50–60
1958	The First Year of Life: Modern Views on the Emotional Development *Medical Press* [March]	W8:3–14
1958	The Psychology of Separation	W13:132–135
1958	Theoretical Statement of the Field of Child Psychiatry	W8:97–105

Modern Trends in Paediatrics [Second Series]
1959	Meltzer, Donald: Letter to [May 21st]	W17:124–125
1959	Jaques, Elliot: Letter to [Oct. 13th]	W17:125–126
1959	Szasz, Thomas: Letter to [Nov. 19th]	W17:126–127
1959	Casework with Mentally Ill Children	W8:121–131
1959	Classification: Is There a Psycho-Analytic Contribution to Psychiatric Classification? [postscript dated 1964]	W9:124–139
1959	Nothing at the Centre	W19:49–52
1959	Review of *Envy and Gratitude* by M. Klein, 1957	W19:443–446
	Case Conference [Jan.]	
1959	The Effect of Psychotic Parents on the Emotional Development of the Child	W8:69–78
	Brit. J. Psychiatric Social Work 6/1 [1961]	
1959	The Fate of the Transitional Object	W19:53–58
1959	A Clinical Approach to Family Problems: The Family [lecture at London School of Economics]	W21:54–56
1960	Balint, Michael: Letter to [Feb. 5th]	W17:127–129
1960	Lacan, Jacques: Letter to [Feb. 11th]	W17:129–130
1960	Luria, A. R.: Letter to [July 7th]	W17:130
1960	Bion, Wilfred R.: Letter to [Nov. 17th]	W17:131
1960	Aggression, Guilt and Reparation	W13:136–144
1960	Aggression, Guilt and Reparation	W14:80–89
1960	Comments on *On the Concept of the Superego* [paper by J. Sandler, *PSC* 15]	W19:465–473
1960	Counter-Transference	W9:158–165
	Brit. J. Med. Psychol. 33/17	
1960	Ego Distortion in Terms of True and False Self	W9:140–152
1960	Security [B.B.C. radio broadcast, April]	W20:87–93
	Also published under title "On Security"	W8:30–33
1960	String: A Technique of Communication	W9:153–157
	Journal of Child Psychology & Psychiatry 4:85	
1960	The Effect of Psychosis on Family Life	W8:61–68
1960	The Family and Emotional Maturity	W8:88–94
1960	The Relationship of a Mother to Her Baby at the Beginning [rewritten 1964]	W8:15–20
1960	The Theory of the Parent–Infant Relationship	W9:37–55
	IJP 41:585	
1960	Saying "No" [three B.B.C. radio broadcasts, Jan./Feb.]	W20:21–39
1960	Jealousy [four B.B.C. radio broadcasts, Feb./March]	W20:41–64
1960	What Irks? [three B.B.C. radio broadcasts, March]	W20:65–86
1961	Khan, Masud: Letter to [March 7th]	W17:114–115
1961	Khan, Masud: Letter to [June 26th]	W17:132
1961	Bion, Wilfred R.: Letter to [Nov. 16th]	W17:133
1961	Adolescence: Struggling through the Doldrums	W8:79–87
	New Era in Home & School [1962]	
	Also in an altered form entitled "Struggling through the Doldrums", *New Society* [1963]	
1961	Comments on the Report of the Committee on Punishment in Prisons and Borstals	W13:202–208
1961	Psychoanalysis and Science: Friends or Relations?	W14:13–18
1961	Psycho-Neurosis in Childhood	W19:64–72
1961	Varieties of Psychotherapy	W13:232–240

1961	Varieties of Psychotherapy	W14:101–111
1961	Feeling Guilty: Discussion with Claire Rayner [B.B.C. radio broadcast, March 1960]	W20:95–103
1961	Training for Child Psychiatry: The Paediatric Department of Psychology	W21:227–230
	In *St. Mary's Hospital Gazette* [Sept.] under the title "The Paediatric Department of Psychology"	
1961	Notes on the Time Factor in Treatment [preparation for lecture to West Sussex County Council Children's Dept.]	W21:231–234
1961	Further Remarks on the Theory of the Parent–Infant Relationship	W19:73–75
	IJP 43 [1962]:238	
1962	Spock, Benjamin: Letter to [April 9th]	W17:133–138
1962	A Personal View of the Kleinian Contribution	W9:171–178
1962	Ego Integration in Child Development	W9:56–63
1962	Providing for the Child in Health and in Crisis	W9:64–72
1962	Review of *Letters of Sigmund Freud 1873–1939*, 1961	W19:474–477
	Brit. J. Psychology 53	
1962	The Aims of Psycho-Analytical Treatment	W9:166–170
1962	The Beginnings of a Formulation of an Appreciation and Criticism of Klein's Envy Statement	W19:447–457
1962	Now They Are Five [B.B.C. radio broadcast, June]	W20:111–120
	Originally published under the title "The Five-Year Old" in W8 [*q. v.*]	W8:34–39
1962	The Development of a Child's Sense of Right and Wrong [B.B.C. radio broadcast, June]	W20:105–110
1962	The Anti-Social Tendency Illustrated by a Case	
	A Criança Portuguesa Vol. 21	
	Also appears as Case VII in:	W11:110–126
1962	A Child Psychiatry Interview	
	St. Mary's Hospital Gazette [Jan./Feb.]	
	Appears as Case VI in:	W11:105–109
1963	McKeith, Ronald: Letter to [Jan. 31st]	W17:138–139
1963	Raison, Timothy: Letter to [April 9th]	W17:139–140
1963	A Note on a Case Involving Envy	W19:76–78
1963	Communicating and Not Communicating Leading to a Study of Certain Opposites	W9:179–192
1963	Dependence in Infant-Care, in Child-Care, and in the Psycho-Analytic Setting	W9:249–259
	IJP 44:339	
1963	D.W.W.'s Dream Related to Reviewing Jung	W19:228–230
1963	From Dependence towards Independence in the Development of the Individual	W9:83–92
1963	Hospital Care Supplementing Intensive Psychotherapy in Adolescence	W9:242–248
1963	Morals and Education	W9:93–105
	In *Moral Education in a Changing Society* ed. W. R. Niblett, under the title "The Young Child at Home and at School"	
1963	Perversions and Pregenital Fantasy	W19:79–80
1963	Psychiatric Disorder in Terms of Infantile Maturational Processes	W9:230–241
1963	Psychotherapy of Character Disorders	W13:241–255

1963	Psychotherapy of Character Disorders	W9:203–216
1963	Review of *The Non-Human Environment in Normal Development and in Schizophrenia* by H. F. Searles, 1960 *IJP* 44	W19:478–481
1963	Struggling through the Doldrums *New Society* [April]	W13:145–155
1963	The Development of the Capacity for Concern *Bulletin of the Menninger Clinic* 2:167	W9:73–82
1963	The Development of the Capacity for Concern	W13:100–105
1963	The Mentally Ill in Your Caseload In *New Thinking for Changing Needs*, Association of Social Workers	W9:217–229
1963	The Value of Depression *Brit. J. Psychiatric Social Work* 7/3 [1964]:123–127	W14:71–79
1963	Training for Child Psychiatry *Journal of Child Psychology & Psychiatry* 4:85	W9:193–202
1963	Two Notes on the Use of Silence	W19:81–86
1963	Fear of Breakdown *IRP* 1 [1974]:103–107	W19:87–95
1963	*Childhood Schizophrenia* by William Goldfarb, 1961 [review] *Brit. J. Psychiatric Social Work* 7	W21:193–194
1963	Regression as Therapy *Br. J. Med. Psychol.* 36:1 Appears as Case XIV in:	W11:240–269
1964	*New Society*: Letter to [March 23rd]	W17:140–142
1964	*The Observer*: Letter to [Oct. 12th]	W17:142–144
1964	Wisdom, John O.: Letter to [Oct. 26th]	W17:144–146
1964	*The Observer*: Letter to [Nov. 5th]	W17:146
1964	Knopf, Mrs. B. J.: Letter to [Nov. 26th]	W17:147
1964	A Man Looks at Motherhood	W7:15–18
1964	Aspects of Juvenile Delinquency	W7:227–231
1964	Breast Feeding	W7:50–57
1964	Close-Up of Mother Feeding Baby	W7:45–49
1964	Deductions Drawn from a Psychotherapeutic Interview with an Adolescent	W19:325–340
1964	Educational Diagnosis	W7:205–210
1964	First Experiments in Independence	W7:167–172
1964	Further Thoughts on Babies as Persons	W7:85–92
1964	Getting to Know Your Baby	W7:19–24
1964	Infant Feeding	W7:30–34
1964	Instincts and Normal Difficulties	W7:98–102
1964	Mother, Teacher, and the Child's Needs	W7:189–198
1964	Needs of the Under-Fives	W7:179–188
1964	On Influencing and Being Influenced	W7:199–204
1964	Psycho-Somatic Illness in Its Positive and Negative Aspects *IJP* 47 [1966]:510	W19:103–114
1964	Review of *Memories, Dreams, Reflections* by C. G. Jung, 1963 *IJP* 45	W19:482–492
1964	Roots of Aggression	W7:232–239
1964	Sex Education in Schools	W7:216–220
1964	Shyness and Nervous Disorders in Children	W7:211–215
1964	Stealing and Telling Lies	W7:161–166
1964	Support for Normal Parents	W7:173–176

1964	The Baby as a Going Concern	W7:25–29
1964	The Baby as a Person	W7:75–79
1964	The Child and Sex	W7:147–160
1964	The Concept of the False Self	W14:65–70
1964	The End of the Digestive Process	W7:40–44
1964	The Importance of the Setting in Meeting Regression in Psycho-Analysis	W19:96–102
1964	The Innate Morality of the Baby	W7:93–97
1964	Their Standards and Yours	W7:119–123
1964	The Newborn and His Mother	W16:35–49
	Acta Pediatrica Latina Vol. 17 under title "The Neonate & His Mother"	
1964	The Only Child	W7:131–136
1964	The World in Small Doses	W7:69–74
1964	This Feminism	W14:183–194
1964	Twins	W7:137–142
1964	Visiting Children in Hospital	W7:221–226
1964	Weaning	W7:80–84
1964	What about Father?	W7:113–118
1964	What Do We Mean by a Normal Child?	W7:124–130
1964	Where the Food Goes	W7:35–39
1964	Why Children Play	W7:143–146
1964	Why Do Babies Cry?	W7:58–68
1964	Young Children and Other People	W7:103–110
1964	Youth Will Not Sleep	W13:156–158
	New Society [May 1964]	
1964	Foreword to *The Widow's Child* by Margaret Torrie	***
1964	The Neonate and His Mother	***
	Acta Paediatrica Latina Vol. 17	
1965	Nagera, Humberto: Letter to [Feb. 15th]	W17:147–148
1965	Fordham, Michael: Letter to [June 24th]	W17:148–150
1965	Fordham, Michael: Letter to [July 15th]	W17:150–151
1965	Storr, Charles Anthony: Letter to [Sept. 30th]	W17:151
1965	A Child Psychiatry Case Illustrating Delayed Reaction to Loss	W19:341–368
	In *Drives, Affects, Behavior* Vol. 2 ed. M. Schur	
1965	Comment on Obsessional Neurosis and "Frankie"	W19:158–160
1965	Dissociation Revealed in a Therapeutic Consultation	W13:256–282
	In *Crime, Law and Corrections* ed. R. Slovenko [1966]	
	Also published as Case XIII in:	W11:220–238
1965	Do Progressive Schools Give Too Much Freedom to the Child?	W13:209–219
	In *Who Are the Progressives Now?* ed. M. Ash [1969]	
1965	New Light on Children's Thinking	W19:152–157
1965	Notes Made on a Train, Part 2	W19:231–233
1965	Notes on Withdrawal and Regression	W19:149–151
1965	Review of *Childhood and Society* by E. H. Erikson, 1965	W19:493–494
	New Society [Sept.]	
1965	The Concept of Trauma in Relation to the Development of the Individual within the Family	W19:130–148
1965	The Price of Disregarding Psychoanalytic Research	W14:172–182
	The Price of Mental Health: Report of N.A.M.H. Annual Conference	
1965	The Psychology of Madness: A Contribution from Psycho-	

	Analysis	W19:119–129
1965	The Value of the Therapeutic Consultation	W19:318–324
	In *Foundations of Child Psychiatry* ed. E. Miller	
1965	*Shared Fate* by H. David Kirk [review]	***
	New Society [Sept. 9]	
1965	Child Therapy: A Case of Anti-Social Behaviour	
	In *Perspectives on Child Psychiatry* ed. J. Howells	
	Appears also as Case XV in:	W11:270–295
1965	A Clinical Study of the Effect of a Failure of the Average Expectable Environment on a Child's Mental Functioning	
	IJP 46:81	
	Appears also as Case IV in:	W11:64–88
1966	*The Times*: Letter to [March 3rd]	W17:152–153
1966	Rosenfeld, Herbert: Letter to [March 17th]	W17:153–154
1966	Thorner, Hans: Letter to [March 17th]	W17:154
1966	A Confidant: Letter to [April 15th]	W17:155
1966	Peller, Lili E.: Letter to [April 15th]	W17:156–157
1966	Payne, Sylvia: Letter to [May 26th]	W17:157
1966	Meltzer, Donald: Letter to [Oct. 25th]	W17:157–161
1966	A Patient: Letter to [Dec. 13th]	W17:162
1966	Parfitt, D. N.: Letter to [Dec. 22nd]	W17:162–163
1966	The Absence of a Sense of Guilt	W13:106–112
1966	Becoming Deprived as a Fact: A Psychotherapeutic Consultation	
	J. Child Psychother. 1.	
	Appears as Case XVII in:	W11:315–331
1966	The Beginning of the Individual	W16:51–58
1966	The Child in the Family Group	W14:128–141
1966	The Ordinary Devoted Mother	W16:3–14
1966	The Split-Off Male and Female Elements to Be Found in Men and Women	W19:169–183
	Clinical Material [1959–1963]	W19:183–188
	Answers to Comments [1968–1969]	W19:189–192
1966	Adopted Children in Adolescence	***
	In *Medical Aspects of Child Adoption*	
	Originally published in *Report to Standing Conference of Societies Registered for Adoption*	
1966	Autism [paper prepared for the Society for Autistic Children]	W21:197–217
1966	Correlation of a Childhood and Adult Neurosis	***
	IJP 47:143	
1966	Discussions on Ian Alger's paper "The Clinical Handling of the Analyst's Responses"	***
	Psychoan. Forum 1:3	
1966	*Dibs: In Search of Self* by Virginia Axline [review]	***
	New Society 28/4	
1966	*Psychoanalytic Study of the Child* Vol. 20 ed. A. Freud et al. [review]	***
	New Society 19/5 & *Brit. Med. J.* 17/12	
1966	*Infantile Autism* by B. Rimland [review]	W21:195–196
	Brit. Med. J. 10/9	
1966	Out of the Mouths of Adolescents [review of E. M. & M. Eppel: *Adolescents and Morality*]	W21:48–50

	New Society [Sept.]	
1966	*Adolescents and Morality* by E. M. & M. Eppel [review]	W21:48–50
	New Society 15/9	
1966	*Your Child Is a Person* by Chess, Thomas, Birch [review]	***
	Medical News [Oct.]	
1966	*Absent* by Max B. Clyne [review]	***
	New Society 29/9 and *Brit. Med. J.* 8/7/67	
1966	*Asthma: Attitude & Milieu* by Aaron Lask [review]	***
	New Society 17/11	
1966	*Adoption Policy & Practice* by Iris Goodacre [review]	***
	New Society 24/11	
1966	Becoming Deprived as a Fact: A Psychotherapeutic Consultation	
	J. Child Psychother. 1.	
	Appears as Case XVII in:	W11:315–331
1966	On Cardiac Neurosis in Children [paper given at A. G. M. of Association of European Paediatric Cardiologists]	W21:179–188
1967	Aitken, Mrs. P.: Letter to [Jan. 13th]	W17:163–164
1967	A Colleague: Letter to [Sept. 4th]	W17:165
1967	Torrie, Margaret: Letter to [Sept. 4th]	W17:166–167
1967	Torrie, Margaret: Letter to [Sept. 5th]	W17:167–169
1967	Bion, Wilfred R.: Letter to [Oct. 5th]	W17:169–170
1967	Nelson, Gillian: Letter to [Oct. 6th]	W17:170–171
1967	Dahlberg, Charles Clay: Letter to [Oct. 24th]	W17:171–172
1967	Spence, Marjorie: Letter to [Nov. 23rd]	W17:172–173
1967	Spence, Marjorie: Letter to [Nov. 27th]	W17:173–174
1967	Dowling, R. S. W.: Letter to [Dec. 8th]	W17:174–175
1967	A Tribute on the Occasion of W. Hoffer's 70th Birthday	W19:499–505
	Psyche [in German]	
1967	Addendum to "The Location of Cultural Experience"	W19:200–202
	IJP 48:368	
	(The Location of Cultural Experience)	W10:95–103
1967	Delinquency as a Sign of Hope	W14:90–100
	Prison Service Journal 7/27 [1968]	
1967	D.W.W. on D.W.W.	W19:569–582
1967	Environmental Health in Infancy	W16:59–68
	Portions published in *Maternal & Child Care*	
1967	The Concept of a Healthy Individual	W14:22–38
	In *Towards Community Health* ed. J. D. Sutherland [1971]	
1967	The Concept of Clinical Regression Compared with That of Defence Organisation	W19:193–199
	In *Psychotherapy in the Designed Therapeutic Milieu* ed. Eldred & Vanderpol [1968]	
1967	The Persecution That Wasn't: Review of *A Home from a Home* by S. Stewart	W13:200–201
	New Society [May]	
1967	A Collection of children's books reviewed under the title "Small Things for Small People"	***
	New Society 7/12	
1967	*Eine Kinderbeobachtung* [A Child Observation]	***
	Psyche 21	
1967	Hobgoblins and Good Habits	***

	Parents 22:9	
1967	How a Baby Begins to Feel Sorry and to Make Amends	***
	Parents 22:7	
1967	*How to Survive Parenthood* by Edna J. LeShan [review]	***
	New Society 26/10	
1967	The Meaning of Mother Love	***
	Parents 22:6	
1967	*The Successful Step-parent* by Helen Thomson [review]	***
	New Society 13/4	
1967	The Bearing of Emotional Development on Feeding Problems [Symposium on Environmental Health in Infancy at the Royal Society of Medicine]	W21:39–41
1967	The Aetiology of Infantile Schizophrenia in Terms of Adaptive Failure [paper prepared for a study day on Psychosis in Infancy, Paris]	W21:218–223
1967	The Association for Child Psychology and Psychiatry Observed as a Group Phenomenon [President's address, A.C.P.P.]	W21:235–254
1968	Gough, Donald: Letter to [March 6th]	W17:176
1968	Stone, L. Joseph: Letter to [June 18th]	W17:177–178
1968	Limentani, Adam: Letter to [Sept. 27th]	W17:178–180
1968	Breast-feeding as Communication	W16:23–33
	Maternal & Child Care [1969]	
1968	Children Learning	W14:142–149
	In *The Family & God*, Christian Teamwork Inst. of Education	
1968	Clinical Illustration of "The Use of an Object"	W19:235–238
1968	Comments on My Paper "The Use of an Object"	W19:238–240
1968	Communication between Infant and Mother, and Mother and Infant, Compared and Contrasted	W16:89–103
	In *What Is Psychoanalysis?* [Inst. PsA. Winter Lectures]	
1968	Interpretation in Psycho-Analysis	W19:207–212
1968	Physical and Emotional Disturbances in an Adolescent Girl	W19:369–374
1968	Playing and Culture	W19:203–206
1968	Roots of Aggression	W19:458–461
1968	Sleep Refusal in Children	W21:42–45
	Medical News Magazine (Paediatrics) [July]	
1968	*Sum, I Am*	W14:55–64
	Mathematics Teaching [March 1984]	
1968	The Squiggle Game [an amalgamation of two papers: one unpublished, written in 1964, the other published 1968]	W19:299–317
	Voices: The Art & Science of Psychotherapy 4/1	
	Also appears as Case III in:	W11:42–63
1968	The Use of an Object and Relating through Identifications	W19:218–227
1968	The Use of the Word "Use"	W19:233–235
1968	Note of Contribution to Symposium on Child Analysis and Paediatrics	***
	IJP 49:279	
1968	Foreword to *Disturbed Children* ed. Robert J. N. Tod	***
	Longmans' Papers on Residential Work Vol. 2	
1968	Foreword to *Therapy in Child Care: Collected Papers* by B. Docker-Drysdale	***
	Longmans' Papers on Residential Work Vol. 3	
1968	Infant Feeding and Emotional Development	***

Maternal & Child Care 4
1968 The Non-Pharmacological Treatment of Psychosis in
 Childhood ***
 Concilium Paedopsychiatricum [Proc. 3rd Eur. Cong.
 Pedopsychiat.]
1968 Playing: Its Theoretical Status in the Clinical Situation ***
 IJP 49:591
1968 La Schizophrénie Infantile en Termes d'Echec d'Adaptation ***
 Recherches (Special Issue: Enfance alienée) II
1968 *Children in Distress* by Alec Clegg & Barbara Megson [review] ***
 New Society 7/11
1968 *Human Aggression* by Anthony Storr [review] ***
 New Statesman 5/7
1968 *Psychology of Childhood and Adolescence* by C. I. Sandstrom
 [review] ***
 National Marriage Guidance Council Journal 11/3
1968 *Vulnerable Children* by Lindy Burton [review] ***
 New Society 25/4
1968 *Psychoanalytic Study of the Child* Vol. 22 [review] ***
 New Society 16/5
1968 The Effect of Loss on the Young [talk written for the Cruse
 Club] W21:46–47
1968 A Link between Paediatrics and Child Psychology: Clinical
 Observations [Catherine Chisholm Memorial Lecture,
 Manchester] W21:255–276
1969 Rodman, F. Robert: Letter to [Jan. 10th] W17:180–182
1969 An American Correspondent: Letter to [Jan. 14th] W17:183–185
1969 Freud, Anna: Letter to [Jan. 20th] W17:185
1969 Collinson, J. D.: Letter to [March 10th] W17:186–188
1969 Conran, M. B.: Letter to [May 8th] W17:188–191
1969 Wilkinson, Agnes: Letter to [June 9th] W17:192
1969 Sargant, William W.: Letter to [June 24th] W17:192–194
1969 Stierlin, Helm: Letter to [July 31st] W17:195–196
1969 Tod, Robert: Letter to [Nov. 6th] W17:196–197
1969 Additional Note on Psycho-Somatic Disorder W19:115–118
1969 Behaviour Therapy [letter] W19:558–560
 Child Care News [June]
1969 Berlin Walls W14:221–227
1969 Contribution to a Symposium on Envy and Jealousy W19:462–464
1969 Development of the Theme of the Mother's Unconscious as
 Discovered in Psycho-Analytic Practice W19:247–250
1969 Foreword to *Susan Isaacs* by D. E. M. Gardner W19:387–389
1969 Freedom W14:228–238
 Nouvelle Revue de Psychanalyse 30 [1984] [in French]
1969 James Strachey: Obituary W19:506–510
 IJP 50 [1969]
1969 Mother's Madness Appearing in the Clinical Material as an
 Ego-Alien Factor W19:375–382
 In *Tactics & Techniques in Psychoanalytic Therapy* ed. P.
  Giovacchini [1972]
1969 Physiotherapy and Human Relations W19:561–568
 Physiotherapy [June 1969]

1969	Review of *Indications for Child Analysis & Other Papers* by A. Freud	W19:511–512
	New Society [Aug. 1969]	
1969	The Mother–Infant Experience of Mutuality	W19:251–260
	In *Parenthood: Its Psychology & Psychopathology* ed. Anthony & Benedek [1970]	
1969	The Pill and the Moon	W14:195–209
1969	The Use of an Object in the Context of *Moses and Monotheism*	W19:240–246
1969	The Building up of Trust	W20:121–134
1969	Adolescent Process and the Need for Personal Confrontation	***
	Pediatrics 44:5 part 1	
1969	Eine Verbindung zwischen Kinderheilkunde und Kinderpsychologie, klinische Betrachtungen [translation of: "A Link between Paediatrics and Child Psychology"]	***
	Dynam. Psychiat. 2	
1969	First Interview with Child May Start Resumption of Maturation	***
	Frontiers of Clinical Psychiatry 6	
1969	Human Relations	***
	Physiotherapy 55	
1969	Verso una teoria sulla psicoterapia: il suo rapporto col gioco [translation of "Towards a Theory of Psychotherapy: The Link with Playing". Lecture given to PsA. Soc., Rome]	***
	Psyche 6:1	
1969	Changing Patterns—The Young Person, the Family and Society	***
	Proc. Brit. Student Health Assoc. 20th Conf. [July 1968]	
1970	Cure	W14:112–120
1970	Dependence in Child Care	W16:83–88
	Your Child 2	
1970	Individuation	W19:284–288
1970	Living Creatively	W14:39–54
1970	On the Basis for Self in Body	W19:261–283
	Nouvelle Revue de Psychanalyse [1971]	
	International Journal of Child Psychotherapy [1972]	
1970	Residential Care as Therapy	W13:220–228
1970	The Place of the Monarchy	W14:260–268
1970	A Psychotherapeutic Consultation in Child Psychiatry	
	In *The World Biennial of Psychiatry & Psychotherapy* ed. S. Arieti	
	Also appears as Case XII in:	W11:194–215
1970	Child Psychiatry, Social Work and Alternative Care [talk given to the A.C.P.P.]	W21:277–281
1971	Adolescent Immaturity	W14:150–166
	Published earlier as "Contemporary Concepts of Adolescent Development and Their Implications for Higher Education"	W10:138–150
1971	Contemporary Concepts of Adolescent Development and Their Implications for Higher Education [part of Symposium: British Student Health Association, 1968]	W10:138–150
1971	Creativity and Its Origins	W10:65–85
1971	Dreaming, Fantasying, and Living: A Case-History Describing a Primary Dissociation	W10:26–37
1971	Interrelating Apart from Instinctual Drive and in Terms of	

	Cross-Identifications	W10:119–137
1971	Mirror-rôle of Mother and Family in Child Development	W10:111–118
	In *The Predicament of the Family* ed. P. Lomas [1967]	
1971	Playing: A Theoretical Statement	W10:38–52
1971	Playing: Creative Activity and the Search for the Self	W10:53–64
1971	The Location of Cultural Experience	W10:95–103
	IJP 48 [1967]:368	
1971	The Place Where We Live	W10:104–110
1971	The Use of an Object and Relating through Identifications	W10:86–94
	Based on *IJP* 50 [1969]:711	
1971	Adopted Children in Adolescence	***
	In *Social Work in Adoption* ed. Robert Tod	
1977	The Piggle: An Account of the Psychoanalytic Treatment of a Little Girl	W12:1–201
1984	Aggression and Its Roots	W13:84–99
	See W5: pp. 167–175 ["Aggresssion" ca. 1939]	
	See also W7: pp. 232–239 ["Roots of Aggression" 1964]	
1986	Holding and Interpretation: Fragment of an Analysis	W15:1–202
	An earlier version published in *Tactics and Techniques in Psychoanalytic Therapy* ed. P. L. Giovacchini [1972]	
1988	Human Nature	W18:1–189
1989	On the Split-off Male and Female Elements [Editors' Note]	W19:168
1989	On "The Use of an Object" [Editors' Note]	W19:217–218
n.d.	Knowing and Not-Knowing: A Clinical Example	W19:24–25
n.d.	The Niffle	W21:104–109
n.d.	Notes on Play	W19:59–63
n.d.	A Point in Technique	W19:26–27
n.d.	The Delinquent and Habitual Offender [probably early 1940s]	W21:51–53
n.d.	Ideas and Definitions [probably early 1950s]	W19:43–44
n.d.	Absence and Presence of a Sense of Guilt Illustrated in Two Patients [probably 1966]	W19:163–167
n.d.	A Commentary on *Play Therapy* by V. Axline, 1947 [transcript from tape recording, unfinished & unedited by D.W.W.; probably mid-1960s]	W19:495–498
n.d.	A Note on the Mother–Foetus Relationship [probably mid-1960s]	W19:161–162
n.d.	Thinking and Symbol-Formation [probably 1968]	W19:213–216

〔単行本邦訳リスト〕

W6 『小児分析から精神分析へ――ウィニコット臨床論文集』北山修監訳，岩崎学術出版社，2005年2月刊行（ただし，原著にあるカーン Khan による序論は省かれている）

W7 『赤ちゃんはなぜなくの――子どもと家庭とまわりの世界（上）』猪股丈二訳，星和書店，1985年10月刊行
『子どもはなぜあそぶの――子どもと家庭とまわりの世界（下）』猪股丈二訳，星和書店，1986年8月刊行

W8 『子どもと家庭――その発達と病理』牛島定信監訳，誠信書房，1984年8月刊行

W9 『情緒発達の精神分析理論――自我の芽ばえと母なるもの』牛島定信訳，岩崎学術出版社，1977年10月刊行（ただし，この邦訳では，原著より3篇の論文 String: A Technique of Communication, Training for Child Psychiatry, The Mentally Ill in Your Caseload が省かれている）

W10 『遊ぶことと現実』橋本雅雄訳，岩崎学術出版社，1979年3月刊行

W11 『子どもの治療相談1』橋本雅雄監訳，岩崎学術出版社，1987年7月刊行
『子どもの治療相談2』橋本雅雄監訳，岩崎学術出版社，1987年7月刊行

W12 『ピグル　分析医の治療ノート』猪股丈二・前田陽子訳，星和書店，1980年2月刊行

W13 『愛情剥奪と非行』西村良二監訳，岩崎学術出版社，2005年12月刊行

W14 『家庭から社会へ』牛島定信監修，井原成男他訳，岩崎学術出版社，1999年8月刊行

W15 『抱えることと解釈――精神分析治療の記録』北山修監訳，岩崎学術出版社，1995年3月刊行

W16 『赤ん坊と母親』成田善弘・根本真弓訳，岩崎学術出版社，1993年4月刊行

W17 『ウィニコット書簡集』北山修・妙木浩之監訳，岩崎学術出版社，2002年9月刊行

W18 『人間の本性――ウィニコットの講義録』牛島定信監訳，館直彦訳，誠信

　　　　書房，2004 年 3 月刊行
W19 『精神分析的探究 1——精神と身体』館直彦他訳，岩崎学術出版社，2001 年 4 月刊行
　　　『精神分析的探究 2——狂気の心理学』北山修監訳，若林隆良・小坂和子訳，岩崎学術出版社，1998 年 1 月刊行
　　　『精神分析的探究 3——子どもと青年期の治療相談』牛島定信監訳，倉ひろ子訳，岩崎学術出版社，1998 年 8 月刊行
W20 『両親に語る』井原成男・斉藤和恵訳，岩崎学術出版社，1994 年 10 月

監訳者あとがき

　本書は，Jan Abram 著 *The Language of Winnicott: A Dictionary of Winnicott's Use of Words*（Karnac Books, 1996）の全訳である。本書の表題を文字通り訳すと，「ウィニコット用語辞典：ウィニコットの言葉の使用法辞典」ということになるだろうが，実際の内容は，ウィニコットの理論を 22 の見出し語をもとにまとめた「ウィニコット理論辞典」である。

　ウィニコットはアクティブな人で，生涯にたくさんの文章を書いたことで知られている。本書の序論には 600 篇以上と書かれているが，実際にはそれよりもさらに多いであろう。それらは長いものもあれば短いものもあり，内容もさまざまである。一方の端には，精神分析の専門家に向けられた学術論文があり，そのうちのかなりのものが彼の生前に編まれた 3 冊の論文集に収められている。もう一方の端には，一般的な養育などのテーマに関して，普通のお母さんやラジオ放送の一般聴取者に語りかけたものがある。その他にも，新聞に投稿したものや，さまざまな対象に向けられた講演などがあり，書簡集に収められただけでもたくさんの手紙がある。このように，ウィニコットにはたいへんな量の文章があるのだが，ウィニコット自身に，自分の理論を系統的に述べようという意思があまりなかったこともあって，テーマは断片的になりがちで，理論の全体像が摑みにくいことが指摘されている。

　もっとも，ウィニコットの理論には金太郎飴のようなところもあり，どの論文を読んでも，彼の理論の全体に触れることが出来るようにはなっている。というより，これがウィニコット理論の本質なのだと思うが，ウィニコットの文章はことごとく，読まれることで読者のなかに新たな連想が生まれ，そこから創造的な経験を引き出そうという類の文章であり，そのような経験こそがまさに移行的な経験なのであろう。つまり，ウィニコットの文章を読むことによって，私たちはウィニコット理論のエッセンスに直接触れることになるのである。このような読書の経験を通して，私たちは少しずつ自分のウィニコットを形成していくことになる。そのようにして獲得されたウィニコット理論は，「私のウィニコット理論」というような個別性の高いものになるだろう。

しかしながら，これからウィニコットから学ぼうとする者にとっては，彼がどのような理論体系を築き上げたのか，その全貌が気になるところではある。そうした入門の目的のために，これまでにもウィニコット理論の解説書は何冊か刊行されている。それらの大半は，ウィニコットの人となりから語り始めてその理論を説くという体裁である。それらのいずれもが優れた解説書であることは論を俟たないが，ウィニコットの与えるインパクトが強烈なために，その解説書の著者独自の視点から見たウィニコット理論となっているのも事実である。ただ，著者独自の視点といっても，本書の Abram によるならば，それらは大きく母子関係，一次的創造性，移行現象の三つのいずれかのテーマに集約されるのだという。

　それに対して本書では，あえて全体的な統一性を一時的に放棄し，ウィニコットの文章に繰り返しあらわれてくる 22 の見出し語を選び出し，それを軸に，ウィニコット理論を概観しようとしている。本書はどこからでも読むことが出来るし，興味がある部分だけを読むことも出来る。これは辞書であることの妙味である。どのセクションも，ウィニコットの原典から豊富な引用がなされており，それぞれの概念に関して，ウィニコットがどのように考え，どのように理論を展開させたか，そして問題点や限界は何か，といったことが明快にわかるようになっている。もちろん，選び出された 22 の見出し語に関しては，若干の異論があるかもしれない。たとえば，パラドックス（逆説），錯覚，現実（リアリティ）などは見出し語にならないのだろうかと思う人はいるだろう。つまり，他の切り口は当然あるということである（しかし，これらの言葉も索引を参照すれば，該当箇所に行き着くことが出来る）。そういう異論はあるにしても，本書には，ウィニコット理論を分かりやすく，手に取りやすくしたいという著者の情熱が注ぎ込まれているように感じられる。そして，全体を通読すれば，ウィニコット理論の全体像が浮かび上がる仕掛けになっている。そのようなことから，本書を，すでにウィニコットに触れてみたことがあるがその全体像を掴みかねている人たちや，これからウィニコットがどのような理論を展開しているかを勉強していきたい人たちに強く勧めたいと思う。また，すでにウィニコットについてよく知っている人たちにとっても，自分のウィニコットを磨き上げていくうえで本書はとても役に立つと思う。

　本書の著者の Abram, J. は英国精神分析協会に所属する精神分析家（本書執筆時には精神分析的精神療法家）で，個人開業している。ウィニコッティアン

として，Squiggle Foundation（ウィニコットの理論を学び，広めるための学術団体で，ロンドンを中心に活動している）の中心的なメンバーとして活躍している人である。何年か前には，Foundation の Director も務めていた。本書が書かれた経緯については，「緒言」にも書かれている通りで，Squiggle Foundation で行われたセミナーに起源があるとのことである。また，本書は，ウィニコット理論を勉強する際のハンドブックとして，現在幅広く用いられているようである（実際に，セミナーのテキストなどに指定されている）。

　最後に，翻訳の作業について簡単に触れておきたい。本書は，最初は京都で行っている小さなグループの読書会でテキストとして取り上げたものであった。しかし，内容が良くまとまっていて分かりやすい本であるので，是非翻訳したいという気持ちが高まり，そのことで相談を受けた館が監訳をすることになった。最終的な訳語の統一や文体の調整は館が行った。翻訳の分担は次のとおりである。

　　北村隆人：序論／環境／コミュニケーション／憎しみ
　　北村婦美：舌圧子ゲーム／創造性／退行／母親／一人（でいられる能力）
　　近藤　悟：緒言／謝辞／まえがき／依存／抱えること／自己／反社会的傾向
　　坂本昌士：移行現象／思いやり／攻撃性
　　永田俊代：遊ぶこと／原初の母性的没頭／自我／スクイッグル・ゲーム／精神-身体／存在すること（の連続性）／抑うつ

　本書の特徴は何よりも，豊富なウィニコットの原文の引用があることである。それらの大部分には既訳があるのだが，今回の翻訳ではそれらの既訳は参照するのに留め，引用部分もオリジナルに改訳することにした。これは，言葉は時代に即して変えていかなければならないと思ったからである。しかし，繰り返し言われてきていることであるが，ウィニコットの言葉の使い方は難しく，日本語になることを拒否する，そういった難しさがある。ウィニコットの場合，決定的な訳というのはあり得ないのだろうな，とつくづく思う次第である。訳稿の整理は，星野愛氏に手伝っていただいた。また，誠信書房の児島雅弘氏と松山由理子氏には，翻訳作業で大変お世話になった。最後に記して感謝したい。

　　2006 年夏

館　直彦

人名索引

アクスライン，V. W.　16
ウィニコット，C.　330, 331
オルテガ・イ・ガセット，J.　189

カルナック，H.　4
カーン，M.　229, 349
キーツ，J.　134, 143, 359
キング，P.　104
クライン，M.　ix, 2, 4, 19, 57, 58, 64, 70, 96, 104-106, 108, 112-114, 119-121, 124, 126, 159, 173, 174, 228, 229, 247, 256, 269, 284, 353, 358
ケースメント，P.　140

シュタイナー，R.　104
ジョーンズ，E.　201
スターン，D.　135
ストレイチー，J.　24, 158, 190
セシエー，M.　179
ゼッツェル，E.　277

ニブレット，W. R.　334

ハイマン，P.　284
バリント，E.　105

バリント，M.　109
ヒンシェルウッド，R. D.　ix
フィリップス，A.　109, 115
フェアバーン，R.　109, 229
ブリトン，C.　71, 77
プリニウス　123
フロイト，A.　99, 104
フロイト，S.　1-4, 16, 57, 80, 104, 105, 113, 115, 119, 120, 128, 154, 158, 159, 173, 185, 189, 226, 228, 242, 264, 266, 293, 305, 348, 352, 361
ペッダー，J.　ix, 104, 140
ベッテルハイム，B.　188
ボラス，C.　31, 70, 109, 264
ポンタリス，J.-B.　ix

マーラー，M.　99
マネー=カイル，R.　300
ミルナー，M.　30, 109

ユング，C. G.　4, 122, 124, 182, 245, 255

ライクロフト，C.　109
ラカン，J.　31
ラプランシュ，J.　ix

事項索引

（事項のうち，赤ん坊，精神分析，人格，幼児，養育に関しては，重要な事項であることは言うまでもないが，多くのページに繰り返し用いられているので，この索引では省略した。）

ア 行

愛情剝奪　211, 329-331, 334, 339-341, 343-345, 347-349
遊び（遊ぶこと）　**5-17**, 18, 30-32, 110, 120, 136, 153, 170, 183, 184, 186, 187, 192, 198, 210, 215, 216, 219, 221, 232, 236, 246, 309, 318, 364
　──の空間　16
　──の領域　28, 198
　創造的な──　33
遊び場　13
遊ぶ能力　3, 5, 7, 10, 186
穴　61-63
あやすこと　75, 311
泡　166-168
アンビバレンス　67
生き生きしていること　11
生き残ること　67, 82, 95, 103, 124, 126, 128, 178, 267
移行過程　19
移行空間　3, 30, 31, 34, 48, 133, 154, 349
移行現象　2, 3, 5, **18-35**, 103, 144, 170, 183, 219, 227, 230-232, 258
移行対象　6, 18, 20-26, 28, 144, 221, 227, 230, 232
依存　**36-56**, 76, 94, 137, 188, 205, 212
　──への退行　260, 261, 270, 272, 273, 275, 280, 281
いたずら　334, 335
一次的攻撃性　59, 64, 66, 332
一次的創造性　2, 3
一次的同一化　243, 244
一次的ナルシシズム　249, 276

一体化　47, 48
一体関係　79
一体であること　243, 254
偽りの自己　16, 50, 69, 84, 125, 142, 148, 149, 164, 166, 174-183, 205, 250, 262, 265, 267, 269, 270, 275, 276, 299, 301, 334
　健康な──　182, 250
　病的な──　182
イディオム　40, 234, 285
イド　159
イド-経験　355
イド興奮　175
イド衝動　354
イド欲動　66, 67
イド欲求（ニード）　96, 175, 268
陰性治療反応　349
失われた境界　336
疑いの時期　222
運命力動　264
英国精神分析協会　1, 109, 115, 174, 248, 283, 339, 351
エディプス　352
　──の問題　224
　──・コンプレックス　57, 271, 348
行うこと　257
穏やかな状態　172
落としてしまうこと　83
思いやり　**57-70**, 103, 110, 113, 117, 147, 167, 170, 307
　──の経験　121
　──の段階　13, 48, 57-59, 70, 113, 116, 244, 283, 353
　前──　111

思いやる自己　110
思いやる能力　3, 68, 69, 119, 343, 359

カ　行

絵画統覚検査　195
快感原則　18, 39, 104, 119, 361
解釈　3, 16, 77, 80, 81, 133, 134, 154, 155, 165, 185, 186, 225, 226, 261, 274, 287, 289, 291, 323
外傷　38, 49, 88, 141, 142, 152, 161, 206, 207, 233, 260, 263, 264, 279, 341
外傷的経験　277
解体　87, 142, 158, 164, 165, 178
外的現実　18
回避　34
解離　100, 110, 111, 122, 149, 171, 172, 174, 207-212, 242, 245, 288, 344
カオス　83, 165, 197, 262
抱えられる環境　331
抱えられること　345
抱える環境　3, 71, 73, 75, 77, 78, 80, 81, 86, 176, 219, 238, 246, 258, 260, 261, 275, 316, 318, 335, 348
抱える機能　339
抱えること　13, 41, 67, **71-77**, 83, 163, 165, 169, 194, 266, 281, 291, 311, 365
抱える時期　292
抱える段階　39, 49, 200
抱える能力　339
鏡役割　321
カタログ化　200, 206, 207
感覚的な共依存　116
環境　**78-97**　ほか
　　──の安定性　338
　　──の失敗　38, 84, 90, 92, 142, 256, 260, 262, 268, 270, 276, 277, 279, 286
　　──の責任　273
　　異常な──　218
　　精神分析的な──　224
　　早期の──　3
　　破壊に耐えうる──　335
　　不適切な──　329
環境-個人の組合せ　2, 78, 79, 168, 243, 248, 310,
353
環境-母親の失敗　152
環境欠損　277
環境欠損病　78, 82
観察自我　278
患者に触れること　132, 139, 140, 266
感情障害　38, 358
基盤　160
希望　70, 329, 333-336, 340-342, 345-348
　　無意識的な──　291
技法上の失敗　139
逆説　33, 34, 40, 51, 132, 142, 144, 146, 155, 162, 250, 252, 312, 316, 325, 351, 352, 354
逆転移　82, 107, 111, 135, 241, 265, 275, 283-285, 288
客観的認知　145, 231
休憩所　18
休息状態　184, 186
教育分析　287
境界　12, 71, 164, 172, 202, 333, 337
境界線　249
境界膜　160, 169, 248
境界例　111, 129, 267, 283
狂気　93
共謀　123
享楽　31
去勢不安　288
空虚感　179, 205
空想　11, 19, 25, 33, 34, 43, 60, 66, 82, 123-126, 200, 214, 222, 223, 305, 307-309, 320, 362
空想遊び　320
空想上の仲間　171
くつろぐこと　148, 250
くつろぐ能力　246
経験
　　──の総和　169
　　──の中間領域　28, 34
　　──の連続性　21
　　静かな──　314
迎合　69, 70, 74, 125, 148, 150, 156, 160, 166, 181, 252, 301, 334, 335
芸術家　184, 197, 228, 237, 238
軽躁状態　358

ゲーム　7, 216, 221, 236
限界膜　19
健康　3, 7, 11, 15, 30, 42, 92, 115, 147, 148, 150, 152, 160, 168, 299
原光景の理論　352
現実化　110, 171, 227
現実原則　47, 123, 126, 361
原初の苦悩　85-88, 90, 165, 326
原初の母性的没頭　13, 26, 40, 41, 46, 49, 71, 72, 76, 82, 83, 85, **98-102**, 116, 135, 159, 169, 179, 200, 230, 246, 249, 272, 295, 299, 301, 301-302, 304, 310, 311, 317, 324, 326, 345, 351, 352
攻撃性　5, 8, 9, 23, 60, 61, 95, **103-131**, 146, 172, 173, 333, 344
　原初の――　9, 111, 117, 122, 124-125, 230, 362
交叉同一視　137, 138
行動療法　29
興奮　12, 65, 108, 121
興奮した状態　23, 60, 172
心　200, 201, 204, 206, 261
心-精神　205
個人的言語の創造　22
固着点　264
孤独感　351, 355
ごまかし　173
コミュニケーション　7, 14, 15, 32, 41, 51, 52, 81, 86, 126, 127, **132-157**, 185, 193, 196, 211, 218, 249, 274, 312, 315, 325, 331, 333, 340, 344, 347, 349
　前言語的――　135
　「袋小路」――　149
孤立　86, 87, 91, 132, 142, 147, 152, 153, 155, 251
孤立した核　152

サ 行

罪悪感　9, 57, 58, 63, 66, 67, 114, 119-121, 174, 286, 287, 289, 307, 336, 348, 358, 364
再演　8, 23
錯覚　18, 26, 54, 204, 214, 221, 227-229, 232, 237, 249, 300, 312, 314, 324, 357, 361
　――の使用　231
自我　30, 113, 119, 130, **158-165**, 166, 167, 169, 170, 175, 180, 187-189, 212
　――の組織化　162
　――の補償　162
　代理――　49
自我オルガスム　31
自我関係性　102, 143, 159, 254, 256, 351, 352, 354, 355
自我-組織　263
自我統合　113
自我ニード（欲求）　96, 101, 175, 268
時間感覚　68
自己　**166-190**　ほか
　――の侵害　252
　――の探求　5, 166, 170, 183
　――の中核　84, 202
　――への気づき　155
　隠された――　143
　隔絶された/孤立した――　132
　核としての――　166, 167
　原初の無慈悲な――　110
　世話役の――　84, 177, 180, 269
　全体的――　167
　ユニットとしての――　164
自己感　3, 47, 166, 220, 224, 254, 257, 279, 321-323, 327, 336, 347
　――の欠如　184
自己感覚　75, 86, 146, 202, 205, 230, 238, 243, 257, 276, 355
自己関係性　253
自己体験（自己を体験すること）　5, 7, 8, 10, 30, 269
静かな状態　23, 60, 164
自体愛　39
実存主義　247
実存主義的孤独　156
失敗　46-49, 51, 52, 78
　――が修復される　52
　まったくの――　326
失敗状況
　――の再演　271
　――の凍結　264
　早期の――　281
児童精神医学　297

事項索引 417

児童精神科外来 191, 192
児童統合失調症 84, 88
児童分析家 214
死の本能 2, 3, 103-105, 128, 284
自発性 173
慈悲 57, 59
　前―― 57, 59, 111
自分 33, 53, 60, 61, 73, 83, 112, 118, 167, 187-189, 201
　――でないもの 20, 32, 33, 53, 60, 61, 73, 83, 112, 118, 155, 167, 362
　――と自分でないもの 24, 26, 46, 61, 122, 144, 145, 164, 170, 172, 210, 223, 233, 244, 249, 259, 314, 322, 353, 357, 362
自分自身であること 50, 51
自閉症 90
邪悪さ 57, 70
私有化 71, 75, 76, 110, 160, 200, 227, 311
重心 246-248, 259
修復 114, 120, 126, 173, 233, 234, 326, 336, 346
自由連想 185, 226, 238, 239, 241, 273
主観性 189
主観的の対象 151, 237, 254
主観的認知 145
主体的体験 135, 246
出生体験 168
授乳 60, 61, 107, 136, 161, 162, 174, 176, 237, 311, 313, 316, 317, 361
上演 349
象徴化 18, 24, 25, 133, 154, 155, 279, 349
　――機能 178
　――能力 277
　　非言語的―― 132, 133
象徴的実現 137, 178, 179
情緒発達 2, 5, 36, 55, 57-59, 64, 78, 103, 109, 118, 122, 125, 128, 138, 158, 159, 161, 170, 172, 173, 184, 200, 203, 215, 247, 260, 263, 264, 300, 308, 316, 332, 348, 352, 357, 360
　原初の―― 176, 227
　――の理論 196, 262, 296
初回面接 192, 193, 196
食欲 103, 108, 109, 214
「女性」恐怖 41

「女性」というもの 41-45, 85, 255, 295, 298
女性嫌悪 41
女性的要素 228, 242-246, 253-256, 314
自立 38, 55
　――に向かって 36, 37, 52, 141, 267
自立-依存 38
自律性 33, 34
人格化 171, 188, 210, 212
人格障害 85
人格の分裂 142, 148
神経症 284, 286, 287, 288, 290, 291
侵襲 41, 74, 78, 86-89, 91, 118, 125, 141, 148, 168, 206, 250, 251, 258, 262, 263, 270, 288, 318, 354, 355
心身症 200, 201, 207-211
心身の共謀 200
心身の分裂 161
身体 202, 203, 205
身体自己 168
身体図式 201, 251
診断面接 191
心的現実 14, 24
侵犯 150, 152
信頼の失敗 325
スキゾイド 76, 84, 93, 100, 154, 155, 205, 235, 237, 267
　――・パーソナリティ 85
スキゾフレニア 182
スクイッグル 195-198
　――・ゲーム x, 6, **191-199**, 227
すること 254
性愛的 115-117, 119, 172, 173
成熟 36
　――過程 40, 64, 69, 84, 155, 187, 335, 358, 364
精神 166, 167, 200, 202
精神-身体 164, **200-213**
精神科医 339
精神形態学 299
精神神経症 154, 155, 267, 275
精神破綻 359
精神病 78, 82, 87, 92, 93, 111, 129, 156, 251, 257, 275-277, 283-286, 288, 290-294, 326, 341, 345, 358

――患者　283-288, 290-294, 341
――水準　277
精神病的機制　261
精神病的不安　78, 85, 162, 288
精神病的防衛　87, 286
精神分析技法　80, 81, 132, 153
精神分析理論　24, 64, 227, 247, 284
精神療法　5, 15, 17, 32, 33, 166, 183, 184, 192, 193, 198, 259, 280, 323, 337, 339, 347, 356
精神療法家　348
生と死の本能　123
青年期　55, 132, 155, 181, 251, 362
青年期ドルドラム　364
生の力　3
生の本能　3
生命エネルギー　124
生命本能　124
生命力　117
舌圧子　9, 109, 214-224, 226
――ゲーム　6, 191, **214-227**
絶対的依存　13, 18, 20, 32, 36, 37, 39-41, 49, 52, 72, 98, 111, 159, 165, 200, 203, 246, 264, 267, 276, 295, 298, 311, 325, 329, 345, 351, 361
設定　48, 80, 81, 101, 165, 192, 194, 196, 212, 239, 260, 261, 265, 268, 270, 274-276, 278-280, 290, 291, 313, 314, 327, 347, 354
設定状況　6, 214, 216, 219, 222-225, 227
絶滅不安　212
潜在空間　12, 14, 15, 18, 32-34, 77
羨望　104-106, 108, 111, 256
相互性　132, 135, 136
創造　145, 316
想像上の赤ん坊　310
創造すること　165
創造性　v, 11, 16, 18, 22, 30, 103, 119, 122, 124, 173, 184, 186, 219, **228-245**, 309
　原初の――　3, 26, 229, 231, 312, 335, 343
創造的使用　347
創造的生活　6
創造的統覚　54, 237, 238, 246, 252
創造的な芸術家　120, 174, 362
創造的に生きること　5, 228, 236-238, 245, 246, 355

相対的依存　18, 20, 26, 36, 37, 39, 46, 48, 49, 52, 58, 203, 264, 267, 283, 318, 325, 329, 335, 339, 345, 349
躁的防衛　170, 358
促進環境　40
組織化　204
即興　11
存在し続けること　98, 101
存在すること　18, 86, 165, 236, 237, 243, 244, **246-259**, 314, 324, 339
　――の重心　169
　――の連続性　33, 41, 48, 68, 86-88, 118, 202, 203, 206, 233, 246, 250, 251, 258

タ　行

退行　47, 48, 59, 80, 116, 138, 140, 179, 206, 207, 259, **260-282**, 287, 294, 298
　――の理論　261, 263, 264, 277
　一時的な――　344
第三の領域　5, 7, 18, 19, 24, 30, 32, 183, 241, 254
対象
　――が生き残ること　8, 123, 126, 134, 335
　――と関係すること　95, 103, 121, 124, 125, 128, 133, 143, 147, 150, 159, 225, 254, 256, 311, 351, 355
　――と関係する理論　126
　――としての母親　60, 62, 65, 66, 68, 116, 120, 147, 230, 244, 343
　――の拒否　221
　――の使用　8, 18, 24, 67, 103, 104, 119-121, 124, 125, 128, 134, 143, 219, 226, 232, 267, 307, 336, 355
　――の創造　144, 146
　――を拒むこと　146
　――を提示すること　46, 231, 311, 313, 316
　――を利用すること　95
　全体――　130
対象化　123
対象関係　20, 24, 39, 79, 102, 111, 160, 168, 244, 248, 249, 257
　内的――　352
対象希求　329, 344, 346

事項索引 419

対象提示能力　50
体内化　188
脱錯覚　26, 32, 47-49, 53, 146, 203, 204, 227, 232, 237, 296, 318, 324, 357, 358, 361
脱人格化　87, 336
脱適応　32, 36, 46, 48, 49, 272, 324
脱備給　23
ためらい　214, 219, 223
　　──の時期　226
　　──の瞬間　222
男性的要素　228, 243-245, 253, 254
知覚　13, 22, 26, 27, 54, 322, 323
知性　177, 178, 201, 205
知性化　50, 204
父親　42, 50, 73, 78, 82, 94, 95, 103, 129, 220, 223, 224, 254, 297, 305, 308, 336, 347
　　──の機能　335
　　──の存在　130
知的な共謀関係　209
知的防衛　209
乳房　22, 24-26, 28, 46, 62, 107, 146, 161, 214, 217, 223, 254, 256, 277, 311, 313, 315, 316
中核的自己　85, 86, 167, 250, 262, 270, 355
　　孤立した──　166
中間段階　145, 146
中間地帯　30
中間領域　18, 19, 24, 26-28, 231, 241
　　体験の──　361
中立地帯　27, 187
治療関係　48, 49, 92
治療者　198
治療設定　76, 296
治療相談　6, 16, 191-194, 198
償い　68, 119, 124, 174, 228, 286, 363
抵抗　17, 117, 119, 214, 226, 349
適応　20, 46, 52, 178, 252, 262
徹底操作　62-64, 358, 361, 363-365
転移　3, 48, 82, 90, 92, 116, 123, 138, 155, 165, 226, 241, 259-261, 271, 272, 284, 285, 287, 348, 354
　　──解釈　274
　　──関係　140
同一化　8, 46, 53, 64, 69, 72, 99, 119, 136, 137, 143, 159, 182, 188, 203, 230, 279

原初の──　253
同一性　153, 210, 254, 257
投影同一化　244, 254
統覚　253, 322, 323
統合　8, 53, 62, 68, 110, 112, 113, 130, 148, 158-160, 162, 167, 171, 176, 187, 194, 197, 207, 209, 210, 248, 288, 308
　　強迫的──　197
　　空間的──　160
　　時間的──　160
　　前──　113
統合した両親像　42
統合失調症　38, 85, 90, 93, 179, 182, 267, 277, 362
道徳性　69, 70
独立学派　95, 109, 140
取り扱う　200
取り入れ　188
取り入れ同一化　244, 254
ドルドラム　362

ナ　行

内的現実　18, 19, 53, 200
内的世界　19, 55, 353
内的対象　310
　　──の理論　352
ニード　9, 20, 32, 37, 38, 40, 47, 49, 53, 54, 65-67, 72, 74, 76, 77, 83, 98, 101, 119, 127, 130, 137-139, 141, 144, 145, 152, 159, 161, 162, 175, 179, 186, 203, 230, 252, 265, 266, 271-273, 278, 283, 289, 300, 302, 303, 305, 312, 313, 317, 323, 324, 341, 347, 355
憎しみ　8, 45, 53, 81, 95, 103, 107, 108, 111, 112, 114, 117, 135, 223, 252, **283-295**, 318, 341
　　──の理論　295
憎む能力，客観的に　292
二者関係　168
二重依存　36, 275
二体関係　64, 79
人間の本性　18, 19, 121

ハ 行

破壊　64, 66
破壊性　66, 108, 121, 329, 342, 362
破壊衝動　95
破壊欲動　123, 127
剝奪　27, 52, 140, 178, 179, 233, 277, 291, 326
破綻恐怖　78, 89-91
発達過程　193
発達促進　59
発達促進環境　13, 78, 88, 102, 122, 144, 271, 299
母親　**296-328**　ほか
　——の適応　300
　環境としての——　23, 60, 62, 65-67, 116, 120, 147, 230, 244, 296, 343
　健康な——　299, 301
　「自然な」——　298
　じらす——　200, 204, 326
　普通の献身的な——　98, 99, 247, 301
破滅　258
パラドックス　v, 183
反社会的　125
反社会的傾向　38, 48, 71, 77, 103, 211, 212, 220, **329-350**, 352
反社会的行動　329, 341
反動形成　14
万能感　13, 41, 91, 122, 144, 145, 147, 165, 178, 221, 228, 229, 231, 258, 301, 315, 343, 361
万能の経験　300, 313, 316
ハンプティ・ダンプティ　65
引きこもり　100, 149, 153, 252, 260, 280, 281, 351, 355
非現実感　179
非行　329-331, 335-337
一つの達成　136
一人でいられる能力　3, 13, 14, 31, 33, 79, 234, **351-356**
皮膚感覚　172
不安　5, 8, 10, 61, 67, 142
　原初の——　165
　想像を絶する——　86, 90, 162, 163, 165, 326
不安定さ　14

不道徳性　69
フロイト派の解釈　15
文化的経験　18, 24, 28, 30, 228, 232, 236
分離　12, 18, 31-34, 47, 48, 66, 182, 244, 330, 343
分離不安　68
分裂　25, 148, 149, 182, 201, 208, 211, 212, 269
分裂排除　34, 178
ペルソナ　182
変形　355
変質　25
防衛　171, 177, 209, 210
　——の再構成　142
　——の組織化　152
防衛機制　114, 182
崩壊家庭　292
報復　8
ボーダーライン　155, 235
母子関係　2
保証　274, 275
母性本能　303
ほどよい　203, 300, 301
　——育児　248
　——思いやり　331
　——環境　7, 8, 83, 95, 102, 130, 183, 192, 203, 210, 250, 267, 268, 275, 329, 337
　——経験　327
　——錯覚　296, 301
　——スタート　333
　——適応　271
　——始まり　290
　——母親　2, 71, 102, 103, 135, 178, 246, 258, 266, 272, 296, 300, 301, 327, 343
　——母親的養育　300
　——母子関係　2
　——養育　200, 271
ほどよく抱えられる環境　362
ほどよくない母親　296, 300, 301, 326
本当の自己　17, 32, 69, 84, 87, 118, 142, 149, 152, 164, 166, 167, 172, 174, 175, 177-183, 220, 230, 246, 250, 251, 260, 262, 265, 267, 270, 275-277, 299, 301

マ 行

マネージメント（管理） 50, 55, 71, 76, 77, 169, 175, 176, 193, 261, 265, 267, 273, 280, 281, 337-339, 347
　――の連続性　338
未統合　30, 116, 158, 164, 165, 171, 176, 184, 187, 238, 246, 249, 250, 314, 343
　原初の――　166, 170
身振り
　自発的な――　17, 125, 179, 230, 323
　衝動的な――　172, 173
民主主義　43
無意味　185, 239, 240
無言　150, 154
　――のコミュニケーション　150, 153
無慈悲　59-61, 103, 112, 118, 120, 122, 162, 172, 174, 292, 293, 346
　――な愛　57, 59, 112, 116, 120, 293, 295
　――な攻撃　64
　――な自己　3, 9, 110, 120, 172, 174
　――な対象関係　110, 111
夢想　249
無定形　184, 186, 187, 238, 239, 241
無統合　93
妄想-分裂ポジション　114
喪の過程　364
喪の作業　361

ヤ 行

融合　12, 41, 103, 111, 115, 117, 118, 136, 173, 237, 249, 276, 292, 310, 311, 314, 322, 343, 345, 352
　――の期間　353
　原初的な――　108
　前――　116
友情　10, 11, 18, 30, 31, 354

ユニット　19, 53, 54, 79, 112, 130, 159, 163, 168, 211, 248, 258, 325, 362
　――の状態　60, 164, 358-360
夢のスクリーン　196, 197
よい乳房　300
養育カップル　79
抑うつ　58, 59, 295, 336, 345, **357-365**
　――気分　357, 361-363
　――不安　61
　――ポジション　57-59, 64, 70, 113, 119, 173, 174, 228, 271, 353, 357, 358
　――を感じる能力　359
　健康な――　359

ラ 行

リアルであるという感覚　83, 118, 254
リアルであると感じる　11, 32, 115, 156, 166, 180, 183, 235, 253, 260, 270, 271, 299, 324
理解　185
利己的利用　127
離人化　75, 93, 160
離乳　46, 66, 237, 303, 312, 357, 358, 361
両価性　57, 64, 65, 283
良循環　57, 63, 67, 120
両性具有性　242
リンボ界　23, 24
霊感　123

ワ 行

分かちあわれた現実　277
私　163, 188, 189, 210, 353
私である　211, 247
「私である」段階　210
私でないもの　211
私はいる　72, 353
私は一人でいる　353, 354

訳者紹介〔五十音順〕

北村隆人（きたむら　たかひと）

1993年	京都府立医科大学医学部卒業
	マッコーリー大学教養学部哲学科 Graduate Diploma 課程修了
	立命館大学大学院先端総合学術研究科一貫制博士課程修了
現　在	東洞院心理療法オフィス代表ならびに太子道診療所精神神経科・子ども心療科担当医
	博士（学術），精神科医，日本精神分析学会認定精神療法医スーパーバイザー
著　書	『共感と精神分析——心理歴史学的研究』みすず書房　2021
訳　書	シミントン『分析の経験——フロイトから対象関係論へ』（共訳）　創元社　2006
	ギャバード他『精神分析における境界侵犯——臨床家が守るべき一線』　金剛出版　2011　ほか

北村婦美（きたむら　ふみ）

1996年	京都大学医学部卒業
現　在	太子道診療所精神神経科，東洞院心理療法オフィス
	精神科医
著　書	『精神分析にとって女とは何か』（共著）福村出版　2020
訳　書	ベンジャミン『他者の影——ジェンダーの戦争はなぜ終わらないのか』　みすず書房　2018
	ラスティン他『リーディング・クライン』（共監訳）　金剛出版　2021　ほか

近藤　悟（こんどう　さとる）

1996年	京都府立医科大学医学部卒業
現　在	公益社団法人信和会京都民医連あすかい病院副院長
	精神科医

坂本昌士（さかもと　まさし）

1990年	京都府立医科大学医学部卒業
現　在	精神科・心療内科医療法人湖南クリニック副所長
	精神科医

永田俊代（ながた　としよ）

1998年	関西学院大学大学院文学研究科博士後期課程単位取得満期退学
現　在	労働者健康安全機構兵庫産業保健総合支援センター　カウンセリング担当相談員
	公認心理師

監訳者紹介

館　直彦（たち　なおひこ）

1953年　東京都に生まれる
1981年　大阪大学医学部卒業
専　攻　精神医学・精神分析学
　　　　天理大学教授を経て
現　在　たちメンタルクリニック院長
著訳書　『境界例』（共編）　岩崎学術出版社　1995
　　　　ローゼンフェルト『治療の行き詰まりと解釈』（共訳）
　　　　　誠信書房　2001
　　　　ウィニコット『人間の本性』（訳）　誠信書房　2004
　　　　ボラス『終わりのない質問──臨床における無意識の作業』（訳）
　　　　　誠信書房　2011
　　　　『現代対象関係論の展開──ウィニコットからボラスへ』
　　　　　岩崎学術出版社　2012
　　　　『ウィニコットを学ぶ──対話することと創造すること』
　　　　　岩崎学術出版社　2013　ほか

ジャン・エイブラム
ウィニコット用語辞典

2006年10月30日　第1刷発行
2021年 6月30日　第3刷発行

監訳者　館　　直彦
発行者　柴田　敏樹
印刷者　日岐　浩和

発行所　株式会社　誠信書房
〒112-0012　東京都文京区大塚 3-20-6
　　　　　　電話　03 (3946) 5666
　　　　　　http://www.seishinshobo.co.jp/

中央印刷　協栄製本　　落丁・乱丁本はお取り替えいたします
検印省略　　無断で本書の一部または全部の複写・複製を禁じます
　　Ⓒ Seishin Shobo, 2006　　　　　　　　　Printed in Japan
　　　　　　　　　　　　　ISBN 978-4-414-41422-6　C 3011

ドナルド・ウィニコット
その理論と臨床から影響と発展まで

マイケル・ジェイコブス 著
細澤仁・筒井亮太 監訳

ドナルド・ウィニコットは世界的に最も著名な精神分析家のひとりでありながら、その治療は精神分析の枠を超え出るものだった。この入門書では、そうしたウィニコットの概念と仕事、批判と反論、そして後世への影響を、精神分析に明るくない読者でもついていけるように平易に解説。一人ひとりが自分自身のやり方でウィニコットを読み、生かすための最良の見取り図を得られるだろう。

目　次
第1章　ウィニコットの生涯
第2章　ウィニコットの主要な理論的貢献
第3章　ウィニコットの主要な臨床的貢献
第4章　批判と反論
第5章　ウィニコットの影響の全体像

A5判並製　定価(本体3300円+税)

子どものスクィグル
ウィニコットと遊び

白川佳代子 著

ウィニコットのスクィグルは優れた描画法であるが、名人芸的な要素が強かったせいで、日本で実際に試した人は少なかった。言語的コミュニケーションの難しい子どもに小児科外来で行なった数多くのスクィグルの中から選ばれた鮮やかな症例集。ウィニコットが実践の場で息づいた書。

目　次
第1章　子どもとコミュニケーションをとるために
第2章　子どもの描きたいもの、話したいこと
第3章　好きな色のクレヨンをとって
第4章　治療者はどこ？
第5章　子どものファンタジー
第6章　非言語から言語へ
第7章　ジェンダーをどう扱うか
第8章　解釈の遊び

A5判並製　定価(本体3200円+税)

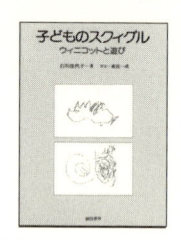

子どもと家庭
その発達と病理

D.W. ウィニコット 著
牛島定信 監訳

英国が生んだ著名な児童精神科医である著者が、ナースやケースワーカーおよび一般の人たちに向けて行った家庭と子どもの発達についての講演集。精神療法に関心をもつ医師や心理臨床家はもとより、広く子どもに関心のある人びとに役立つ。

主要目次
1 最初の1年目
2 母親と赤ん坊の最初の関係
3 未成熟な中での成長と発達
4 安全について
5 5歳児
6 家庭生活の統合的要因と破壊的要因
7 親のうつ病に影響をうける家庭
8 精神病は家庭生活にどんな影響を及ぼすか
9 精神病の親は子どもの情緒発達にどんな影響を及ぼすか
10 青年期
11 家庭と情緒的成熟
12 児童精神医学領域の理論的陳述
13 精神分析の産科学に対する寄与/他

A5判並製　定価(本体3000円＋税)

人間の本性
ウィニコットの講義録

D.W. ウィニコット 著
牛島定信 監訳
館 直彦 訳

英国の小児科医で精神分析家であるウィニコットは1971年に亡くなるまで20年以上にわたって、定期的に幼児教育や社会福祉専攻の大学院生に向けて、人間の心の成長と発達についての講義をおこなった。本書はその講義内容を学生の反応や自らの経験を通じて修正をつづけ、死に至るまでくり返し改訂を加えた、ウィニコットの遺稿である。人間の本性（人間性）といった哲学的な問いに対して、臨床家としてのウィニコットの考察が凝縮された含蓄に富んだ作品となっている。

目　次
第Ⅰ部　人間の子どもの検討：身体、精神、心
第Ⅱ部　人間の情緒発達
第Ⅲ部　一つの単位としての確立
第Ⅳ部　本能論から自我論へ

A5判並製　定価(本体3000円＋税)

治療の行き詰まりと解釈
精神分析療法における治療的／反治療的要因

H. ローゼンフェルト 著
神田橋 篠治 監訳

精神分析療法のなかで必然的に起こってくる行き詰まりをどのように打開すればよいかについて、きわめて臨床的・実践的に解説する。分析状況のなかで患者が自分の心的現実に気づくことを助けるのが精神分析療法であり、そのために分析家が何をしているかを正確に把握し概念化することの重要性を説く。

目　次
第Ⅰ部　序論
第Ⅱ部　治療の成功例、失敗例における分析者の関与
第Ⅲ部　自己愛が分析家の作業に及ぼす影響
第Ⅳ部　投影性同一視が分析家の作業に及ぼす影響
第Ⅴ部　結論

A5判上製　定価(本体4800円＋税)

クライン派用語辞典

R.D. ヒンシェルウッド 著
衣笠隆幸 総監訳
福本 修・奥寺 崇・木部則雄・
小川豊昭・小野 泉 監訳

主要な１３の概念が論じられる一部と、一般項目による概念の解説の二部で構成。相互参照を通して概念の基礎へ適切なアクセスが可能。

主要目次
セクションA　主要な基本用語
１．技法（Technique）
２．無意識的幻想（Unconscious phantasy）
３．攻撃性，サディズムおよび要素本能
　　（Aggression, sadism and component）
４．エディプス・コンプレックス
　　（Oedipus complex）
５．内的対象（Internal objects）
６．女性性段階（Femininity phase）
７．超自我（Superego）
８．早期不安状況（Early anxiety-situations）／他
セクションB　一般用語（１４７語）

A5判上製　定価(本体8200円＋税)